铁路科技图书出版基金资助出版

京津城际延伸线工程建设丛书

复杂条件下铁路大直径泥水盾构施工综合技术

张凤龙　主编

中 国 铁 道 出 版 社

2015年·北 京

内 容 简 介

京津城际铁路是我国第一条设计时速 350 km 的高速铁路，已于 2008 年由北京通车到天津塘沽站。京津城际铁路延伸线塘沽至于家堡的 45 km 线路也即将完工，计划 2015 年内通车。

本书以京津城际延伸线解放路隧道盾构施工为背景，详尽介绍复杂条件下铁路大直径泥水盾构施工综合技术，主要包括盾构机的选型与设计，泥水处理系统的设计与布局，泥浆的性能与配制，管片的设计与制造，盾构始发、掘进、接收及特殊地段掘进施工等，重点突出了盾构施工设备组合、盾构施工及风险控制的相关配套技术，以及淤泥质地层条件下浅覆土大直径盾构经过不同风险点的应对技术、地表隆沉控制技术、细微颗粒泥水分离技术及全自动监测技术等，提出了较为新颖的技术观点，具有较高的推广应用价值。

本书可供从事盾构施工、质构机及配套设备设计制造等领域的工程技术人员作为技术参考，也可以为从事盾构工程科学研究的人员提供借鉴，同时也为初次接触盾构技术的人员快速了解盾构技术提供帮助。

图书在版编目(CIP)数据

复杂条件下铁路大直径泥水盾构施工综合技术/张凤龙主编．—北京：中国铁道出版社，2015．6

(京津城际延伸线工程建设丛书)

ISBN 978-7-113-20186-9

Ⅰ．①复… Ⅱ．①张… Ⅲ．①城市铁路—铁路隧道—隧道施工—盾构法 Ⅳ．①U459．1

中国版本图书馆 CIP 数据核字(2015)第 065113 号

书　　名：京津城际延伸线工程建设丛书
复杂条件下铁路大直径泥水盾构施工综合技术

作　　者：张凤龙

策　　划：江新锡
责任编辑：张卫晓　　**编辑部电话**：010-51873065　　**邮箱**：zhxiao23@163.com
封面设计：王镜夷
责任校对：王　杰
责任印制：郭向伟

出版发行：中国铁道出版社(100054，北京市西城区右安门西街 8 号)
网　　址：http://www.tdpress.com
印　　刷：北京铭成印刷有限公司
版　　次：2015 年 6 月第 1 版　2015 年 6 月第 1 次印刷
开　　本：787 mm×1 092 mm　1/16　印张：21.25　字数：523 千
书　　号：ISBN 978-7-113-20186-9
定　　价：76.00 元

编 委 会

序

中国高速铁路的发展令世人瞩目，截至2014年底，已建成高速铁路1.6万公里，“四纵四横”高速铁路主骨架网基本形成，塑造了中国高速铁路“技术先进，安全可靠，性价比高”的国际品牌。在高速铁路建设和发展过程中，广大铁路建设者艰苦奋斗、集思广益、积极探索，经过了引进、消化、吸收、再创新的艰难历程，形成了自主知识产权，取得了丰硕的技术成果。京津城际及其延长线的建设和实践充分表明了这一点。

京津城际是我国第一条设计时速350 km的高速铁路，自开通运营至今，经受住了运营的考验，对京津两地经济和社会的发展起到了前所未有的支撑作用。津滨城际自天津至于家堡是京津城际高速铁路的延伸线，它的建成和开通运营对天津自贸区的发展将起到带动作用，必将进一步促进京津冀一体化的形成和发展。

京津城际延伸线虽然线路全长不足45 km，但修建难度大。线路从天津站城际场东咽喉引出，由有砟轨道、无砟轨道、25.65 km特大桥、明挖隧道横穿既有塘沽站场和城市主干道、盾构施工隧道及于家堡地下车站等单位工程组成，堪称高铁建设的博物馆，存在跨线、下穿、站场施工过渡、大直径盾构穿越繁华商业街建筑群保护、大直径盾构450 m小半径曲线施工、超大超深基坑、单层网壳穹顶钢结构、新型ETFE膜结构屋面施工、钢结构穹顶永久健康监测等许多技术难题。

特别是于家堡高铁站，是集高铁、城市轨道交通、公交、出租及社会车辆的综合地下交通枢纽，设地下两层，3台6线规模，地面层为“贝壳”形穹顶采光屋面。超大超深基坑盖挖区长为335 m，宽60 m；明挖区长529 m，宽14～86 m，深22.1 m，属首次在沿海地质复杂区进行如此规模超大超深基坑施工；穹顶钢结构是由36根正反螺旋编织而成的单层网壳钢结构，是目前世界上跨度最大的单层网壳。我曾参与设计评审及先后两次到施工现场，对工程难度深有体会。

京津城际延伸线的建设者，在工程施工过程中，树立“科学组织、精细管理、塑造精品、誓创一流”的建设理念，坚持精细化管理，加强科技攻关，克服了许多困难，解决了一个又一个难题。更为可喜的是，为总结京津城际延伸线建设实践的经验，给今后高速铁路建设提供借鉴，津滨城际铁路有限责任公司张凤龙同志担当主编，组织津滨城际铁路科研、设计、施工方面的技术人员和管理者，编写了《京津城际延伸线工程建设丛书》，将成功的经验和实践中存在的不足，呈现给了业界同行和广大的科技工作者。

该丛书分《大跨单层网壳钢结构穹顶施工综合技术》《软弱地层超大深基坑地下车站施工综合技术》《复杂条件下铁路大直径泥水盾构施工综合技术》三册，对京津城际延伸线建设过程中的技术难题及其解决的方法进行全面梳理和系统的总结思考，对今后高速铁路建设具有较强的借鉴作用和参考价值。

我将该丛书推荐给从事高速铁路设计咨询、建筑施工、科研和教学的相关专家和广大读者，并藉此向京津城际延伸线全体建设者致敬！

中国工程院院士
中国铁路总公司总工程师

2015 年 4 月

前言

PREFACE

京津城际延伸线天津至于家堡工程全长44.815 km，是北京至天津自贸区最快捷的通道。线路从天津站京津城际东端引出，与既有津山线和津秦客专平行和跨越，至塘沽站东端钻入地下，穿越塘沽站场后进入市区解放路商业步行街，通过天津碱厂直至于家堡地下高铁站。

解放路隧道作为全线的重、难点控制工程，下穿塘沽站12股铁路线及两条城市主干道。在进入商业步行街前，采用盾构法施工。解放路隧道盾构法施工段，覆土厚度8～16 m，地层情况主要为淤泥质粉质黏土、粉土等。隧道临近和穿越36处商业建筑，经权威部门检测评估，其中极高风险点8处，高度风险点5处，中度风险点11处，需要采取加固保护措施的建筑物19处，管线18处。该盾构施工隧道最小埋深仅有8 m，在淤泥质软土地层中掘进，精准控制地面隆沉保护建筑物和管线的安全是施工的最大难点，面临着巨大的风险和挑战。由于淤泥质地层成分复杂，颗粒细微，泥水分离困难，对施工进度影响大，环保难度大。另外在盾构穿越原天津碱厂时，由于地下桩基和建筑物无资料可查，用现有的技术手段在特殊地层中无法准确探测，对盾构掘进的影响存在不确定性。由于受地面建筑物的限制，设计采用曲线半径450 m，是目前国内铁路大直径盾构施工中最小曲线半径，占掘进总长的1/4，施工难度可想而知。

面对诸多复杂因素，全体建设者在认真分析工程难点及风险点的基础上，制定切实可行的措施，力求将各种风险化解至最小。按照精细化管理的要求，把“精、严、细、实”落实到过程中的各个环节，进一步明确职责，责任到人，实现由结果控制变为过程控制，由经验管理变为科学管理的转变，全面提升工程建设整体管理水平和技术水平，工程建设取得了重大突破。盾构于2012年11月19日始发后，地表隆沉始终处于可控状态，历经1年零6个月，安全通过沿线所有风险点，于2014年5月29日精准贯通。对成分复杂、颗粒细微的泥水处理实现彻底分离，达到“零污染”排放，成形隧道管片拼装几乎没有错台，实现科学组织、精细管理、塑造精品、誓创一流的目标。

本书是京津城际延伸线的建设者们从事盾构施工生产、课题研究以及项目管理工作的理论应用与施工实践的总结，成书过程力求突出京津城际延伸线解放路盾构施工的特点，兼顾系统性和实用性，具有一定的推广价值。盾构施工是地下线路施工的重要手段，近10多年来，盾构施工技术在我国得到迅猛发展，但是由于各地区、各时期的地质条件和施工条件差异太大，甚至还有很多问题是我们以前施工中未遇到或彻底未解决的，因此在盾构设计和施工中还会有更加深入和具体的研究，我们也期望本书能为以后的研究工作提供一定的帮助。本书可供从事盾构施工、盾构及配套设备设计制造等领域的工程技术人员作为技术参考，也可为从事盾构工程科学研究的人员提供借鉴，同时也为初次接触盾构技术的人员快速了解盾构技术提供帮助。

本书在编写过程中得到中国铁建十六局集团有限公司、铁道第三勘察设计院集团有限公司、北京铁城建设监理有限公司、清华大学、北京交通大学等单位的大力支持和协助，在此表示衷心的感谢！

由于本书编写人员能力和认知水平的局限，书中的错误和不足之处在所难免，恳请各位读者、同行给予批评指正！

目 录
CONTENTS

1 铁路地下化

铁路作为陆上运输的主力军，在长达一个多世纪的时间里居于垄断地位。但是自 20 世纪以来，随着汽车、航空和管道运输的迅速发展，铁路不断受到新运输方式的冲击。

为了适应社会和经济发展的需要，适应货主和旅客——安全、准确、快速、方便、舒适的要求。世界各国铁路纷纷进行大规模的现代化技术改造，同时改革运输组织工作，积极采用高新技术，在重载、高速运输和信息技术方面取得新的突破，再加之现代管理和优质服务以及铁路的区域联网、洲际联网，使铁路增添了新的活力，在陆上运输中仍继续发挥着骨干作用，在现代化运输方式中占着重要的地位。

各国铁路客运发展的共同趋势是高速、大密度，扩编或采用双层客车。采用动车组和电力机车牵引旅客列车是实现客运高速化的重要条件。轻轨交通将备受青睐，因为它是改善城市交通环境、最富有生命力的一种交通工具；市郊铁路与地下铁道、轻轨铁路无缝衔接，共线、共站，共同组成大城市的快速运输系统，这是各国解决人口密度较大地区客运繁忙的有效措施。在未来的铁路发展中，大城市快速运输系统将同全国铁路网连接，紧密配合，形成客运统一运输网。

1.1 中国铁路发展简述

1.1.1 开创时期(1876～1893 年)

有关铁路信息和知识开始传入中国，大约是在 1840 年鸦片战争前后。当时中国的爱国有识之士，如林则徐、魏源、徐继畲等人先后著书立说，介绍铁路知识。

1876 年，中国土地上出现了第一条铁路在上海修建，此路全长 30 里。这就是英国资本集团采取欺骗手段擅筑的淞沪铁路(图 1—1)。这条铁路经营了一年多时间，就被清政府赎回拆除了。

1.1.2 缓慢发展时期

1894 年，清政府在中日甲午战争中战败后，八国联军攫取中国的铁路权益。一万多公里的中国路权被吞噬和瓜分，形成帝国主义掠夺中国路权的第一次高潮。随后，他们按照各自的需要，分别设计和修建了一批铁路，标准不一，装备杂乱，造成了中国铁路的混乱和落后局面。在清政府时期(1876～1911 年)修建铁路约 9 400 km。其中帝国主义直接修建经营的约占 41%；帝国主义通过贷款控制的约占 39%；国有铁路，包括中国自力更生修建的京张铁路和商办铁路及赎回的京汉、广三等铁路仅占 20%左右。

辛亥革命后，袁世凯在 1912 年宣布“统一路政”，解散了各省商办铁路公司，把各省已经建成和正在兴建的铁路全部收归国有，用以抵借外债，因而形成帝国主义掠夺中国路权的第二次

图 1—1 淞沪铁路

高潮。从 1912～1916 年各国夺得的路权共达 13 000 多公里。北洋政府时期(1912～1927 年),在关内修了约 2 100 km 铁路。

1928 年,南京国民党政府执政以后,主要是以官僚买办资本与帝国主义垄断资本“合资”方式修建铁路,从而出现帝国主义掠夺中国路权的第三次高潮。南京国民党政府时期(1928～1948 年),在中国大陆上共修建铁路约 13 000 km。1949 年前中国铁路示意见图 1—2。

1.1.3 抢修和恢复铁路运输生产时期(1949～1952 年)

1949 年 10 月 1 日中华人民共和国成立后,1949 年一年共抢修恢复了 8 278 km 铁路。到 1949 年底,全国铁路营业里程共达 21 810 km,客货换算周转量 314.01 亿吨公里。

1952 年 6 月 18 日,满洲里—广州间开行了第一列直达列车,全程 4 600 多公里畅通无阻。到 1952 年底,全国铁路营业里程增加到 22 876 km,客货换算周转量达 802.24 亿吨公里。

1.1.4 中国铁路网骨架基本形式时期 (1953～1978 年)

从 1953 年开始,国家进入有计划发展国民经济的时期。到 1980 年铁路经过五个五年计划的建设,取得辉煌的成绩。

1976 年,以及 1978 年中国共产党十一届三中全会以后,拨乱反正,出现了伟大的历史转折,国家工作的重点转移到社会主义现代化建设上来,并提出“调整、改革、整顿、提高”方针,铁路工作又逐步恢复和发展,到 1980 年底铁路营业里程达 49 940 km,全国铁路网骨架基本形成,客货换算周转量达 7 087 亿吨公里。

1.1.5 中国铁路步入新的发展时期(1979 年以来)

中国共产党十一届三中全会以来,国民经济开始了新的发展时期。1982 年指出“铁路运输已成为制约国民经济发展的一个重要原因”,提出“北战大秦,南攻衡广,中取华东”的战略。到 1985 年底,全国铁路营业里程达 52 119 km,客货换算周转量突破 1 万亿吨公里。至 2009 年底,

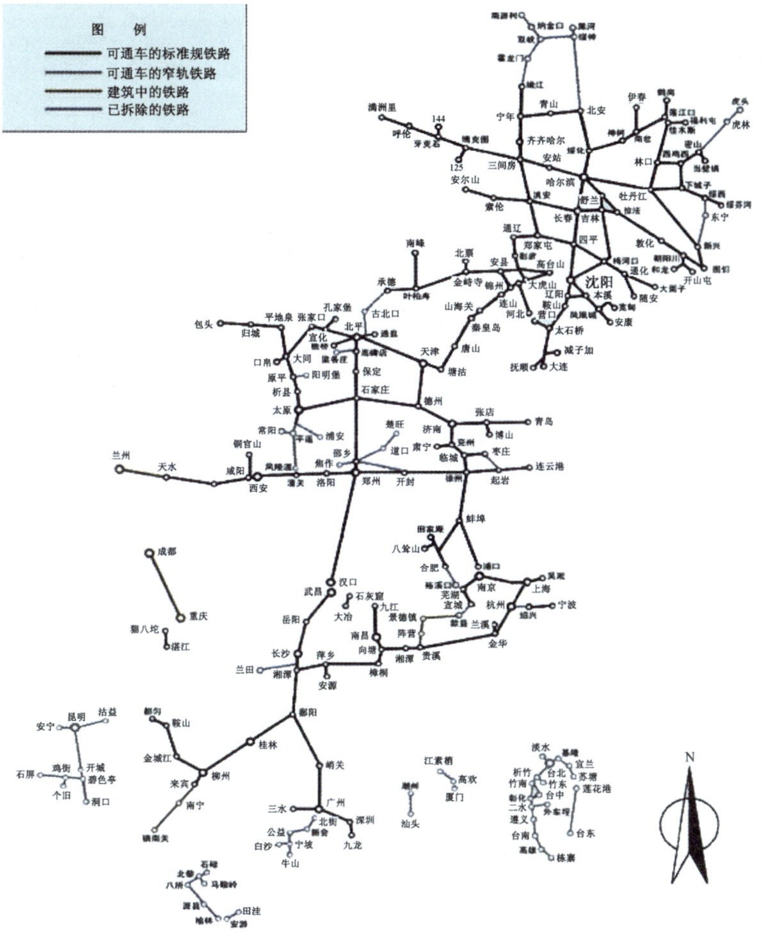

图 1—2 1949 年前中国铁路线路示意图

我国铁路营业里程达到 8.6 万 km。截至 2014 年底,全国铁路运营总里程已突破11 万 km。

1.1.6 中国铁路中长期发展规划

2004 年 1 月,国务院常务会议讨论通过了《中长期铁路网规划》,这是国务院批准的第一个行业规划,也是截至 2020 年我国铁路建设的蓝图。正是 2004 年 1 月通过的这份纲领性文件,促使青藏铁路提前一年建成通车,指导全国铁路第六次大面积提速成功实施,让大秦铁路突破世界重载运量极限,更推动京津城际铁路开通运营,开辟了中国高速铁路的新纪元。目前中国铁路营业线路见图 1—3。2008 年 10 月 31 日,经国家批准,中长期铁路网调整规划(图 1—4)正式颁布实施。新规划将进一步扩大路网规模,完善布局结构,提高运输质量,体现了原规划快速扩充运输能力、迅速提高装备水平的要求。

其发展目标为:到 2020 年,中国高速铁路营业里程达到 10 万 km,主要繁忙干线实现客货分线,复线率和电化率均达到 50%,运输能力满足国民经济和社会发展需要,主要技术装备达到或接近国际先进水平。

到 2020 年,中国高速铁路营业里程达到 10 万 km,主要繁忙干线实现客货分线。建立省会城市及大中城市间的快速客运通道,以及环渤海地区、长江三角洲地区、珠江三角洲地区 3

图 1—3 中国铁路营业线路图

图 1—4 中国中长期铁路网规划图

个城际快速客运系统,建设客运专线1.2万km以上。

规划指出,以扩大西部路网规模为主,形成西部铁路网骨架,完善中东部铁路网结构,提高对地区经济发展的适应能力。规划建设新线约1.6万km。形成西北、西南进出境国际铁路通道,西北至华北新通道,西北至西南新通道,新疆至青海、西藏的便捷通道,完善西部地区和东中部铁路网络。

铁路部门将以客运专线、沪汉蓉通道、杭甬深通道、煤炭运输通道的部分项目为重点,积极争取开工一批新项目。计划新线铺轨859 km,投产1 680 km;复线铺轨290 km,投产140 km;电气化投产559 km。宁西线西合段、宁启线、粤海通道、胶新线、宝兰复线、朔黄线等16个项目将建成。

1.2 中国迈进高铁时代

1.2.1 中国铁路的六次提速

第一次 1997年4月1日,京广、京沪、京哈三大干线最高时速达140 km。

第二次 1998年10月1日全面提速,最高运行时速达140～200 km。

第三次 2000年10月21日,京九、陇海、兰新、浙赣线东西方向大提速,东西时空距离的缩短,也提速了西部大开发进程。

第四次 2001年10月21日,哈大线、京广线南段,条件较好的单线铁路汉丹线列车最高时速达140 km。

第五次 2004年4月18日,京沪、京广、京哈等干线部分地段线路最高时速200 km,全路旅客列车平均旅行速度65.7 km/h。

第六次 2007年4月18日,大面积提速最高时速250 km,提速干线旅客列车运行时速达200 km以上。

1.2.2 中国高铁发展规划

1. 四纵四横的高铁主干线

"四纵"客运专线:(1)北京—上海;(2)北京—武汉—广州—深圳—香港;(3)北京—沈阳—哈尔滨(大连);(4)杭州—宁波—福州—深圳。

"四横"客运专线:(1)徐州—郑州—兰州;(2)杭州—南昌—长沙—昆明;(3)青岛—石家庄—太原;(4)南京—武汉—重庆—成都。

2. 三大城际客运系统

环渤海地区:北京—天津。

长江三角洲地区:南京—上海—杭州。

珠江三角洲地区:广州—深圳、广州—珠海、广州—佛山 。

3. 其他周边城际圈

目前,武汉及周边城际圈、郑州及周边城际圈、长沙—株洲—湘潭地区、长春—吉林等经济集中带或经济据点,正在修建或规划修建城际铁路。

4. 西部铁路建设

高铁网中的主骨架"四纵四横"直接连通到西北、西南地区。除此之外,配合"四纵四横"高速网的建设,还考虑建设跨区域或者区域内的大能力通道,如像贵广铁路、南广铁路等,再如

"四纵四横"中的徐州—兰州高速铁路,正在继续往乌鲁木齐修建。在货运能力的线路建设上,包括集装箱高附加值货物线路的建设上,西部地区也是重点。

5. 海峡西岸

第一条线是沿海通道,从上海、杭州到宁波,经过福建的福州、厦门到深圳,这也是"四纵四横"的重要组成部分。第二条是京福铁路,从北京沿着在建的京沪高铁到蚌埠,再从蚌埠一直向南,经过黄山、武夷山,到福建的省会城市福州市。这是第二条进出省的大能力通道。第三条从江西南昌到莆田、福州方向,这条线还可以通过其他的干线,比如长沙到杭州高速铁路,以及南昌到九江城际铁路,辐射到内地城市。

6. 除此之外,广州至南宁、广州至贵阳、成都至兰州等重要省会之间或重大城市之间,将来随着经济规模的扩大和客运需求的增加,都将陆续修建时速 200 km 及以上的客运专线或城际铁路。预计到 2020 年,中国 200 km 及以上时速的高速铁路建设里程将超过 1.8 万 km,将占世界高速铁路总里程的一半以上。

1.2.3　中国进入高铁时代

中国高速铁路的建设始于 2004 年的中国铁路长远规划,开通的第一条真正意义的高速铁路是 2008 年 8 月 1 日开通运营的 350 km/h 的京津城际高速铁路,经过高速铁路建设和对既有铁路的高速化改造,中国已经拥有全世界最大规模以及最高运营速度的高速铁路网。截止 2014 年 12 月 28 日,中国高铁运营总里程超过 1.6 万 km,"四纵"干线基本成形。中国高速铁路运营里程约占世界高铁运营里程的 50%,稳居世界高铁里程榜首。

未来,中国将形成以北京为中心的 1～8 h 交通圈,除乌鲁木齐、拉萨、海口以外,绝大部分省会城市都将被纳入这个快速交通圈。

目前,美国、俄罗斯、巴西、沙特、土耳其、波兰、委内瑞拉、印度、缅甸、柬埔寨、老挝、泰国等几十个国家都希望我国参与他们国家铁路项目的合作,有些合作项目已经开始实施。从境外媒体的报道中也可以看出,中国高铁的快速发展引起了世界的瞩目,中国在一些技术项目上已经领先世界,未来几年中国很可能拥有世界上最先进的铁路工业。

1.3　铁路地下化

随着中国高铁时代的到来,三大城际客运系统及其他周边城际圈将成为中国高铁规划的重要组成部分,为了解决铁路线路分割市区带来交通瓶颈的问题,从改善交通和提高运能的角度出发,将原有铁路的市区段从地面改建于地下的工程或者新建铁路线路时在市区段就直接建于地下将成为必然的趋势。

1.3.1　铁路地下化的主要优点

(1)节省土地。由于一般大都市的市区地皮价值高昂,将铁路建于地下,可以节省地面空间,令地面地皮可以作其他用途。

(2)减少城市分割。铁路建于地面,会因铁路线路的难以穿越性,将城市分割,限制了两侧城市的交通;而建于地下,则可有效避免对城市的分割。

(3)对天灾抵抗力强。不受台风、暴雨等恶劣天气的影响,抗震能力也优于地面铁路。

(4)减少地面噪声。铁路建于地下,可以减少地面的噪声。

(5)节能。四季均能保持较为舒适的自然温度,不需气温调节。

1.3.2 铁路地下化的主要缺点

(1)建造成本较高。由于要钻挖地下,铁路建造工程的经费及站体设施的拓宽难度均大于地面铁路。

(2)改扩建困难。由于铁路已钻入地下,若需增加铁路数量以扩充线路容量时,隧道拓宽较高架桥拓宽难度高出许多。发生破坏修复困难,地下隧道事故时疏散困难。

(3)通风不良,需要广设通风井。

1.3.3 铁路地下化的实例

(1)世界各大城市铁路的中央车站,如纽约中央车站、宾夕法尼亚车站(纽约市)、东京车站(部分地下化)等。

(2)台北都会区铁路地下化。

(3)长吉城际铁路下穿长春市龙嘉机场的路段,隧道长 3 029.2 m,其中龙嘉站为地下车站。

(4)海南东环铁路位于海口市美兰机场附近的路段,其中美兰站为地下车站。

(5)京石客运专线位于石家庄市区的路段。

(6)台铁淡水线改建为台北捷运淡水线(民权西路站至台北车站为地下化路段)。

(7)台铁新店线改建为台北捷运新店线。

(8)台铁中和线改建为台北捷运中和线。

(9)津滨城际铁路位于天津市滨海新区的地下部分长 3 600 m。

(10)连接天津站和天津西站的天津地下直径线,其中海河隧道长 3 280 m。

(11)广深港高速铁路位于深圳市区和香港特区的路段,福田站和西九龙站为地下车站。

(12)连接北京站和北京西站的北京地下直径线,其中隧道长 7 230 m。

(13)丰沙铁路位于北京市石景山区的路段并对石景山南站、养马场站和养三站进行入地改造,总里程 14 km。

(14)成绵乐城际铁路成都城区约 5 500 m 路段。

(15)成灌铁路穿过都江堰市区的离堆支线,地下线路长 5 960 m,该线三个车站迎宾路站、李冰广场站、灌县古城站均为地下车站。

(16)太原环城铁路中的晋祠隧道,长 8 800 m,其中隧道 CK18+400~CK19+500 段为晋祠地下车站。

(17)长株潭城际铁路位于长沙市区的路段,包括 8 个地下站点即汽车南站、湘府路站、香樟路站、树木岭站、开福寺站、滨江新城站、市府站和雷锋大道站。

(18)台湾高雄市区铁路地下化。

(19)台南市区铁路地下化。

1.3.4 展　　望

为了解决铁路线路分割市区带来交通瓶颈的问题以及解决地面空间不足等问题,铁路地下化是一种最为行之有效的办法,这种情况在世界各大城市已经越来越多的实施,从中国高速铁路建设的长远规划来看,铁路地下化也将成为中国铁路发展的必然方向。而铁路地下隧道则是铁路地下化的一种重要形式。

2 盾构施工技术概述

目前，世界各大城市已相继开始地下交通的建设工程。在这些地下工程中，由于受到城市环境因素的限制，传统的施工方法难以普遍适用。在这种情况下，对城市正常机能影响相对较小的隧道施工方法——盾构施工法，得到了人们普遍的关注，并且在一些地区已经有较为广泛的使用。

在我国，盾构施工技术在近十年还会有突飞猛进的发展。这是基于我国城市建设和各种基本建设的需求所作出的较为客观的预测。其背景是各大城市地下交通的建设工程、城市上下水隧道工程，尤其是高铁线路进入城市地下，因其大直径，高标准的特点，还将会加速盾构隧道施工法在我国的迅猛发展。

为了更好地阐述盾构技术的优越性和必要性，有必要把盾构技术发展及现状进行总结，为盾构技术在我国今后高铁建设尤其是城际铁路建设中得到充分合理的使用。

2.1 盾构技术的起源与发展

18 世纪末英国人提出在伦敦地下修建横贯泰晤士河隧道的构想，并对具体的掘削工法和使用机械等问题做了讨论。到 1798 年开始着手希望实现这个构思，但由于竖井挖不到预定的深度，故计划受挫。但横贯泰晤士河隧道的设想与日俱增，4 年后 Torevix 决定由另一地点建造连接两岸的隧道，随后工程再次开工。施工中克服了种种困难，当掘进到最后 30 m 时，开挖面急剧浸水隧道被水淹没，横贯泰晤士河的设想再次破灭，工程从开工到被迫终止用了 5 年时间。横贯泰晤士河的计划在以后 10 年中未见显著进展。

1818 年 Brunel 观察了小虫腐蚀木船底板成洞的经过，从而得到启示，在此基础上提出了盾构工法，并取得专利。这就是所谓的开放型手掘盾构的原型。Brunel 对自己的新工法非常自信，并于 1823 年拟定了伦敦泰晤士河两岸的另一条道路隧道的计划。随后，这个计划由当时的国会确认，工程于 1825 年动工。隧道长 458 m，隧道断面为 11.4 m×6.8 m。工程进展顺利，但因地层下沉，致使工程被迫中止。但 Brunel 并没有因此而灰心失望，他总结了失败的教训，对盾构做了 7 年的改进，后于 1834 年工程再次开工，又经过 7 年的精心施工，终于在 1841 年贯通隧道。Brunel 在该隧道中采用的是方形铸铁框盾构(图 2—1)。自 Brunel 向泰晤士河隧道挑战到隧道竣工前后经历了 20 个春秋，Brunel 经过不懈的努力，克服了种种困难，终于最后取得了胜利。此时，他已是 72 岁的老人。Brunel 对盾构工法的贡献极为卓著，这是后人的一致公论。

自 Brunel 的方形盾构以后，盾构技术又经过了 23 年的改进，到 1869 年建造横贯泰晤士河上的第二条隧道，首次采用圆形断面，外径 2.18 m，长 402 m，这项工程由 Burlow 和 Great 两人负责。Great 采用了新开发的圆形盾构，使用铸铁扇形管片直到隧道掘削结束未出任何事故。随后 Great 在 1887 年南伦敦铁道隧道施工中使用盾构和气压组合工法获得成功，这为现在的盾构工法奠定了基础。从起初 Torevix 反复失败和受挫折，到引出 Brunel 的盾构工法，及进而改进成为 Great 的盾构工法前后经过 80 年的漫长岁月。

图 2—1 Brunel 设计的方形铸铁框盾构

19 世纪末到 20 世纪中叶盾构工法相继传入美国、法国、德国、日本、苏联等国，并得以不同程度的发展。美国于 1892 年最先开发封闭式盾构；同年法国巴黎使用混凝土管片建造下水道隧道；1896～1899 年德国使用钢管片建造柏林隧道；1913 年德国建造断面为马蹄形的易北河隧道；1917 年日本采用盾构工法建造国铁羽越线，后因地质条件差而停止使用；1931 年苏联用英制盾构建造莫斯科地铁隧道（图 2—2），施工中使用了化学注浆和冻结工法；1939 年日本采用手掘圆形盾构建造直径 ϕ7 m 的关门隧道；1948 年苏联建造列宁格勒地铁隧道；1954 年中国阜新建造 ϕ2.6 m 的圆形盾构疏水隧道；1957 年中国北京建造 ϕ2 m、ϕ2.6 m 的盾构下水道隧道；1957 年日本采用封闭式盾构建造东京地铁隧道。总之在这 50～60 年的时间里盾构工法虽然也有进步，但这一时期的特点是盾构工法在世界各国得以推广普及。

图 2—2 1931 年苏联建造莫斯科地铁隧道使用的英制盾构

20 世纪 60～80 年代盾构工法继续发展完善，成绩显著。1960 年英国伦敦开始使用滚筒式挖掘机；同年美国纽约最先使用油压千斤顶盾构；1964 年日本埼玉隧道中最先使用泥水盾构；1969 年日本在东京首次实施泥水加压盾构施工；1972 年日本开发土压盾构成功；1975 年日本推出泥土加压盾构成功；1978 年日本开发高浓度泥水盾构成功；1981 年日本开发气泡盾构成功；1982 年日本开发 ECL 工法成功；1988 年日本开发泥水式双圆搭接盾构工法成功；1989 年日本开发 HV 工法、注浆盾构工法成功。总之这一时期的特点是开发了多种新型盾构工法，以泥水式、土压式盾构工法为主。

1990～2003 年这一段时间里盾构工法的技术进步极为显著。归纳起来有以下几个特点：

1. 盾构隧道长距离化、大直径化

首先是英法两国共同建造的英吉利海峡隧道（长 48 km），采用 ϕ8.8 m 的土压盾构工法于 1993 年竣工；日本东京湾隧道（长 15.1 km）采用泥水盾构（ϕ14.14 m）于 1996 年竣工；丹麦斯多贝尔特海峡隧道（长 7.9km）采用 ϕ8.5 m 土压盾构工法于 1996 年竣工；德国易北河第 4

条隧道采用复合盾构(ϕ14.2 m)于2003年竣工;荷兰格累恩哈特隧道(ϕ14.87 m、泥水式);第2条英吉利海峡隧道(ϕ15 m、土压盾构)于2003年动工。

2. 盾构多样化

从断面形状方面讲,出现了矩形、马蹄形、椭圆形、多圆搭接形(双圆搭接、3圆搭接)等多种异圆断面盾构(图2—3);从功能上讲,出现了球体盾构、母子盾构、扩径盾构、变径盾构、分岔盾构、途中更换刀具(无需竖井)盾构、障碍物直接切除盾构等特种盾构;从盾构机的掘削方式上看,出现了摇动、摆动掘削方式的盾构,打破了以往的传统的旋转掘削方式。

图2—3 多种样式的盾构

3. 施工自动化

施工设备出现了管片供给、运送、组装自动化装置;盾构机掘进中的方向、姿态自动控制系统;施工信息化、自动化的管理系统及施工故障自诊断系统。

详细的盾构工法的进展状况见表2—1。

表2—1 盾构工法发展一览表

年代	国家地点	盾构及辅助工法学
1804	英国伦敦	L. Torevix 于泰晤士河隧道准备停止
1818	英国伦敦	M. I. Brunel 提出盾构获得专利
1825	英国伦敦	M. I. Brunel 在泰晤士河底隧道中最先使用盾构(第二年因塌方工程中止)
1830	英国	T. L. Cochrane 发明气压支撑获得专利
1836	英国	在泰晤士河道路隧道中使用新型盾构再次开工
1843	英国伦敦	泰晤士河隧道竣工
1865	英国	铸铁管片
1869	英国伦敦	J. H. Greathead 在泰晤士河地下铁隧道中最先在隧道中使用铸铁管片气压和圆形盾构

续上表

年代	国家地点	盾构及辅助工法学
1879	英国伦敦	J. Thomson 提出使用机械盾构
1887	英国伦敦	南伦敦铁道隧道
1891	美国的巴尔摩	使用长方形盾构
1892	同上	最先使用封闭式盾构
1892	法国巴黎	混凝土管片
1896	美国	使用木制管片
1896	法国巴黎	使用长方形盾构(下水道隧道)
1896	英国伦敦	J. Price 设计接近现在盾构的机械盾构
1897	英国	首次使用铸铁管片,同时混凝土作衬
1896～1899	德国柏林	钢板管片
1909～1910	德国易北河	使用钢管片
1913	同上	使用马蹄形盾构
1914	美国克利夫兰	使用钢筋混凝土管片成功
1915	英国	使用气压工法
1917	日本	国铁羽越线折渡隧道中使用盾构工法(地质条件差,施工技术不足中途中止使用)
1926	日本	丹那导水隧道中使用盾构工法(由于地下水压高,硬岩中途放弃)
1931	苏联莫斯科	首次莫斯科地下铁工程中使用英制和苏制盾构施工,由于渗水采用了化学注浆,冻结法,在第 5 次工程中使用莫斯科盾构
1939	日本	国铁关门隧道中使用直径 7 m 的手握式圆盾构(并用气压)
1948	苏联列宁格勒	地下铁中使用机械盾构,同时开发到列宁格勒基辅机械盾构
1953	日本	在关门道路隧道中采用半圆盾构
1954	中国阜新	ϕ2.6 m 圆形疏水道
1957	中国北京	ϕ2 m、ϕ2.6 m 下水道
1957	日本东京	地下铁 4 号线永田工区采用半圆盾构
1960	英国伦敦	使用滚筒式掘削机
1960	美国纽约	Beach 首次使用油压千斤顶盾构
1960	日本名古屋	地下铁隧道中日本首次使用圆形断面盾构
1961	法国	提出水压封闭式盾构(与泥水加压盾构原理相同)
1962	日本东京	东京下水道局石神川下干线中采用圆形断面盾构(下水隧道中首次采用盾构)
1963	中国上海	网格挤压式
1963	日本大阪	大阪市大淀送水管工程中使用机械盾构
1964	日本玉	日本最早使用泥水盾构(荒川左岸下水道公称直径 3 m)
1965	中国上海	打浦路过江隧道(网格式盾构)
1965	日本东京	地下铁九号线中使用挤压盾构
1969	日本东京	最先使用泥水加压盾构直径 7.3 m
1972	日本	开发土压盾构
1974	日本	梁—弹簧模型管环荷载计算法提出

续上表

年代	国家地点	盾构及辅助工法学
1974	日本	开发卵石泥水盾构
1975	日本	开发泥土加压盾构
1977	日本	开发使用局部气压盾构
1978	日本东京	开发使用高浓度泥水盾构
1981	日本	开发气泡盾构(工程实验)
1982	日本东京	现场掘削同时作衬工法
1984	中国芙蓉江	土压平衡盾构
1985	中国上海	延安东路过江隧道(泥水盾构)
1988	日本东京	京桥隧道工程中使用 MF 盾构
1988	法国多哈海峡	1 台盾构连续掘进 20 km
1989	日本	H. V 盾构工法(双圆断面扭转分岔)成功
1990	日本名古屋	名古屋地铁 ϕ10. 48 m 土压盾构
1992	日本东京	自由断面盾构功能证实实验成功
1992	法国里昂	索恩河过河隧道中 ϕ10. 96 m 土压盾构掘进成功
1993	日本东京	NOMST 工法成功
1994	日本神奈河	球体盾构横横掘进成功
1994	中国上海	延安东路过江隧道复线工程 ϕ11. 22 m 泥水平衡盾构
1994	日本大阪	三圆形盾构修筑地铁车站成功(中间走车,两侧下客)
1994	日本东京	矩形盾构在东京问世
1996	日本	东京湾盾构隧道(ϕ14. 14 m)竣工
1996	日本	直角分岔盾构工法问世
1996	日本	东京地铁 7 号线 ϕ14. 18 m 母子泥水盾构开发成功
1996	日本	三圆搭接站盾构工法(中间站台,两侧走车)
1997	日本	竖井与横向隧道连续一体化施工法成功
1997	日本	掘削轮廓隧道构筑法的提出
1997	日本	PC－ECL 工法开发成功
1997	日本	DPLEX 盾构工法开发成功(多轴圆形摇动)
1997	日本	纵双圆搭接盾构工法的开发成功
1997	日本	扩径盾构开发成功
1998	日本	ϕ14. 18 m 超大盾构市区掘进成功
1999	日本	直径 ϕ11. 52 m 土压盾构机问世
1999	日本	封套式盾构工法(外防水套型盾构工法、高水压工法)
2000	日本	可变断面工法
2001	日本	插入扩径盾构工法
2001	日本	可以再利用双重构造盾构机的开发
2002	日本	内舱引拔利用型盾构机开发成功

续上表

年代	国家地点	盾构及辅助工法学
2002	日本	电蚀法盾构直接出井工法
2002	日本	包缠盾构工法
2003	德国	易北河隧道建成(ϕ14.2 m复合盾构)
2003	日本	摆动式矩形盾构
2003	日本	地中分离母子盾构工法
2003	英、法国	第二条英吉利海峡隧道(ϕ15 m,土压式)开工
2003	日本	双模盾构机的开发及实用化(可敞开、可封闭双模盾构机)
2004	荷兰	格累恩哈特隧道(ϕ14.87 m,泥水式)竣工(预计)

2.2 我国盾构技术的发展历史和现状

2.2.1 我国早期的隧道掘进机

20世纪50年代初,东北阜新煤矿用直径ϕ2.6m的手掘式盾构及小混凝土预制块修建疏水巷道,这是我国首条用盾构掘进机施工的隧道。1957年,北京市下水道工程采用直径ϕ2.0 m和ϕ2.6 m的盾构进行施工。

1963年,上海隧道股份结合上海软土地层对盾构掘进机、预制钢筋混凝土衬砌、隧道掘进施工参数,隧道接缝防水进行系统的试验研究。研制了1台直径ϕ4.2 m的手掘式盾构进行浅埋和深埋隧道掘进试验,隧道掘进长度68 m。

2.2.2 20世纪六七十年代掘进技术的发展与应用

1965年,由上海隧道工程设计院设计、江南造船厂制造的2台直径5.8 m的网格挤压型盾构掘进机,掘进了2条地铁区间隧道,掘进总长度1 200 m。

1966年,上海打浦路越江公路隧道工程主隧道采用由上海隧道工程设计院设计、江南造船厂制造的我国第一台直径ϕ10.2 m超大型网格挤压盾构掘进机施工,辅以气压稳定开挖面,在黄浦江底顺利掘进隧道,掘进总长1 322 m。

70年代,采用1台直径ϕ3.6 m和2台ϕ4.3 m的网格挤压型盾构,在上海金山石化总厂建设1条污水排放隧道和2条引水隧道,掘进了3 926 m海底隧道,并首创垂直顶升法建筑取排水口的新技术。

2.2.3 20世纪80年代我国隧道掘进技术的进步和发展

1980年,上海市进行地铁1号线试验段施工,研制了一台直径ϕ6.41 m的刀盘式盾构掘进机,后改为网格挤压型盾构掘进机,在淤泥质黏土地层中掘进隧道1 230 m。

1985年,上海延安东路越江隧道工程1 476 m圆形主隧道采用上海隧道股份设计、江南造船厂制造的直径ϕ11.3 m网格型水力机械出土盾构掘进机。

1985年,上海芙蓉江路排水隧道工程引进一台日本川崎重工制造的直径ϕ4.33 m小刀盘土压盾构，掘进 1 500 m，该盾构具有机械化切削和螺旋机出土功能，施工效率高，对地面影响小的特点。1987 年上海隧道股份研制成功了我国第一台 ϕ4.35m 加泥式土压平衡盾构掘进机，用于市南站过江电缆隧道工程，穿越黄浦江底粉砂层，掘进长度 583 m，技术成果达到 80 年代国际选进水平，并获得 1990 年国家科技进步一等奖。

2.2.4 20 世纪 90 年代我国盾构技术的发展状况

1990 年，上海地铁 1 号线工程全线开工，18 km 区间隧道采用 7 台由法国 FCB 公司、上海隧道股份、上海隧道工程设计院、上海船厂联合制造的 ϕ6.34 m 土压平衡盾构掘进机。每台盾构月掘进 200 m 以上，地表沉降控制达＋1～－3 cm。1996 年，上海地铁 2 号线再次使用原 7 台土压盾构，并又从法国 FMT 公司引进 2 台土压平衡盾构，掘进 24 km 区间隧道，上海地铁 2 号线的 10 号盾构为上海隧道股份自行设计制造。

90 年代，上海隧道工程股份有限公司自行设计制造了 6 台 ϕ3.8～ϕ6.34 m 土压平衡盾构，用于地铁隧道、取排水隧道、电缆隧道等，掘进总长度约 10 km。在 90 年代中，直径ϕ1.5～ϕ3.0 m 的顶管工程也采用了小刀盘和大刀盘的土压平衡顶管机，在上海地区使用了 10 余台，掘进管道约 20 km。1998 年，上海黄浦江观光隧道工程购买国外二手 ϕ7.65 m 中折式土压平衡盾构，经修复后掘进机性能良好，顺利掘进隧道 644 m。

1996 年，上海延安东路隧道南线工程 1 300 m 圆形主隧道采用从日本引进的 ϕ11.22 m 泥水加压平衡盾构掘进机施工。

1996 年，广州地铁 1 号线 8.8 km 区间隧道由日本青木建设施工，采用 2 台 ϕ6.14 m 泥水加压平衡盾构和 1 台 ϕ6.14 m 土压平衡盾构。

1999 年 5 月，上海隧道股份研制成功国内第 1 台 3.8 m×3.8 m 矩形组合刀盘式土压平衡顶管机，在浦东陆家嘴地铁车站掘进 120 m，建成 2 条过街人行地道。

2000 年 2 月，广州地铁 2 号线海珠广场至江南新村区间隧道采用上海隧道股份改制的 2 台 ϕ6.14 m 复合型土压平衡盾构，在珠江底风化岩地层中掘进。

2001 年以来，广州地铁 2 号线、南京地铁 2 号线、深圳地铁 1 号线、北京地铁 5 号线、天津地铁 1 号线先后从德国、日本引进 14 台 ϕ6.14～ϕ6.34 的土压盾构和复合型土压盾构，掘进地铁隧道 50 km。盾构法隧道已经成为我国城市地铁隧道的主要施工方法。

2003 年，上海地铁 8 号线首次采用双圆隧道新技术，从日本引进 2 台 ϕ6 520×W11120 双圆型土压盾构，掘进黄兴路站——开鲁路站 2.6 km 区间隧道。

2004 年，上海上中路越江隧道工程引进世界最大直径的 ϕ14.87 m 泥水加压盾构，将在黄浦江掘进施工 2 条隧道，隧道结构为双层 4 车道。

2.2.5 我国盾构机的发展历程

1995 年，只有上海、广州约 10 台盾构。

2000 年，北京、上海、广州和深圳约 20 台盾构，当时展望盾构技术会在 21 世纪有爆发式发展。

2010 年，中国不仅有近 300 余台盾构，而且在长、大、深、难等方面取得了重大突破。

2.3 我国盾构隧道施工技术现状

2.3.1 盾构应用技术水平迅速提高

随着盾构法应用的增加以及对技术研究的深入，我国在盾构隧道的设计计算、盾构的选型及配套、盾构的使用及施工技术等方面都得到了快速提高和发展。技术已基本成熟，有的达到了国际先进水平。

目前，我国盾构法隧道不仅采用了土压平衡盾构，也采用了泥水平衡盾构，还有复合式盾构；除单圆盾构外，还在部分地区采用了双圆盾构一次施工两条平行的区间隧道；盾构隧道地面环境除复杂的建构筑物外，也有在江下、湖下穿越的；盾构穿越地层除黏土、淤泥质软土、砂黏土外，还有砂层、砂砾层、卵石层以及较高强度的岩石地层等。

目前，我国盾构法隧道管片环宽已从 1.0 m，普遍加大到 1.2 m，目前又普遍加大到 1.5 m，有些项目已经采用了 1.8 m，管片环宽的增大，有利于提高隧道结构的整体刚度，拼装接缝减少，安装效率提高，并节约成本。接缝防水大多采用遇水膨胀橡胶或三元乙丙橡胶弹性密封防水，使隧道建成后不渗不漏，达到 A 级防水标准。

采用激光导向或陀螺仪导向，并辅于人工测量技术等，以及运用盾构推进油缸分区操作和姿态控制与纠偏技术，管片排版选型和拼装技术等，可将隧道线形精度控制在 30～50 mm 以内，管片错台高度控制在 5～10 mm 内。

管片背后环形间隙注浆除采用日本常用的即时注浆和欧洲常用的惰性浆液同步注浆外，我国开发应用的非惰性浆液的同步注浆技术，具有更好的早期稳定管片和控制地层沉降效果。在掘进控制、泥水与土压力和排渣管理、渣土改良、防刀盘结泥饼技术等方面也已作的很好。端头加固、联络通道施工、始发到达、安全换刀、信息化施工等方面都已掌握。

我国盾构施工中的地表隆沉一般可控制在＋10～－30 mm 以内，可以在距既有建构筑物很近的距离下安全掘进隧道。

总体说来，经过多年来在盾构技术上的应用研究，我国在盾构施工使用技术方面已达到了国际先进水平，有的盾构监控软件已具有自主知识产权，在盾构的选型设计、维修、零部件、后配套设备的设计制造等也已接近或超过国际水平。

2.3.2 盾构技术在我国的应用展望

当前是泥水盾构、土压盾构技术的普及和推广时期，但有些技术细节有待完善及改进。如仓内注入泥水、泥土成分配比，注入压力；出泥、出土的速度等参数的优化选取。排出泥水的分离处理；排出废泥的处理及再利用……

同时，多种特种盾构工法的相继问世，大大地扩展了盾构工法的应用范围，使盾构工法的前景更加宽广美好。但由于这些特种工法问世的时间不长，存在的施工实例不够多，细节仍有待改进。

为满足我国近年来建设发展的需要，大直径、长距离、高速施工等施工措施、施工设备的研发和成功应用也较为迫切。

总体来说，我国盾构工法今后的开发方向有以下几点：

(1)完善近年推出的新工法、新工艺的技术细节，使之提高成熟。

(2)加速盾构工法的自动化进程。

(3)为适应大深度、高地下水压、大口径化、长距离化、施工自动化、施工高速化、断面多样化等社会需求,开发崭新概念的工法、工艺、材料、管理系统。

虽然我国在盾构隧道施工方面已有了一定的成功经验和技术积累,但仍然存在大量的技术问题。除盾构机械制造和施工控制管理等综合技术问题以外,在岩土工程的领域内也存在许多尚待解决的理论和技术问题。比如,盾构隧道管片设计理论的统一、系统化问题、隧道开挖面稳定机理和控制问题、相邻或叠交隧道相互影响的评价问题等,都还需要进行不懈的研究和积累。

2.4 大直径盾构技术

2.4.1 国内高速铁路盾构隧道"单洞双线"技术

以往国内地铁采用盾构法施工的较多,普遍为单洞单线设计,所以采用盾构法施工使用开挖直径 ϕ6 m 多的盾构机即可满足;如今,部分高铁地下隧道建设采用了大直径盾构技术。据专家推算,单洞双线设计将比单洞单线设计节省约 40%的施工工程量,并且使工期大大缩短。

与此同时,单洞双线设计也会改变传统的地铁车站施工方案,即采用大直径盾构开挖地铁隧道,可以掘进过站后再扩挖修建车站。

目前"单洞双线"技术已经在北京地下直径线、天津地下直径线、京津城际延伸线等铁路地下隧道建设中得到成功应用。

2.4.2 衬砌结构的多样化

随着盾构隧道工程用途的推广,国内铁路盾构隧道开始尝试设置二次衬砌的新结构。工程实践经验证明,盾构法隧道采用单层管片衬砌完全可以满足变形、接缝张开量及混凝土裂缝控制等的设计要求,同时通过同步注浆和二次注浆,可以进一步加强管片稳定与防水效果。又由于单层管片衬砌具有工艺简单、工期短、投资节省的优点,因此,盾构隧道一般采用单层管片衬砌。

2.4.3 通用楔形环的采用

为满足隧道两端的线路平面和纵断面的要求,盾构隧道一般需要设置平曲线和竖曲线,为使管片拼装能较好地拟合设计曲线,我国上个世纪修建的盾构隧道均同时采用几种衬砌环类型,即左转弯环、右转弯环和直线环。该种设计方式有以下缺点:

(1)衬砌环类型多,需要更多的管片制造模具,增加了造价。

(2)由于各种衬砌在外观尺寸上差别很小,增加了施工管理难度。

(3)管片本身无法拟合竖曲线,在竖曲线地段需在环面加设不等厚的垫片,这在强透水和高水压地层中对防水不利。

由于施工中不可避免会产生掘进方向的误差,因而在一环掘进完成前无法预知该采用何种衬砌环,不利于管片提前组织运输,因而施工速度较慢,当掘进长度较长时尤为不利。为克服上述缺点,采用通用楔形环衬砌。该种类型衬砌环只需一种类型模具,通过衬砌环沿圆心的旋转可以实现直线、平曲线、竖曲线和纠偏的拟合需要,且拟合精度高。通用楔形环的缺点在于管片空间旋转位置不固定，为找出结构最不利受力状态，需进行高达几十种甚至上百种拼装组合状态的计算，计算工作量大。

目前，已经建成的北京地下直径线、天津地下直径线、京津城际延伸线等均采用了通用楔形环设计。

2.4.4 高性能混凝土的应用

混凝土结构新材料的应用为提高管片衬砌的防火性能，并减少管片制作过程中的表面收缩裂缝，不少隧道开始采用合成纤维混凝土管片。合成纤维应选择耐碱性强、弹性模量高、熔点低的材料，掺量控制在 1.5 kg/m^3 左右。

在上软下硬的复合地层中掘进时，千斤顶推力变化较大，容易造成管片局部开裂，同时在该种地层中荷载分布及结构支撑状态均明显比单一地层中更不利，因此，武汉长江隧道和狮子洋隧道均采用了钢筋钢纤维混凝土管片。通过利用钢纤维混凝土材料抗拉、抗裂性能好、韧性好的优点，抵抗不可预见的局部高应力。此外，高性能混凝土的应用提高了工程的耐久性。

2.4.5 盾构接缝防水新材料的应用

目前盾构隧道接缝防水的常用材料为三元乙丙橡胶（EPDM）和普通遇水膨胀橡胶，EPDM 橡胶的耐久性好，可以满足 100 年的使用要求，但普通遇水膨胀橡胶在长期或反复浸水前后质量损失较大、膨胀倍率下降，耐久性相对较差。最近南京长江隧道、上海长江隧道引进了日本的聚醚聚氨酯遇水膨胀橡胶作为接缝的辅助防水材料。该种橡胶材质为含亲水性单元的线型聚醚聚氨酯弹性体，聚醚分子在聚氨酯遇水膨胀胶中以化学链结合，且材料本身也是全部以化学链结合的热固性结构，没有无机填充物和有机增塑剂。所以，即使在有机溶剂中也无可抽出物，更不溶于水，即使在流动水中长期浸泡下其质量和膨胀倍率也能基本保持不变，因而其耐久性较好。

2.4.6 盾构地中对接技术

狮子洋隧道盾构段长度为 9 340 m，且工期紧，必须采用 4 台盾构施工。设计中对多个施工组织方案进行了研究比较，推荐采用地中对接方案。该方案是国内首次进行地中对接施工，根据地质条件，对接施工的辅助工程措施为长管棚超前注浆。

2.4.7 盾构直接切削围护墙始发技术

目前，国内盾构始发时一般采用人工凿除掘进范围的围护墙后，再进行盾构推进的方式。该方式对围护墙背后地层加固和止水的要求较高，且存在一定的施工风险，对工期也有一定影响，为降低工程风险，盾构开挖范围内的工作井围护墙采用 GFRP（玻璃纤维）筋代替钢筋，盾构始发时直接切削围护墙进入土层，该种方式在国内大直径盾构始发工艺中已多次采用。

3　国内不同地层类型铁路盾构隧道施工技术概述

3.1　广深港高速铁路狮子洋隧道

3.1.1　概　　况

广深港客运专线北起广州铁路枢纽的新广州站，南至香港的西九龙车站，全长 146 km，是内地连接香港的快速通路。广州—深圳福田段按 350 km/h 设计，是我国目前设计时速最高的铁路之一。狮子洋隧道处于广深港高速铁路东涌站—虎门站区间内，是该线的关键性工程。该隧道全长 10.8 km，其中隧道长度 10 490 m，引道敞开段 310 m，隧道长度中明挖暗埋段 1 150 m（含进出口两个盾构始发井），盾构隧道长度为 9 340 m，采用 4 台泥水平衡式盾构施工。两隧道间共设 23 个联络通道。狮子洋隧道是我国第一条铁路水下隧道，也是我国第一条建设标准最高的特长水下盾构隧道。

狮子洋隧道位于伶仃洋附近的珠江三角洲平原区，沿线地形平坦开阔，其平面位置见图 3—1。盾构隧道下穿小虎沥、沙仔沥、狮子洋水道，狮子洋水道为珠江航运的主航道，隧道最大纵坡为 20‰，最小纵坡为 3‰。盾构隧道最大覆土 52.3 m，最小覆土 7.8 m；河道内的隧道最小覆土 8.7 m，水深最大处的隧道覆土 26.0 m。隧道轨面最低点标高为 −60.988 m，与百年一遇高潮位的高差约 64.2 m。盾构隧道大部分处于微风化砂岩、砂砾岩中（图 3—2），局部位于淤泥质与粉质黏土中，部分地段穿越软硬不均地层。盾构隧道穿越基岩的最大单轴抗压强度为 82.8 MPa，基岩的渗透系数达 6.4×10^{-4} m/s，基岩的石英含量最高达 55.2%，岩石地层的黏粉粒（≤75 μm）含量为 26.1%～55.3%。狮子洋隧道分别下穿的小虎沥水道宽 460 m、沙仔沥水道宽约 540 m、狮子洋水道宽 3 300 m，狮子洋水道的水深 26.6 m，隧道的设计水压达 0.67 MPa；隧道范围内地下水位处于地表下 0.5～1.2 m，地下水主要为第四系地层的孔隙水和白垩系岩层的裂隙水，且具承压性；地下水对混凝土结构具有盐类结晶的弱～中等侵蚀性，永久结构要求采用碳化环境、氯盐环境、化学侵蚀环境下的耐久性混凝土。

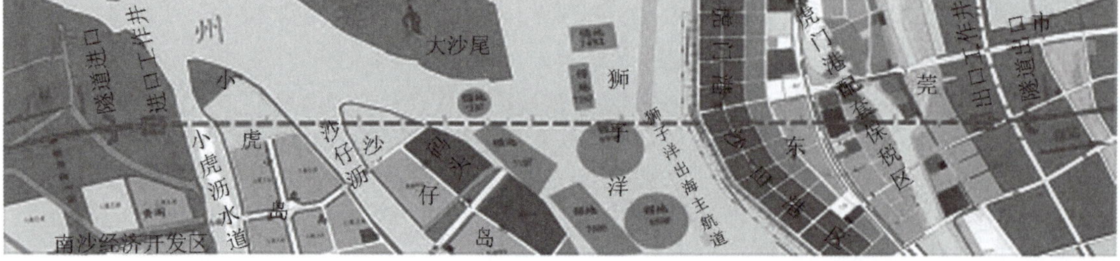

图 3—1　狮子洋隧道平面图

图 3—2　狮子洋隧道纵剖面示意图

3.1.2　狮子洋隧道盾构段的设计

1. 总体设计

狮子洋隧道盾构段采用双洞单线隧道，线间距为 17～23 m，盾构隧道内径 ϕ9.8 m、外径 ϕ10.8 m、管片厚度 500 mm、管片宽度 2.0 m，管片采用“7＋1”分块模式的通用楔形环错缝拼装，盾构隧道以管片自防水为主，接缝采用两道弹性密封止水条防水。隧道内铺设无砟轨道。设计根据总体工期要求按 4 台泥水盾构施工，并在国内首次采用“相向掘进、水下对接、洞内解体”的施工技术。

狮子洋隧道在列车断面积为 10.4 m^2，阻塞比约为 0.16，隧道出口区域产生的微压波压力峰值约 75 Pa，超出了微压波压力峰值标准，因此在隧道出口 60 m 长范围内的顶部连续设置 8 个不同尺寸的正方形开口，顶部各开口中心相距 7.5 m，开口边长自洞身往出口逐步增大，最大边长 4.63 m，最小边长 0.5 m。对于管片的手孔处理，鉴于量多面广，可能造成运营安全风险大的状况，不进行封堵。效果图见图 3—3。

图 3—3　狮子洋隧道效果图

2. 管片结构与二次衬砌

盾构隧道的管片结构设计相对简单，其受力比较明朗，而且现有的管片结构计算方法从荷载取值、简化结构模型都比较保守，因此从受力上讲结构安全度高。但是由于管片隧道的块间接缝由外周地层的水土荷载形成挤压并由螺栓连接，环间接缝是由掘进推力施加预压并由螺栓连接的，因此周边地层的变位对隧道结构的影响很大。尤其是在软土地层中其表现更为明显，这一点在我国华东地区软土地层中的已运营地铁盾构隧道变形，以及两起典型的周边隧道土体流失所造成的盾构隧道破坏形式得到了很好的印证。鉴于狮子洋隧道所处的环境条件及其在整条运营线路的重要性，结合日本东京湾海底公路隧道的经验，该隧道在管片隧道内设计一道整体性较强的二次衬砌，尤其是在进出口段各近 1 km 的软土与软硬不均地段更是如此。

3. 隧道构造设计

狮子洋隧道结构设计的其他方面与一般的轨道交通过江隧道的结构设计区别不大，但考虑到高速列车的运行轨面平整度要求高，在软土地层段隧道下部的铺底采用了钢筋混凝土纵梁方式，以规避隧道结构变形引起的纵向与横向轨道沉降差，同时减轻列车振动传递到隧道外周对地层影响。在防水方面采用了两道措施，第一道在管片接缝面外侧采用三元乙丙弹性止水条，其槽内压缩充填率为 100%，满足耐 1.2 MPa 的要求，内侧采用遇水膨胀止水条止水。为了控制管片接缝的变位，管片连接采用斜螺栓连接，每环环向接缝采用 22 只 M36 纵向斜螺栓连接、纵缝采用 24 只 M36 环向斜螺栓连接。管片的配筋率约为 180 kg/m^3，并根据不同埋深和围岩状况变化，同时考虑到隧道所处地下环境，要求在管片的外表面喷涂混凝土防护剂。

4. 安全设计

狮子洋隧道可满足“抗震抗火抗暴抗洪”要求。抗震设计可抗 7 级强震，抗爆可抵御 5 km 炸药的冲击。抗洪设计，可以满足 300 年一遇洪水水位下，河道的冲刷变形对隧道的影响。防水采用了双道密封条，可以防渗防漏，满足 100 年耐久性要求。此外，隧道内设计的 19 条逃生横通道，可以有效应对火灾、火车意外撞击等事故发生时人员的安全撤离。

3.1.3 狮子洋隧道的主要特点

(1)狮子洋隧道是我国第一条铁路水下隧道，也是我国第一条特长水下盾构隧道，为我国水下第一长隧，速度目标值达 350 km/h，被誉为中国铁路世纪隧道。

(2)狮子洋隧道三次穿江越洋，其中狮子洋水面宽达 3 300 m，水深达 26.6 m，且为珠江航运的主航道，设计水压达 0.67 MPa，为超高水压的水下隧道。

(3)盾构隧道为国内首次在软硬不均地层和岩层中采用大直径的气压调节式泥水盾构施工；在国内第一次采用盾构“相向掘进、地中对接、洞内解体”的施工技术。

3.1.4 狮子洋隧道的主要技术难点

(1)大直径、长距离、高水压、软硬不均地层水底隧道的盾构选型，如何确保破岩与切土协调、有效稳定工作面、高效密封防止涌水、保障环流畅通是最大的技术难点。

(2)盾构隧道通过的地层复杂，狮子洋隧道通过的地层大致可以分为软土地层、岩土软硬不均地层、岩石地层三大类，岩石又分为泥质粉砂岩、砂岩、砂砾岩，从隧道长度方向它们频繁交互变化，且岩层的黏粉粒含量高，给施工带来很大的难度。

(3)狮子洋隧道盾构施工，极易形成“泥饼”，且刀具易磨损，如何降低刀具磨耗、减少换刀量是保证快速施工的关键；在高水压下更换刀具，其风险和难度极大，必须进行技术创新。

(4)盾构长距离“相向掘进、地中对接、洞内解体”，对接精度要求高、安全难度大、技术复杂、拆机空间狭小、大重件拆运困难，且对接技术关系到整个工程的成败，在水下软硬不均地层盾构一次掘进距离长约 5 km 也是世界少见。

(5)富水软土地层如何确保软土地基、软硬不均地层隧道工后沉降满足运营安全，是本工程施工的关键技术之一。水下软土地层、超浅埋的联络通道施工风险极大，如何确保安全至关重要。

(6)黏粉粒含量高达55%以上的高黏性地层,长距离输送泥水如何防止管道堵塞,并进行有效的泥水分离处理达到环保目标,也是工程施工的关键技术之一。

(7)特长水下隧道的防水技术、风险管理、防灾救灾、运营管理,对每一个建设者都是一次挑战。

3.1.5　狮子洋盾构隧道主要施工技术

1. 隧道轴线控制技术

高速铁路的轴线要求非常严格,而盾构施工的隧道是一次性成形的产品,其成形后很难进行修正,因此施工过程中就必须确保施工精度满足设计要求。尽管盾构自身配备的PPS测量系统能够满足掘进测量精度要求,但由于狮子洋隧道独头掘进距离接近5 km,按照一般的控制测量和导线测量方法,其贯通误差不能满足线形要求,为此在两个隧道口附近建立了4个GPS控制点,并进行跨江联测,隧道口采用可通视双三角(四边形)控制网,联系测量利用明挖段良好的条件引测进行平面控制;隧道轴线控制测量采用洞内双导线布设(图3—4),并提供盾构自身配置的测量系统用的后视、测站控制点坐标。为了控制贯通误差和对接精度,在对接区域附近的三个联络通道进行先期施工,实现进出口工区的洞内联测,以便于盾构对接姿态的调整。

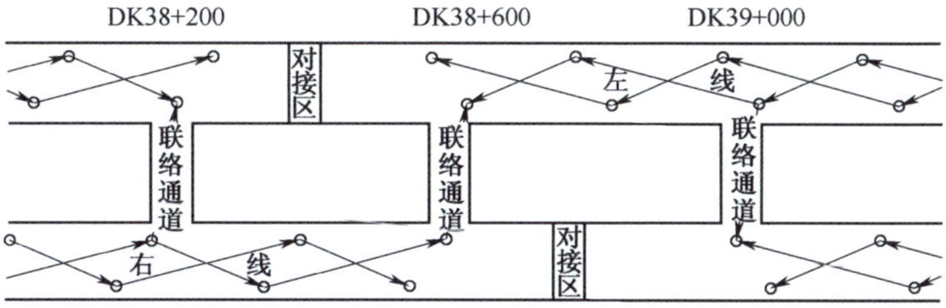

图3—4　隧道内双导线布置与对接区域联系测量示意图

狮子洋隧道掘进过程中的轴线控制,除一般盾构隧道的轴线控制技术外,另外还关注了两个方面的主要因素:局部抗浮与整体变位的轴线控制问题。局部抗浮是指管片脱出盾尾约束一定时间内,由于环形间隙充填介质为流塑态,在浮力的作用下管片环要产生相对上浮,导致隧道轴线发生改变;经简单计算狮子洋盾构隧道每环的上浮力约为102 t,在管片脱离盾尾后,这一浮力不但会造成管片隧道的上浮,同时会造成盾构本体的姿态发生改变。整体变位是指隧道上覆土体在一定的时间内不足以抵抗浮力,特别是在软土地层中,由于隧道掘进速度快,其上部地层的松弛相对较慢,对于隧道外周弹性模量仅为1.5~2 MPa、承载力仅为60 kPa的淤泥质土层,在浮力的作用下必然产生压缩,从而导致隧道轴线上移。现场实测也表明这一现象的存在,因此施工时进行了掘进轴线的预调整以满足设计的最终要求。

2. 软硬不均地层掘进技术

狮子洋隧道在出口工区存在长约500 m地段为软硬不均地层,隧道范围内上部为砂层与淤泥,下部为泥质粉砂岩、砂岩,且岩石地层的黏粉粒(≤75 μm)含量高达55.3%。软硬不均地层是盾构施工中较难处理的地层,尤其是在采用泥水盾构施工的情况下。一是软土地层的切削与岩石地层的破岩机理相差较大,其采用的刀具差异大,如何选择刀具保证其协调工作至关重要；二是维持工作面稳定主要依靠泥水的工作压力，因此掘进切削的高黏性颗粒进入泥水仓的能力很弱，极易堵塞刀孔与刀盘开口，从而造成掘进异常困难。从出口左线软硬不均地层的情况分析，原盾构设计极不适应狮子洋隧道软硬不均地层的施工，刀具磨损与破坏率很高，堵塞现象严重，月进度不足百米。经过现场的仔细分析与研究，对右线所使用的盾构进行了大量的改造与优化，如环流系统、刀具配置、掘进参数优化，同类软硬不均地层的掘进月进度达到了 200 m，刀具磨损达到正常状态，且刀具几乎没有异常破损。

3. 高水压条件“减压限排换刀技术”

长距离盾构掘进必然存在刀具更换问题，尤其是在岩石地层与软硬不均地层，其刀具的磨损速度可能达到软土地层的 100～300 倍，更换刀具的频率较高。“常压模式”与“带压模式”是刀具更换的两种模式，前者的应用条件是在工作面相对稳定的贫水地层，其风险较低；后者的应用条件是富水地层或工作面无自稳能力的地层，其风险高，因此应尽量创造常压换刀条件。但是由于不同地质体介质对刀具的磨耗无法找到较为准确的规律，换刀位置具有一定的随机性，同时可能存在环境条件不允许进行预处理，因此带压换刀不可避免。而在高水压条件下如何保障换刀人员的安全、提高刀具更换效率具有很大的技术难度，为此在狮子洋隧道施工中首次提出并采取了“减压限排换刀技术”，该技术的主要目的是尽可能地降低带压换刀的气压或创造常压作业条件，保障换刀人员的健康与安全，提高工作效率。其主要技术措施是采取三维渗流场分析评估环境影响、限量排水降低地下水压、建立高性能泥膜防止气体逃逸、必要时利用超前钻注设备进行地层适度改良，该技术在狮子洋隧道的施工中获得了明显的效果。

4. 盾构地中对接技术

狮子洋隧道是我国首次采用盾构地中对接方案修建的水下隧道，具有开创性和很大的技术难度。目前国内外利用盾构相向掘进、地下对接技术修建隧道的工程实例很少，相关资料显示日本东京湾隧道是最典型的一例。首先由于客运专线的线路要求，必须满足铺设直线轨道的调差贯通精度要求；同时还要保证相向施工的两台盾构的切口环在空间的接口能够进行焊接，因此就必须有很高的对接精度，尤其是在软硬不均地层独头掘进超过 5 km 的情况下，需要对测量方法与定位方法进行特别的研究；其次在高水压、强渗透地层进行盾构对接，如何保证施工的安全与对接区的地层稳定，同时要控制地下水的渗透至关重要，关系到整个广深港客运专线的成败；另外，大直径盾构在狭小的隧道内进行拆机，大件（如主轴承、刀盘、压力仓等）的拆卸、起吊、运输均具难度，在工期相当紧张的情况下，如何安全、顺利、快速地完成拆卸与外运施工，也需要细致研究。

目前国际上盾构对接施工主要采用机械对接与土木对接，前者是盾构直接掘进连接，对地层不需要采取任何处理；后者是对接前要对地层进行加固处理（如冻结、注浆等）确保对接工作面的稳定，然后贯通并焊接盾壳。狮子洋隧道在主航道水下段尽管基本上处于弱风化泥质粉砂岩、砂岩、砂砾岩中，地质勘探资料显示弱风化岩石的抗压强度为 6.54～82.6 MPa；但是弱风化岩层的渗透系数变化很大，一般在 0.033～30.84 m/d；个别地段达 55.2 m/d。鉴于此，为了确保对接面的稳定，并有效地控制对接误差，考虑到联络通道的布置和进出口工区的均衡施工，结合狮子洋隧道的工程地质和水文地质特性，采用土木对接法进行施工，对接方式见图 3—5。

狮子洋隧道地中对接技术的基本工艺要求是：通过对对接点地层进行加固处理，达到止水和防止地层失稳的效果，保证安全、顺利对接后，完成盾构解体和对接段隧道衬砌施工。该工

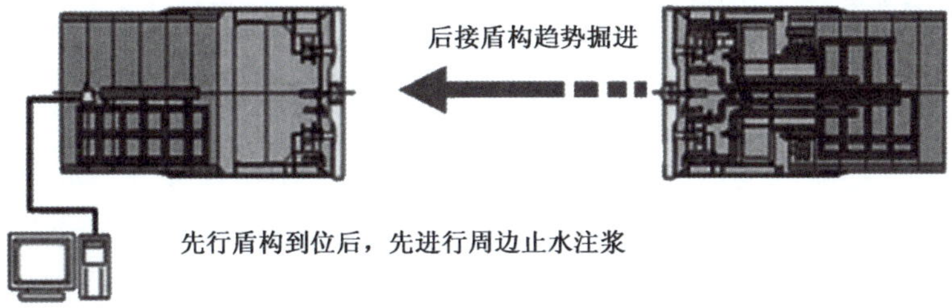

(a)先行盾构到位后情况

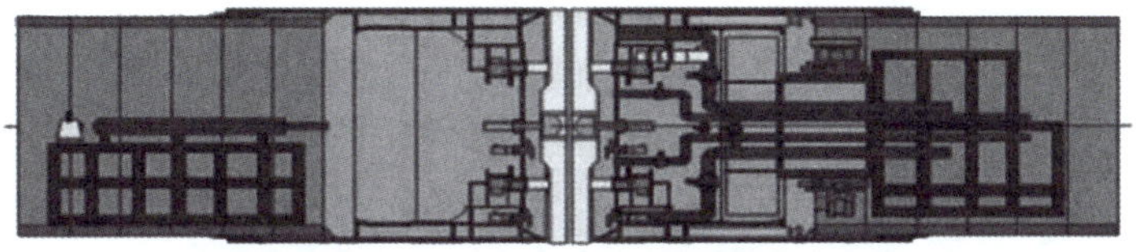

(b)2台盾构均到位后情况

图 3—5　狮子洋隧道盾构直接土木对接示意图

程选择的对接地点基本在隧道中间位置，处于狮子洋水道江中心，根据工程环境，不具备地面加固的条件，且无法保证加固效果，因此，采用隧道内加固的辅助方法。

(1)盾构针对地中对接的特殊设计

①双层盾壳设计，且 2 层盾壳互相独立。

②盾构沿圆周方向匀布设置 22 个超前注浆孔，倾角 13°，孔径 ϕ110 mm。该孔洞可用于超前注浆，同时可利用注浆管作为超前支护，为盾构在地中成功对接提供有力保障。

③盾构中体内，在管片安装机上预留超前钻机支架。

④刀盘设计成分块结构，可以进行分块拆卸。

⑤盾构内部构件总体设计按可在盾壳内拆卸，并充分考虑分离的可操作性。

⑥限制了盾构部件单件的最大质量(120 t)，最大尺寸，以确保洞内拆卸和运输的便利。

(2)对接前的准备工作

①增加对盾构和隧道的测量频率，检查导向系统的精度和工作状态。

②检查盾构的工作状态。

③准备好盾构洞内对接拆卸的工具和材料。

④在距交接面一定距离时，两台盾构加强联系，并进行贯通前测量，同时加强盾构姿态的测量。

(3)对接区域预选择

在充分掌握水文地质资料后，对预定对接区域(较大范围内)的地层进行分类，对接区域的地层尽量避开松散软弱土层、风化破碎岩层、裂隙发育岩层、断层、泥化软弱夹层、岩溶与土洞、地下水发育地层、滑坡体等不稳定地层，选择在地层均一稳定，而且渗透系数较小的地段。按照相关参数，定性或定量地把地层分为适宜对接地层、加固后可以对接地层及不宜对接地层等。

结合水文地质条件、施工进度计划及盾构设备状况等因素，利用对接区域地质纵断面图和对应地质钻孔孔芯样图等地质勘察资料，对预选择对接地层稳定性进行进一步分析，基本确定盾构对接预选择区域。

(4)对接施工

在两台盾构距离 600 m 时，两台盾构施工单位分别利用设计院所交桩点，对洞外、洞内控制桩点进行复测。洞外平面控制采用 GPS 静态测量；洞外高程采用二等水准，跨河段采用 GPS 跨河水准和光电测距跨河水准两种方法；洞内导线采用交叉双导线闭合环方式，在横通道处联测，以满足施工所需精度。双方盾构按照最终的测量成果调整姿态进行掘进，以保证尽量小的贯通误差。

当两台盾构进入预选择对接区域后，刀盘相距约 50 m 时，两台盾构同时停机，开仓检查地层，经相关各方现场确认，选择地层总体较好一方先行停机，作为最终的对接点。

在对接位置确定后，地层较好的一方盾构进行保压停机，主要进行辅助注浆地层加固作业，并可进行后部设备的拆除工作，仓内压力设定为保证大于自然静水压力，保证仓内液位不上涨，配合对方掘进。后掘进盾构应按先停机盾构的刀盘中心姿态掘进，适当调整掘进参数即可，主要是要保证设备状况和注浆效果。当 2 台盾构刀盘相距较近(5～10 m)时，或在此之前选择合适时间，先停机一方盾构开仓用钢板焊接封闭刀盘幅条开口，以对最后地层起到支撑作用，防止后掘进掌子面坍塌，并有大块进入先停盾构泥水仓内。封闭采用 $\delta=20$ mm 钢板间隔焊接，开仓期间另一方盾构降压停机进行配合。

当掘进至双方刀盘相距 2 m 时，对掘进参数进行相应调整，降低刀盘转速和贯入度。双方相距 30 cm 时，在尽量保证掌子面不掉大块的情况下逐渐降低刀盘贯入度进行掘进，直到与第一台盾构接触。应提前计算好里程坐标，并派专人在两仓壁进行监听，保证双方的通信联系，当里程上确认贯通，并听到刀盘接触声后，立即通知对方停止掘进。然后利用仓内压力，后退刀盘一定距离(保证刀盘里接触)，连续循环出渣，以尽量减少人工出渣量，完成对接掘进作业。

(5)对接区域加固止水

对接区域加固止水施工主要包括后部管片背后注浆止水、盾壳背后注浆止水、对接地层超前注浆加固止水和直接加固止水施工等。

管片背后加固止水施工：在最后 200 m 的掘进中，应加强相向施工的 2 台盾构同步注浆注浆量；对接位置确定后，先停机盾构对盾尾后管片(至少 60 m)及时进行双液浆补强注浆止水处理。两台盾构对接上后，后停机盾构也同样对盾尾后管片进行注双液浆处理。

盾壳背后加固止水施工：两台盾构对接上后，在仓内采用快硬型水泥对盾壳与地层间隙进行全环封闭，完成封堵后在前盾盾壳上开孔注入化学浆液，化学浆液注入为盾壳前端 2 m 范围，化学浆液注入后，利用盾构 22 个超前注浆孔及在盾壳上开孔对盾壳背后注入超细水泥浆液。

对接地层超前加固止水施工：对接区域地层主要为两台盾构对接范围外周的地层，第一台盾构达到对接区域后，利用盾构上超前注浆孔，采用专门配备的超前钻机，对对接区域前方外围的地层(裂隙)进行注浆加固，超前注浆孔为沿盾构圆周方向匀布设置的 22 个超前注浆孔，利用专门的超前钻机通过该孔洞钻孔注浆，施工时设置专门的止浆塞，以达到钻孔、注浆时的保压和注浆效果，同时利用注浆管作为辅助超前管棚支护。

施工中此项超前钻孔注浆方式只进行一次，因为施工周期长，工艺较复杂，控制难度大，一般一次就会把盾壳抱死，造成盾构很难再次启动向前掘进。实际施工中，在前期选择好地层，并做好其他项止水工作的前提下，根据实际情况进行简化。

满足开仓条件后，如果对接裸露地层还存在裂隙水，可对裂隙水位置采用风钻打孔埋管注浆的方式进行封堵，或暂时进行引排，在衬砌后再进行封堵。

(6)管片加固措施

为防止在有压力状况下，拆除油缸时盾构后退，以及管片无油缸推压引起管片环向及纵向松动，造成管片环、纵缝漏水，盾构到达对接位置后，需立即进行管片加固。主要措施包括，对最后拼装的(至少 60 m)管片进行壁后补充注浆并复紧管片螺栓、在管片端面与盾壳之间焊接钢肋板防止盾构后退、盾尾管片与盾壳间隙注浆填充、后 10 环管片沿隧道方向设 6 道槽钢或角钢纵向拉紧等。

5. 洞内解体技术

盾构洞内拆机是一个关键技术，也是施工风险相对来说最大的一环，需要提前进行大量的技术研究和筹备工作。首先，在盾构设计制造时就考虑盾构洞内拆机的基本理念和具体参数要求，保证洞内拆机可行的基本条件。另外，在拆机前进行大量的技术工作，主要包括拆机的总体思路和拆解顺序安排、辅助工装加工、吊点设置、吊具加工购置、分块大小编排、下落翻身设计、运输组织，哪些要整体运输、哪些要进一步拆解或内移等。

洞内拆机的总体思路是：盾构后配套采用局部设备拆除或内移、每节后配套拖车利用汽车平板整体运输出洞的方式，盾构主机及刀盘采用分部件或分块拆除、汽车平板分块运输出洞的方式进行。

在盾构掘进到位后，完成隧道内剩余隧底填充工作后，开始拆机工作，洞内拆机总体顺序为：

(1)拆除或改移后配套拖车上部分设备(管片卸载机、延伸小车、电缆卷筒、风筒及支架等拆除，污水箱、水管卷筒等内移)。

(2)利用管片安装机逐个推进油缸，并在管片端面焊止退装置。

(3)拆除隧道内轨道，并同步拆除隧道内管线。

(4)进汽车平板(可一次一辆，也可一次多辆)。

(5)在后配套拖车上设置横梁，断开拖拉连接及管线连接、拆除拖车轮对，将拖车重量落在汽车平板上。

(6)各节后配套拖车出洞(图 3—6)。

(7)再分次进汽车平板。

(8)在管片上设置吊点和吊梁，拆除管片安装机。

(9)拆除管片安装机主梁。

(10)拆除人员舱，同时拆除其他中体内部的设备、管线等。

(11)拆除主驱动电机及减速箱。

(12)拆除米字梁。

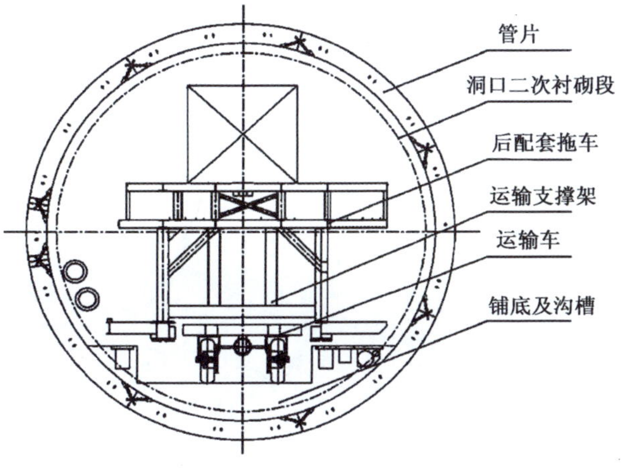

图 3—6　后配套拆运方式图

(13)拆除主轴承(图 3—7)与法兰、主轴承与前体连接螺栓、刨开仓壁焊缝。

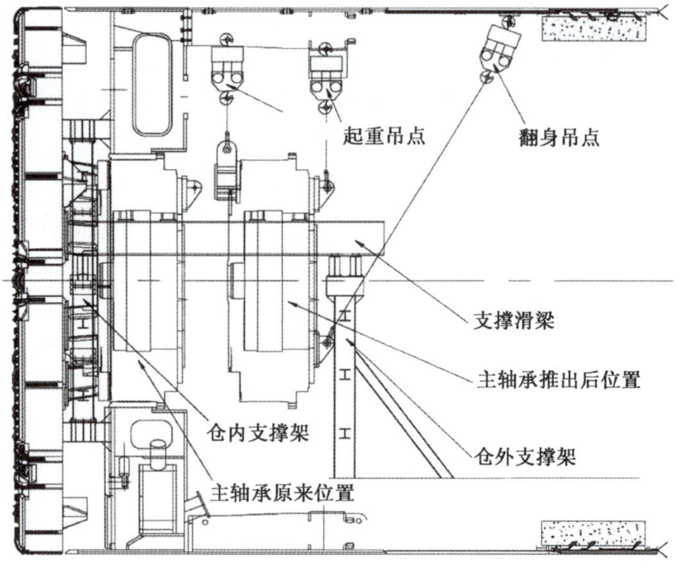

图 3—7 主轴承拆装图

(14)设置主轴承拆除工装(包括仓内支撑、仓内顶推设施、隔板开孔、安装滑梁和设置上部吊点等)。

(15)顶出主轴承。

(16)拆除滑梁等工装。

(17)空中翻转、平移和装车。

(18)设置中体拆除工装架。

(19)分块拆除中体装车及外运。

(20)设置前体拆除工装架。

(21)分块拆除前体(图 3—8)装车及外运。

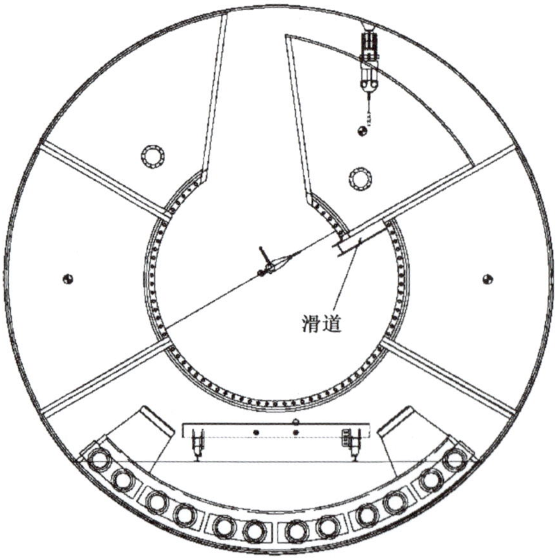

图 3—8 前体右上块拆装图

(22)同步分块割除刀盘装车及外运。

(23)现场清理完成拆机施工。

盾构后配套拖车拆运相对比较简单,只进行局部拆解和平移,整体装运。盾构主机部件、设备的吊装主要采用在盾壳焊接及管片螺栓上安装吊耳、吊梁,设置手拉葫芦吊装,在下部设置支撑、作业平台等工装设施,个别部件利用液压千斤顶辅助拆卸、翻身和吊装,从而完成各个部分的拆装和运输。

3.1.6 施工效果

自 2007 年 11 月 9 日狮子洋隧道第一台盾构开始掘进,建设、设计和科研部门联合展开攻关,先后攻克"高水压、强渗透"地质条件下,掘进机水中带压更换刀具等多项世界性的技术难题,成功穿越深水、淤泥和超浅埋地段,实现盾构的水下精确对接。

2011 年 03 月 12 日,狮子洋隧道全线贯通。直径超过 11 m 的大型盾构在水下 60 m 深处的精确对接,标志着我国长距离水下铁路隧道的施工和科研取得重大突破,为国内同等地质条件下海底盾构掘进施工积累了宝贵经验。

3.2 长(沙)株(洲)(湘)潭城际铁路盾构隧道

3.2.1 概　　述

长株潭城际铁路是长株潭城市群城际铁路网的核心部分,地处长沙、株洲、湘潭城市群中心地带。线路以长沙站为中心,在湘江以东向南过暮云,沿京广铁路走廊接入株洲站,并延伸至七斗冲站;线路自暮云跨京广铁路、过湘江,引入既有湘潭车站;线路自长沙站向北过湘江后经长沙市政府至雷锋大道站,线路示意图见图 3—9。总投资为 233 亿元。

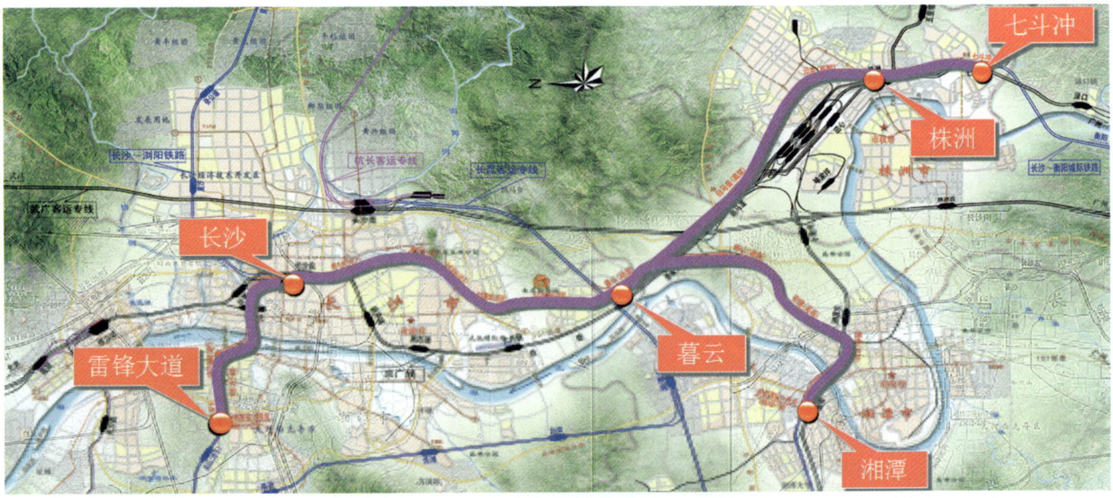

图 3—9 长株潭城际铁线路示意图

城际铁路使用双线,区段最高设计行车速度 200 km/h;采用电力牵引,自动控制。长沙、暮云、株洲、湘潭站到发线有效长度 650 m,其余车站 450 m。

长株潭城际铁路设计时速 200 km,长沙市区 160 km。长沙市三环内主要走地下,长沙火车站往南为树木岭隧道，长 12.64 km，内设 4 个地下车站，往北为湘江隧道，长13.94 km，内设 5 个地下车站，初步设计至雷锋大道，设计长度 9.987 km，见图 3—10。

图 3—10　湘江隧道与树木岭隧道位置示意图

隧道采用双洞单线方案，暗挖段内径 ϕ8.1 m，盾构管片直径 ϕ9.0 m，管片厚 0.45 m。线路一般地段线间距约 18 m，见图 3—11。

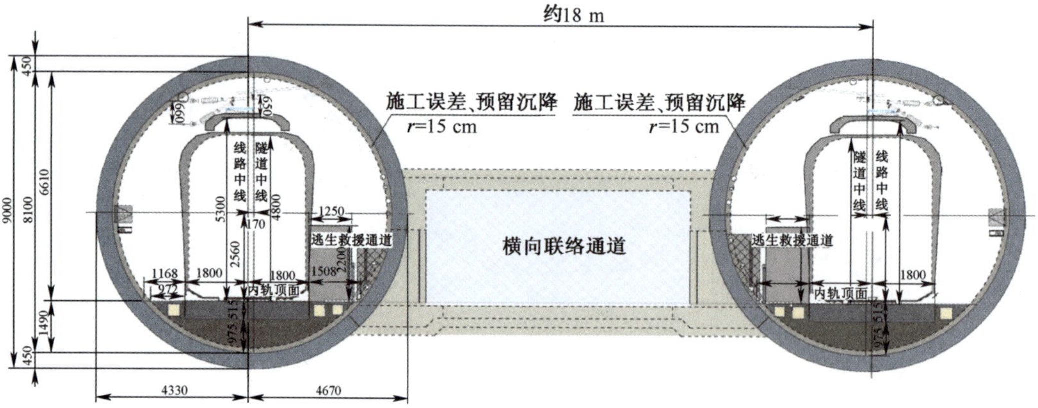

图 3—11　盾构隧道横断面示意图(单位：mm)

据长沙地区区域地质资料，长沙市位于华南断块区，属长江中下游断块凹陷西南部的幕阜山隆起区。构造体系上，长沙市位于平(江)—衡(阳)新华夏凹陷带的长—潭凹陷区，平江穹褶断裂和潭—宁凹褶断裂两个次级构造单元的接触处，湘江由结合部位流过。以湘江为界，西岸属褶皱丘陵，东侧为内陆湖相沉积的白垩地层。场地内构造形迹不甚发育，岩层层面稳定、产状平缓，岩体整体性总体较好，未发现明显的新构造运动痕迹。

根据钻探结果，区间内分布有 K_2 砾岩与 Ptln 板岩的不整合接触带。先期沉积、抬升、受剥蚀的元古界冷家溪群板岩与后期沉积的白垩系上统砾岩、泥质粉砂层呈角度不整合接触关系。

根据长沙地区区域地质资料，结合岩土工程勘察报告成果，区间褶皱不发育，断层不发育，岩层层面较稳定、产状较平缓，勘察场地及其附近未见有影响场地稳定性的构造。

盾构隧道开福寺到滨江新城区间内出露地层主要为第四系地层、白垩系泥质粉砂层及砾岩、元古界冷家溪群板岩。过江段分布有 K_2 砾岩与 Ptln 板岩的不整合接触带。先期沉积、抬升、受剥蚀的元古界冷家溪群板岩与后期沉积的白垩系上统砾岩、泥质粉砂岩呈角度不整合接触关系。

盾构段地层主要存在白垩系上统泥质砂岩、砾岩，元古界冷家溪群砂质板岩全风化砂质板岩，强风化砂质板岩和弱风化砂质板岩。

长沙市地处湘中丘陵与洞庭湖泛滥平原的过渡地带，湘江水系对长沙市区水域起控制作用，至长江市区已处下游，流域内多丘陵，林木稀疏，河床坡降小，洪峰延时长，径流量大，径流模量在 26 L/s/km 以上，河床补给来源主要为雨水，径流系数到 50%，湘水动态为单汛周期类型，径流洪峰出现于 5～9 月份。潜水含水层薄，地下水总体不丰富。

3.2.2　工程主要特点

(1)首次修建“一隧多站”的城市地下城际铁路，结构断面、行车速度、列车编组和站间距等与地铁有较大差别，通风、防灾难度大。

(2)隧道周边地面、地下建(构)筑物多，地层软硬不均、施工风险高，难度大；根据不同段落所处环境特点，分别采用明挖法、盾构法和矿山法施工。

(3)需考虑运营期间列车振动对周边环境的影响。

3.2.3　湘江隧道概述

长株潭城际铁路湘江隧道是我国首条土压平衡盾构铁路隧道，也是国内首个采用大直径土压平衡盾构施工的过江隧道。湘江隧道使用的盾构直径达到 9.34 m，是当时国内断面最大的复合式土压平衡过江盾构。2012 年 9 月 12 日区间左线盾构“城铁Ⅰ号”始发，先后成功穿越湘江防洪大堤、湘江银盆岭大桥主桥、江中地质钻孔地段和江中复杂地质段。

湘江隧道下穿湘江及银盆岭大桥西引桥；越江段 1 125 m，最小埋深 11.2 m。隧道平行下穿开福寺围墙及门楼，开福寺为省级文物保护单位。隧道下穿长沙机务段铁路、芙蓉北路电缆隧道、地下三层观沙岭人防工程、高压线塔 14 座、市政地道 6 座、城市高架桥 2 座等重要工程，正穿房屋 39 栋，影响房屋 73 栋，进口下穿国防科技大学教师宿舍。平面位置见图 3—12，纵剖面见图 3—13。

长株潭城际铁路盾构隧道的过江段，不仅要穿越大堤、江中破碎带，还要进行江底换刀，风险比较多。其中，极高风险有 5 项，包括引起大堤产生裂缝或变形、不良地层段开挖面失稳、江底换刀、隧道结构产生上浮、江底冒顶透水；高度风险有 4 项，包括扰动大堤基础、施工期间与暴雨高水位、地质钻孔回填不密实、尾刷失效。

图 3—12　湘江隧道平面位置示意图

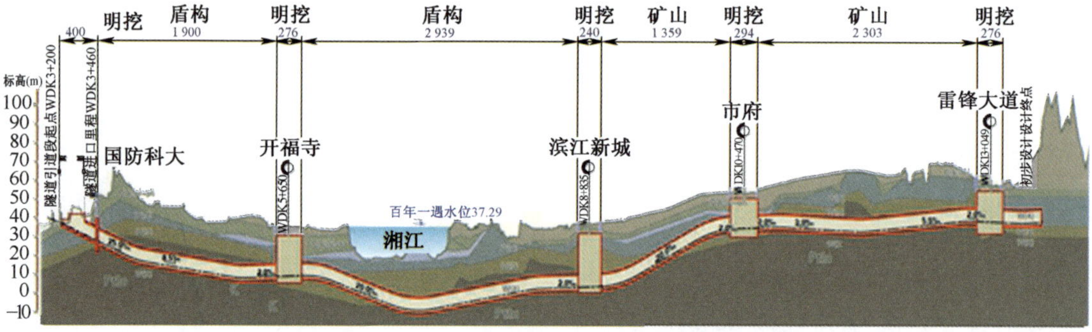

图 3—13　湘江隧道纵剖面示意图(单位:m)

隧道进口至滨江新城间采用 3 台复合式土压平衡盾构施工,滨江新城至雷锋大道之间采用矿山法施工。盾构段 4 839 m,矿山段 3 662 m,明挖段(含车站)1 486 m。

盾构段施工方法为:一台盾构从进口工作井始发推进至开福寺站后掉头至进口工作井接收起吊;两台盾构间隔一个月分别从滨江新城站推进至开福寺站接收起吊,见图 3—14。

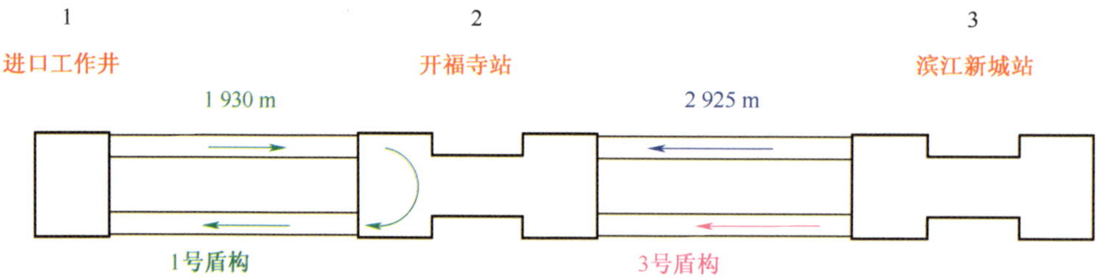

图 3—14　湘江隧道盾构施工方法示意图

3.2.4　树木岭隧道概述

树木岭隧道全长 12 860 m,隧道进口至香樟路、木莲冲路至圭塘河采用盾构法施工,使用的盾构机直径为 9.33 m。香樟路至木莲冲路、湘府路至隧道出口采用矿山法施工。盾构段

5 996 m，矿山段 4 109 m，明挖段（含车站）2 785 m。平面和纵剖面位置见图 3—15 和图 3—16。

图 3—15　树木岭隧道平面位置示意图

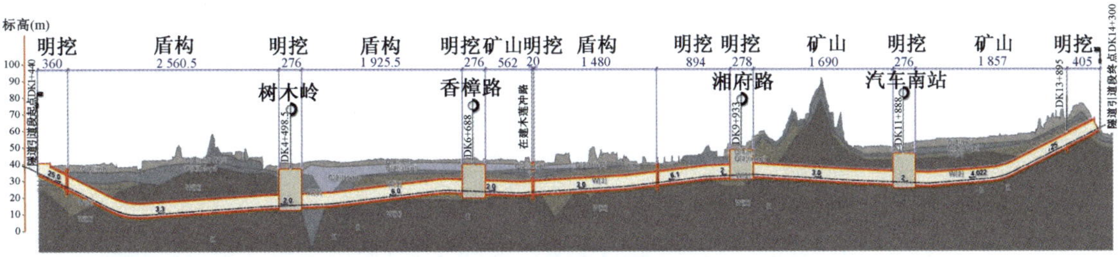

图 3—16　树木岭隧道纵剖面示意图(单位：m)

隧道进口平行京广铁路，并两次下穿京广铁路正线及联络线，洞身平行圭塘河并两次下穿圭塘河，下穿东二环高架桥、绕城高速及其引道路基，高压线塔 1 座，正穿房屋 220 栋，影响房屋 151 栋，其中长重社区、洞井商城等是重点。穿越地层以泥质粉砂岩为主。

在施工中，盾构机需 10 次穿越京广铁路，地面建筑物多，沉降控制难度极大，因此，树木岭隧道被列为长株潭城际铁路头号重点工程和控制性工程。树木岭隧道盾构始发长约 300 m 范围内，覆土厚度超浅，个别地方仅为 6.5～9 m。施工中先后解决了超浅埋、掘进泥饼阻碍、穿越京广铁路、沉降控制四大难题。

进口工作井—树木岭站、树木岭站—香樟路站区间、香樟路站—湘府路站部分区间盾构段采用 3 台复合式土压平衡盾构进行掘进作业。两台盾构间隔一个月从进口工作井始发推进至树木岭站北端，在树木岭车站过站，再始发推进香樟路站接收起吊；一台盾构从湘府路明挖暗埋段推进至木莲冲路工作井后掉头至湘府路明挖暗埋段接收起吊。施工方法见图 3—17。

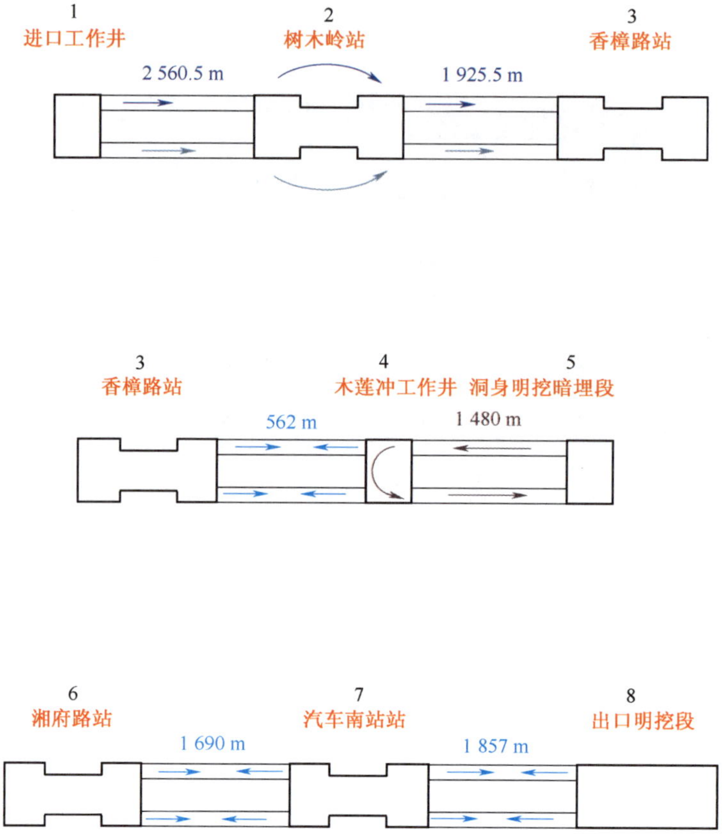

图 3—17 盾构隧道施工方法示意图

树木岭隧道地质多为泥质粉砂岩,盾构施工中极易形成泥饼,损伤刀盘,影响施工进度。通过调整泡沫注入量,运用泥饼分散剂等新型材料,解决了泥饼阻碍刀盘前进等问题。

盾构穿越京广铁路是一项高风险作业。施工单位与广州铁路(集团)公司密切配合,及时更换刀具,加强盾构机的维修和保养,严密监控地面沉降施工,两次成功穿越京广铁路及高层建筑楼群,累计沉降误差仅为 1 mm。

3.2.5 隧道设计

(1)管片型式设计

管片设计为 A、B、C、D 四型,管片的配筋不同,管片厚度为 450 mm,每环管片采用"5+1+1+1"型式,即每环由封顶快(F)、临接块(L1)、临接块(L2)及标准块(B1)~(B5)共 8 块管片组成,8 块管片为不等分块,最大块为标准块(B1)~(B5),外弧长度为 3 855.6 mm,内弧长度为 4 470 mm,外弦长为 3 734.8 mm,最大单块重量为 8.2 t,管片宽度为 1 800 mm,楔形量为 32 mm(双面楔形)。盾构管片结构设计见图 3—18。

管片采用 1/3 错缝拼装,拼装时封顶块先搭接 2/3 径向推上,然后纵向插入。接缝型式及连接方式:管片环、纵缝均不设凸凹榫槽,仅在环缝设置剪刀销。管片环向及纵向采用 M30 斜螺栓连接,每环纵向设置 22 颗螺栓,环向设置 16 颗螺栓。具体管片拼装见图 3—19。

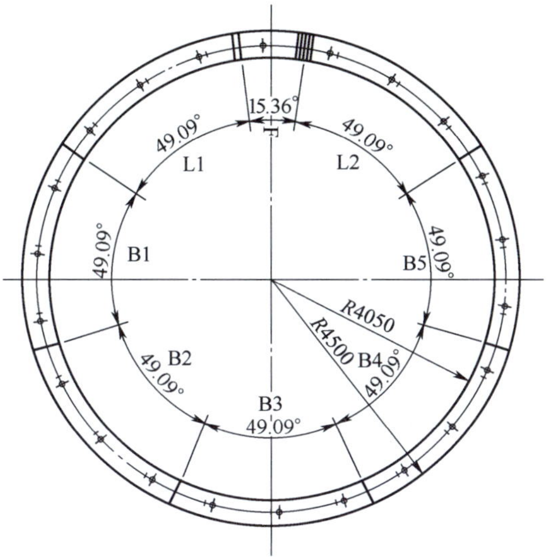

图 3—18 管片结构设计图

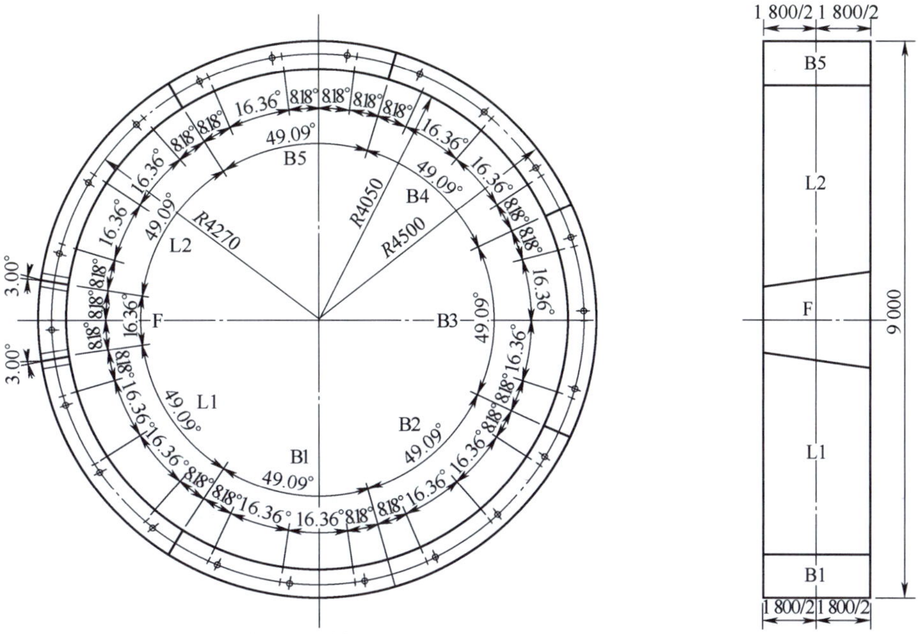

(a) 衬砌圆环构造图 (b) 侧面图

图 3—19 管片构造图(单位:mm)

(2)内部结构设计

沟槽身均采用 C25 混凝土,靠近线路侧的沟槽壁结合接地情况设置加强钢筋。道床两侧设置排水明沟,水沟为半圆形,半径为 80 mm。排水明沟下设置纵向 ϕ200PVC 排水管,排水管两端连接检查井或集水坑。沟槽顶端两侧(沟槽顶部与管片结合部)设置 R50 的集水槽。

一般地段隧道采用 C25 混凝土填充,在软弱地层,地层性质变化较大的软硬交接地层处设置 C35 钢筋混凝土纵梁。隧底纵梁每 60 m 左右设一道宽 10 mm 的变形缝,变形缝内采用丁晴软木橡胶填塞。在隧底填充与隧底纵梁分界处设一道变形缝。

(3)联络通道及泵房的设计

隧道每 500 m 设置一条连接左右线隧道的人行通道，为直墙拱形断面，界限尺寸为 2.3 m(宽)×2.5 m(高)，长度为 9 m，两端各设置一道 1.5 m(宽)×2.1 m(高)向通道内侧开启的防火门。在联络通道的中间 2 m 长度的范围内局部加宽 1 m 做预留洞室。联络通道结构设计见图 3—20。

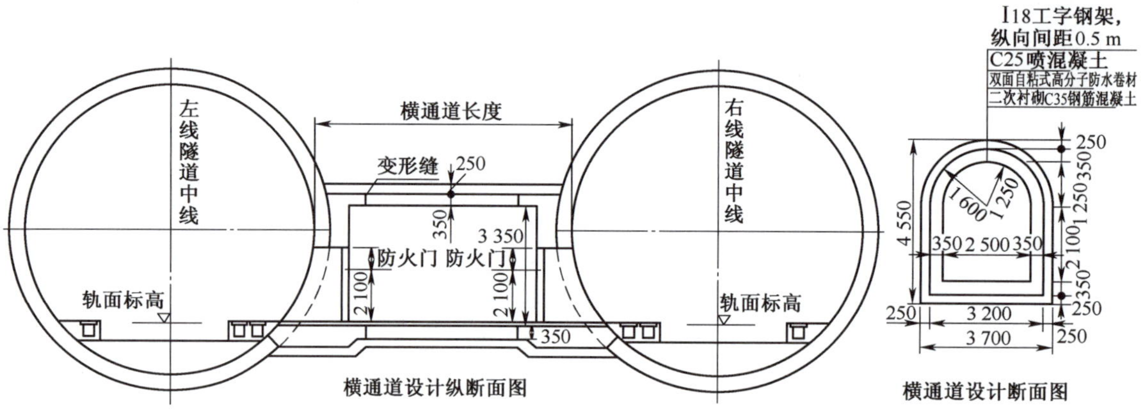

图 3—20 联络通道结构设计图(单位:mm)

隧道的 V 形坡底设置废水泵房，废水泵房与联络通道合建。废水泵房设计见图 3—21。

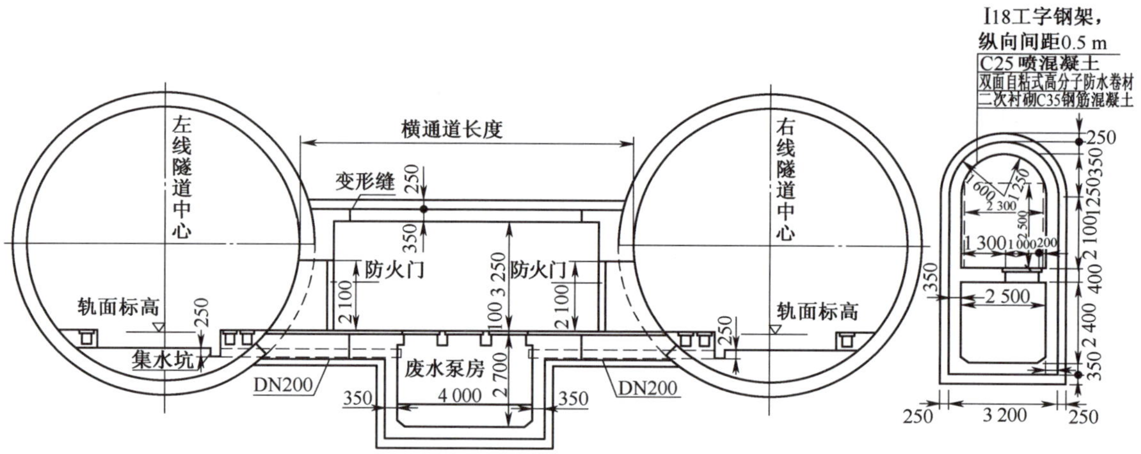

图 3—21 联络通道及废水泵房设计图(单位:mm)

联络通道及泵房均采用矿山法施工、复合式衬砌结构。在联络通道开挖前，4# ～7# 联络通道进行全断面注浆，8# 和 9# 联络通道进行管片背后注浆，并对联络通道进洞管片及其前后各两环衬砌管片进行临时支撑，然后再进行开挖。

(4)防水设计

盾构隧道管片以管片混凝土自防水、管片接缝防水、隧道与地下车站和联络通道的接头防水为重点确保隧道的整体防水效果。所有防水构件、附加防水层、混凝土外加剂等，同时应满足耐久性要求，抗侵蚀系数≥0.85。

隧道管片采用强度等级为 C50 的高性能混凝土，抗渗等级为 S12，限制裂缝开展宽度≤0.2 mm。

衬砌接缝防水包括弹性密封垫、遇水膨胀橡胶密封垫、最外侧的海绵橡胶条以及内侧嵌缝 4 个方面。盾构段与车站和联络通道的接口处理设置多道遇水膨胀止水条，并通过预留注浆管多次注浆实现防水。衬砌外注浆防水，在衬砌管片与天然土体之间存在环形空隙，通过同步注浆和二次注浆（必要时采用）充填空隙，形成一道外围防水层，为减少浆材硬化收缩，所有的注浆材料皆宜参加一定量的膨胀剂。螺栓孔防水：采用遇水膨胀橡胶密封圈作为螺栓孔密封圈，利用其压密和膨胀双重作用加强螺栓孔防水。管片角部加强防水：采用遇水膨胀橡胶止水圈，加强注浆孔与混凝土间密封防水。管片外表面采用多功能混凝土防护剂刷防水。

横通道采用 EVA 防水板全包防水，防水板外侧铺设土工布缓冲层，二次衬砌采用抗渗等级为 S10 的模筑钢筋混凝土。在盾构隧道与联络通道接口处初衬中埋一圈环向的小注浆导管，并在初衬与二衬之间设置缓膨型水膨胀橡胶止水条及直径 ϕ18 mm 环向软式透水管，二衬与管片之间设置两道遇水膨胀橡胶止水条。

（5）其他措施

螺栓及垫圈采用锌基铬酸盐涂层做防腐处理，涂层等级 4 级，涂层厚度不小于 8.6 μm，经盐雾试验后出现红锈时间不小于 1 000 h。

3.2.6　盾构隧道主要施工技术

1. 刀具选择

（1）在盾构刀盘设计中，充分考虑工程地质条件，刀盘采用适合软硬不均及连续硬岩段掘进的，可以将滚刀和齿刀互换的结构。

（2）根据工程地质条件，结合类似工程施工和刀具管理的经验，合理选择刀具供应商，刀具供应商的选择以适应性强为原则。

（3）针对地层软硬不均的情况，特别是硬岩分布的位置，结合各种刀具的破岩特点，合理选择与配置刀具。

（4）在软硬不均地层掘进时，主要采取滚刀，滚压破岩。针对硬岩的强度和整体性、掘进距离、含砂量等特点，确定需要安装滚刀的位置、超前量、数量、类型。

（5）根据软硬不均段、土层段、岩层段的各段长度，结合类似地层的施工经验，选择盾构刀具更换位置，施工过程中结合既定换刀计划进行控制。

（6）在掘进施工过程中，进行掘进模式与掘进参数控制，并根据掘进参数变化、渣土性质、温度等及时分析掌握刀具情况，使盾构掘进过程中的刀具磨损情况始终处于可控状况。

2. 掘进参数选择

（1）在该种地层段掘进时，主要通过控制推力和扭矩的最大值，保持合适的刀具贯入度进行掘进。主要做到快速通过，具体掘进参数：总推力根据实际情况确定；刀盘转速取 1.5～1.8 r/min；刀具贯入度一般控制于 10 mm/r 之内。

（2）掘进过程中，做好掘进施工参数的统计与分析，并结合地面监测信息对掘进参数进行不断优化，保持施工高效进行。

（3）渣土管理。在软硬不均地层中，土仓压力根据隧道上部土层或软岩地层的埋深和相关物理参数等通过计算确定。结合该类地层中掘进施工的经验，对出渣量进行管理与控制。结合软硬不均的特点，掘进过程中，通过盾构上配置的泡沫注入设备向土仓中添加泡沫，加强渣土改良。掘进过程过程中，由专人进行渣土温度、成分、性质等进行掌握与分析。通过对渣土性状的了解与分析，检查渣土改良效果、掌握刀具磨损情况等。

(4)在软硬不均地段，为了使盾构能够按拟合设计线路掘进，把导向测量系统的测量成果及时反馈到技术人员，计算出盾构姿态的偏差，然后，通过调节 4 组油缸的推力来调整盾构姿态。

3. 盾构在上部为富水砂砾层的风化深槽中掘进技术控制措施

该段为越江段，洞身埋藏较浅，洞身范围以强风化为主，局部弱风化，岩体破碎，节理裂隙十分发育，部分裂隙与上部圆砾土及湘江水连通，易将隧顶圆砾土富水层中水或湘江水导入隧道，产生管道流突涌水。在该段盾构施工时，主要采取的技术措施如下：

(1)制定合理的刀盘、刀具的检查方案，为了保持工作面的稳定，在要进行刀具处理的地段可采取预加固方案，或者是选择带压进仓作业的方法，对刀具进行检查，分析检查结果，并针对刀具的磨损状况，制定合理的刀具维修、更换方案，尽量避免停机状况的出现。

(2)盾构掘进中，合理选择施工参数，通过放缓盾构掘进的速度，减少对土体的扰动，及时调整盾构姿态，使盾构机能够按照设计路线正常掘进。

(3)盾构机应配备能够添加膨润土泥浆、聚合物、泡沫等材料的设备系统，对土体进行改良，形成非渗透性和流塑性的渣土。

(4)合理增加注浆量，确保盾尾周边的密实性，若出现地表沉降过大的现象，采取二次注浆。

(5)盾构掘进中，加强盾尾密封油脂的注入，确保盾尾密封效果；加强铰接处的密封检查，及时调节密封压板螺栓，保证其密封效果。

4. 盾构穿越断裂带施工技术

盾构下穿湘江底最小埋深约为 12 m，江中有 1 段 230 m 的破碎带，具体见图 3—22。洞身周围围岩以强风化为主，局部弱风化，岩体破碎，节理裂隙十分发育，部分裂隙与上部圆砾土及湘江水连通，易产生管道涌水。

在盾构通过断裂带施工时，主要采取的技术措施如下：

(1)施工前，在断裂带范围布孔进行补充地质钻探，进一步详细掌握断裂带的分布宽度、走向等情况，弄清其对盾构施工的影响。

(2)盾构掘进到达断裂带前，对盾构进行全面保养维修，保证盾构机况的良好。

(3)盾构掘进中，加强盾尾密封油脂的注入，确保盾尾密封效果；加强铰接处的密封检查，及时调节密封压板螺栓，保证其密封效果。

(4)破岩方式以滚刀为主，采用土压平衡模式掘进，确保工作面的稳定；盾构掘进过程中，向土仓内和掘进面及螺旋输送机内注入添加材料，改善渣土性能，提高渣土的流动性和止水性，以防失水。

(5)加强地表沉降、地下水位及房屋倾斜监测，并及时反馈施工。

(6)在进入断裂带前，应准备好注水设备，如钻机、压水泵、双液注浆泵等，如果发生地层严重失水的情况，及时采取措施补充地下水，以保证正常的地下水位，从而减小地表沉降。

(7)调整同步注浆的浆液配合比，使用凝胶时间较短的浆液，严格控制注浆程序，确保注浆效果。

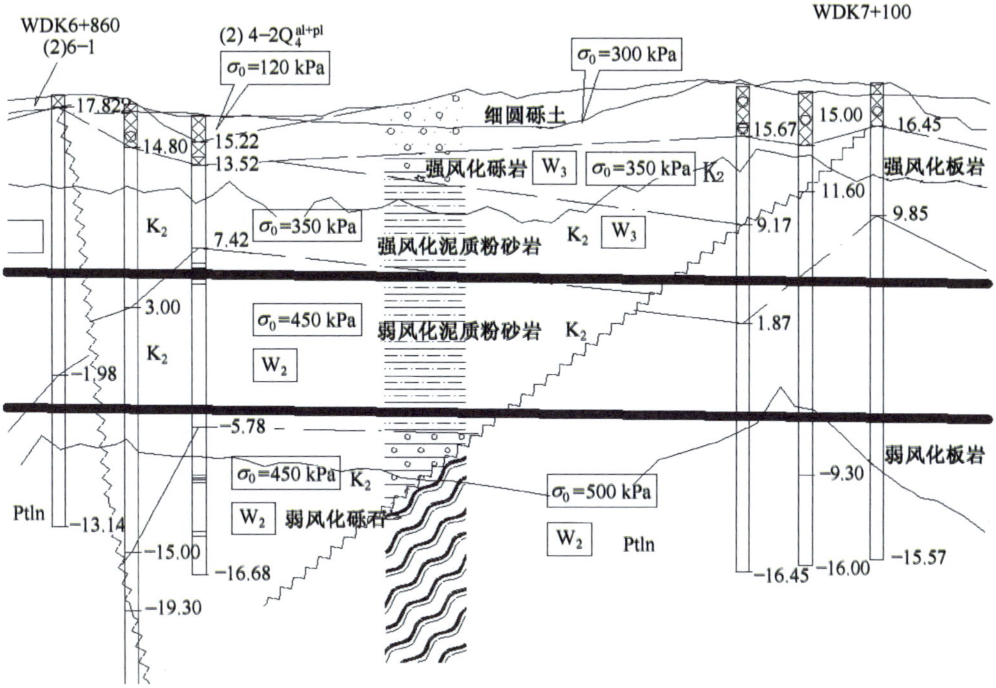

图 3—22 江中破碎带及深度风化槽

(8)掘进中，密切关注盾构掘进参数和盾构姿态状况的变化，及时判断掘进到高强度硅化角砾岩脉时刀盘是否明显偏载，一旦出现偏载，采取降低推力、降低转速掘进以防刀盘损坏。

(9)在断裂影响带泥质粉砂岩段掘进时，采用滚刀和齿刀破岩，半敞开式掘进。采取向刀盘面和土仓注入泡沫来防止刀盘结泥饼，并改善渣土流动性。同时，密切关注盾构机掘进参数变化和渣土状况的变化，一旦遇到次生断层，及时转换掘进模式为土压平衡模式，以防开挖面地层失稳、涌水而引起大的地表沉降。

(10)对先行隧道加强管片监测，根据监测结果来决定是否采用两隧道横向加固方案。该施工方案有两种形式：

第一种方式：由于隧道的净间距较小，先行隧道已经使土体产生了扰动，后面的隧道在掘进时土体稳定性就比较差，所以在先行隧道到达破碎带时，采用对后行隧道提前加固的方案，见图 3—23。

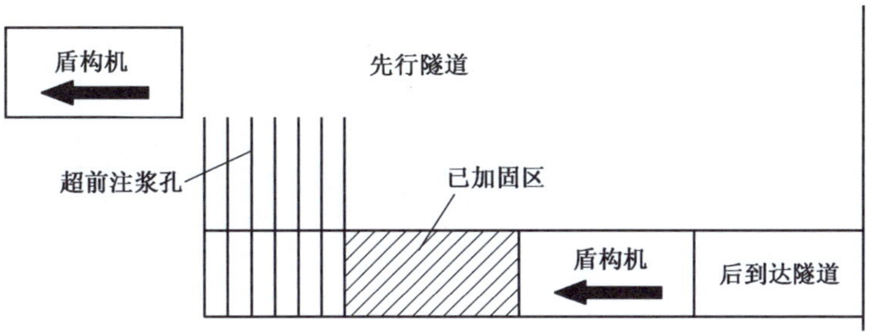

图 3—23 两隧道横向加固方案第一种方式

第二种方式:若先行的隧道受到阻碍,不能正常掘进,在先行隧道内对后到达的隧道进行提前加固,在后面的隧道到达加固区后,在加固区内进行换刀、设备维修等,从而使后面的盾构一次性超越前面的隧道,再利用后到达的隧道加固先行隧道,再进行仓内作业处理,解决第一条隧道的问题,见图 3—24。

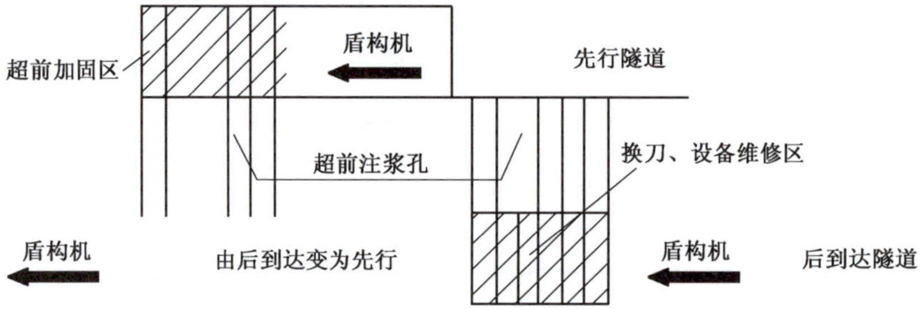

图 3—24 两隧道横向加固方案第二种方式

加固注浆孔采用梅花形的布置形式,见图 3—25 和图 3—26。

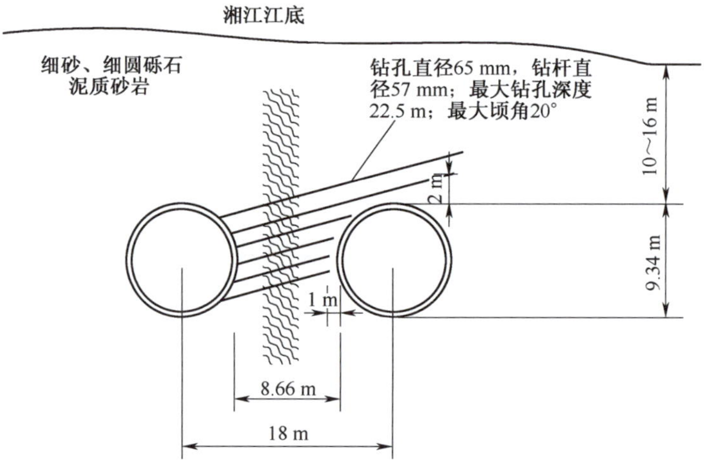

图 3—25 江底断层带左右线交替加固

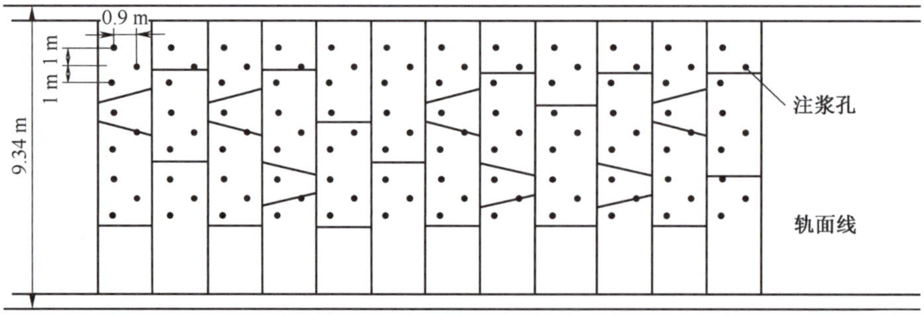

图 3—26 隧道加固注浆孔布置图

该加固施工需要长时间的停机处理，作业时间长，坍塌体内注浆后的效果难以控制，注浆浆液会顺着盾构设备流窜，造成后行盾构受困，而且在类似地层中停机时间过长，围岩收缩较大，容易使盾构卡住，施工风险较大，因此，以快速掘进为主要措施，最大限度的来规避施工风险。

5. 施工模式

采用泥水盾构开挖过江隧道已不是单一选择，土压平衡以其施工所用空间小，工程造价相对低更具有竞争性。但采用土压平衡盾构开挖过江隧道在技术层面而言，特别是大直径的土压平衡盾构要比泥水盾构要求更高。比如开福寺—滨江新城区间盾构过建筑物、过江时，为保证工程安全性采用全土压掘进就是一种要求相对较高的掘进模式。

长株潭城际铁路开福寺站一滨江新城站区间第一台盾构(左线)从第 9 环开始建立土压，第 15 环起逐步建立起全土压模式。全土压掘进模式下土仓压力保持在 2.2 bar 左右。9～100 环掘进速度一般维持在 20～25 mm/min(24、25、29、30 环糊刀盘速度降至 6～13 mm/min)，刀盘转速维持在 1.8 r/min，扭矩 3 000～9 000 kN·m，扭矩逐渐增大，70 环后主要集中在 7 000 kN·m 左右。

期间掘进至第 24、25、29、30 环时参数发生异常，主要体现在渣土为褐黄色，根据地质图分析为强风化板岩，渣温超过 40℃，刀盘扭矩上升至 8 000 kN·m，掘进速度下降至 3～5 mm/min，开仓发现刀盘中心区域已全部糊住，考虑前 3 次开仓后地层的自稳能力，采用半土仓掘进模式。

半仓掘进至第 63 环时发现异常有憋仓情况，为改善掘进状态以及防止憋仓开始出渣量大于掘进速度模式掘进，出现地表沉降问题，且对地面建筑造成影响。之后掘进采用全土压平衡模式。

主要施工参数：

土仓内压力：土压为防止螺旋输送机喷渣，同时为保证掌子面的稳定性，在掘进过程中，土仓内压力应保持在 1.8 bar 左右，停机时，将压力升至 2.0 bar。

推进速度：掘进速度控制在 20～25 mm/min。

刀盘转速：随着掘进速度的提高，为避免贯入度过大，刀盘转速提高至 2.0 r/min，且较高的刀盘转速可加速刀盘内渣土与水及泡沫剂的混合，改善渣土性状。

贯入度：盾构边滚刀仅比边缘刮刀高出 15 mm，考虑到边滚刀磨损量，因此贯入度不超过 15 mm，避免切刀、刮刀参与破岩。

推力：有效推力控制在 1 000 t 以下，即总推力 $F=F_{M}$(盾壳与地层摩擦力)$+F_{S}$(尾刷与管片摩擦力)$+F_{NL}$(拖车拉力)$+F_{SP}$(反力)$+F_{EPB}$(有效推力)$=850\ t\times0.5+23\ t+70\ t+4.672\times3.14\times15+1\ 000\ t=2\ 545\ t$ 以下。

扭矩：根据盾构刀盘扭矩曲线图，刀盘转速在 2.0 r/min 时，最大扭矩可达 12 000 kN·m，但是为防止刀盘结泥饼现象，掘进扭矩不宜过高，应控制在 5 000 kN·m 以下。

渣土改良与出渣量控制：根据渣土改良情况及渣土黏量来确定泡沫剂用量，每环尽量控制在 400 L，每环出渣量控制在 220 m^3 左右。渣温控制在 40℃以下。

同步注浆控制：每环注浆量控制在 13 m^3 以上。同步注浆保持其与掘进的同步性，保证管片背后空隙的即时填充。掘进 2 环后，对脱出盾尾管片立即进行二次补强注浆。

6. 全土压掘进遇到的问题及应对措施

全土压掘进因满仓的渣土，仓内压力增大泡沫等用于渣土改良的添加剂的注入会变的困难。因仓内压力增大螺旋输送机经常性喷涌，喷涌使的出渣量不好控制的同时，刀盘因渣土置换不及时也容易结泥饼。特别是中心区域，因局部线速度较小且相对开口率较小更易结泥饼，采用全土压满仓掘进模式主要会有以下的问题出现：

(1)推力增大，扭矩增大且掘进速度变慢；

(2)仓内压力大，泡沫注入困难，泡沫管路容易堵塞；

(3)正常刀盘加水无法满足掘进需求，渣温较高且容易喷渣；

(4)渣土改良不佳，刀盘容易结泥饼(特别是中心区域)。

针对工程施工过程中出现的问题和遇到的困难，在长时间掘进过程中总结出以下应对措施，以缓解全土压掘进带来的问题：

(1)适当的减小推力和刀盘的贯入度，放慢掘进速度以确保刀盘扭矩控制到一个合理的范围内(掘进速度一般控制在20～25 mm/min)；

(2)针对泡沫注入困难容易堵泡沫管路造成渣土改良不好的问题，增加注入量的同时选择性的进行泡沫注入。以刀盘中心为主(防止中心区域结泥饼)，周边辅助的方式；

(3)以土压平衡原有的理念加水、加气与出渣量达到压力动态平衡，增加刀盘加水量(正常掘进一环加水35～40 m^3，全土压时80 m^3左右)；

(4)保证渣土的及时置换和动态平衡，刀盘切削下的新渣置换原土仓的旧渣，螺旋输送机的出渣量和刀盘切削下的渣土量达到动态平衡。

7. 全土压掘进辅助措施

针对全土压掘进施工中突出的喷涌、结泥饼等问题，经长期的施工作业总结出较为有效的对应措施。

①喷涌预防措施

保持盾构连续快速作业，在水量较大的地段掘进时采用螺旋输送机双闸门点动控制。

利用二次注浆设备及时注浆，在管片外周形成连续的封闭环，防止管片周围的地下水串通，避免喷涌。

若出现喷涌现象，立即关闭螺旋输送机的后门，适当向前掘进，使土仓内建立平衡，通过刀盘的转动，将土仓内的土体搅拌均匀。然后才将螺旋输送机的后门慢慢打开，一边掘进一边出土，始终保持土仓内压力稳定。

②防结泥饼措施

在施工过程中，根据出渣情况，及时添加适量的渣土改良剂—泡沫剂，进行土体改良，以减小土体黏性度和黏着力。

根据实际操作作调整。在施工过程中观测分析盾构穿越地层的特性。控制好推进速度，减少“泥饼”产生的概率。

快速均衡施工，盾构施工要求“连续、快速、稳定”，长时间的停机会导致土仓内土压逐步升高、流动性减弱、刀盘及刀具面板结泥饼的可能性增加；掘进速度太慢，通常掘进一环(1 800 mm)需要3 h以上，生成泥饼的可能性也就增加。

定期开仓、清仓。盾构施工中的开仓检查好比人的体检一样，要定期进行。定期的开仓可以较准确地掌握前方地层的地质状况和刀具的磨损情况，对刀盘结泥饼可起到预防作用，当检查出刀盘有泥饼黏着的情况时应及时彻底清理。

3.2.7　施工技术总结

（1）大直径土压盾构掘进过江中，当地下水较大，且富含承压时，宜采用全土压平衡模式。这种模式可以有效控制掘进过程中的喷涌，即使地下水与土仓贯通，满仓土能减少地下水涌入仓内，从而控制喷涌。但全土压平衡模式最大的弊端是易造成刀盘被糊，刀具损坏较大，如何更好的应用全土压模式掘进还需进一步探索。

（2）大直径盾构掘进渣土管理是洞内参数控制的重点，也是保证施工安全的重中之重，在掘进前应建立严格的出渣管理制度、严格执行质量守恒原则，掘进中通过实时测试渣土比重方法来计算出渣量，但由于渣土比重的试验存在误差，且大直径盾构出渣量，体积统计不精确，渣土比重如相差 0.1 t/m³，则最终出渣量体积就能相差 5 m³ 以上，所以该方法只能大概判断出渣量是否正常。如何精确判断出渣量还需进一步研究。

（3）大直径土压平衡盾构的总掘进理念依然是借助土仓压力来平衡开挖面水土压力的，为了使土仓压力波动较小，必须使挖土量和排土量保持平衡。即人们常讲的“新土”置换“旧土”，达到动态平衡。

（4）采用全土压模式掘进理念仍没有变，只是在很多细节方面，如掘进速度、渣土改良、出渣量等细节方面要求更为精细，更为合理。

3.3　天津西站至天津站地下直径线海河隧道

3.3.1　概　　述

天津西站至天津站地下直径线工程（简称天津地下直径线）（图 3—27）是津秦客运专线与京沪高速铁路的连接线，是沟通东北地区与华北、华东地区高速客运网的重要组成部分，其修建进一步优化了天津铁路枢纽的布局，对发挥天津枢纽作用及天津滨海新区的建设和发展均具有十分重要的意义，是原铁道部和天津市的重点工程项目。

线路西起天津西站，途经河北大街快速路立交桥、泰达城规划小区，向南沿子牙河敷设，穿越慈海桥、南运河、金刚桥、狮子林桥后，下钻海河、胜利路、京山线，最后进入天津站，见图 3—28。

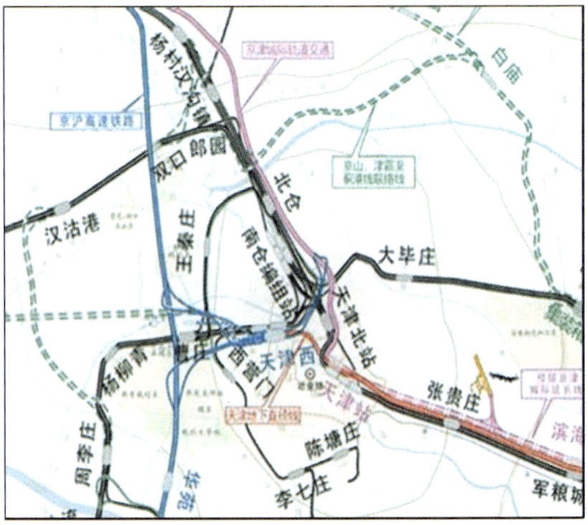

图 3—27　天津地下直径线平面位置示意图

天津地下直径线设计为铁路Ⅰ级双线动车组列车隧道，线路全长 5 km，其中隧道全长 3.28 km，单洞双线，采用明挖法、盾构法施工。明挖隧道长 1.13 km，结构形式为矩形及拱形直墙断面；盾构隧道长 2.146 km，结构形式为圆形断面（图 3—29）。盾构隧道采用一台直径 ϕ11.97 m 的泥水平衡盾构从天津站端的始发竖井下井，向天津西站方向掘进。盾构隧道衬砌采用通用楔形环管片，管片外径 ϕ11.6 m、环宽 1.8 m，壁厚 500 mm。

天津地区位于华北平原沉降带的东北部及纬向构造体系和新华夏构造体系的交接部位，

图 3—28　天津地下直径线线路走向示意图

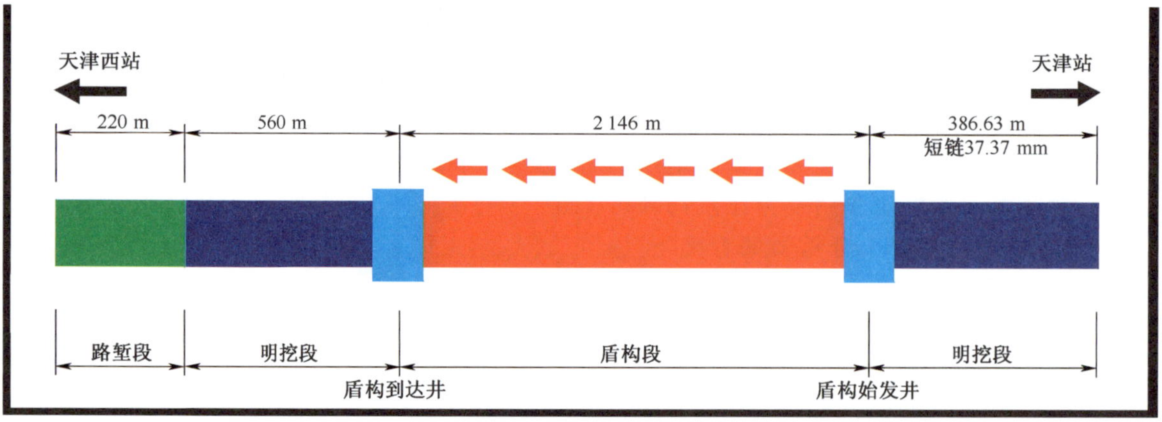

图 3—29　天津直径线施工工法示意图

基底构造复杂，区域性深大断裂发育，地震频繁。市区内主要断裂有大寺断裂、天津北断裂、天津南断裂、宜兴埠断裂等，最新活动早于晚更新世，全新世以来没有活动。海河断裂塘沽段活动性最强，最新活动时代为全新世，天津北断裂以西海河断裂次之，属晚更新世活动断裂。由于有巨厚的新生界第四系和第三系松散沉积层覆盖于古生界和元古界地层上，地质构造对本工程无直接影响。

隧道范围内地层主要为第四系全新统新近沉积层，第Ⅰ陆相层（Q_4^{al}）、第Ⅰ海相层（Q_4^{m}）、第Ⅱ陆相层（Q_4^{al}）、第Ⅲ陆相层（Q_3^{al}）、第Ⅱ海相层（Q_3^{m}）、第Ⅳ陆相层（Q_3^{al}）、第Ⅲ海相层（Q_3^{m}）、第Ⅴ陆相层(Q_3^{al});表层覆盖第四系全新统人工堆积层(Q_4^{ml})。岩性主要为黏性土、淤泥质土、淤泥、粉土、粉砂及细砂。地表覆盖杂填土,厚度变化较大,成分复杂,土质松散,分布不均匀,土的工程性质也很差。

天津的地下水受基底构造、地层岩性和地形、地貌、气象及海进、海退等综合因素影响,水文地质条件复杂。按地下水类型可分为:

(1)松散岩类孔隙水,赋存于第四系、第三系松散堆积层中;

(2)基岩裂隙水,赋存于碳酸盐岩溶裂隙中。

隧道内表层地下水类型为第四系孔隙潜水。赋存于第Ⅱ陆相层及其以下粉砂及粉土中的地下水具有微承压性,为微承压水,水位埋深为 3.73～7.85 m(高程为－4.55～－1.17 m)。潜水地下水位埋藏较浅,埋深为 0.3～3.96 m(高程为－1.32～1.78 m)。微承压水、潜水均对混凝土结构具有硫酸盐腐蚀,环境作用等级为 H1。

3.3.2 工程特点

1. 安全风险控制点多

天津地下直径线隧道临近一座高压配电站(天津市城东嘉海配电站),穿越 2 条河(海河、南运河各一次)、2 条规划地铁线(4 号、6 号线)、3 个高层建筑小区(琴海公寓、瑞海名苑、滨水饭店)、4 座桥梁(狮子林桥、金刚桥、慈海桥、河北大街立交桥)、5 条城市主干道(胜利路、滨海道、海河东路、张自忠路、河北大街)。此外,隧道还需穿越李叔同故居、引滦入津纪念碑、明珠泵站、天津市近代工业博物馆等 20 个重大风险点,是原铁道部和天津市的高风险工程。

2. 周边环境复杂

天津地下直径线隧道位于天津市中心区域海河沿线,地跨红桥、南开、河北 3 个行政区。地下管线密集,施工期间管线迁改或临时保护过渡工程量大;不明障碍物多。如原河北大街 13 号住宅楼、西崇德里楼、山春里住宅楼、第四皮鞋厂及天津市近代工业博物馆工程试桩等遗留桩基障碍物均需挖探清理,子牙河拉管电缆没有准确数据记录且埋深较深、挖探数据不明;狮子林桥桩基、桥台基础年代久远,且历经多次改造;盾构隧道下穿浅覆土海河并与海河护岸桩发生空间碰撞;永乐桥桥下净空仅为 3.5 m,且有 ϕ1 000 mm、ϕ1 500 mm(2 根)试桩侵入盾构隧道线位;河北大街立交桥桥下净空仅 5.3 m,明挖隧道围护结构紧贴桩基承台,施工难度很高;北营门西马路段明挖隧道临近既有京沪铁路,环境极为复杂。

3. 工程地质、水文条件差

天津地下直径线隧道涉及的不良地质及特殊土有地震液化、区域地面沉降等特性,对工程的长期影响较大;淤泥及淤泥质软土分布不连续,规律性较差,灵敏度高且强度低,极易发生蠕动和扰动,工程性质差,且黏土层细颗粒含量高,盾构隧道泥水分离极为困难。粉砂及粉土中的微承压水水位高,盾构始发、接收止水控制难度大,风险极高;明挖隧道深基坑施工极易发生基底突涌、渗漏水等不良现象。

4. 盾构小半径曲线接收

受周边环境限制,盾构到达竖井位于半径 600 m 的圆曲线上,盾构掘进转弯困难,尤其在加固区内前进方向难以控制,且大直径泥水盾构在小半径曲线段接收尚无先例,如何保证盾构顺利接受和隧道建筑限界要求是一大考验。

3.3.3 盾构隧道施工关键技术

1. 盾构机选型与设计

(1)设备选型:结合国内外大直径类似工程盾构隧道施工的成功实例,根据工程特点,考虑需要承受高水压和长距离施工,综合经济、技术和工期等多种因素,选择直径 ϕ11.97 m 泥水加压盾构。

(2)设计要点:对工程地层具有良好的适应性。盾构刀盘和刀具具有高耐磨性,可靠的高水压密封设计,充分满足长距离掘进需要,掘进速度满足工期进度要求,可操作性能和精确的方向控制性能良好。重视安全及环境保护。

(3)对工程地质的适应性:天津地下直径线采用的泥水平衡式盾构脱困扭矩为20 410 kN·m,最大推力为 140 700 kN,具有气垫调节功能,调节器调节无需电力,能够持久提供支持压力,有效保证软土地层开挖面的稳定和维保停机或断电情况下的压力控制。

(4)可靠的高水压密封设计:天津地下直径线盾构隧道埋深深、掘进距离长,地下水位高、压力大,盾构进行耐高水压设计:主驱动通过 2 套密封系统密封,可承受水压超过 400 kPa,满足天津地下直径线 350 kPa 的要求;盾尾密封由 4 道密封刷组成,可以承受 600 kPa 压力,且前 3 道密封刷可以在洞内更换,确保了盾尾密封性能。

(5)地下不明障碍物的处理能力:针对天津地下直径线地下不明障碍物极多(如原山春里住宅楼、第四皮鞋厂及天津市近代工业博物馆工程试桩、子牙河拉管电缆等均没有准确数据记录且挖探情况不明;狮子林桥、金钢桥年代久远,历经多次改造;海河护岸桩、慈海桥工程试桩侵入盾构隧道线位)的特点,盾构配备超前地质探测系统,并在泥浆吸入隔栅前、闭锁门后安装岩石破碎机,能破碎粒径 500 mm 的岩石。

(6)带压进仓的安全保障:盾体内安装双仓人闸,同时安装工作和备用 2 套调节系统,给检修人员提供了很高的安全保障。工程开工以来,成功完成 22 仓次检修工作。

(7)充分满足长距离掘进需要:天津地下直径线盾构独头掘进距离长达 2.146 km,对刀盘和刀具进行高耐磨设计,并在铲刀和刮刀上安装检测装置,及时掌握刀具磨损情况,保证刀具正常工作。

(8)精确的方向控制性能:天津地下直径线最小平面曲线半径 600 m,且需在曲线段进行盾构接收,配备的 PPS 导向系统可以通过数字和图像两种形式显示盾构的位置,利用标准的几何元素计算隧道设计轴线和纠偏曲线,具有良好的方向控制能力和很高的控制精度。

2. 盾构改造

为适应天津地下直径线的工况条件,对盾构进行改造。

(1)刀盘、刀具改造:为适应天津地下直径线的地质条件及 600 m 小半径曲线施工和长距离掘进,将刀盘直径改为 ϕ12 m,刀具改为单层软土刀具,刀盘边沿辐板上增加 38 把刀具,中心刀具增加 12 把。

(2)冲刷系统修改:为防止刀盘部形成泥饼,刀盘背后增加 6 个冲刷点,开挖仓底部增加 4 个冲刷点。

(3)主驱动改造:为适应以黏土、粉质黏土为主的地质条件,增大刀盘的扭矩。增加 1 台变频电机和减速机,相应增加变频器、变频柜等,泥浆管路、冷却水管路也相应更改。

(4)油缸撑靴:由于管片内径变大,油缸撑靴的内侧需做切削改造。

(5)台车:为满足 600 m 小半径曲线施工要求,台车中间轮子加宽。

盾构照片见图 3—30。

图 3—30 天津地下直径线直径 11.97 m 的泥水平衡盾构机

3. 盾构始发加固

盾构始发与到达地基加固在盾构隧道施工中非常重要。在拆除盾构工作井的盾构端头临时墙时,为保持地层的稳定,防止盾构始发完全进入地层前和防止盾构到达完全脱出地层后,其周围流出地下水和泥砂造成端头失稳,需要根据地层条件、水文条件、隧道埋深及周边环境等因素对盾构始发与到达端头进行加固处理。

工程盾构始发端头地层主要为粉土和粉质黏土,位于承压水地层,地下水压最大 250 kPa,始发竖井深 26 m。原设计采用高压旋喷桩进行加固,加固范围为盾构掘进方向 13.8 m、宽度和深度方向为盾构外轮廓外各 6 m。取芯检测发现地下 16 m 以外加固效果不良,在原高压旋喷加固体靠近始发井围护结构侧增加两排 ϕ1 500 mm、间距 1 100 mm 的 C15 混凝土咬合桩,在高压旋喷加固体盾构始发方向两侧及远离始发井围护结构段增加一排 ϕ2 000 mm 间距 1 600 mm 的 C15 混凝土咬合桩全封闭止水(受地层及承压水影响,桩底高程为盾构底以下 2.7 m)。加固技术在国内首次应用于盾构始发加固,并于 2010 年 8 月 23 日盾构成功始发。

4. 盾构曲线接收

盾构接收是工程极高风险点之一,盾构到达竖井位于 600 m 小半径曲线上,大直径泥水盾构在小半径曲线段进行盾构接收国内尚无先例。小半径曲线盾构接收,盾构掘进方向不易控制,经计算盾构隧道终点 12 m 段可能会出现 12 cm 的轴线偏差,直接影响隧道贯通和工程建筑限界。施作盾构到达竖井过程中,在盾构井前方施作副井连续墙围护结构,与盾构井连续墙形成“日”字形结构(图 3—31)。盾构副井内土体旋喷加固,盾构副井前方 12 m 范围内土体搅拌加固。盾构完成到达接收后,若该段盾构隧道施工不能满足限界要求和无法实施调线调坡时,开挖副井,拆除副井段隧道管片,并施作副井结构。

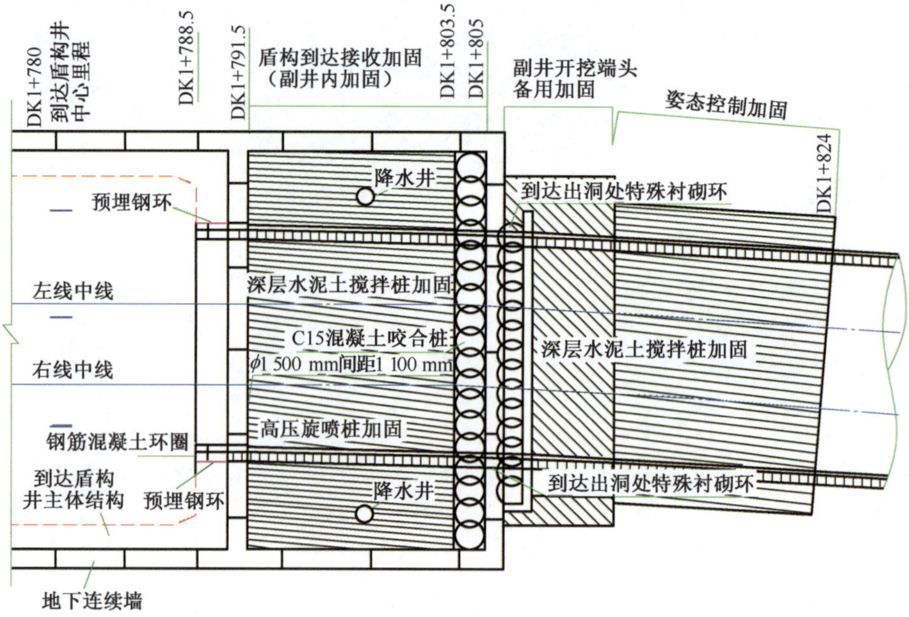

图 3—31 盾构接收示意图

5. 泥水处理技术

泥水处理在盾构施工中地位重要,其直接影响盾构掘进进度和施工安全。根据类似工程经验,考虑天津地下直径线土质情况,选用美国 KREBS 泥水分离设备与西班牙康明克斯压滤设备作为泥水分离系统。采用二级泥水处理与压滤相结合的方案。

一级泥水处理:盾构排泥管排出的带有切削土质的泥水进入第一级旋流器,将 45 μm 以上的颗粒处理掉,分离效率大于 90%。

二级泥水处理:经一级处理后的泥水在泥浆槽内用水稀释,然后进入二级旋流器进行处理,将 17 μm 以上的颗粒处理掉,分离效率大于 90%。

压滤:经二级处理后的泥水进入压滤设备,压成泥饼外运。压滤后的清水进入调整槽,制成新浆直接供泥水盾构取用。

天津直径线施工初期,泥水分离设备处理能力为 1 500 m^3/h,泥浆平均流量 1 250 m^3/h;一级旋流器加压分离精度 D50=28 μm,45 μm 以上的分离效率大于 90%;二级旋流器加压分离精度 D50=11 μm,17 μm 以上的分离效率大于 90%,并安装二级底流脱水装置,二级脱水筛能够把二级底流 85%以上的泥浆脱水,脱水后的渣土含水率小于 28%。压滤设备单机处理能力 13.5 m^3/h,入料密度 1.2~1.3 g/cm^3,料浆粒度 20 μm,滤液浓度<0.5 g/L。

盾构在加固区掘进时,泥水分离效果明显,后期由于地质条件变化,地层中含有大量的细微颗粒,压滤量明显增大,同时需要增加药剂进行絮凝,导致滤布的透水性变差,达到设定含水率的压滤周期变长,处理效果下降,出现处理不及时的现象。为满足盾构掘进要求,产生弃浆的现象经常发生,弃浆和增加药剂导致施工成本大幅增加。针对此问题,采取改进措施：

(1)对泥浆主分离系统进行优化改造，提高旋流器对泥浆的分离指标，增加振动筛的筛分渣土出量。

(2)对压滤机的主要工艺及结构参数进行调整，更换不同类型的滤布提高透水性，改造进浆搅拌装置，增强石灰与泥浆的搅拌效果，缩短工作周期，提高处理能力。

(3)增加压滤机或离心设备，添加絮凝剂，增强絮凝效果。

6. 地表变形控制

一般情况下，地表隆沉控制均按－30～10 mm 的标准执行，考虑到天津地下直径线在城市中心区域施工，各类地下管线繁多，且周边有铁路、地铁、桥梁、文物、人防、泵站及房屋建筑等多种高危风险源，施工环境复杂，其地表变形按照盾构通过阶段的环境风险级别进行控制。沉降控制措施主要有：

(1)泥浆性能。调整泥浆性状，不同地层采用不同密度和黏度的泥浆完成掘进。

(2)泥水压力。保持合理的泥水压力，控制早期沉降。泥水压力高于土层地下水土压力 0.02 MPa 左右，变化范围控制在±3%以内。

(3)干砂量控制。干砂量即环流系统从开挖面实际携带出来的砂土量，严格控制干砂量可以有效避免超挖，保证开挖面的稳定。

(4)围岩扰动控制。严格控制盾构姿态，减小盾构偏转及横向偏移等现象发生，转弯时根据设计轴线提前做好姿态调整，避免大幅度纠偏。

(5)注浆控制。及时采用同步注浆及二次注浆充填建筑空隙；调节硬化时间，根据不同地层性状选择不同浆液配比；保持适当的注浆压力和注浆量。

(6)沉降监测。布设地表沉降监测点和监测断面，根据监测数据及时调整掘进参数，有效指导工程施工。

7. 主要风险点处理

(1)盾构斜穿超浅覆土海河

盾构隧道斜下钻海河段长 165 m，线路纵坡为 23‰的下坡，洞顶最小覆土厚约 8.4 m(其中约 5.0 m 淤泥)；隧道顶高程－20.487～－16.692 m，河水水位高程 0.1～0.2 m，水深 9.3 m，水面宽 85～88 m，水流缓慢。盾构斜穿超浅覆土海河采取以下加固措施：

①注浆加固。淤泥顶面以下 1.5 m 至淤泥底面以下 1 m，采用水泥水玻璃双液浆进行袖阀管加固，宽度为隧道两侧 15.5 m，纵向长度约 100 m。

②钻孔灌注桩。距离隧道外边 2 m 施作水下钻孔灌注桩，桩中心间距 3 m，施作纵向长度约 42 m。

③河底清淤。采用驳船将淤泥顶面以下 1.5 m 的淤泥抽光，抽淤纵向长度约 42 m。

④回填混凝土。在抽淤范围内回填 C30 水下混凝土。

2011 年 1 月 4 日盾构刀盘进入堤岸，26 日成功完成海河段掘进。盾构掘进过程中未发生坍塌、冒顶等不良现象。通过预埋测量元件对河床进行自动监测，数据显示河底地层分层累计沉降最大值－12.03 mm、水平位移最大值－2.23 mm。

(2)盾构侧穿狮子林桥、金钢桥、慈海桥及摩天轮

狮子林桥经过两次改造。老桥桥宽 24.6 m，建于 1974 年，上部结构为 3 跨简支单悬臂挂孔结构；新桥桥宽 9.3 m，建于 1994 年，上部结构形式为 3 跨变截面预应力混凝土箱形连续

梁。2004 年将该桥抬升 1.271 m，在原重力式挡土墙后增加一排钻孔灌注桩作为挡土结构。地下直径线隧道结构边缘距钻孔灌注桩最小垂直净距为 8.327 m，水平净距为 0.640 m，洞顶覆土约 26 m。金钢桥于 1996 年改建为双层桥，下层桥利用旧桥墩改建为 3 孔钢—混凝土组合的箱梁桥，上层桥上部结构为 3 跨中承式无推力钢管混凝土拱桥，为刚性拱柔性系杆结构体系，下部结构中墩为 2 m 直径混凝土灌注桩基础，上接承台及墩柱；隧道外轮廓与金钢桥 6# 墩边桩净距为 0.969～2.015 m，与桩尖垂直净距 7.961～8.038 m，与 7# 墩边桩净距为 3.66～4.706 m。慈海桥集交通、观光和商业于一体，由桥梁和摩天轮组成，主桥上部结构为 3 跨钢桁架结构，主桥与引桥采用钢与混凝土结合梁连接，引桥为预应力混凝土箱梁，下部结构中主桥和摩天轮承台分别设置，主桥 5# 墩承台嵌套在摩天轮承台中间。地下直径线盾构从 4#、5# 墩中穿过，路线中心线与 5# 墩中心线夹角 1.45°，隧道结构外轮廓与 5# 墩外侧桩基净距 4.5～5.8 m，洞顶覆土 20.198 m。

盾构施工前对桥梁结构现状进行评估，分析盾构施工对桥梁结构的影响，确定盾构掘进参数及施工监测控制措施；在盾构掘进时超前注浆、同步注浆、管片出盾尾后二次注浆，控制盾构推进时地层损失率在 0.5%～1%。狮子林桥施工前在桥墩、台顶面支座附近放置千斤顶，当桥墩、桥台沉降及差异沉降较大但未超过极限值时，利用千斤顶调整，使梁部不发生沉降。施工期间对金钢桥、慈海桥及摩天轮进行自动化监测。在金钢桥主桥拱肋、慈海桥及摩天轮钢箱梁布设监测点，在盾构到达桥梁外缘桩基前和离开桩基后的 50 m 内，采用测量机器人(徕卡 TS30 测角精度 0.5″，测距精度 0.6 mm+1 ppm)24 h 进行不间断观测，采集正常数据，并与盾构通过及通过后的数据进行对比分析，及时了解施工造成的影响及程度，及时发现和预报险情，以及险情的发展程度，为采取安全补救措施提供依据。

(3)狭小空间内工程试验桩清除

盾构隧道与慈海桥 3 根工程试验桩相碰，其中 2 根锚桩桩径为 ϕ1 200 mm、配筋为 32 根 ϕ28 mm，1 根试桩桩径为 ϕ1 000 mm、配筋为 16 根 ϕ25 mm；地面标高约 2.8 m，桩底标高 −61.899 m，隧道顶标高 −18.477 m，隧道底标高 −30.077 m。

为了保证盾构的顺利穿越，必须清除 3 根工程试桩。慈海桥桥面板至地面的净空高度约为 4.2 m。现场设备、材料作业高度受慈海桥下净空限制。根据桩基的直径、深度，采用大直径钢套管分节静压除桩方案进行施工。其工艺为：场地围蔽→路面破除→打设钢板桩围护→2.5 m 基坑开挖→工作坑底板、侧墙施工→工作坑布置→钢套筒每 2 m 一节，逐节静压打入 20 m 深→桩周土体清除→顶拔桩基→逐段将桩基顶升凿除→逐段拔出钢套筒并分段充填桩孔→静压拔桩设备移位至下一根桩作业→桩基清除。2011 年 10 月 25 日，盾构顺利穿越慈海桥。

3.3.4 建设成效

天津地下直径线在国内首次采用封闭式硬咬合桩进行盾构始发加固并成功始发，首次创建大直径泥水盾构下穿超浅覆土河床的自动化无线监测平台。慈海桥超低净空条件下拔桩技术获得国家发明专利授权。2010 年 8 月 23 日盾构成功始发，2011 年 1 月 26 日盾构顺利穿过海河，2012 年 6 月 12 日盾构顺利到达。

3.4 北京站至北京西站地下直径盾构隧道

3.4.1 概　　述

北京铁路枢纽北京站至北京西站地下直径线工程，自北京站起，沿崇文门西大街、宣武门大街，莲花池东路至北京西站，线路全长 9.156 km，其中地下隧道长 7.23 km，地下隧道中盾构施工长度为 5.7 km。北京铁路地下直径线工程是国内第一条采用盾构法施工的铁路地下隧道，也是目前城市最大直径的双线铁路隧道工程。

盾构区间采用钢筋混凝土管片衬砌，外径 ϕ11.6 m，内径 ϕ10.5 m，环宽 1.8 m，管片分块采用 8+1 形式。采用 1 台 ϕ11.97 m 大直径盾构施工，盾构在天宁寺桥北侧设置盾构始发井，向东掘进 2.5 km 到达宣武门站。见图 3—32。

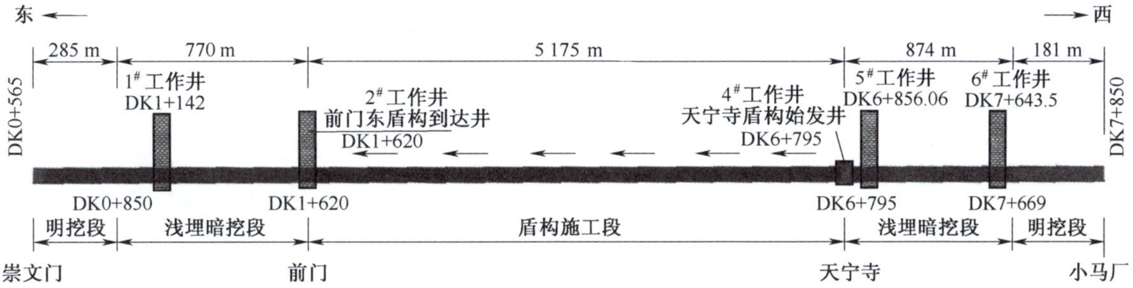

图 3—32　北京直径线工程工法示意图

盾构穿越的地层 95.21% 为砂卵石地层，盾构区间各地层所占比例见图 3—33。地层细颗粒含量极少，0.074 mm 以下的约占 2.4%，10 mm 以上的含量大于 60%，最大砂卵石粒径达到 280 mm 左右，且不能排除有大直径孤石的可能。盾构区间覆土厚度为 11～29 m。含水层主要为砂卵石层、圆砾层及砂层，最大渗透系数为 1.74×10^{-3} m/s，最大水土压力为 0.3 MPa。

隧道西端(天宁寺至和平门)主要穿越的地层为卵石层、圆砾层，局部为粉质黏土层、粉土层和粉质黏土层等土层，密实，湿～饱和，一般粒径 20～60 mm，大于 20 mm 的颗粒含量约占总重的 65%，亚圆形，中粗砂充填；向西卵石粒径逐渐加大，大于 0.08 mm 的颗粒含量约占总重的 98%。根据实际开挖揭露，盾构隧道穿越地层中存在 ϕ650 mm 的大直径卵石，并且存在砂层与卵石层的胶结，最大强度约 30 MPa。

隧道东端(和平门至崇文门)主要穿越的地层为粉质黏土层、粉土层和砂层等土层，密实，湿，属于中压缩性土，自稳性差。

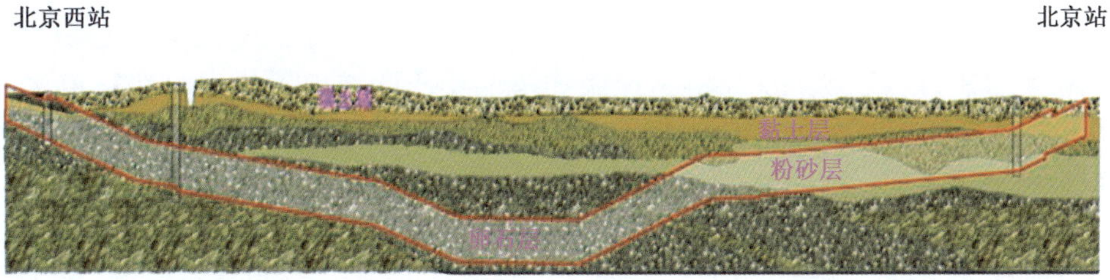

图 3—33　北京直径线隧道纵剖面示意图

地层渗透系数每天为50～150 m/d，地下水主要为孔隙潜水和孔隙承压水，水位高程为21.36～21.71 m(水位埋深为23.13～24.31)。含水层主要为卵石层、圆砾层、卵石层、圆砾层、卵石层、圆砾层及其所夹砂层。该层地下水主要接受侧向径流补给及越流补给，以侧向径流方式排泄。地下水流向自西向东。

盾构区间采用钢筋混凝土管片衬砌，管片外径 ϕ11.6 m，内径 ϕ10.5 m，环宽1.8 m。每环管片分为9块，采用6+2+1通用环形式(6块标准块，2块邻接块和1块封顶块)。管片纵缝设50根 ϕ30直螺栓连接，环缝设18根 ϕ36直螺栓连接。管片均采用错缝拼装。钢筋混凝土管片设计强度为C50，抗渗等级P12。见图3—34。

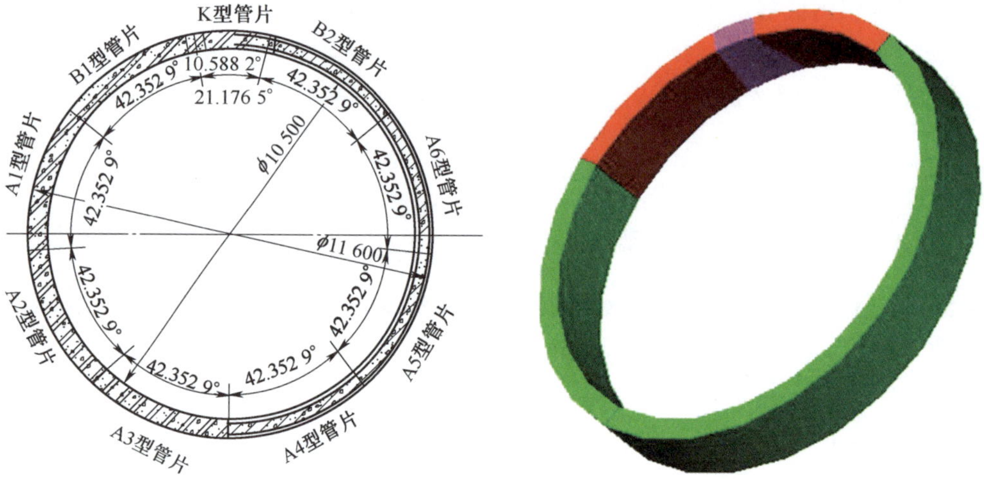

图3—34 管片示意图

盾构区间隧道采用1台 ϕ12.04 m气垫式泥水加压盾构施工。盾构长58.5 m，主机长度为10.58 m(不包括刀盘)。

由于下穿主城区，北京直径线隧道从一开始就面临着地下横向空间不足的棘手问题。隧道全线有约6 km是与地铁2号线平行的，而前门大街当初修建时只是基于地铁2号线，并未留出地下直径线的空间。这恐怕也导致了其中5.05 km选择一条直径超过11 m的双线隧道，而非两条直径较小的单线隧道——尽管后者施工难度较小。以前门段为例，地铁二号线穿瓮城基址而过，前门站亦设于此；而瓮城空间本来狭小，箭楼东侧又有“正阳门东车站”。既要减少对历史建筑的负面影响，又要保证列车时速，大直径隧道只得“贴着”地铁二号线(间距仅1.75 m)从箭楼北侧穿过，而无法绕箭楼南侧而行。前门段因此成为北京线隧道工程的一个重点难点。

北京线施工难度最大的区间，莫过于崇文门段。由于北京站站场距崇文门太近，为保证20‰的限制坡度，隧道不得不上穿地铁5号线。地铁2号线与5号线上下层隧道净距仅1.98 m，直径线与地铁5号线上下层隧道净距亦不能小于之。由地铁2号线隧道深约10 m可推断，地铁5号线崇文门站顶部距地面约12 m。因此崇文门段只得采用与地铁2号线类似的隧道，而无法继续采用大直径隧道。但棘手的问题是铁路隧道的高度、直径均大于地铁隧道。地铁2号线第三轨供电列车高3.8 m，据此推断其隧道高度介于4.5～5 m。而据北京线设计行车标准，该段隧道高度应为6.56 m，覆土层厚度最大值3 m，甚至更薄。

3.4.2　工程特点

北京地下直径线工程是目前我国在大城市中心区修建的第一条双线电气化铁路长大隧道，是在国内同类地质条件下第一条采用直径 12.04 m 泥水盾构施工的隧道，其 5.2 km 的掘进长度是北京市盾构施工独头掘进最长的隧道，也是北京市第一个进行全线风险评估的地下工程。北京地下直径线工程特点鲜明，技术难点多，主要表现在以下几个方面。

(1)工程地质及水文地质条件复杂。隧道全部在第四系全新统地层中，崇文门—前门段为黏性土层、砂层、圆砾土层互层；前门以西以卵石土层、圆砾土层为主，夹砂层及黏性土层。围岩等级均为Ⅵ级，地震基本烈度为Ⅷ级。地下水类型在 DK5＋480 以西为孔隙潜水，以东为孔隙承压水。

(2)周边环境十分复杂，沉降控制标准高，风险评估要求高。北京地下直径线工程由崇文门起自东向西上穿地铁 5 号线崇文门站，与既有运营地铁 2 号线平行通过，下穿地铁 4 号线宣武门车站，向西继续穿过西便门桥、天宁寺桥、护城河和白云桥，沿线地面建筑密集，各类地下管线密布；在前三门大街下穿重要人防工程，侧伴明城墙、箭楼、正阳门等重要国家级文物。沿线重要风险因素多，施工风险极高。

(3)工程类型及工法繁多、施工专业性强、技术含量高。北京地下直径线工程施工采用了明挖法、盖挖法、浅埋暗挖法及盾构法，几乎涵盖了北京地区地下工程的所有主要施工方法。

(4)盾构施工换刀频繁，换刀难度大。北京地下直径线工程西端处于砂卵石地层，刀具磨损快，为避免刀具磨损后对刀盘产生不利影响，盾构隧道施工平均每 100 m 换刀一次，每 300 m 设置一个地面加固点，进行集中换刀及刀盘修复。

3.4.3　施工难点

(1)盾构长期在富水砂卵石中掘进，刀具磨损严重；沿线地面加固点极少，换刀次数多，刀盘维修及刀具更换困难；部分焊接工作需在压力条件下进行，如切割无法拆除的刀具、刀盘耐磨焊的补焊、切口环磨损处的补焊，以及部分刀座的焊接等。由于国内尚无带压动火作业的成熟经验和专业队伍，如果盲目施工，势必存在严重的安全隐患。

(2)地面沉降控制要求高。盾构施工需侧穿正阳门、箭楼等国家重点保护文物，地面沉降控制要求高。

(3)洞内拆机困难。设备庞大复杂，不易整体拆卸；场地空间狭小，拆卸不能使用大型起吊设备；刀盘及配套设备质量大，不易运输。

(4)盾构隧道平行地铁 2 号线施工是北京地下直径线工程最大的风险点之一。隧道结构距地铁隧道结构水平最近距离仅 2.34 m，盾构掘进过程中的沉降很可能对地铁结构造成不利影响。既有地铁 2 号线是北京城市轨道交通重要线路，日最高客运量 208 万人次，承担了北京市 11%以上的公交客运量，必须保证既有地铁 2 号线的结构安全和运营安全。

3.4.4　盾构类型的选择

DK1＋620～DK6＋795 为盾构隧道施工段，总长 5.175 km，在天宁寺设始发井一座，一台盾构自西向东掘进。盾构隧道埋深大，地质条件复杂，地下水丰富，对盾构设备选型、参数选定、盾构刀盘的地层适应性提出很高的要求。

(1)能适用北京地下直径线工程的地质、水文条件及参数需要。

(2)能满足穿越环线地铁结构物、人防通道结构、隧道南侧密集高大建筑物的变形与沉降，以及地表沉降控制要求。

(3)盾构一次性掘进长度 5 km 以上。

(4)盾构日平均掘进能力达到 8～10 环。

(5)减少施工对道路、交通、环境、居民生活的影响。

从技术上来说，土压平衡盾构和泥水盾构都是可行的，但泥水盾构更适应北京铁路地下直径线的工程地质和水文地质，可以确保盾构施工的安全可靠。北京铁路地下直径线选用泥水盾构施工，不仅是“安全第一”的需要，也是满足施工进度目标的需要。

北京铁路地下直径线的盾构选型，先后进行多次专家论证，在专家首次论证时选用土压平衡盾构方案，以后经多次反复论证后，决定采用泥水盾构方案。

(1)盾构类型与地层渗透性的关系

根据德、法等国的盾构施工经验，当地层的渗透系数小于 10^{-7} m/s 时，可选用土压平衡盾构；当渗透系数在 10^{-7}～10^{-4} m/s 之间时，既可选用泥水盾构，也可在渣土改良的情况下选用土压平衡盾构；当地层的渗透系数大于 10^{-4} m/s 时，宜采用泥水盾构。北京铁路地下直径线盾构穿越地层的渗透系数为 1.74×10^{-3} m/s，大于 10^{-4} m/s，采用泥水盾构施工是可行的。

(2)盾构类型与颗粒级配的关系

一般来说，细颗粒含量多，渣土易形成不透水的流塑体，容易充满土仓的每个部位，在土仓中可以建立压力来平衡开挖面的土体。粗颗粒含量多的渣土塑流性差，实现土压平衡困难。盾构类型与颗粒级配的关系见图 3—35，图 3—35 中右边蓝色区域为黏土、淤泥质土区，为土压平衡盾构适用的颗粒级配范围；左边的黄色区域为砾石粗砂区，为泥水盾构适用的颗粒级配范围；中间的绿色区域为细砂区域，两类盾构都能适用。

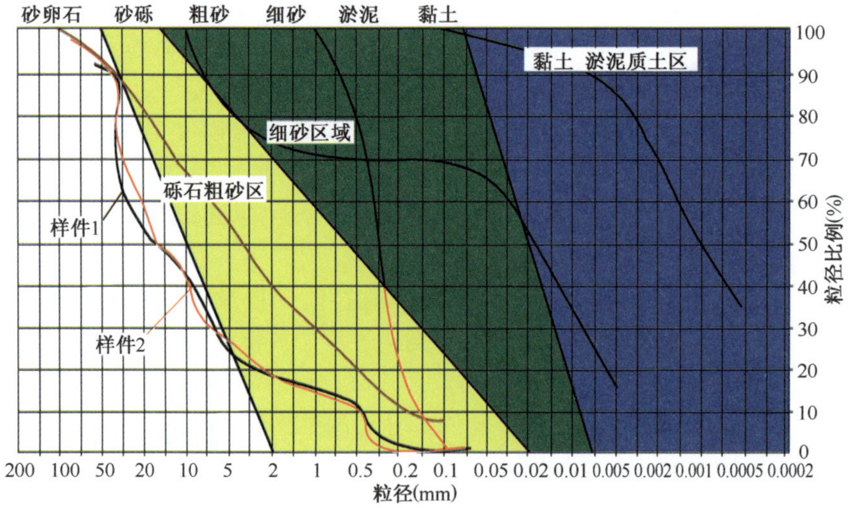

图 3—35 盾构机选型与颗粒级配关系示意图

北京地下直径线的地层主要为砂卵石地层，砂卵石含量占 95.21%。根据直径线地层随机取样筛分试验所作的级配曲线(图 3—35 中左边两条曲线)可以看出，北京直径线的地质颗粒级配不适宜采用土压平衡盾构，较适于采用泥水盾构。但样件 1 与样件 2 的曲线局部超出了泥水盾构的适用范围，因此，北京地下直径线使用泥水盾构也存在一定的风险。

(3)开挖面稳定与泥膜的形成

泥水盾构利用泥浆作为支护材料，开挖面的稳定是通过泥浆渗透形成不透水的泥膜，通过泥水压力来平衡作用于开挖面的土压力和水压力，开挖面的稳定与泥膜能否形成至关重要。在砂卵石地层中使用泥水盾构的风险就是泥膜形成困难。在砂卵石地层中，地层孔隙较大，当有效孔隙 $L>3D_{max}$(泥水最大粒径)时，全部泥水可经过地层的孔隙流走，无法形成泥膜。由于易出现溢泥现象，泥水压力管理较困难，易造成掌子面坍塌或地面沉降的危险。砂卵石地层泥膜形成的方法除在泥水中加入膨润土外，还应加入增黏剂或加入聚丙烯酰胺或其他聚合物等泥浆改良剂。当加入泥浆改良剂后，泥水在向地层孔隙中渗透的同时，自身形成体积增大的团粒与地层土颗粒吸附结合，对渗透形成阻力，该阻力随渗透距离的增大而增大，当渗透距离达到某一定值时，渗透阻力与泥水压力平衡，渗流停止，形成渗透泥膜。对于渗透泥膜而言，应控制泥水的参数及掘进参数，使其成膜时间短于刀盘对应的掘削时间。

(4)刀具的布置与砂卵石的破碎

在砂卵石地层，砂卵石属松散体，地层对砂卵石缺少约束力，且由于砂卵石的抗压强度较高，滚刀只能部分破碎砂卵石，不能对砂卵石进行有效破碎。在刀盘上应配置撕裂刀、切刀、周边刮刀等刀具，撕裂刀为先行刀，超前切刀布置，先行切削地层，先对砂卵石进行冲击和撕裂，对砂卵石进行部分破碎并解除地层对砂卵石的约束力，然后由超前量较小的切刀切削剩余部分。经撕裂刀松动和部分破碎的砂卵石，通过刀盘的刀口进入泥水仓，在泥水仓内通过破碎机进行二次破碎。

在泥水仓内布置的破碎机能破碎砂卵石的粒径一般不大于 500 mm。因此在设计刀盘时，泥水盾构采用面板式刀盘，通过刀盘的开口来限制进入泥水仓的砂卵石的粒径。

(5)大直径孤石的处理

直径线地层预计最大砂卵石粒径为 280 mm 左右，且不能排除有大粒径孤石的可能。对粒径大于 500 mm 的孤石需人工处理，处理程序如下：停机→刀盘前地层加固→带压进入开挖仓→破碎漂石→掘进。

3.4.5 盾构关键施工技术

1. 盾构掘进参数

盾构掘进主要参数(表 3—1)包括：刀盘转速、掘进速度、盾构推力、刀盘扭矩及盾构姿态。这些参数互相制约，要根据地层条件、刀盘状态、同步注浆状况、泥浆质量等因素综合考虑而确定，不应盲目追求高速，根据前期掘进 1 760 m 的状况分析，理论最佳速度应在 18～24 mm/min，受各种条件影响，实际速度一般维持在 12～18 mm/min。

(1)刀盘转速。

对卵石集中、粒径大的地层应控制在 0.9～1.0 之间，以避免扰动地层过强而超挖量过大，进而造成推力控制波动较大，掘进速度宜控制在 15 mm 以内。对卵石粒径较小或黏土含量较多地段，宜控制在 0.95～1.05 之间，同时可适当提高掘进速度至 20 mm 以内。

(2)泥水指标。

根据掘进情况分析，泥水比重宜控制在 1.2～1.3 之间，黏度控制 20～30 s，比重高于一般

表 3—1 北京直径线盾构机主要性能参数表

序号	项目	技术参数
1	主机与后配套的重量	1 400 t
2	最小转弯半径	700 m,纠偏 500 m
3	刀盘型式	8 个辐条带有辐板
4	开口率	30%
5	最大扭矩	15 700 kN·m@0.85 r/min
6	脱困扭矩	20 410 kN·m
7	最大推力	114 000 kN
8	最大推进速度	40 mm/min,用 50 个油缸

资料上推荐的 1.05～1.15。根据施工资料室统计:泥浆密度提高,一是停止掘进时刀盘仓泥浆损失量较低;二是泵站功耗较以往可降低 10%～15%;三是可以降低管路的磨损。但应注意过高的泥浆比重也容易造成渣浆泵、振动筛、驱动电机负荷过大而增加故障率。

(3)盾构姿态及掘进方向控制

盾构掘进姿态控制严格遵循勤调整、微调整的原则进行,要根据管片与盾尾之间间隙大小调整掘进时的纠偏大小,防止因盾尾间隙过小导致管片受盾壳压力而破损及损坏盾尾密封刷,实际施工过程中一般控制在 5 mm 以内。

2. 刀盘刀具改造

(1)初装刀盘刀具配置

初装刀盘为复合式刀盘,开口率 30%,开口部位设计成楔形梯级结构以便刀盘后面的开口逐渐变大,利于渣土的流动,防止黏土堵住开口,见图 3—36。同时刀盘中心开口率设计为 45%,有效防止黏土地层泥饼的形成,从而使开挖仓泥水压力时刻可以被控制。在刀盘背面安装搅拌臂,防止渣土沉淀,优化泥水压力的控制和改善泥浆的均匀性。初装刀盘刀具配置主要为齿刀:重型撕裂刀(与 17 寸滚刀具有互换性)、切刀、周边刮刀、中心鱼尾切刀及扩孔刀。

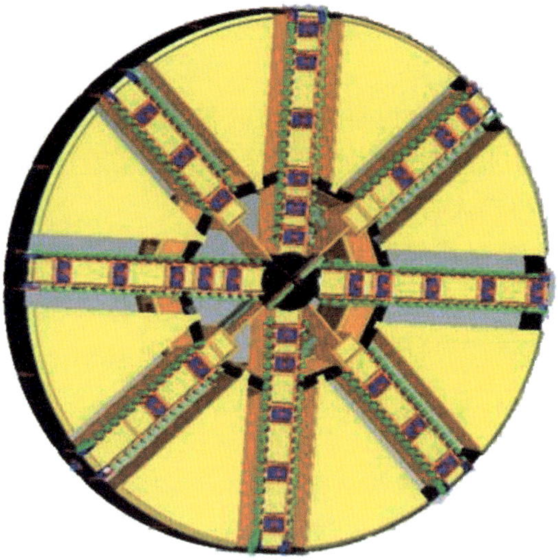

图 3—36 初装刀盘刀具示意图

(2)初装刀盘刀具与地层适应性分析及改造原因

北京直径线盾构始发掘进 67 m 后,出现刀盘扭矩过大,主驱动保险轴断裂,随后带压进仓对掌子面及刀具情况进行检查,发现刀盘刀具磨损非常严重。主要是由于实际地层与地勘出入较大,发现了非常致密的卵石胶结层。为此造成重型撕裂刀无法松动土层,损坏严重,而实际上利用切刀松土,但切刀刀齿受卵石碰撞导致大范围崩落,进而发生刀盘、刀具磨损;周边刮刀因线速度最大,磨损也最严重,由刀齿切削地层改变为刀座切削地层,刀具由刀齿点接触改变为面接触,最终导致刀盘、刀具磨损超限及停机。原刀具选型及配置已不适应实际地层需要。因此依据实际揭露地质情况,需要对盾构刀盘、刀具进行改造以适应实际地层情况。

(3)刀盘改造

根据盾构设备制造方刀盘刀具的空间需求以及专家会论证意见，盾构刀盘刀具改造主要是通过在盾构停机位置设置 14.0 m×4.5 m 的竖井，进行刀盘改造及刀具更换，见表 3—2。

表 3—2 刀盘改造及刀具更换

刀具名称	原有数量	改造后数量及形式
切刀	296 把	360 把
重型撕裂刀	32 把	0
周边刮刀	16 把	32 把
中心刀	12 把鱼尾状切刀	5 把双联滚刀
双刃滚刀	0	34 把
边滚刀	0	8 把
焊接合金刀	0	96 把，部位处于刀盘外周和倒角过渡区
撕裂刀	0	52 把，其中 26 把焊接可更换，26 把不可更换

改造前刀盘边沿处焊接耐磨焊已磨损、周边刮刀刀座也已部分磨损、同时刀盘也有磨损迹象。为保证长距离掘进，需增强刀盘整体抗磨损性能。在刀盘面板上增加耐磨钢板，在刀盘外圆上增加合金刀齿以保护外圆，保证开挖直径。在刀盘外圆与面板倒角位置增加合金块及耐磨钢板，在刀盘幅板上增设的单刃滚刀刀箱上增加耐磨钢板以保护刀箱。

利用有限元方法计算，对刀盘改造后的各种负载计算，载荷作用在刀盘的正面、背面总载荷，所产生的最大应力是 525 MPa 且远远高于原刀盘的屈服应力 355 MPa，为此通过对刀盘增加强筋板，满足刀盘结构刀盘整体的强度要求。

(4)刀具的改造

根据带压进仓对刀盘前方掌子面地质情况及刀具磨损情况观察、分析，经专家论证认为由于隧道穿越的地层存在铁板砂和非常致密的卵石层，重型撕裂刀无法松动土层，形成实际上利用切刀松动土体，造成切刀刀齿受卵石碰撞而大范围崩落，进而刀具磨损；周边刮刀由刀齿切削地层改变为刀座切削地层(刀具由刀齿点接触改变为面接触)，刀盘扭矩增大，进一步加剧刀具磨损，增大掘进扭矩。为此，将重型撕裂刀改造为双刃或单刃滚刀，切刀和周边刮刀重新设计为具有高防冲击、高耐磨性的能力。同时，基于立体切削原理，设计增加了撕裂刀。为保证立体切削，刀盘上新增加 52 把撕裂刀，根据安装位置不同，设计为可更换和直接焊接两种形式。新设计刮刀将原来两排合金齿更换为一排大的合金块，合金块间焊接耐磨焊，增加整体抗冲击性和耐磨性。改造后刀盘刀具的布置见图 3—37。

图 3—37 改造后刀盘刀具的布置示意图

(5)冲刷系统的改造

针对地层中存在黏土层,需要增加一套冲刷系统。

在开挖仓增加6个冲刷口,从进浆管路上引出浆液,由一台WARMAN型渣浆泵加压后从背后对刀盘进行冲刷。并根据掘进中实际需要,可以实现单独控制对不同位置进行冲刷。

(6)主驱动系统的改造

由于刀盘改造后,刀盘自重增加,且刀具数量增加,为保证在正常掘进期间刀盘转速,扭矩的控制得到最优化,需要在原有驱动电机基础上再增加一套减速机、电机和相应的控制系统。新增电机型号,功率与原有电机相同。

(7)旋转密封的改造

适应当前地质情况,对刀盘背后旋转接头进行改造,以适应中心锥形刀改为滚刀,主要是更改仿型刀液压油管,更改检测刀液压油管,并进行保护。

(8)改造后刀盘刀具与地层的适应性分析

滚刀适应性分析:由于北京直径线隧道穿越地层主要以砂卵石为主,滚刀的破岩机理与以往硬岩破岩有很大区别,由于开挖面整体抗压强度不高,此时已非传统的破岩机理,滚刀只是将卵石和漂石击碎或挤碎。相比硬岩而言,滚刀受到更多的刮削磨损和冲击磨损。直径线正面滚刀为双刃滚刀,边滚刀为单刃刀,刀间距80 mm,施工过程中发现所装滚刀磨损基本上全部正常磨损,偏磨及刀圈断裂现象微乎其微,但是总结发现所装双刃滚刀磨损较单刃滚刀快,磨损量也较大。同时发现有部分双刃滚刀刀圈串轴的现象,经过分析研究,在盾构推进和刀盘转动过程中,双刃滚刀受到大粒径卵石、漂石的高速冲击,造成刀圈的串轴和刀体变形。为了减少滚刀刀具的磨损,延长刀具使用寿命,节约成本,将双刃滚刀替换为单刃滚刀,使用寿命延长了1/3,效果明显。

切、刮刀适应性分析:北京直径线切、刮刀根据直径线地质条件,采用抗高冲击性、高耐磨性设计,在近1.8 km盾构施工过程中正常磨损非常微小,但是非正常损坏比较严重,主要原因为切刀刀座设计不合理,切刀与刀座接触部位角度太小。刀盘在旋转过程中,切刀背部及侧面受到卵石、漂石的高速冲击,导致刀具螺栓频繁、不均匀疲劳受力,螺栓被剪断,切刀掉落。掉落的切刀锥积在开挖仓底部,刀盘转动过程中,掉落的刀具与刀盘刀具发生激烈碰撞冲击,造成了更大范围的切刀、刮刀刀具的掉落,从而导致刀盘刀具损伤比较严重。所以针对上述情况,必须对掉落的刀具进行带压潜水打捞和对刀盘刀具进行恢复。

(9)刀盘刀具的二次改造及加强

由于切刀大范围掉落,并间接破坏刀盘上其他完好刀具,其中大部分断裂在刀座的刀具螺栓取出十分困难,仅通过带压进仓已很难保证刀盘恢复最初状态,同时刀盘耐磨焊也出现了较大的磨损,考虑到还有近2 km掘进以砂卵石为主,为避免类似情况发生,同时为更好控制风险,选择在下穿宣武门前对刀盘进行修复,同时更换新型切刀刀座。由于该停机点不具有常压开仓条件,第二次改造与德国北海公司合作采取带压动火的方式进行。

根据对带压进仓作业空间的要求,采用旋挖钻复打成空心桩作为进仓的作业空间,确保带压进仓的作业安全及长时间停机。

刀盘刀具改造主要内容:

①切刀形式由原来螺栓连接方式改为销轴连接方式,新型切刀刀座定位焊接原有刀座上。

②刮刀刀座处理措施在原有刮刀刀座上重新焊接一个新刀座,安装新刀。

③滚刀刀箱处理措施是将无法拆除的滚刀刀轴割除，拆除滚刀后补焊刀箱，安装新刀。

④在刀盘外周焊接周边保护刀，保证刀盘圆周的耐磨性及开挖直径。在刀盘面板上焊接耐磨撕裂刀，目的减少在于刀盘的磨损和减小刀盘旋转切削过程中切刀的受力。

⑤针对刀盘的磨损情况进行耐磨补焊，主要部位有刀盘正面、倒角、外圆、背部切口环及其刀具刀座和刀盘开口等部位。

3. 减少刀具磨损及带压换刀技术

(1)减少盾构刀盘的磨损措施

设备选型要求盾构刀盘结构为面板式设计、刀盘设计开口率30%(中间部分开口率高于45%，便于大直径卵石或泥饼通过)，以增强刀盘对掌子面的有效支撑和保证渣土能流畅地进入盾构土仓，减少卵石土对刀盘、刀具的磨损；选用镶嵌有碳化钨耐磨性较高的刀具，增强刀具在卵石土地层的耐磨性，尽量做到盾构掘进过程少换刀；刀盘上的主要刀具采用背装式，可在刀盘背后进行刀具更换；合理选择掘进参数和泥浆指标参数，降低刀盘转速，降低圆砾石、卵石对刀盘、刀具的磨损。

(2)带压换刀

加强盾构掘进过程掘进参数控制的可靠性，施工中，换刀纳入工序进行管理。刀具更换主要通过两种方式进行：一是在不进行地表加固的情况下，通过置换高黏度泥浆、中盾注膨润土浆液等措施确保进仓的气密性，实现短期内的刀具更换；二是在上述措施采取的同时，在停机点地表通过地表注浆进一步提高进仓期间的气密性，进行系统性的刀具更换。

在施工过程中，通过泥水仓向掌子面施加一定的压力，以确保工作人员进入开挖仓进行刀具检查、刀具更换及其他维修作业时掌子面的稳定，一般以加压缩空气的方式进行保压。工作人员进入开挖仓前先进行泥浆置换，以便更好地形成泥膜，减少压缩空气在卵石地层中的泄漏。盾构工作人员带压作业时压力仓压力一般控制在2×10^5 Pa左右。由于国内尚无带压动火作业的成熟经验及专业施工队伍，北京地下直径线工程聘请了德国专业技术人员进行带压动火作业。

4. 盾构隧道防水及沉降控制

(1)保证设备状态正常，保证施工过程中的压力管理和渣土管理，保证同步注浆量和注浆压力，及时进行二次注浆，保证管片安装质量及防水条的保护。

(2)施工过程严格按照信息化进行组织管理。对地表沉降和建筑物变形进行严密监测，对所有受影响的建筑物进行布点监测，对楼房增加倾斜监测，特殊地段增加量测频次并及时分析监测结果。通过对实测数据分析，进一步优化施工方案及施工参数，形成以监测数据指导施工的信息化施工模式。

5. 盾构解体

盾构由4#竖井始发，掘进至DK1+620时，将刀盘推入已完成的扩大段内，分块切割拆下，除保留主轴承外，盾壳及其他设备均采用气割拆卸。在盾壳内焊接吊钩，将盾构主机主轴承及其他设备割离、吊起(主轴承采用液压油缸撑起)。运输车辆直接开入盾壳内运输出洞，盾构壳体弃置洞内，未安装管片部分现浇混凝土进行二次衬砌施工。

6. 平行地铁线的隧道施工安全技术

(1)开工前对地铁2号线的混凝土强度、钢筋保护层厚度、混凝土碳化深度、钢筋锈蚀、裂缝及开展情况等现状进行检测，同时组织专家对地铁2号线进行全面的风险评估，根据评估结果，采取专项安全措施。

(2)设置盾构施工进入既有线影响区域的前 150 m 作为试验段，以便准确掌握盾构平行施工对地铁 2 号线造成的影响。

(3)对轨道进行防护，为地铁 2 号线安装防脱护轨。

3.5 展　　望

目前我国大直径盾构隧道的修建尚处于起步阶段，随着我国综合国力的加强，在今后较长一段时期内地下工程将得到较大的发展。由于我国地域辽阔，地质条件复杂，今后很多工程将遇到复杂的技术难题，因此对大直径盾构隧道的施工技术研究任重而道远。

4　京津城际延伸线盾构工程简介

4.1　工程概况

京津城际延伸线从天津站引出，至滨海新区于家堡商务核心区，全长 45 km，按照时速 350 km 标准建设，是构建滨海新区与北京、天津快速便捷通道。建成后北京至于家堡运行时间约为 45 min，单向运输能力达 6 000 万人次。项目建设对完善环渤海地区快速铁路网，加快滨海新区开发开放，促进北京、天津、滨海新区之间的经济合作与交流及环渤海等区域经济与社会的快速发展具有重要意义。解放路隧道工程位于京津城际延伸线的东端，是全线的控制性工程、难点工程（图 4—1）。

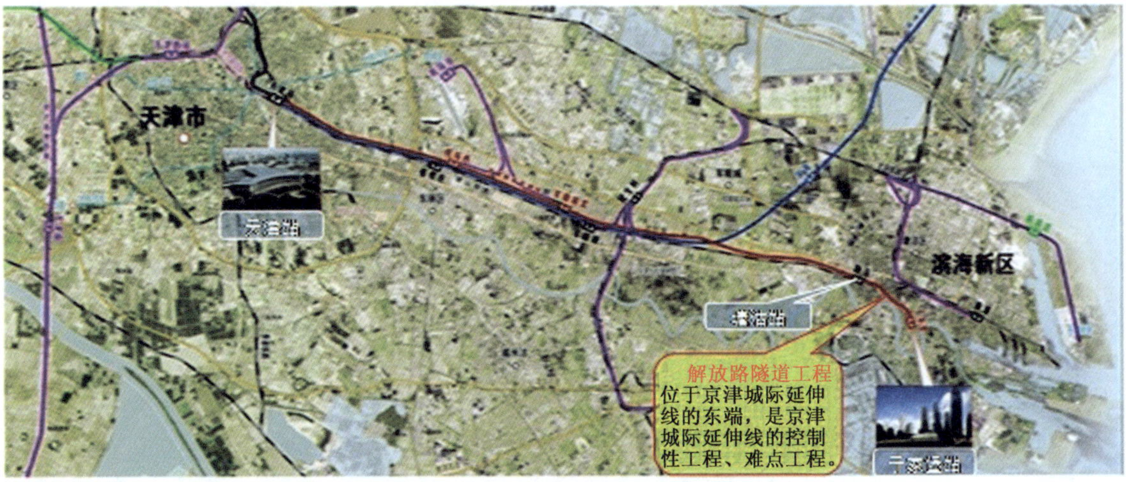

图 4—1　京津城际延伸线线路走向图

解放路隧道工程西起塘沽火车站，东至于家堡客运枢纽站，包括路基工程，解放路隧道工程和于家堡车站站房的地下连续墙工程。线路全长 3 350 m，其中隧道长 2 800 m，采用盾构法施工的隧道长 2 248.5 m（图 4—2）。

隧道设计为单洞双线，隧道进口位于塘沽站东咽喉区，与既有津山铁路相交，下钻拟建津山铁路，下穿大连道、河北路、滨海世纪广场，之后沿解放路地下敷设，沿途穿越和平路、学校大街、东大街、新华路，然后进入天津碱厂，引入于家堡站。隧道平面在解放路及碱厂内各设有一个反向曲线，解放路盾构段曲线半径分别为 $R=1\ 600$ m 及 $R=1\ 000$ m，碱厂盾构段曲线半径分别为 $R=600$ m 及 $R=450$ m（图 4—3 和图 4—4）。盾构段隧道最小覆土约 7.5 m，最大覆土约为 15.6 m。隧道内最大纵坡 20‰，最小为 1‰。

盾构隧道采用一台直径为 12 m 的气垫式泥水平衡盾构施工，衬砌采用通用双面楔形环

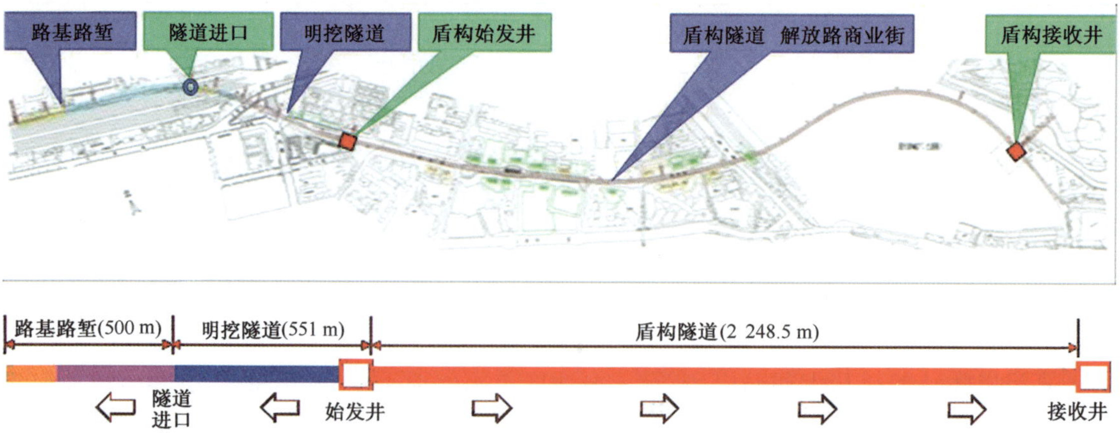

图 4—2 解放路隧道施工工法平面示意图

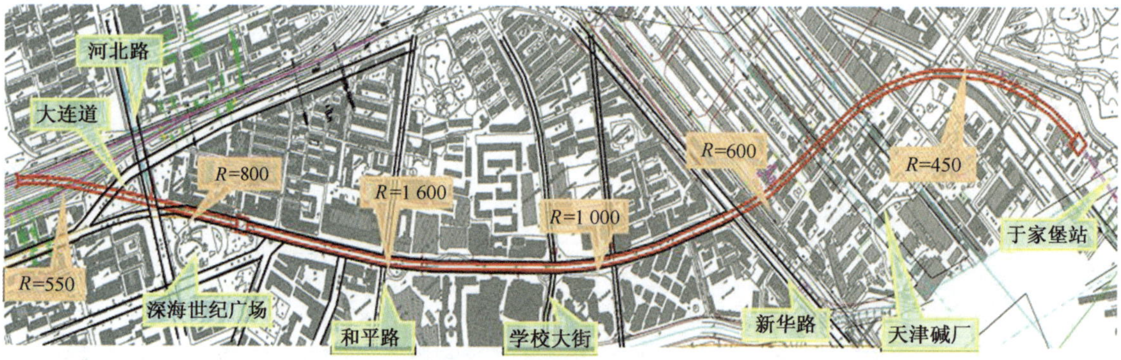

图 4—3 解放路隧道线路设计图

图 4—4 盾构穿越小半径曲线段地面实景图

管片，外径为 ϕ11.6 m，内径为 ϕ10.6 m(图 4—5)，管片宽度 1.5 m，厚度 0.5 m，错缝拼装。衬砌全环为 8+1 模式，由 K 形顶、两块邻接块 B 和 6 块标准块 A 构成。

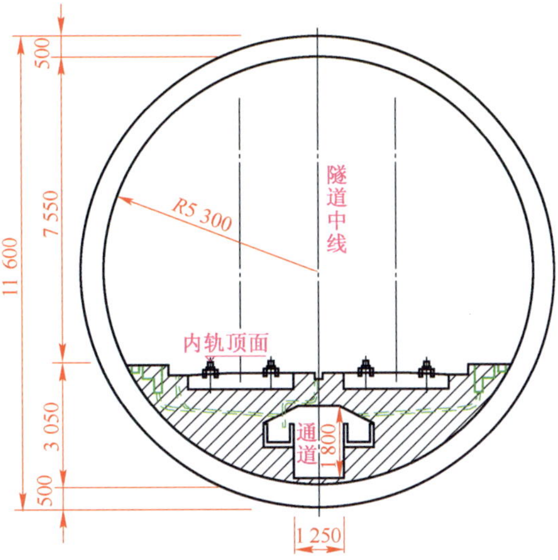

图 4—5 盾构隧道横断面图(单位:mm)

4.2 环境及地质情况

4.2.1 沿海地区环境及地质特点

天津市我国重要的沿海城市之一。沿海城市是我国经济发展的重要区域,我国 70%以上的大中城市和 55%的国民生产总值集中在这一地区。然而,沿海地区地处大陆与海洋交界地带,地质构造复杂,自然环境有一定的脆弱性,加之人口密集,经济发展迅速,基础工程建设和城市化进程加快及资源开采的加剧等引起的工程地质环境(EGE)恶化和激发的环境工程地质问题(EEGP)日益突出,已经影响国民经济的持续稳定发展,给人民生活和工农业建设带来了严重威胁或危害。盾构施工技术与地层特点密切相关,要制定安全、经济、合理的盾构施工方案,必须首先了解沿海城市环境及地质特点。城市工程地质的重要特点在于它明显地受自然和社会双重因素的制约。所以,城市工程地质本身就具有环境意义。城市空间分布的不均衡性、自然条件的多样性和职能的特殊性及城市开发历史的阶段性,对城市工程地质类型及特点都具有直接或间接的作用。我国沿海地区地质环境的基本特征如下:

1. 平原海岸淤泥质软土发育

沿海平原海相淤泥质软土普遍分布,属软弱地基。对沿海城市建筑、工业基地、码头海港、铁路公路路基,以及机场等各类建筑物不利,是选线选址阶段就必须查明的主要地质问题。许多沿海城市,如上海、天津等,由于过量开采地下水,使软土层释水压缩而发生地面沉降,对国民经济和人民生活造成严重危害。

2. 岩石风化壳发育

隆起带基岩海岸以花岗岩、火山岩、变质岩等分布最广,风化作用强烈(包括北方地区),风化带的厚度可达 10～50 m,不仅对建筑基础不利,而且也是造成山坡塌方、水土流失等地质灾害的主要原因。部分地段分布碳酸盐岩,岩溶化作用强烈,但岩溶水资源丰富,是大连、秦皇岛、广州等城市重要供水水源之一。不少地区由于过量开采地下水,造成岩溶塌陷,影响地面建筑物。矿区由于坑道排水，造成地面塌陷更为严重。

3. 海岸侵蚀与河口淤积加剧

我国沿海海岸极不稳定，一方面上升海岸由于海浪、海潮的强烈冲刷，出现明显的蚀退现象，造成岸坡崩塌式滑动，使海岸建筑以及土地资源或旅游资源等遭受破坏，并威胁港口码头的安全。另一方面，黄河、长江、珠江等大河河口及邻近地区，海岸不断淤涨，如黄河三角洲每年以 2～3 km 的速度向前伸展；同时在自然因素与人为作用双重影响下，一些港口和航道淤塞严重，影响海港与航道的正常运行。海岸侵蚀或河口淤积，都一定程度地受地壳升降运动强弱的控制与影响。

4. 沿海城市三废污染严重

由于沿海地区人口密集，工业发达，三废污染十分突出；而且广大农村由于乡镇企业的发展，以及施用农药化肥和实行污灌等原因，污染情况也极严重。城市生活污水及工业废水的不合理排放，以及生活垃圾和工业废渣的缺乏科学管理，对地表水、地下水造成的污染，不仅危及人体健康，并影响河流、湖泊及海洋，大量水生生物死亡，同时也破坏了淡水资源，使城市供水水源更趋紧张。同样大气污染不仅影响人体健康，而且形成全球性的“温室效应”，影响全球气候的变化。

5. 地下水咸淡交错、水质复杂

沿海平原由于第四纪以来，受多次海侵的影响，大部分地区有咸水层分布。北方地区浅部以咸水层为主，有些地方淡水层埋藏很深：南方常见咸淡水层交错分布，或淡水层中夹残留咸水透镜体(如宁波)。许多沿海城市如大连、秦皇岛、莱州、宁波、北海等，由于大量开采地下水，动水位降低到海平面以下，造成海水入侵或咸水入侵(河北黄骅等地区分布高氟地下水，不少居民中毒)。有些沿海地区，可能由于地下水含腐殖酸较高，癌症发病率明显高于一般地区。例如江苏启东、上海、浙江、福建、广东等沿海地区，均为肝癌的高发地区，死亡率往往高于内地。

6. 活动断裂与地震

东部沿海位处环太平洋地震带，活动断裂发育，许多沿海城市存在地震活动、影响区域地壳稳定性。例如海城、唐山、天津等地，在 20 世纪 70 年代均发生过 7 级左右的破坏性强震。南方福州附近及广州、深圳一带，地震烈度达 7～8 度。渤海湾、黄海、东海海域，也曾多次发生 6 级以上地震。现沿海地区的地震活动，是重大地质灾害问题之一。

4.2.2 天津地区沿海地质特点

天津市我国典型的沿海城市，其环境和地质除具备一般沿海城市的基本特征外，还有其独特的特点。天津一带滨海冲积平原，由于成土历史短和黏土胶体及海水的絮凝作用，土的固结程度很差；又由于浅海生物的作用，土中含有一定量的有机质。有关地质资料表明，在大沽高程－13 m 以上天然含水率大于液限，天然孔隙比大于 1，属于淤泥、淤泥质黏土和淤泥质亚黏土。具有高压缩性、低强度、低排水性等工程特点。

1. 气象水文

天津沿海地区气候属于暖温带半湿润大陆季风型气候，有明显的由陆到海的过渡特点，四季明显；年平均气温 12.3℃，7 月的月平均气温为 26℃，1 月的月平均气温为－4℃；年平均降水量为 550～680 mm，夏季降水量约占全年降水量的 80%。在新港地区，风暴潮灾害对环境问题构成较为严重的威胁。该区域地跨海河两岸，其上游长度在 10 km 以上的支流有 300 多条，这些支流在海河中游附近汇合于北运河、永定河、大清河、子牙河和南运河，五河在天津金钢桥附近的三岔口汇合成海河干流，再由大沽口入海。干流全长 72 km，平均河宽 100 m，水深 3～5 m。

2. 土体成因

天津沿海地区濒临渤海，自古以来岸滩活动从未间断，在天津平原东部，至少可见四道基本平行于现代海岸的贝壳堤。古贝壳堤对于认识天津的地质演变有着重要意义。根据古贝壳堤的位置可确定当时的古海岸线位置；以新老贝壳堤的关系为依据，也可以分析海岸演变推移的缓慢过程与目前仍在进行的动态。距今五千至一万年前发生的全新世海侵，使天津平原大部被淹。之后海面次第回降，且经不同水系的河流不间断的冲积，遂逐渐成陆。处于不同地理位置的贝壳堤就是在这个历史渐变过程中留下的遗迹。天津的古贝壳堤可以证明天津是一块“退海之地”。

3. 地表形态和高程

天津的地貌类型，从长城脚下，到渤海之滨，大致可分为山地——海拔 500～1 000 m，丘陵——海拔 50～500 m，平原——海拔 3～50 m，滨海滩地——海拔 0～3 m，洼地等。其中平原分布于燕山至渤海之间，按其成因、地面组成物质及海拔高度，可划分为海积平原、海积冲积平原、冲积平原、洪积冲积平原 4 种类型。其 4 种类型中的海积冲积平原分布在宁河、潘庄、北仓、杨柳青一线以南，南运河以东，汉沽、塘沽、大港区甜水井一线以西，该地貌形成年代较新，始于全新世中、晚期，属于被淹没的滨海平原与现代活跃的浅海地貌叠加而成的地貌类型。

20 世纪初，在靠近海岸线地区，近 80%是河网密布的湿地或盐沼、泻湖。靠近内陆还分布着残存的古泻湖。到 20 世纪末，渤海湾沿海地带沉降明显，古泻湖也因人类活动的影响，面积大为缩小甚至消失。渤海湾西岸中西部因农业和城市建设的疏浚、回填，则部分抵消了下沉造成的影响。而大量观测数据揭示，近 20～30 年来塘沽区等地持续下沉，年平均速率达到厘米级。

4. 土体类型及立体结构特性

天津沿海地区，其土体类型包括介于砂类土与黏性土之间的粉土(天津为黏质粉土)，工程性质较好的黏性土中的粉质黏土，特殊性土中的软土(是一种孔隙比大，天然含水量高，压缩性高，强度低的细粒土。按成因和性质的不同可划分的种类有若干，天津沿海地区属于其中的三角洲相沉积，它分布广泛，厚达数百米，为海相与陆相交替沉积，具有斜层理和夹层)。

天津为单一土体结构类，在建筑物影响深度范围内，地基由单一土体组成，中间一般夹有软弱夹层。土体厚度较大，如天津市海岸带浅部地层，均为第四系全新统及晚更新统地层，表层为厚度不等的人工填土(Q^{ml})，其下分为全新统陆相沉积黏性土层(Q^{l}，淤泥质亚黏土夹轻亚黏土薄层)，全新统滨海相沉积层(Q^{m}，轻亚黏土、淤泥质亚黏土、亚黏土)，晚更新统陆相沉积层(Q^{al}，灰绿或黄色亚黏土、轻亚黏土、褐灰色亚黏土)(轻亚黏土，即粉砂)。

以塘沽某地质勘探资料为例进行具体分析：

在大沽高程－6～0 m 处，为淤泥质亚黏土，呈流塑状态，褐灰色，饱水，质不均，局部有机质含量较高，地基承载力为 60～70 kN/m^2。

在大沽高程－13～9 m 处，天然含水率范围值(30.0%～40.8%)，其计算值稍大于液限，孔隙比(0.807～1.18)，其计算值稍大于 1，是淤泥质亚黏土。灰色，饱水，具水平层理，沿层发育有轻亚黏土薄层(粉砂薄层透镜体),单层厚度 2～3 cm,局部夹有厚度为 40 cm 左右的海相化石(毛蚶、牡蛎等碎片),在接近－13 m 处,夹有轻亚黏土团块(直径 $\phi1\sim\phi3$ cm)及薄层(单层厚度 1～3 cm),且偶见化石碎片。

在大沽高程－26～－21 m 处,其上为亚黏土,其下为轻亚黏土(粉砂)。－21～－13 m 之间主要为亚黏土,天然含水率小于液限,天然孔隙比小于 1,土质均较好。

从一些地质勘探资料上可以看到在大沽高程－13 m 以上,除地表素填土外,是淤泥质亚黏土与轻亚黏土(粉砂,值得注意的是,它是薄层且夹多层)交替出现。其中粉砂薄层呈带状,夹在淤泥质亚黏土中,有资料显示,在做剪力试验时,粉砂薄层的存在往往干扰抗剪强度值的试验,带来抗剪强度偏大的假象,值得加以注意。

4.2.3　京津城际延伸线盾构隧道工程地质情况

1. 工程地质条件

京津城际延伸线解放路隧道穿越的土层岩性主要为黏土、粉质黏土、淤泥质黏土、淤泥质粉质黏土、粉土、粉砂、细砂七种(图 4—6)。淤泥质土主要为③71、③81、④71 层淤泥质土,④71 层呈层状分布,压缩系数为 $\alpha_{0.1\sim0.2}=0.48\sim0.89\ \mathrm{MPa}^{-1}$,$c=10\sim21$ kPa,$\varphi=2.4°\sim4.8°$,且具灵敏度高、低强度等特点,极易发生蠕动和扰动,工程性质差。地下水资源开发利用始于 1923 年,据历史水准点资料,伴随着地下水的开发,地面沉降相应发生,年沉降仅几个毫米。新中国成立后随着工农业的发展,地下水开采量逐渐增加,地面沉降越来越严重,1950～1957 年沉降速率 7～12 mm/年,1958～1966 年沉降速率 30～46 mm/年,沉降中心逐步形成,1967～1985 年沉降速率打 80～100 mm/年,这期间沉降急剧发展。1986 年后进入沉降治理阶段,大部分地区沉降明显减缓,市区沉降速率降低到 10～15 mm/年。本工程的工程地质条件较差。

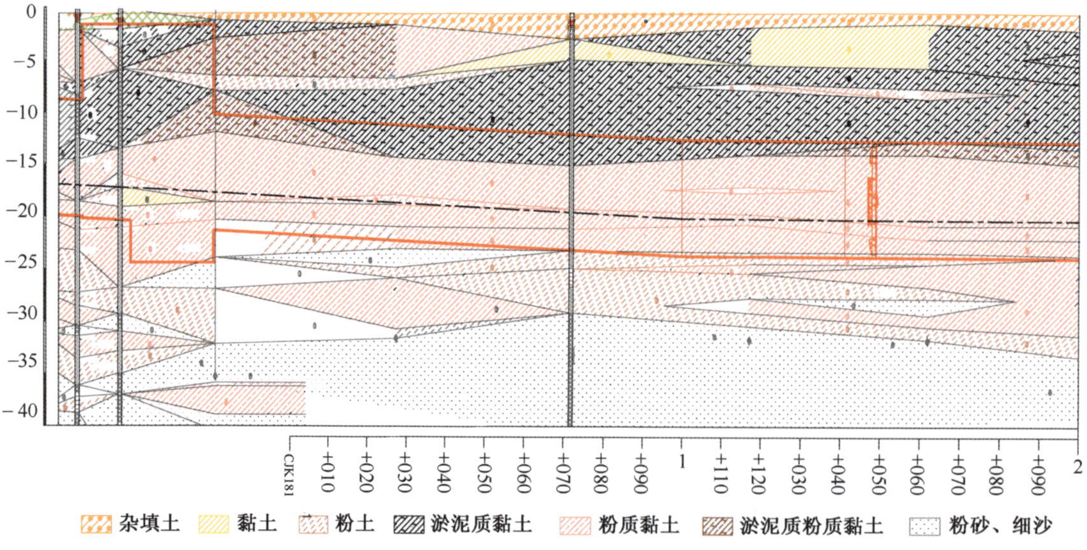

图 4—6　盾构隧道地质剖面示意图(盾构始发段)

2. 水文地质条件

本工程地下水位较高,区间内表层地下水类型为第四系孔隙潜水。赋存于第Ⅱ陆相层及以下粉砂及粉土中的地下水具有微承压性，为微承压水。

潜水对混凝土具硫酸盐侵蚀，环境作用等级为 H4；具镁盐侵蚀，环境作用等级为 H3；微承压水对混凝土具硫酸盐侵蚀，环境作用等级为 H2；具镁盐侵蚀，环境作用等级为 H1。本工程的水文地质条件较差。

4.3　工程周边环境

盾构隧道纵穿整条解放路商业街，沿线附近有多栋高层及多层等多种形式建筑物（图 4—7），与设计隧道水平距离范围为 6～29.6 m，穿越解放路地下管线主要有煤气、供水、电缆光缆等，地下管线相对较多。始发段线路两侧均为工业、企业及民用建筑，建筑物密集（图 4—8 和图 4—9），普遍为平房或 2～6 层楼房，基础埋深不大，建筑物的基础范围、埋深对工程影响较大。

图 4—7　盾构机始发场地施工前后对比实景图

图 4—8　盾构始发段地面实景图

施工前，建设单位委托清华大学对盾构沿线建筑物结构现状进行检测鉴定，并对盾构施工给各建筑物安全带来的影响进行分析评估，评定初始风险等级和采取加固措施后的残留风险等级（表 4—1 和图 4—10）。

图 4—9 盾构穿越商业街地面实景图

表 4—1 解放路隧道沿线建筑物检测鉴定结论表

编号	建筑物名称	结构形式	基础形式	层数（地上/地下）	完损等税	再允许差异沉降限值（mm）	绝对沉降控制值（mm）	初始风险等级
1	聚宝大厦	框架结构	桩基础	12～13/1	一般损坏房	4～6	80～90	极高
2	中国农业银行	框架结构	桩基础	7	一般损坏房	10～12	70～80	中度
3	滨海建设集团	砖混及内框架结构	不详	2	一般损坏房	6～8	40	高度
4	塘沽建行	框架结构	不详	6	基本完好房	6～8	70～80	中度
5	眼镜店	框架结构	不详	2	一般损坏房	6～8	50	高度
6	金元宝海鲜宫	框架结构	筏基础	4	基本完好房	8～10	50～60	中度
7	巨川置业	框架结构	不详	3/1	基本完好房	10～12	60	高度
8	环渤海商厦	框架结构	桩基础	11/1	基本完好房	10～12	95	中度
9	东顺旅馆	砖混结构	不详	2	低于一般损坏	≤3	25	极高
10	中原百货	钢结构	桩基础	3	基本完好房	≤18	110	中度
11	粮贸大厦	框架结构	桩基础	7	一般损坏房	8～10	80	中度
12	文化换热站及工行	砖混及内框架结构	不详	2	低于一般损坏	≤4	15	极高

续上表

编号	建筑物名称	结构形式	基础形式	层数（地上/地下）	完损等税	再允许差异沉降限值（mm）	绝对沉降控制值（mm）	初始风险等级
13	长虹电器	砖混结构	筏基础	3	一般损坏房	6～8	30～40	高度
14	盛和大厦	框架结构	桩基础	5～7	一般损坏房	14～16	105	中度
15	婚纱摄影	框架结构	桩基础	3/1	一般损坏房	10～12	100	极高
16	巨川金海岸	框架结构	桩基础	4/1	基本完好房	≤5	100	极高
17	钻石广场	框架结构	不详	3	基本完好房	≤8	40	极高
18	爱来无忧广场	框架结构	桩基础	9～10/1	一般损坏房	12～14	110	高度
19	滨海商城	框架结构	不详	3/1	基本完好房	10～12	40～50	中度
20	新华书店	框架/砖混结构	不详	3	基本完好房	10～12	40～50	中度
21	火锅城	框架结构	桩基础	3/1	基本完好房	10～12	110	极高
22	孕婴商店	框架结构	桩基础	4/1	一般损坏房	10～12	110	极高
23	芙蓉商厦	框架结构	桩基础	5	基本完好房	10	50～60	中度
24	金元宝商厦	框架结构	桩基础	7	完好房	30	110	中度
25	天百宏基商城	框架结构	桩基础	4/1	基本完好房	10～12	70～80	中度
26	金元宝东方广场	框架结构	桩基础	7	基本完好房	18	110	中度

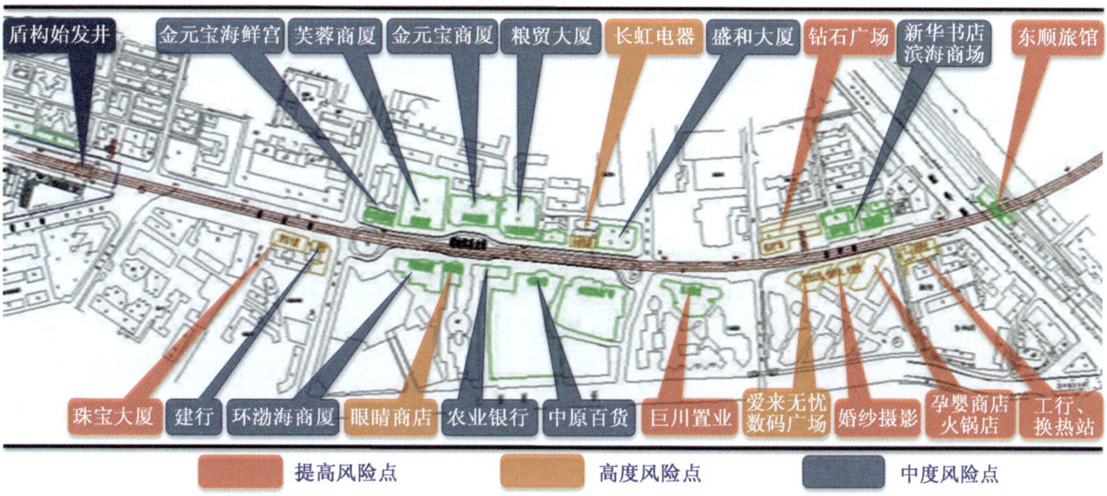

图 4—10　盾构隧道穿越的主要风险点分布图

4.4　工程主要特点和重难点

4.4.1　工程特点

（1）规模大、投资高、周期较长、技术复杂，对质量的要求高，涉及复杂的环境（地下水文地质环境、地下管网环境、地下建筑物环境、地面交通环境、周边的环境）和机械设备。

（2）施工难度大，技术含量高。工程设计施工中需要采用多项先进的技术。设计施工有一定风险，需要进行风险控制和管理。

(3)京津城际延伸线解放路隧道既属于铁路工程，也属于市政地下工程。

4.4.2 本项目的难点和风险点

超大直径盾构隧道的设计和施工。盾构的选型对于能否安全顺利按期完成本工程，非常关键，在该类地层中，采用泥水加压平衡盾构虽然降低了施工安全风险，但是实际施工中还须克服一些技术难点。

(1)盾构隧道连续侧/下穿解放路商业街32栋各式商业建筑，大直径盾构在淤泥质软土地层中掘进，准确控制地面隆沉，确保建筑物和管线的安全是本工程的难点。

(2)淤泥质地层成分复杂、颗粒细微(土体颗粒D50为10～20 μm)，泥水分离困难。

(3)盾构出渣量大，场地狭小，渣土外运困难。

(4)地下环境复杂。盾构隧道经过的原天津碱厂为百年老厂(已拆迁)，历经多次改造，建筑资料缺失，地下桩基等障碍物埋置情况不明。由于地层的特殊性，现有技术手段均无法准确探测，对盾构施工的影响存在不确定性。探明和清除这些未知障碍物难度大。

(5)盾构隧道最小曲线半径为450 m，占掘进线路总长近1/4，大直径盾构在这种小半径曲线段落施工，灵活性和有效性明显降低，施工难度明显增大。

4.5 关键施工技术概述

4.5.1 地表隆沉控制与风险点建筑物加固保护技术

盾构在掘进过程中对地层的扰动相对较大，对其周边建筑物的影响是客观存在的，尤其是大直径盾构在滨海地区地层中掘进，影响更为明显。为避免过量变形对建筑物的结构产生破坏，必须采取合理的措施对建筑物进行保护。

通常，选择对建筑物的保护措施会优先考虑洞内措施，但洞内措施是带有滞后性特点的。由于滨海地区地质条件的特殊性，地面变形过于敏感，同时基于对沉降原因的分析以及对沉降趋势的预测和对各阶段沉降量的统计，单纯的洞内措施满足不了对建筑物保护的要求，滨海地区大直径盾构施工对建筑物的保护必须采取地面措施。地面措施主要有两种作用效果：第一，完全抵抗地层变形对建筑物的影响，即不允许建筑物产生丝毫变形，盾构施工不能对建筑物产生影响。第二，在可承受范围内，接受地层变形对建筑物影响，然后进行控制和补偿，即允许建筑物产生一定量的变形，然后再采取简单易行的综合措施控制变形的进一步发展，使变形不再威胁建筑物的安全。

在京津城际延伸线，主要考虑了第二种作用效果，对建筑物保护的总体思路是：首先通过采取地面措施，减缓地面及建筑物的变形，并确保控制变形在可承受范围之内，直至盾构通过并具备采取洞内措施的条件，再及时实施洞内措施对地层损失进行补偿，从而控制地面及建筑物的进一步变形，或对变形较大的部位实施针对性纠偏。在该思路的引导下，开发了淤泥质软土地层中大直径泥水盾构施工控制地表隆沉、建筑物加固保护、管线保护等系列技术，创新了盾构隧道内深孔注浆、地面袖阀管预注浆加固等工法，保证了施工安全。

4.5.2 小半径曲线掘进施工控制技术

针对小半径曲线隧道盾构施工，通过对盾构机参数的设计优化、管片参数的设计优化、管片拼装的合理调整、盾构掘进姿态的轴线控制、同步注浆及二次注浆的工艺改进及严格管理，开发了小半径曲线掘进施工控制技术，盾构进入 450 m 小半径曲线后，盾构间隙过小甚至管片卡住盾壳、管片外弧面碎裂、管片错台过大等施工难题得以解决。

4.5.3 细微颗粒泥水分离施工技术

京津城际延伸线盾构施工土层中的细微颗粒占土体的 70%以上，每日 4 环的盾构掘进任务意味着每天泥水系统要把这 4 环中的细微颗粒完全分离出来，才能满足掘进任务。但目前国内外的泥水分离设备对于细微颗粒的分离能力十分有限，同时在城市中心的盾构施工又受到场地的制约，而且废浆外运的费用又非常高。所以要想按时、经济的完成盾构掘进施工，对细微颗粒进行有效分离的问题必须得到解决，为此，有针对性地开发了细微颗粒泥水分离施工技术，在传统的泥水分离系统中只有泥水分离系统和沉淀池的基础上，引入压滤技术和离心技术，形成主分离系统、压滤系统和离心机系统，完美地解决了细微颗粒泥水分离的技术难题。

4.5.4 地下不明障碍物的探测与清除

天津碱厂是中国创建最早的制碱厂，于 1914 年开始建厂，其后经历过多次改造。天津碱厂所处地区地基软弱，建厂及改扩建过程中地基处理不可避免，经了解，原碱厂内房屋等建筑物地基处理方式多为桩基。但因建厂年代久远，建筑资料遗失，对于桩基的分布情况、埋藏深度等无法查证。

盾构隧道纵穿碱厂，为确保盾构安全，必须对碱厂内地下废桩基等不明障碍物采取措施预先探明。受地下水位及土层地质的影响，地质雷达等先进的物探设备无法达到安全的探测深度(隧道范围)，仅能探明地表以下 1 m 左右地下障碍物的情况，无法满足要求，经多次研究，采用机械地表挖探和一次性快速拔桩技术，预先拔除桩头埋深在地表 2 m 以下的各类桩基 140 余根，在盾构掘进过程中，还利用盾构上装载的 BEAM 系统对盾构前方的岩土、地质和水文地质条件变化进行实时探测和预报，降低了施工风险，对盾构隧道安全、快速的施工起到了积极的作用。

4.6 实 施

京津城际延伸线盾构于 2012 年 11 月 29 日成功始发，2014 年 5 月 29 日顺利接收，历时 1 年 6 个月，克服诸多施工困难，解决大量的施工技术难题，其成功经验可为类似工程施工提供积极的参考和借鉴。

5 盾构的选型与设计

5.1 盾构设备选型的依据

用于地下工程的盾构选型依据有很多标准，主要还是取决于工程中所要遇到的地质状况。在滨海城市修建高铁地下隧道，为了减少工作面前方沉降的风险，选择全新的气垫式泥水平衡盾构。

气垫式泥水盾构是借助气垫来调节开挖室内的封闭压力的一种泥水盾构。其基本原理是在开挖不稳定地层过程中(通常在地下水位以下)，使用一种液态介质(膨润土泥浆)来支撑隧道的掌子面。出渣采用泵送悬浮于泥浆中渣土的方法来实现，这泥浆也同时用于掌子面的支撑。

这种封闭技术已被精心地改进用于不稳定地层的开挖，这种不稳定地层可能是各种各样的，从渗透性一般到渗透性很强(如含有少量干细砂或流砂的砾石)。这种技术能够精确地控制封闭压力，因此被用于当隧道掘进要求对地层的干扰控制严格时，诸如沉陷和隆起等极其敏感的建筑物下进行的情况。使用液态介质来支撑掌子面能达到较高的封闭压力，因此当工程的静水压力比较大时，通常选择泥水平衡盾构而不用土压平衡盾构。气压式泥水平衡盾构特别适合于在细颗粒含量较高的地层下施工，然而在这种地层中，在地面泥浆处理将会有更多的膨润土损失，因此要求地面泥浆站有更强的制备新泥浆的能力。粒径分布参数与盾构选型关系见图 5—1。

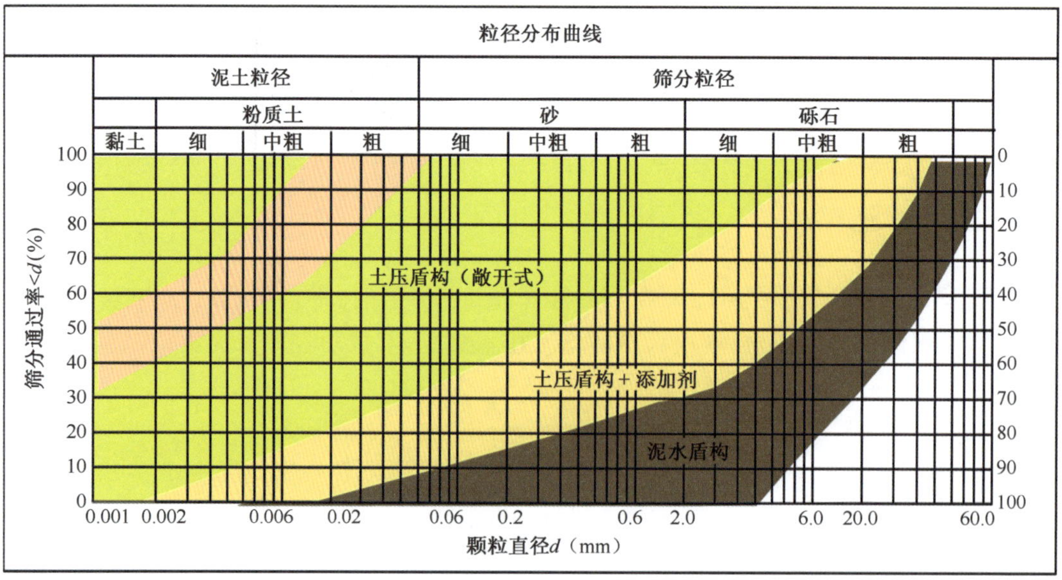

图 5—1 粒径分布参数与盾构选型关系示意图

在膨润土—气垫式盾构机的开挖室内，充满着处于工作压力下的水与膨润土的混合物。压力使混合物能贯入地层若干厘米深，形成一层“泥膜”。混合物的工作压力由承压隔板后部的气垫进行调节。因此膨润土便嵌入到土颗粒间的缝隙里，使土层变得较稳定和不渗水。刀盘切割下来的土料与膨润土浆混合后被压入开挖室内，然后通过管道被泵送到地面。泥水处理工厂将渣土从膨润土浆中分离出来，以便膨润土浆可循环使用。位于洞外靠近竖井的泥水处理工厂也负责制备新鲜的膨润土浆。

经过实践验证，膨润土—气垫技术通过使用主开挖室后面的一个分隔的气垫室精确地控制开挖室及盾构前方的压力。这种系统确保了整个盾构掌子面压力的稳定，能够在盾构运行过程中精确地控制沉陷，可以控制地表隆陷值不超过－30～＋10 mm，因此可十分完美地保持开挖区附近的地层稳定性。在开挖不稳定的和/或静水压力可能比较高的含水地层时，这种技术是特别有效的。

京津城际延伸线盾构机见图 5—2。

图 5—2　京津城际延伸线盾构机

5.2　刀盘的选型设计

1. 开口率

刀盘设计的开口率约为 35%，这种大的刀盘开口率更便于渣土的流动，尤其在黏性土地层中，可防止黏土堵住开口。作为防止黏土黏结和堵塞的第二个措施是刀盘开口部位的特殊结构设计，这部分结构设计成楔形梯级结构以便刀盘后面的开口逐渐变大，利于材料的流动。由于刀盘旋转时，中间部位线速度小，在黏土地层极易形成泥饼。作为一个防止中间黏结的措施是刀盘设计中一大特点，中间的开口率较高(45%)，从而使中间部位的渣土极易进入土仓，同时使得刀盘中心部分的泥水压力时刻可以被控制。此外,在幅板外缘上设置的开口主要是便于渣土更好的流动和能够在靠近刀盘外圈的位置安装额外的一些刮刀。刀盘的开口限制了进入切削仓的石块粒径在 0.5 m 以下。这种设计使特大尺寸的石块(漂石或砾石)留在刀盘的前面,然后用刀具来破碎。虽然最初撕裂刀将起到这种作用,但所有的刀具都可以破碎大的块石。

2. 刀盘中心处的膨润土注入口

在刀盘的中心设计有三个膨润土注入口,用于对该处的冲洗和清理。这样既可以防止渣土在刀盘中心区域泥饼形成或堆积(冲向开挖仓底部),同时还可以从中心部位注入膨润土而加快泥浆在中心部位的混合并防止管口堵塞。

3. 搅拌棒

刀盘背部装有 8 个搅拌棒,主要用于搅拌土仓底部的沉渣,这种作用在黏土此层中更明显,优化泥水压力的控制和改善泥浆的均匀性。

4. 中心刀具设计

在刀盘的中心设置有锥形中心刮刀,刮刀按双向配置,共 24 把。用于掘进过程中的定向,同时便于中心部位的渣土顺利进入土仓,防止中心堵塞。

5. 刮刀

用来切割未固结的土体。并把切削土刮入土仓中,刀具的形状和位置按便于切削地层和便于将土刮入土仓来设计,在同一个轨迹上有多把标准刮刀同时开挖。刮刀的宽度使得每把刀的切割轨迹之间有一定的重叠。标准刮刀的切削宽度为 120 mm。所有的切削刀具配有碳钨合金刀齿,背部设有碳钨合金柱齿以提高刀具的耐磨性。所有的标准刮刀均可以从开挖仓内拆卸和更换。并配备有这种作业的提升装置。

6. 盘形滚刀(备选)

在岩石地层中,刀盘上可安装盘形滚刀,以适应在风化岩层中连续掘进,刀间距布置见刀盘结构图。尺寸为 17 寸,所有盘形滚刀都从刀盘后面进行拆装。盘形滚刀高出刮刀 40 mm。见图 5—3。

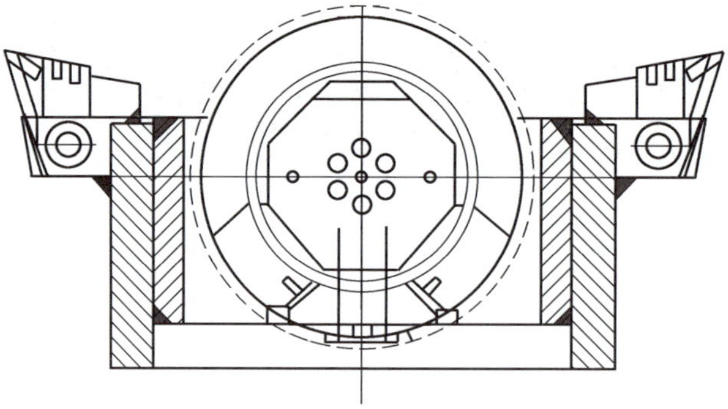

图 5—3 刀具安装示意图

7. 先行撕裂刀

在软岩地层或砂土类地层中,刀盘上可以安装先行撕裂刀(可与滚刀互换),可用于长距离全断面普通地层的掘进。这些撕裂刀的主要功效是在切刀接触地层之前特别是较硬的地层之前先松动地层。它比标准刮刀高 40 mm,每一个撕裂刀与其对应的标准刮刀基本处于同一半径上。所有撕裂刀都可以从刀盘后面进行拆装。工程实例证明这种先行撕裂刀对保护标准刮刀的寿命有巨大的贡献。撕裂刀示意图见图 5—4。

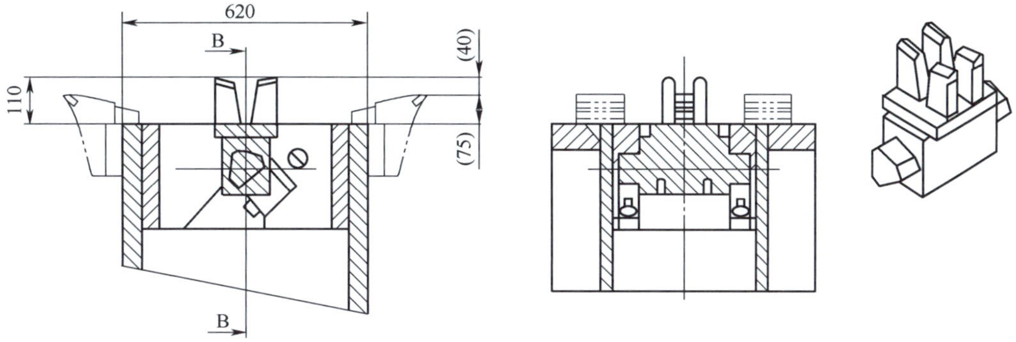

图 5—4 撕裂刀示意图(单位:mm)

8. 周边刮刀

周边刮刀安装在刀盘的外圈用于清除边缘部分的开挖渣土,防止渣土沉积,确保刀盘的开挖直径以及防止刀盘外缘的间接磨损。该刀的切削面上设有一排连续的碳钨合金齿和一个双排碳钨合金柱齿,用于增强刀具的耐磨。确保即使在掘进几公里之后刀盘仍然有一个正确的开挖直径。所有的刮刀可从切削仓内进行更换。边刮刀照片见图 5—5。

图 5—5 不同类型的边刮刀实物照片示意

9. 仿行刀

在一个液压油缸上安装一把仿行刀,通过刀盘转动来控制,用于在小曲线掘进时使用,仿行刀可根据需要设备开挖范围和开挖量。作为备选,可以安装第二把超挖刀。

10. 刀具的布置

刮刀布置在辐条和面板开口的边缘上,每个轨迹之间搭接重叠布置。在刀盘不同半径上的每条切削轨迹安装多把刮刀,在刀盘切削轨迹上最多有 32 把刀齿在切削地层,其中每个转动方向为 16 把,大大延长刀具的使用寿命。先行撕裂刀在刀盘辐条上径向布置,正面撕裂刀的平均间距为 160 mm,在边缘区域逐步加密间距。刀盘上所有的刀具都可以从刀盘的后部方便、可靠、安全地进行更换。刀具布置见图 5—6 和图 5—7。

11. 刀盘结构的保护措施

除了以上所述刀具的保护之外,刀盘结构几个比较易磨损的部位保护措施如下:

(1)在刀盘每个进渣口的周圈进行硬化处理并堆焊耐磨材料(图 5—8)。

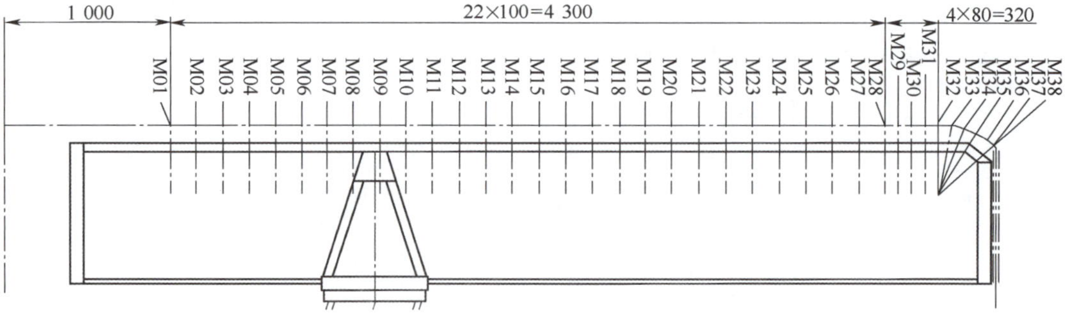

图 5—6 先行撕裂刀间距布置示意图

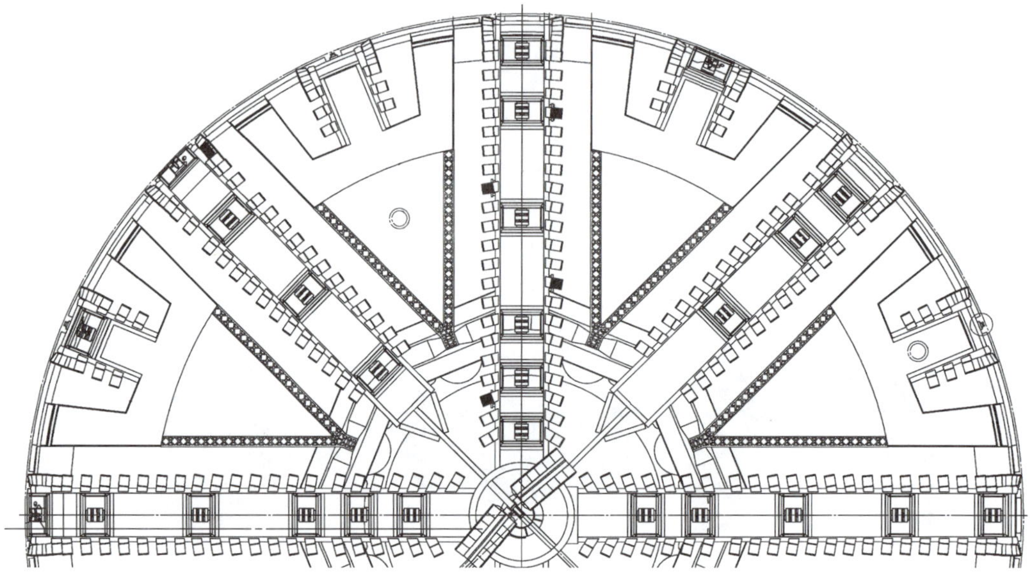

图 5—7 刀具布置示意图

图 5—8 刀盘外圈硬化处理示意图

(2)在刀盘的中心和外缘进行硬化处理并堆焊耐磨材料，在刀盘外缘还设有防磨板。

(3)在刀盘外圈设有保护刀具。

12. 刀盘的结构设计

刀盘结构由 8 块辐条和相应的幅板所组成。刀盘结构和驱动装置之间的连接通过 8 个梁来连接，这 8 个梁位于刀盘面板横梁和用螺栓连接于驱动部分的重型环圈之间。横梁将刀盘面板部分连接至辐条。刀盘采用合格的 S355J2G3/Q345B/16MnR 材料制作。

刀盘的中心部分由中心刀做成半个小锥体，有较大的开口(开口率约为 45%)，便于泥渣进入开挖室内。所有的刀具以及滚刀都能从刀盘后部进行拆卸和更换。提供有起吊机具便于换刀的操作。刀盘上还安装有仿形刀和泥浆喷嘴等装备，以及所有必须的管道。

13. 旋转接头

旋转接头固定在开挖仓隔板上。包括直通式的无压力降的中心泥浆管道(通过它将新鲜泥浆输送到刀盘的中心。该中心由位于中心锥后面的一个圆筒构成，上安装有面向周围的喷嘴和一个止回阀)以及仿行刀的液压油管道和油脂管道。

5.3　主轴承及主轴承密封设计

1. 主轴承结构(图 5—9)

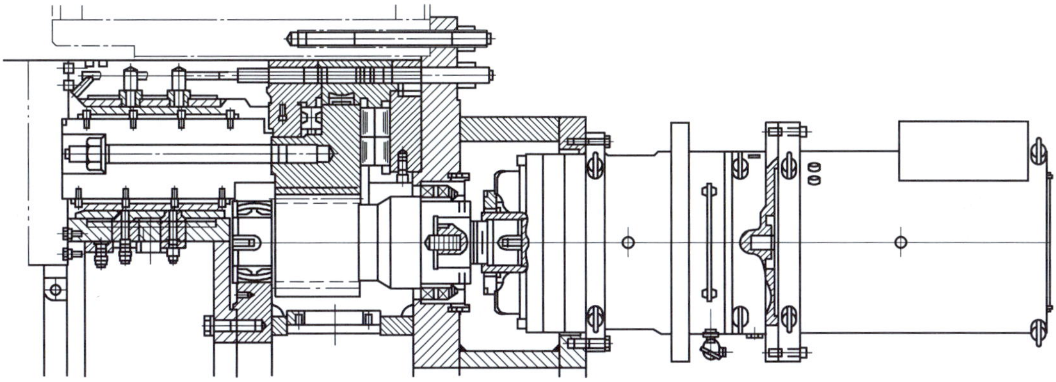

图 5—9　主轴承结构示意图

主轴承安装在前盾承压隔板支撑结构上，前部与刀盘用拉伸预紧螺栓连接，是盾构设备的关键部件之一，为适应工程地质特点的要求，京津城际延伸线盾构对主轴承进行了以下设计：

采用适用于高扭矩和大推力的重工况轴承，一种整体式的主轴承，内有三套(轴向/径向)滚柱。主轴承将由在隧道掘进机配套方面富有经验的轴承制造商(RKS 或 RotheErde 公司)进行设计和制造。

为了限制在推力载荷作用下轴承支撑框架产生变形而发生扭转(因为这种扭转会导致主轴承的所有滚柱不能全长进行工作)，轴承支撑框架做成刚性极好的焊接结构件。因此对轴承支撑框架的固定进行过很多研究，以防止由于前护盾变形引起的这一箱体结构的翘曲。

所有的环都是整体式的，滚道上没有任何不连续性。内齿圈与主轴承做成一体。由于具有更优的安装条件，以及它使用与轴承滚道相同的材料，使它比独立于主轴承结构、可更换式的齿圈有更长的寿命。

大齿圈有内齿，可减小主轴承和前护盾之间的反推力荷载路径中的力臂长度。这种结构还可以采用更大直径的轴承，使刀盘更稳定，减小对轴承的弯曲作用力。

刀盘通过一个足够强度的连接法兰安装在主轴承的内圈上，此法兰环与轴承相比刚性非常强，允许载荷能够分配到大部分的轴承滚道上，限制来自刀盘的点载荷。

用螺栓将轴承固定在轴承的支撑框架上。这些螺栓能确保轴承座圈预紧力的精确控制，并在高振动条件下保持预紧力。

行星小齿轮安装在两个球面滚子轴承之间。即使在高的载荷条件下，这种设计能够确保行星小齿轮与内齿圈实现良好的啮合。保证轴承的实际寿命比计算寿命更高。

2. 主轴承密封

主轴承通过安装在其前部的主轴承密封系统来保护。主轴承密封系统由内、外两道密封组成，每道密封由 3 排四唇密封(指形密封)组成，见图 5—10。

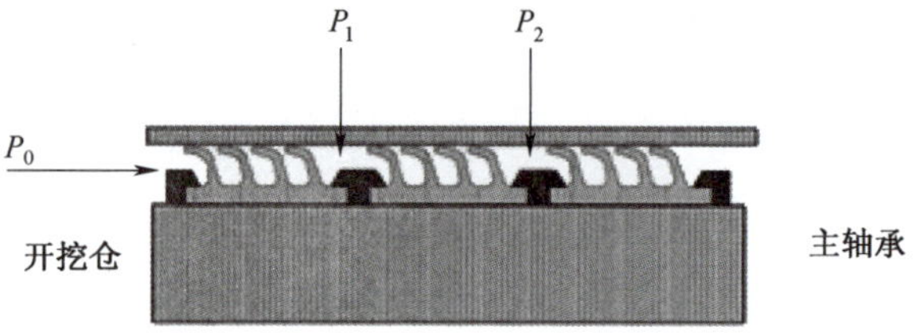

图 5—10 主轴承密封示意图

密封之间的腔室通过轴承外圈的油道充入油脂，前腔压力为 P_1，后腔压力为 P_2，则 $P_2 > P_1 > P_0$(如果泥水仓压力 P_0=4.5 bar)。脂循环通过油脂泵及流量阀、压力阀来控制注入的油脂量及压力。当 P_2 达到 7.5 bar 时会自动停止注脂。在掘进过程中，主轴承脂循环通过监控系统自动达到平衡状态，即 $P_2 = P_1 +$ 1 bar$= P_0 +$2 bar。这种压力控制的功能确保了主轴承密封的密封效果。当压力降低至 5.5 bar 时，油脂泵会自动开式注脂。这个功能是通过系统中安装的 2 个压力传感器和 1 个单向阀来实现的。

而且，在每个循环结束前，系统必须检查每一点的注脂是否在给定的时间内完成。否则主驱动将停止转动。流量的控制取决于密封的材质及强度：经验证明这种密封可以达到衡流量。该设计的油脂消耗如果超出正常范围，说明密封可能已经磨损，在这种情况下，应及时检查 P_1、P_2 的压力及流量，增加相应管路的注脂压力，以防止进一步的磨损；或者更换针入度较大的油脂，如 CONDAT 产品。

3. 人闸

人闸用来进入开挖室和隧道掌子面以便在压缩空气下进行维修操作。人闸安装在护盾的上部并与承压隔板用螺栓连接。为满足作业人员在带压情况下快速地进行检查、更换刀具以及检查、维修刀盘内其他部件的要求，采用双舱人闸。人闸由主人闸室和应急人闸室构成，主人闸室可容纳 3 个人和一副担架，应急人闸室可容纳 2 个人。紧急舱的功能是在需要时，在降压状态下，医务人员可以进入到主舱室，同时也可向主舱室内运送工具和材料等以提高工作效率。

人闸配套设备按照欧洲气压工作条件下的技术和工作标准进行配置，包含：进入人闸的压缩空气阀(加压管阀)；带阻尼器的排气阀(减压管阀)；通信设备(对讲机、蜂窝电话)；工业水闸阀；加热器；灭火器；照明系统(含应急照明)；压力表；时钟；温度计；折叠椅；记录器；气体分析仪；人闸负责人的控制面板(刀盘驱动现场控制面板)。

人闸室用于一般的工作。实际上，主人闸室拥有自己单独使用的压缩空气供给和通风网络系统，使主人闸能完全安全地独立使用。应急人闸室加压不能高于主人闸室。更换刀具时，可以直接从人闸里进行刀盘慢转操作。

压缩空气调节器是一种全气动的压力调节装置，安装在盾体内，用于调节气垫室内的支撑压力以及人闸的空气压力，以便保持恒定压力。

安装在开挖室内的压力传感器随时检测泥水仓内的实际压力值，压力调节器控制进气阀调节气垫室的压力使之保持恒定压力（如果开挖室压力突然超过设定值，则通过排气口卸压，如果开挖室压力突然低于设定值，则通过进气口增压）。压缩空气调节器的调压精度为0.02 bar（0.002 MPa）。

掘进过程中，开挖室内的压力调节往往是通过 PID 压缩空气调节器以及操作员控制泥浆循环系统的进、排泥浆量共同调节来实现，见图 5—11。

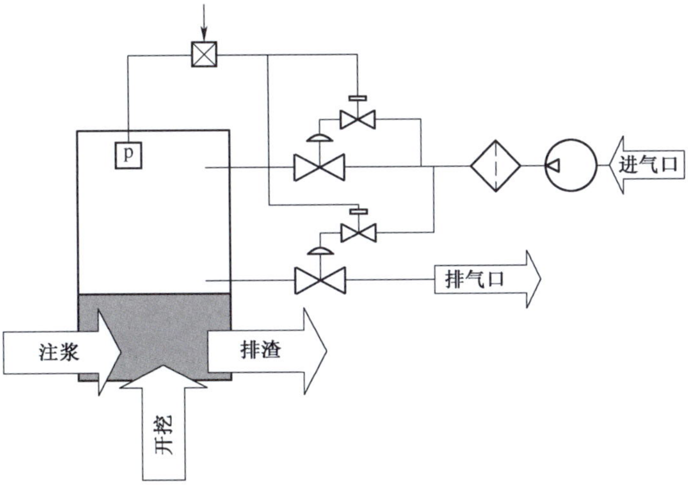

图 5—11 压缩空气调节工作原理图

开挖室内的压力调节为适应双气路的要求，盾体内安装了两套压缩空气调节器。一套是在正常工作期间使用；另一套作为备用。一旦工作系统出现故障，备用调节器马上可以工作。

5.4 护盾设计

护盾由前护盾、中护盾及尾护盾三部分构成。前护盾用来遮罩刀盘、刀盘驱动装置以及人闸；中护盾用来遮罩推进油缸并支撑管片拼装机；尾护盾用来提供混凝土管片周边的密封性。

1. 护盾结构

护盾结构按承受 6 bar 的静水压力进行设计。护盾结构由平钢板或焊接的钢板制成，确保盾壳圆周范围内有一致、连续的厚度，以便确保在较高的压力条件下盾构断面形状的完整一致。

护盾结构所使用的材料和护盾的尺寸以及护盾装备与工程地质（土的含水率及磨损介质等）和遇到的工作条件是匹配的。前护盾和中护盾的各个部分（环向分块及前护盾与中护盾的连接）均为螺栓连接。必须特别注意尾护盾的结构，采用整体焊接。为适应曲线掘进，护盾的设计为倒锥形，即尾护盾的直径要比中护盾和前护盾的直径小一些。

前护盾结构的特点在于有一个固定在中心部，不随刀盘一起转动的隔板。这种设计使得前护盾结构的刚度较好，同时使开挖室内的物料得到更好的搅拌。因可以减少刀盘的一些额外结构，刀盘设计成为一个回转部件，使主轴承能在该空间所提供的最佳条件下工作。开挖室的隔板安装一些固定式的搅拌棒，以改善开挖室内的搅拌强度，有利于渣土的流动，防止在黏性土地层中掘进时，中心区域形成泥饼。

在固定仓室隔板的中心部设置膨润土浆压注的固定喷嘴，因此能在刀盘的中心喷射膨润土浆。

在盾构前盾仓室隔板后、中盾位置，以及尾盾的前方沿盾壳周圈间隔预留注入孔，以便需要进仓作业时预前先加固地层。钻机(备选)可以安装在管片拼装机上，可以进行超前钻孔和注浆作业。

2. 隔板安全门阀

重载耐磨型泥浆出口隔栅安装在岩石破碎机(图5—12)的后面，排泥管出口的前面，以防止较大粒径的石块进入泥浆管道堵塞管路。泥浆出口隔栅的前面焊有耐磨材料，开口为长条隔栅形，开口尺寸为80 mm。

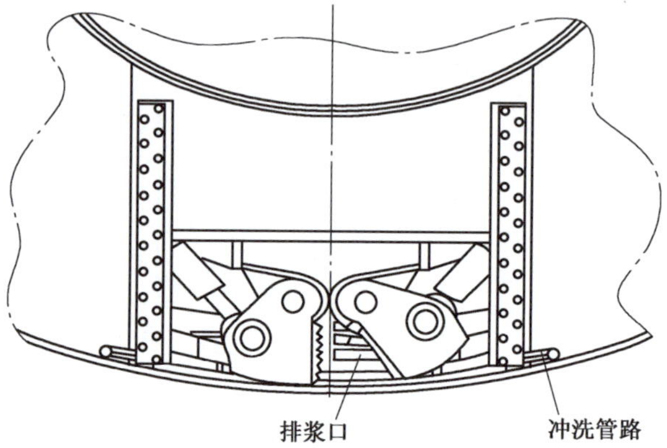

图5—12　碎石机示意图

在P2.1泵的前端设置有大石块沉淀箱，以防止大石头进入泥浆泵，沉淀箱需定期进行清空。

隔板下部的出渣通道开口一个平行的安全门关闭，这样可以在维修操作前，使气垫室与开挖室隔离。安全门由一块移动钢板组成，用液压油缸驱动在两导轨中滑行。每个安全门的运动从控制室来控制。导轨和密封面的下部通过安装在安全门下部边缘的一套高压喷嘴来进行清洗。密封的紧密性由金属支架上的一块金属通过压力释放凹槽产生一种迷宫密封来保证。分布在整个安全门的外缘这些凹槽通过机械加工。这些凹槽使用尾密封注脂充填以实现闭合处密封的紧密性。安全门的下部形状设计可以剪切开挖室底部的砂堆，因此可以确保安全门能够闭合。

安全门的位置由位移传感器监控。当安全门完全闭合后，PLC就改变排渣回路的工作模式。注浆泵通过开挖室里测量的压力来调节。这样，通过运行排渣泵并使用自动气体调节控制和液面显示，司机就可以开始清空气垫室里的泥浆。如果检测到安全门没有完全打开，PLC自动将排渣回路的工作模式改成旁通模式。若要在维修操作之前清空气垫室，司机首先需要把排渣回路改为旁通模式，然后再改成人工模式。接着，关闭安全门，调节排渣泵使主机内排浆管里的回路压力小于排浆管进口处气垫室里的泥浆压力。然后打开主机排渣阀，开始清空气垫室里的泥浆。

3. 尾护盾设计

尾护盾盾壳设计成能确保盾构在4.5 bar设计压力下，具有高的抗弯曲和抗断裂强度。为此，尾护盾盾构是用平钢板制造，在盾构壳四周钢板都是均匀连续而且厚度一致，其结果是所有用于回填灌浆和尾密封注脂的管道都完全安装在尾护盾盾壳内壁上，见图5—13和图5—14。

相对于其他将注浆管和油脂管内埋于盾尾壳中的设计，京津城际延伸线盾构设计在盾壳周圈没有盾壳厚度变小的薄弱区域。这些薄弱区域使得尾护盾形同多个环向铰接的结构，从而降低了盾壳的承载能力。相对于其他将注浆管外置于盾壳的设计，京津城际延伸线盾构的设计在砂性地层中掘进时能对注浆管路提供可靠的保护。此外，这种设计更便于对管路的维

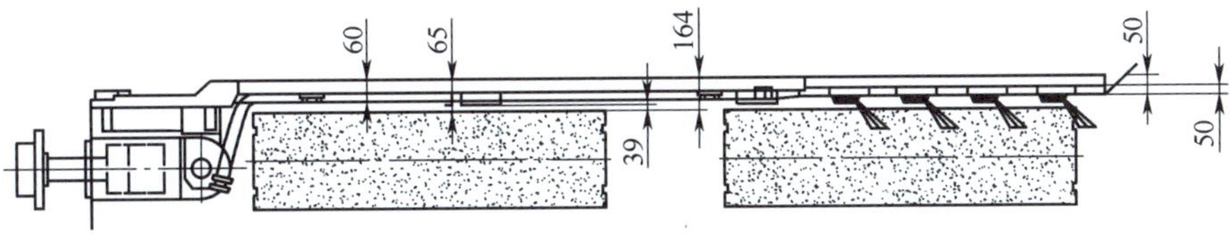

图 5—13 盾尾局部构造示意图(单位:mm)

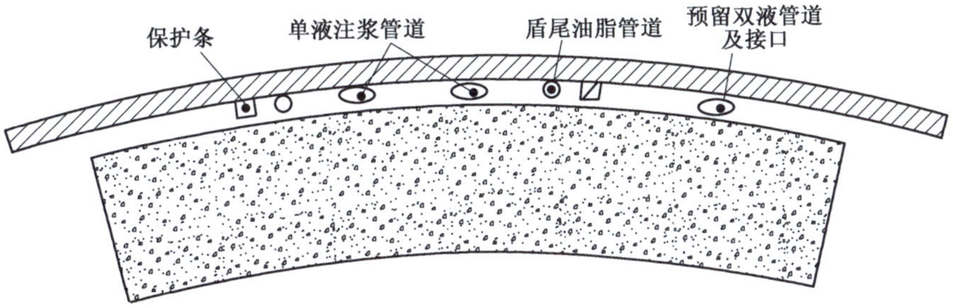

图 5—14 盾尾壳内管路布置示意图

护和清理。(管路被堵时)用这种设计很容易更换被堵的管路(内置多节短管连接)。

4. 盾尾密封

尾密封包括四排金属钢丝刷、一道钢板束,钢丝刷和钢板束用螺栓连接在盾壳上,每一侧都用金属板保护。这 4 排密封之间形成几圈环形空间,持续不断地用密封油脂填充。油脂通过安装在后配套拖车上的流量可调的注脂泵注入。每圈环形间隙由固定在尾裙内侧的导管供应油脂。盾尾油脂管路分布示意见图 5—15。

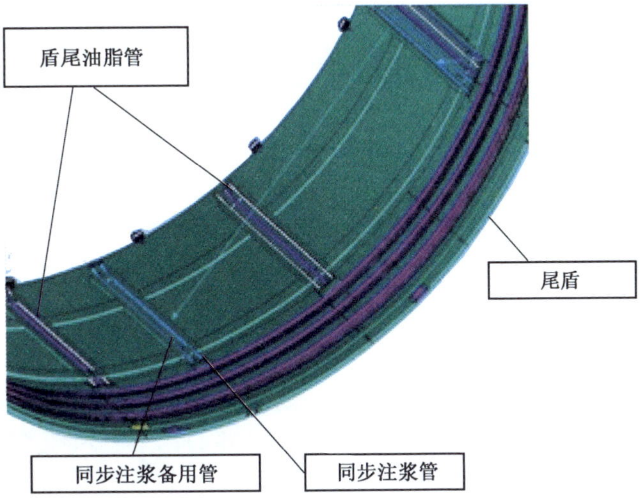

图 5—15 盾尾油脂管路分布示意图

油脂注射是连续进行并由每个注入点的压力检测器监测。注脂设备由控制室进行监控。操作是循环性的(对各个注入点的注浆是挨个进行的)。从一个阀到另一个阀的转换过程由控制室里(流量调节器)所设定的若干泵的运行参数来进行控制,或者通过对控制室里可调压力界限的测量来进行控制。注脂控制与刀盘旋转是互锁的。当刀盘停止旋转时司机可以强行注脂。气动式注脂泵直接安装在后配套第一节拖车上的油脂桶上,通过电动气动阀为各个注脂点(或扇区)供应油脂。

5.5 后配套拖车

后配套按照后配套拖车、服务列车在隧道内轨道上运行,后配套拖车由 1 个连接桥和 2 节门架平拖车组成。后配套各门架拖车为相同设计，均为焊接和栓接结构。后配套门架拖车整个长度上有人行走道、护栏和扶梯，可使工作人员行动自如地接近各种设备、装置，以进行设备的维修保养，并确保人员行动的安全与方便。

后配套布置以下设备：管片吊机、盾尾、主轴承油脂泵站、主控室、注浆泵及储料罐、主液压油箱、泥浆泵、工业水单元、可吸气体单元、工业气体单元、污水箱、变压器、高压柜、配电柜、水管卷筒、管路延伸区（膨润土浆管，水管，风管）、高压电缆卷筒、二次通风系统。

5.6 盾构机的系统组成

1. 供电系统

在台车的尾部安装有气动驱动的高压电缆卷筒，主要作用是给盾构提供 10 kV/50 Hz 的动力以及随着盾构的向前掘进延伸高压电缆。高压电缆由固定电缆部分（高压电缆卷筒自带部分）和隧道内柔性高压电缆组成。在台车上还安装具有高压漏电、短路、超温保护、零序保护、速断保护或报警等自动保护功能及通、断电显示和参数显示功能的高压开关柜、全浸入式（硅油）带电容器以调节输入电压变化的变压器，及按照欧洲标准进行设计，防护等级为 IP55 的配电柜。

2. 液压系统

盾构上的所有液压设备都安装在后配套上。油箱配备有油位指示器、温度指示器、冷却和过滤回路（滤清器过滤细度为 5 μm）及带有滤清器（5 μm）的可呼吸气体气阀，最大油压应为 350 bar。装在泵上方的油箱配备有过滤回路、过滤阀、油位指示器、温度指示器、冷却回路和空气滤清器。过滤回路是一个持续运行的回路。配备液压油箱加油用的加油滤油泵。滤清器装有当地可视堵塞指示器，如果达到警报起始限度，相应回路会停止，控制台上会有故障显示。回路通过热交换器和一个水回路进行冷却。压力和流量可从操作室内显示。

3. 推进系统

盾构的向前推进由推进系统来实现的，推进系统主要由推进油缸、液压泵站及控制装置组成。油缸作用在前一环的混凝土管片上，借助铰接的撑靴将力均匀地分散在接触表面，以防止对混凝土管片的损坏。安装在球窝节的撑靴上，并覆盖有聚氨酯板以确保与混凝土管片均匀平滑地接触。推进油缸分为 4 组，每组油缸均能单独控制压力的调整，为使盾构沿着正确的方向开挖，司机可以调整 4 组油缸的压力。为了方便主机的方向操纵，油缸直接顶推在靠近机器重心的前盾上。为了测量机器的开挖进尺，4 组推进油缸装行程传感器，推进速度通过控制面板可以连续地调整。推进油缸布置见图 5—16。

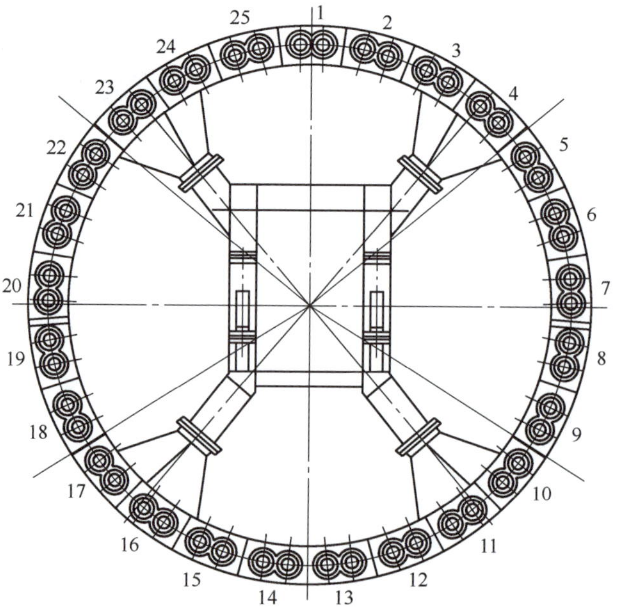

图 5—16 盾构推进油缸布置示意图

管片安装时，可通过管片安装机的遥控器或固定操作面板单独控制任何一对油缸，以满足封顶块安装在不同的点位上。正在安装的混凝土管片所对应的油缸缩回，其他油缸的撑靴保持压力以足够的推力与管片接触，以确保安装期间管片的安全、混凝土管片之间密封的压力以及维持开挖室内的限定压力。当每一片管片安装完毕，重新伸出推进油缸与管片接触并施加压力时，推进油缸的撑紧压力将减小(此压力可以很容易地进行预先设定)，以避免盾构向前移动，损坏拼装机的安装臂及已安装好的管片或造成管片开裂。

4. 刀盘驱动系统

刀盘驱动系统设计成可在正、反两个方向，以同样的速度和扭矩进行岩土的切割。驱动系统设计成具有最大的刚性，以便充分利用主轴承的寿命，并在掌子面实现稳定的切削条件。刀盘驱动系统包括减速箱、变频刀盘驱动电机及其控制元件。京津城际延伸线在确定刀盘的额定扭矩和脱困扭矩时，已经考虑到在今后可能的类似地层条件下掘进而需要的较高扭矩，所以对于防止刀盘被卡阻已具有足够的安全度。

(1)减速箱

减速箱的传动效率高，可靠性高，可承受扭矩峰值而寿命不受影响。连接减速箱与驱动小齿轮的轴是经过特殊设计的，配有驱动保护装置，以避免部分的关键机械部件(如主轴承大齿圈、驱动小齿轮、齿轮箱等)免受扭矩过载。这种轴的设计就像一个保险装置，在达到一定的扭矩时自动切断。轴承采用受刀盘驱动装置的运行而控制的自动循环油系统来确保其持久不断的润滑。

(2)变频刀盘驱动电机

刀盘驱动采用变频电机驱动。刀盘驱动电机是变频控制、水冷式的、标准的感应式电动机。无级变速驱动是对连续不断变化的矢量的控制技术。每个电动机包括有内置式的用于PLC故障预测用的热探测器，在司机室内也有显示。为了提高性能，在京津城际延伸线的控制系统的设计中还特别包括了一些新开发的技术，主要有：

1)每个电动机有它自己的变频器。这种设计改善了扭矩的稳定性，即使在主变频器不工作时，也允许掘进机能够工作。

2)各变频器之间的通信联络时间减少了，改善了各个电机之间的同步性。

3)对扭矩/转速的控制装置达到最优化，改善了在意外情况下掘进机驱动装置的性能。

4)电动机由防尘防水的变频驱动控制柜(IP55)进行控制，该系统符合欧洲EMC标准及EC的低电压使用导则。

对于大直径掘进机，使用变频电驱动有以下理由：

1)更高的效率，电动机的功率损失最大为5%，而液压马达功率损失最大为20%。这就为掘进机操作的能源费用带来了很大的节省。

2)对调节作用的反应更优，特别是在对工作阻力矩有微小波动的地层状况时。

3)维护方便，可以在变频驱动的控制柜完成所有的维护工作。

4)水冷式电机得到更好的冷却，带来的主要好处是，在前护盾里的环境温度较低。

5)噪声较低，可以带来较好的工作环境。

5. 冷却系统

盾构上配置闭式内外循环工业用水装置。工业用水管道通过安装在后配套上的软管与隧道供水管线相连，向缓冲水箱供水。安装的泵装置向所有必需的回路供水，包括液压油冷却器、齿轮减速箱的冷却以及各个用水处。

6. 铰接系统

前盾和中盾之间设计有两道铰接密封见图 5—17，即一道四唇密封和一道止浆板密封（钢板束），密封之间用油脂进行充填，这种弹性钢板制成的止浆板密封可以防止在掘进过程中泥砂的进入，从而使得铰接动作自如。铰接是被动型的，用油缸与后部盾体连接。铰接以及盾尾间隙的设计满足盾构在本项目 450 m 曲线半径下掘进和安装管片的要求。

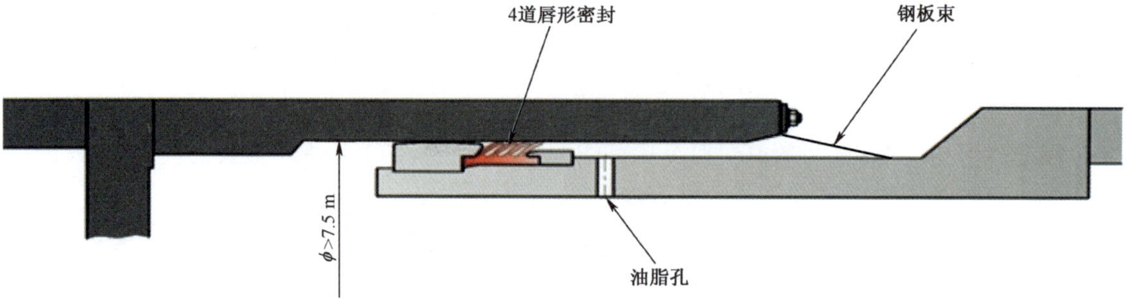

图 5—17　铰接密封示意图

7. 管片输送及安装系统

管片安装系统是盾构设备中重要的系统之一，主要作用是进行管片的吊卸、存储、安装以及为辅助系统提供安装条件。管片安装系统主要包括安装在盾壳内的真空吸盘式管片安装机，方便管片连接螺栓安装的工作平台、真空吸盘式管片吊机、管片存储输送小车等。盾构掘进过程中，管片由电瓶车运到隧道内，再由安装在后配套拖车上的管片吊机从电瓶车中的管片车上吊下管片并存放在管片输送器上。再由管片存放器从管片存放区将管片运至管片安装机抓取区域。管片从电瓶车中管片车上的卸载也可以由管片吊机一片一片吊卸完成，管片吊机的起吊高度（真空吸盘至电瓶车轨道的距离）满足承载三块重叠管片的管片车自由进入管片吊机下方的要求。

（1）管片安装系统组成

管片安装系统是盾构设备中重要的系统之一，主要作用是进行管片的吊卸、存储、安装以及为辅助系统（如超前地质钻机、盾尾间隙测量系统等）提供安装条件。NFM 公司设计的管片安装系统主要包括安装在盾壳内的真空吸盘式管片安装机、方便管片连接螺栓安装的工作平台、真空吸盘式管片吊机、管片存储输送小车（图 5—18）等。

管片安装时间是日进度的关键决定因素之一，管片安装系统的选用和匹配是被成功用于众多的 NFM 公司项目验证过的成熟系统。其灵活性在工地上得到了很好的应用，可以把管片准确定位安装。

管片拼装机（图 5—19）是用来抓取、吊运和安放管片。拼装机由用以支撑管片抓取装置的固定框架和用以支撑旋转和提升装置的转动体两个主要部件组成。

转动体由液压齿轮马达和小齿轮驱动，在固定于拼装机定子上的环形齿圈上转动。拼装机是为纵向插入式管片衬砌封闭块而设计的，配备有真空抓取装置。拼装机的纵向行程使拼装机能够拆卸上一个管片环的衬砌块而不需借助任何其他工具，以便万一需要更换盾尾密封刷等操作时使用。所有运动均为液压驱动。所有运动或者由 1 个无线控制站或者由 1 个固定控制站进行控制。司机通常使用远程控制面板，因此在拼装机工作时不需要司机站在其工作区域内。提升和平移运动具有两种速度，最低速度仅用作管片的精确定位，其他运动只有低速。围绕隧道轴线的旋转为使用比例控制。拼装机和抓取系统受到保护，可防止由于推进油缸的靠近和加压而产生的运动和受力。拼装机机构见图 5—20。

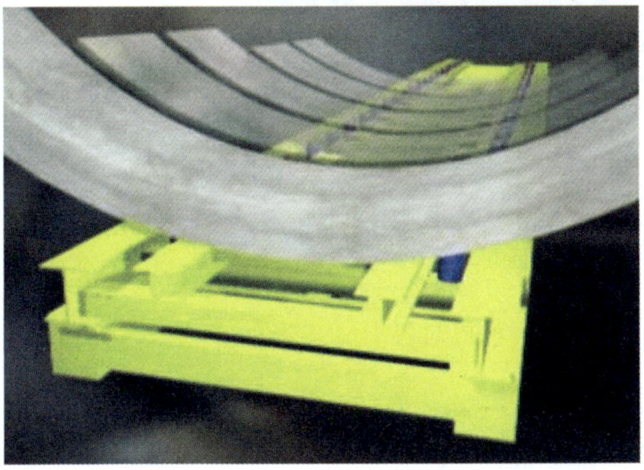

图 5—18 管片存储、输送示意图

图 5—19 管片拼装示意图

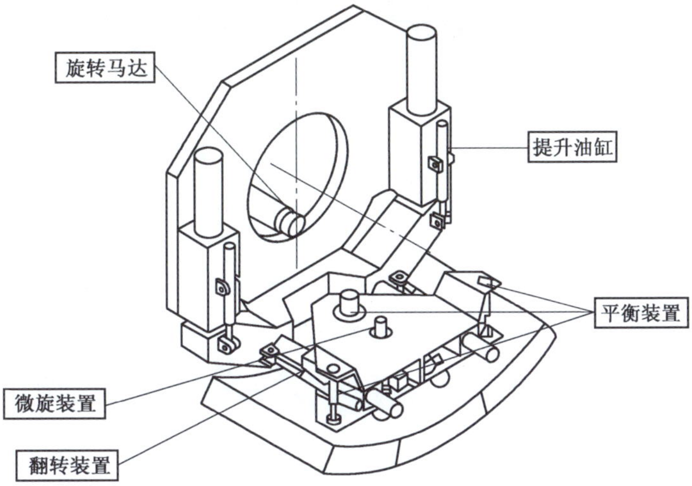

图 5—20 拼装机机构示意图

(2)真空吸盘式管片拼装机(图 5—21)

管片拼装机是用来抓取、吊运和安放管片。拼装机由用以支撑管片抓取装置的固定框架和用以支撑旋转和提升装置的转动体两个主要部件组成，转动体由液压齿轮马达和小齿轮驱动，在固定于拼装机定子上的环形齿圈上转动。拼装机是为纵向插入式管片衬砌封闭块而设计的，配备有真空抓取装置。拼装机的纵向行程使拼装机能够拆卸上一个管片环的衬砌块而不需借助任何其他工具，以便需要更换盾尾密封刷等操作时使用。所有运动均为液压驱动。拼装机可以用来替换前面 2 排尾密封钢丝刷。

(3)管片安装机工作平台(图 5—22)

在管片安装机轨道梁上安装随管片安装机前后移动的，方便管片连接螺栓安装的工作平

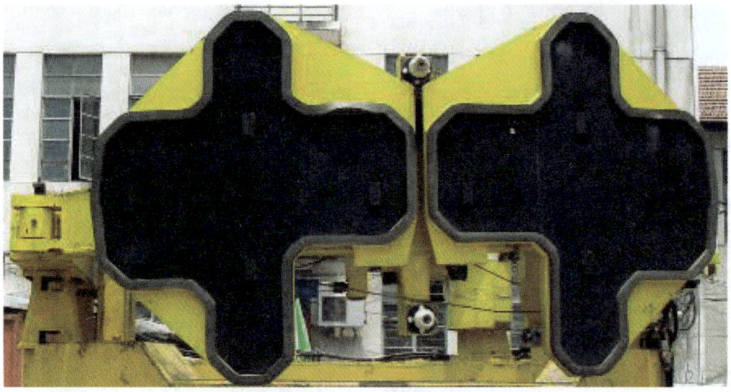

图 5—21　拼装机真空吸盘照片

台和走道(图 5—22),这个工作平台也可以适用于更换盾尾刷时使用。

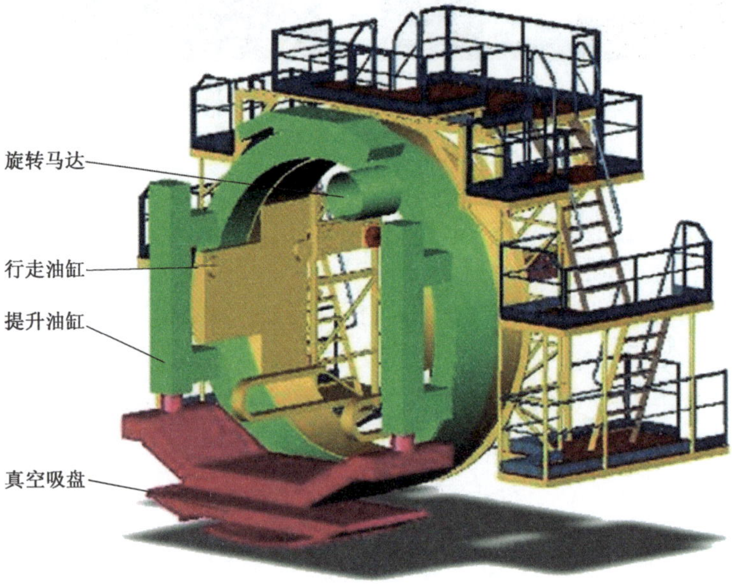

图 5—22　管片安装机工作平台示意图

(4)管片安装机控制及安全联锁功能

在盾构上,最危险的工作区域就是管片安装区域。因此整个系统及其控制都经过专门的设计把风险降到最小。另外,为了便于遥控器的操作和携带,互锁也集成在系统里。

当盾构完成一环的掘进后,操作员选择管片安装模式。这样推进油缸及管片安装机的控制权交给前面提到的固定控制面板或遥控器面板。操作员就不能推进或者控制推进油缸。液压系统也转换为低压大流量模式。控制权只能由管片拼装司机在管片安装区域返还到控制室。

真空度的互锁功能可以防止真空度低于 80%时抓取管片。真空度连续的显示,在真空度低于 75%时发出警报。报警后真空吸盘工作时间大于 20 min。所有的安装器控制均装有支撑互锁或弹回中间挡位控制。真空释放只能在同时按住两个按钮时才能进行(必须用两双手操作)以防止误操作而放松管片。

(5)真空吸盘式管片吊机(图 5—23)

盾构掘进过程中,管片由服务车运到隧道内,再由安装在后配套拖车上的管片吊机从服务列车中的管片车上吊下管片并存放在管片输送器上。再由管片存放器从管片存放区将管片运至管片安装机抓取区域。管片从管片车上的卸载也可以由管片吊机一片一片吊卸完成,管片吊机的起吊高度(真空吸盘至服务列车轨道的距离)满足承载三块重叠管片的管片车自由进入管片吊机下方的要求。

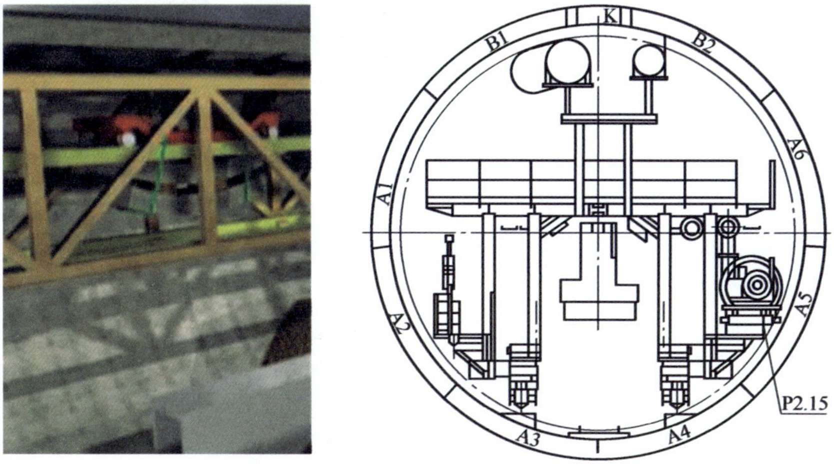

图 5—23　管片吊机示意图

8. 盾尾间隙测量系统

盾尾间隙测量系统包括安装在管片安装机上的 4 个测距传感器以及相应的软件支持系统。

9. 盾尾油脂注入系统

注脂设备包括 4 台油脂泵,分别对主轴承 HBW 油脂润滑腔室供应油脂,对主轴承 NLG2 油脂润滑腔室供应油脂,对盾尾密封供应油脂。4 台注脂泵安装在后配套拖车上的油脂桶上,分别通过电动气动阀为各个注脂点供应油脂,设备上配置了油脂桶吊机。

10. 同步注浆系统

开挖土体和管片之间的间隙,在盾构掘进过程中需要持续不断地通过安装在盾尾的几根管路,将砂浆或其他液体注入间隙中。同步注浆的主要功能是避免地面下沉(在盾尾的压力最小为盾构前方的水土压力);维持管片衬砌环脱离盾尾后的形状,维持衬砌环之间的密封压力。

图 5—24　砂浆搅拌罐

(1)注浆系统的组成

同步注浆系统安装在后配套拖车上,这个系统包括一个砂浆存储搅拌罐和三个双柱塞泵以及控制单元组成。存储搅拌罐(图 5—24)带有搅拌器,充料过程是通过电瓶车中的砂浆运输车及转运泵来实现。搅拌器的作用是用来防止砂浆在管片拼装以及停机期间发生凝固，底部需要有一清洗口并附带排水设施。

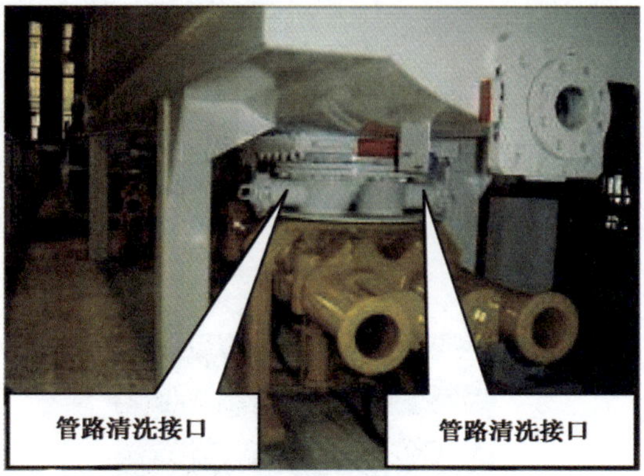

图 5—25 注浆泵

(2)注浆泵(图 5—25)

通过异形连接管和砂浆罐相连，连接段还有清洗接口。泵直接装在砂浆罐的下方用于提高泵的效率。砂浆泵为双柱塞类型，通过液压活塞驱动，每个柱塞将砂浆注入到一条注浆管路中。因此，每一条管路都是独立的。每个柱塞的速度是连续可调的，因此注浆管路的流量可以单独调整。注浆的压力、流量和每条线的注入量通过控制系统监测。水箱可以实现对砂浆泵柱塞密封系统的持续自动清洗。原理见图 5—26。

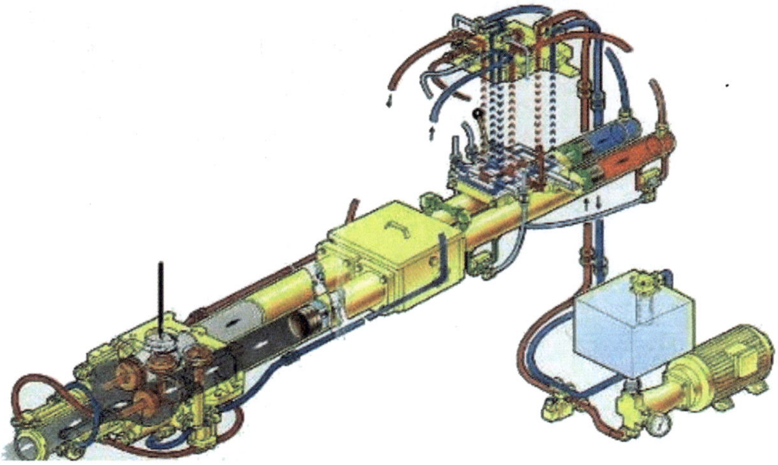
图 5—26 砂浆泵原理示意图

(3)注浆管路

注浆是通过内置于盾尾内壁的注浆管道来实现的，布置示意见图 5—27。注浆管路完全内置于盾尾壳的内侧，当有管路被堵住时，被堵塞的管路能够很容易地被更换。在每条管线靠近盾尾注入点处都安装有一个压力传感器。在砂浆注完后，这些管路可以被关住，以防止长时间停机期间外面水的流入。

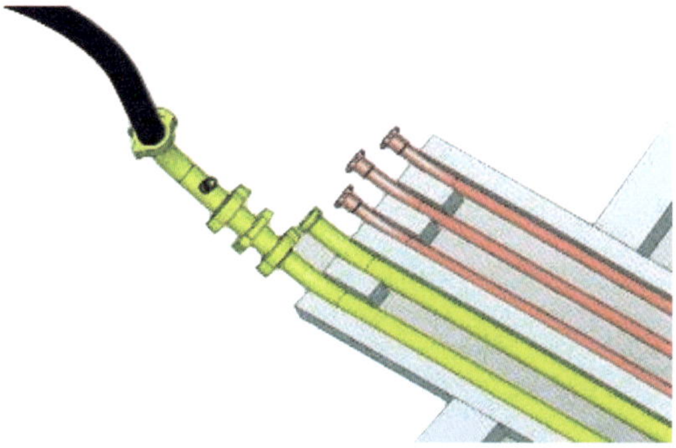
图 5—27 内置式注浆管布置示意图

(4)控制系统

这套系统通过测量压力来控制，每条注浆线路既可以调节压力又可以调节排量。操作手可以选择两种工作模式：

手动和自动。

自动模式下，水泥砂浆注入所有选定的灌浆点，并通过每条线路的两个压力极限来控制。最小压力启动注浆，最大压力停止注浆。注浆操纵在自动模式下受到保护。主要参数传输显示在监视屏上，尤其是每条线路的最大和最小压力、每条线路的注浆量(L)以及每环总的注浆量(m^3)。注浆系统监视屏见图 5—28。

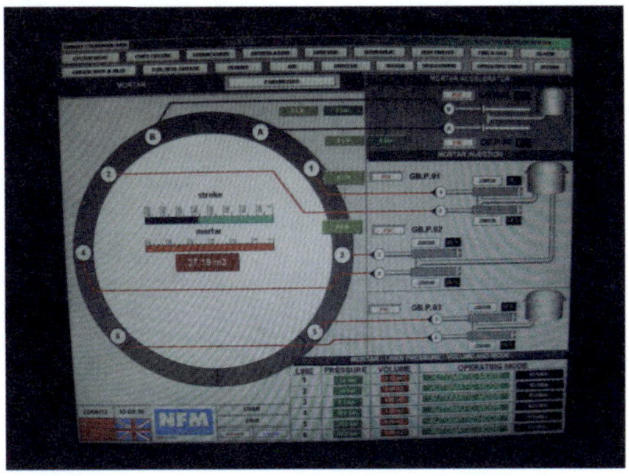

图 5—28　注浆系统监视屏示意图

手动模式下，水泥砂浆连续注入选定的灌浆点，直到达到现场表盘上设定的最大压力极限，然后停止注浆。

(5)清洗程序

在每次注浆完成后，为了防止管路堵塞，可将注浆管路填满膨润土浆液。在每次长时间停机前，管路通常采用一个特殊的装置清洗，如采用一个橡胶球并压力水打入，这样就可以清洗整个管路。如果管路被堵，用一个可供选择的带有快速接头的高压清洗机(200 bar)，可以接到被堵塞的管路上来疏通被堵塞的管路。

(6)双液注浆/超前注浆

盾尾双液同步注浆或超前注浆采用双管设计(图 5—29)，使得 A、B 液在泵送过程中彼此分开，同时 A、B 液的混合在盾尾的尾部或出浆口附近，降低了施工过程中的堵管现象。双液注浆管路通常布置在盾壳的顶部(2×2，其中 2 个为备用)，或者用于沿盾壳布置的超前注浆孔注浆。同时，A 液泵及 A 液储浆罐可使用设备上已配备的单液注浆泵及砂浆罐：即 A 液泵：1×12 m^3/h

图 5—29　管片双液辅助注浆示意

(双线),A 液储浆罐:6 m^3/h。B 液(水玻璃)泵及 B 液罐则相应增加以下设备:B 液泵 2 台,B 液泵能力:2×1 m^3/h(14 bar);B 液罐:1×1.5 m^3;闸阀、管路及监控元件:1 套。

11. 泥水输送系统

气垫式泥水平衡盾构泥水输送系统的主要功能是稳定掌子面。通过形成泥膜与压缩空气调节器共同保持开挖仓内的压力,而维持开挖面的稳定。同时破碎岩石,以便泵送,不断地搅动土仓底部,防止土砂在底部沉积。并将固体渣料从开挖面运输到设在地面上的泥水分离处理工厂。见图 5—30。

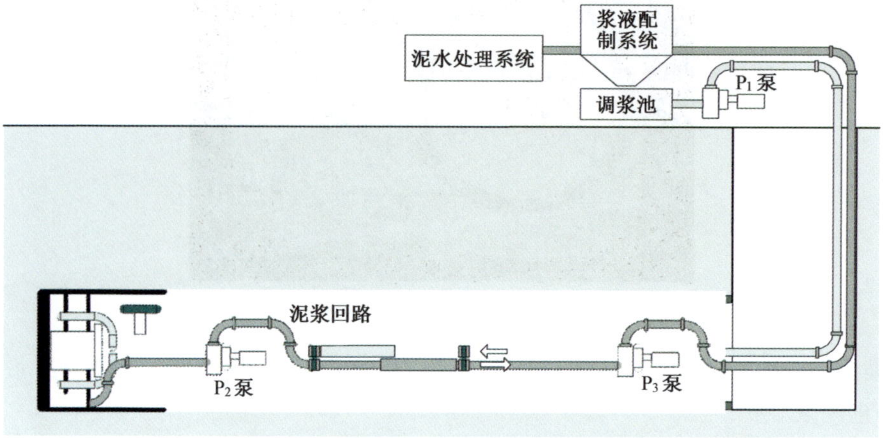

图 5—30 泥浆循环系统布置示意图

(1)由于切削下来的渣土通过和泥浆混合后以混合浆液的形式泵出,所以泥水输送系统包含以下几部分:

1)双颚式岩石破碎机(图 5—31):双颚板式岩石破碎机安装在泥浆出口隔栅的前面,隔板安全门阀的后面,主要用来破碎岩石,以便于泵送,两片颚板不断地在土仓底部搅动,还有防止土砂在底部沉积的功能。其驱动为液压驱动,控制模式有自动和手动两种模式,并可在主控室内设定破碎循环时间。能够破碎的岩石的最大粒径为 500 mm。由于岩石碎石机安装在隔板安全门阀的后面,这样,一旦岩石破碎机出现故障也无需清空开挖室里的泥浆就可以安全地进到碎石机前进行维修操作。

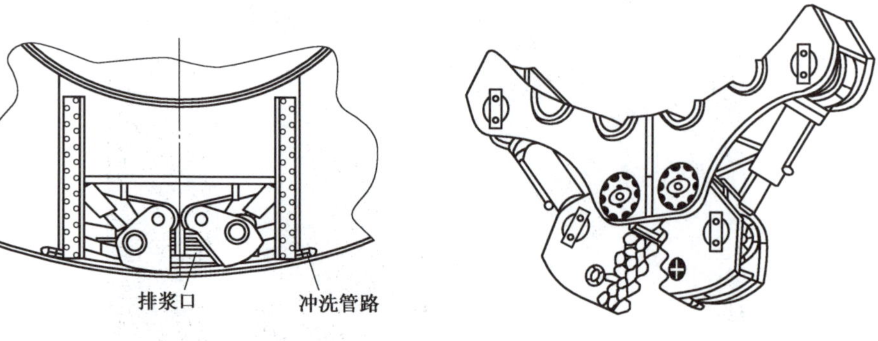

图 5—31 双颚板式岩石破碎机图片

破碎机软管的设计在京津城际延伸线盾构做了改进。对管路，使用更高强度的SAE100R15来代替常用的SAE100R13，这种管子有7层钢纤维(图5—32)，原有的只有5层。耐压能力也有原来的350 bar提高为415 bar，所以这种管子具有更高的强度。中隔板的的通道没有像其他设计那样集中，而是分布在破碎机周围。同时泥水仓里的管子要尽可能的小，这样就降低损坏的风险。此外，管子的重要部分采用硬质钢管，在隔板上焊上高强度的侧面保护，软管部分限制到一个最大值，但考虑了适应油缸的伸缩移动。软管部分进行1.5倍压力测试，以检验连接部分的质量。每个软管要有柔韧的金属环保护(像弹簧)以防止石块直接撞击。

图5—32 破碎机液压油管构造示意图

2)膨润土泥浆的供给管线，即进浆管路。

3)膨润土泥浆的排出管线，即排浆管路。为减少盾构上泥浆管路的压力损失以及降低泥浆管路的磨损，盾构上的泥浆管的布置尽可能平顺且尽量减少弯管的使用，安装位置便于更换和维修。选用的泥浆管为专用的厚壁耐磨管。

4)膨润土泥浆供给泵，即进浆泵。膨润土泥浆通过可变速离心泵(P1.1)从制备厂泵送到泥浆供应管道。对泥浆流进行调节使气垫室里的泥浆能保持恒定的平面高度，在隧道内安装1个进浆泵(P1.2)。进浆泵的关键部件(泵壳体及叶片等)采用耐磨设计。用于对掌子面注泥浆，泥浆主供应回路在盾构内被分成5路。在开挖室上部有2个喷口，下部有2个，还有1个从回转接头处引出接到刀盘的中心区域。

5)膨润土泥浆的排出泵，即排浆泵。在后配套拖车上的排浆管线上安装有一个变量离心泵P2.1，在隧道内设有一个中继排浆泵P2.2，以及在始发井底部也安装一个这样的排浆泵P3，以助于将泥浆泵送到地面。排浆泵的关键部件(泵壳体及叶片等)采用耐磨设计。除P2.1外的每台泥浆泵装置包括变压器、高压单元、变频器、局部的PLC控制器、隔离阀门、电气装置架与泵装置架之间的电缆以及将泵装置与隧道里的排浆管道连接的刚性管道。

6)泥浆管延伸机构。泥浆管延伸装置所选用的软管为特制的内壁有耐磨层，且有钢丝网骨架的耐磨胶管。泥浆管延伸系统还包括一套用于泥浆管从服务列车卸料、转运以及换管时所使用的吊机，在泥浆管延伸机构侧面还配有存储泥浆管的存放托架。同时设置一套系统用来临时堵住进浆管和排浆管以便能够延伸固定在隧道里的泥浆管。为保证送排泥管延伸时泥浆不泄漏到隧道内，保持施工环境的整洁，必须解决在已断开的需要延伸的泥浆管道开口处的封堵问题。为此，专门设计了球塞式的泥浆管延伸系统，即在泥浆管延伸时，使用高压水将球塞推入管道，通过检测用水量，可以确定球塞的确切位置，直至满足管路延伸的需要。

(2)泥浆输送系统的调节

对泥浆输送系统的调节，可以对泥水仓的压力以及泥浆的进、排流速进行调节，泥浆的进、排流速应该维持在其临界流速以上。泥浆的密度和流量可以分别使用安装在每条管线上的伽马密度计及电磁流量计来测量。

每台泥浆泵的驱动电机都配有变频器，实现泥浆泵的无级控制，并可通过PLC系统与压缩空气调节器实现联动控制，见图 5—33。

正常掘进时，气垫室内泥浆的液面高度由 P1.1 泵来控制。对泥浆流进行调节使气垫室里的泥浆能保持恒定的液面高度。当发生漏水或水从掌子面进入时，压缩空气调节器起着一个减振器的作用，通过自动控制进排气量调整泥浆液面的高度，并最终可消除压力峰值。排渣回路由一台安装在 TBM 后配套上的变量离心泵（P2.1）来控制，当在隧道内安装中继泵时，这个泵由 P1.1 或 P2.1 来控制，或者由自身控制，但此时应配备防管道吸空设施。

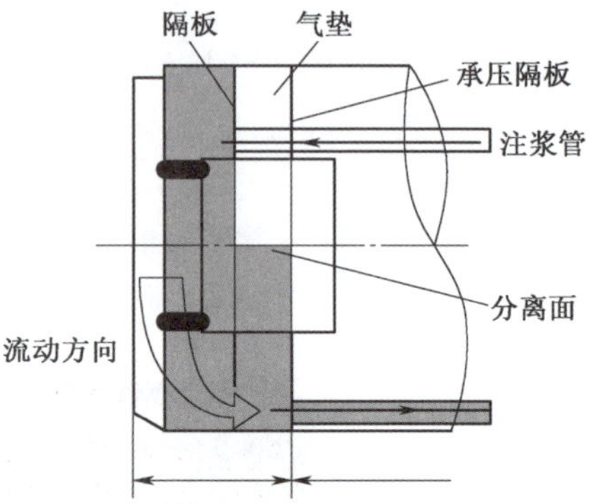

图 5—33　泥浆输送系统调节示意图

（3）控制模式

泥水输送系统（图 5—34）大多数的控制闸阀都采用远程控制式闸阀。泥浆输送系统有 3 种模式的控制：

1）自动状态：该模式状态下，当系统输入开挖模式参数和旁通模式时的气垫室泥浆液面高度参数和排渣流量的设定值后，操作手不需对任何部件进行直接控制（停机模式下除外），泥水输送系统可自动进行控制。

2）半自动状态：该模式状态下，操作手可以操纵泵的转速和某些电动阀。事实上半自动操作是一种具有主动安全性的手动水平。

3）手动状态：该模式状态下，所有的命令都是通过手动进行操作，操作手控制泵的流量和阀的开度等，操作手控制气垫室泥浆液面高度。压缩空气调节器的气压回路总是处于自动的和服务的状态。软件配有内置的监视装置、按钮和参数指示一览表。数值计算通过监控器与 PLC 计算机之间的通信在屏幕上进行（参数可能是泵马达的工作强度、压力、流量等）。安装有报警装置，并且可以按照用户的要求进行编程设定声音报警或灯光闪烁报警或停机。

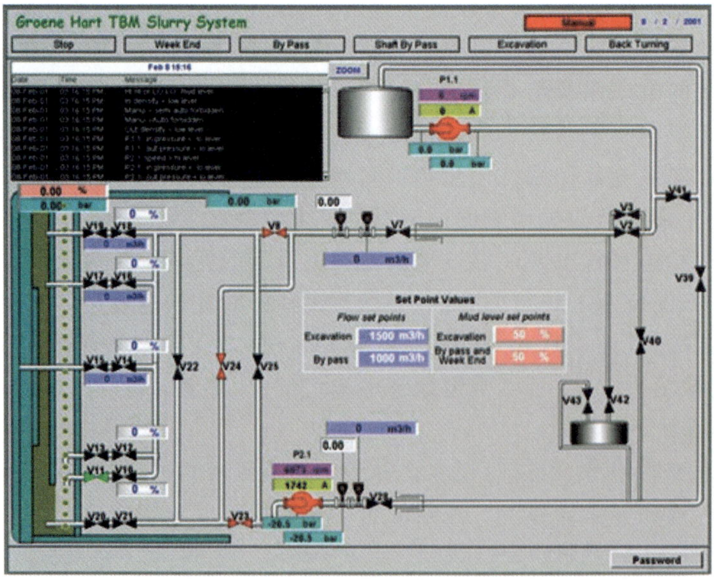

图 5—34　泥水输送系统的控制示意图

(4)工作模式

泥浆循环系统有5种不同的工作模式，这5种模式为：开挖模式：设备开挖；旁通模式：设备待命；隔离模式：管路延伸；长时间停机模式：比如节假日停机；隔离闸门关闭模式：隔离闸门处于关闭状态。

1)开挖模式(图5—35)

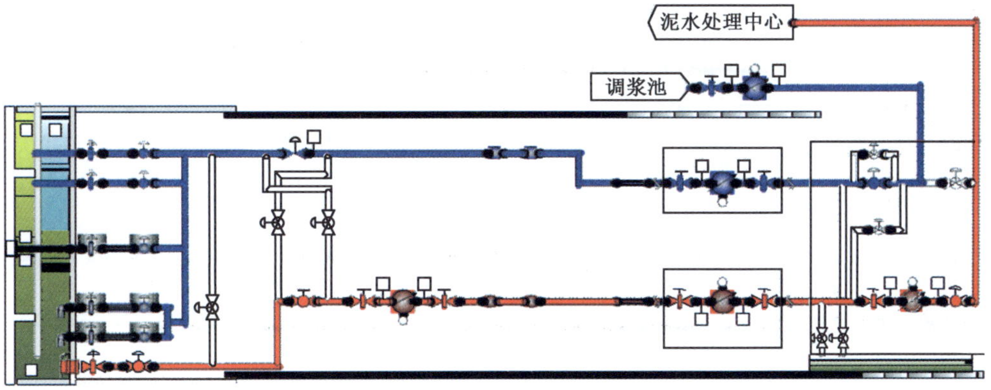

图5—35 正常掘进模式

这个模式于开挖时使用。根据气垫室里泥浆的高度以及所要求的排渣流量，对伺服的泵P1.1和P2.1的转速分别进行调整。调整P1.1泵的转速用以校正泥浆\气垫界面高度达到所要求的值，同时确保它沿程的下一个泵的超载压力要大于所要求的净吸压头。调整P2.1泵的转速，用以校正排渣流量达到所要求的排渣模式的值，同时确保沿程的下一个泵的超载压力要大于所要求的净吸压头。P3泵的转速必须能确保排渣的流体能被泵送到地面的分离厂。调整P3泵的转速以便在泥浆分离厂入口处达到必要的压力。

2)旁通模式(图5—36)

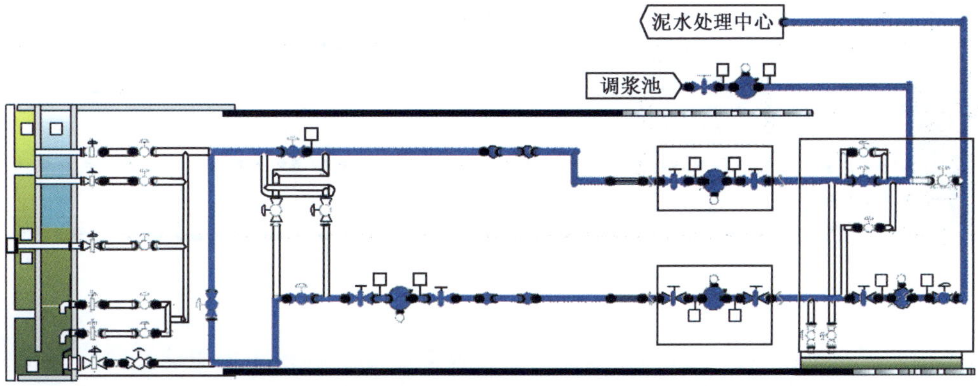

图5—36 旁通模式

这个模式是待机模式，用于盾构不进行开挖时执行其他功能。这个模式也用于当盾构从一种功能切换到另一种功能时。特别是旁通功能是用于安装管片衬砌环的情况。它使开挖室被隔离。在旁通模式，各泥浆泵都根据泵的超载压力和所要求的排渣流量所控制的转速保持旋转。由于此时开挖室没有泥浆的供给，因此理论上并不需要控制泥浆\气垫界面高度。然而泥浆\气垫界面的高度可能由于水从界面上流失或进入而发生变动。在这些情况下，可能需要补充泥浆（只要注入管道压力许可的话）或排出泥浆以调整这个高度。

3）隔离模式（图 5—37）

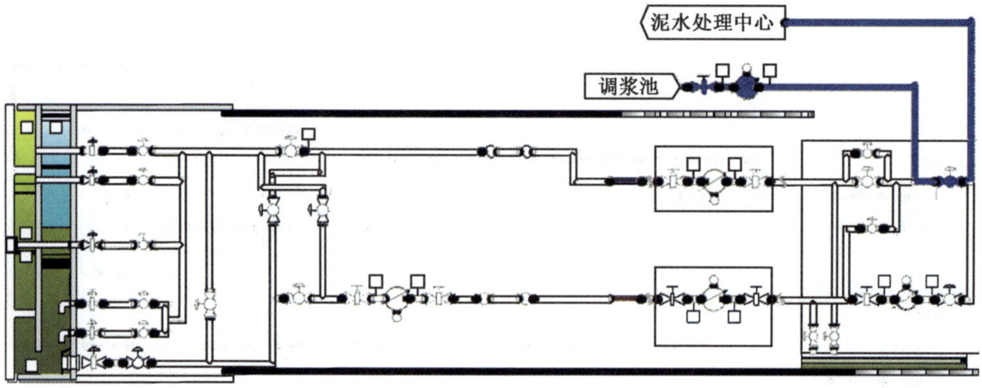

图 5—37 隔离模式

这个模式使隧道里的泥浆管道系统与地面系统处于完全隔离的状态，但此时设在地面的分离厂和制备厂之间的回路仍保持连通。这种模式是用于隧道泥浆管道延伸时的情况。各排渣泵（P2.1，P2.i，P3）以及供给增力泵 P1.i，均停止运转。而 P1.1 仍保持运行，以保持制备厂和分离厂之间回路的循环。始发井中的旁通阀 V18 控制着这个回路。

4）长时的停机模式（图 5—38）

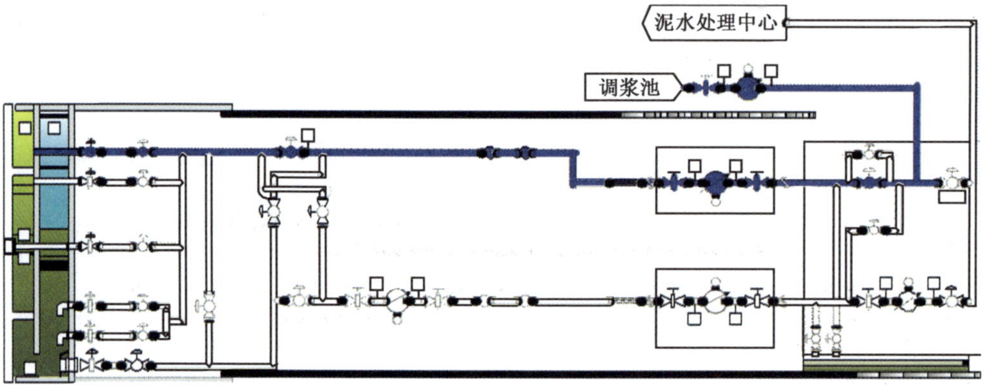

图 5—38 停机模式

这个模式是自动控制的。此时所有泵都停止运转。掌子面压力由压缩气回路来控制。当气垫室泥浆高度低于预定的低限时，便进行校正。

（备注：本节以上插图仅为示意图，在本工程中需在隧道内配置进浆泵 P1.2，排浆泵 P2.i 代表 P2.2）。

12. 冲刷系统

冲刷系统设计的目的是通过几个高压高速冲刷喷嘴，减少盾构在黏性土等土质地层中结泥饼的风险。该系统配置独立的泥水增压冲刷泵，通过 6 个独立喷嘴和一套独立泥水冲刷网络及控制系统来实现对刀盘中心及周边的冲洗。冲刷系统从盾构泥水系统管路中获取泥浆，流量大约是泥水系统的 20%左右。该系统的启动及停止由盾构操作手在控制室内控制。6 个喷嘴布置分布在中心和周边，其中，中心 4 个，周边对着周边滚刀刀座设有 2 个喷嘴。除此之外，为了达到高压清洗的目的，也可以利用冲刷泵通过靠近破碎机及安全闸门的管路来冲洗这些区域。该冲刷系统也可用于清通排浆管路或者在排浆管路流速降低时进行清理。

13. 压缩空气调节系统

压缩空气调节器是一种全气动的压力调节装置，安装在盾体内，用于调节气垫室内的支撑压力以及人闸的空气压力，以便保持恒定压力。

安装在开挖室内的压力传感器随时检测泥水仓内的实际压力值，压力调节器对比测得值与设定值，然后控制进气阀调节气垫室的压力使之保持恒定压力（如果开挖室压力突然超过设定值，则通过排气口卸压；如果开挖室压力突然低于设定值，则通过进气口增压）。压缩空气调节器的调压精度为 0.05 bar(±0.005 MPa)。掘进过程中，开挖室内的压力调节往往是通过 PID 压缩空气调节器以及操作员控制泥浆循环系统的进、排泥浆量共同调节来实现，见图 5—11。

为适应双气路的要求，盾体内安装了两套压缩空气调节器，一套是在正常工作期间使用，另一套作为备用，一旦工作系统出现故障，备用调节器马上可以工作。

14. 导向系统

采用 PPS 作为盾构的导向系统，该系统由标准硬件组成：激光全站仪和标准棱镜。

为了测量掘进机的位置和开挖方向，至少要测量掘进机的两个确定点位置及倾斜和转动角度。这两个点就是安装在掘进机前部的两块棱镜。其相对于掘进机轴心线的精确位置和局部坐标系统必须在组装掘进机时就确定下来。由于掘进机可能转动和倾斜，掘进机局部坐标系通常不与地球坐标系平行，因此掘进机转动和倾斜的角度必须通过安装在掘进机内部的双轴倾斜计精确测量出来。

预先固定好位置和方向的全站仪自动测量掘进机里面的两块棱镜。通过标准勘测方法可以很轻松地确定全站仪新的位置。不过，因为全站仪的水平角度测量系统没有定义参考点，所以必须在安装过程中通过人工测定预先确定好坐标的参考点来定向全站仪。测量得到的资料由勘测人员输入系统电脑。然后，通过已定向的全站仪测量斜距及水平和垂直角度就可以建立掘进机两块棱镜的地球坐标。由于掘进机局部坐标系中两棱镜的位置在组装掘进机时已确定，而且掘进机转动和倾斜的角度任何时候都可知，所以掘进机上任意点（如：刀盘中心）在三维空间中的位置都可以计算出来。地球坐标系中的设计中心线是已知的并预先输入系统电脑，因此，掘进机相对中心线水平和垂直方向的偏差以及掘进机方位可以很容易计算出来，并且以图形方式显示给司机。如果需要，还可以计算出投影路径，并且将偏离的掘进机调回设计中心线的最佳路线显示出来，计算时需考虑一些参数，如最小转弯半径或与预制衬砌管片几何图形有关的参数。

远程棱镜的作用绝对不能低估。不仅可以定向全站仪，而且能够自动联机检测全站仪固定点移动造成的潜在误差。因为全站仪通常安装在掘进机后面约 25～300 m 处，刚开挖的可能不稳定的隧道壁上，所以全站仪移动的可能性很高。如果没有检测到这种移动就会对开挖准确度产生巨大影响。掘进机导向系统定期测量远程棱镜检查全站仪固定点的稳定性，一旦发生移动即刻通知司机。

15. 超前探测系统

超前探测系统采用由德国GET公司开发研制的电法超前监测技术(简称BEAM)。BEAM探测系统的主要部件由可以放置在盾构操作室里的测量单元和作为测量电极的盾构机刀盘组成,直接安装在盾构上工作,能提前预报掌子面前方隧道直径3倍距离的地质情况。在完整的监测仪里,测量单元连接盾构的导向系统和可编程控制器(PLC),接收盾构的位置和掘进状况信号,自动进行数据采集和地质评估,然后实时显示预报结果,利于现场快速做出判断。

16. 超前注浆系统

用盾尾双液同步注浆同时,还设计了双液盾尾注浆和超前双液注浆系统,双管设计,使得A、B液在泵送过程中彼此分开,同时A、B液的混合在盾尾的尾部或出浆口附近,降低了施工过程中的堵管现象。双液注浆管路通常布置在盾壳的顶部(2×2,其中2个为备用),或者用于沿盾壳布置的超前注浆孔注浆。

17. 有害气体自动监测系统

气体检测系统包括一个安装在控制室内的中心控制面板和针对O_2、CO、CO_2、CH_4每种气体设置两个传感器,共8个传感器。

中心面板检测每种气体的含量,并当气体含量达到第一阶段的报警值时开始报警。当达到第二阶段的报警值时,中心控制面板请求人员疏散。这两个阶段的值分别为极限值的20%和50%。

传感器放置在作业区,如管片拼装区和预制箱安装区域等。

18. 监视及通信系统

在主机及后配套系统上安装5部电话。在管片安装区域和泥浆管延伸区域各安装一台摄像头,主控室内安装一台防尘、防潮彩色显示器,用以监视以上两区域的工作情况。此外,机器上还提供一套声音系统装置,包括控制室里的1个扩音器、1个麦克风,以及隧道开挖设备上的2个扬声器。

19. 集中控制系统

工业可编程逻辑控制器(PLC)管理着所有的控制、控制回路、报警及故障(提醒进行预防性的和/或纠正性的维修)。此可编程控制器还管理着指令和安全装置,包括连锁装置,尤其是:在开挖模式中不允许推伸推力油缸;如果刀盘不旋转、刀盘转速太低、出渣回路没有运行、管片拼装机未处于收缩位置、润滑或油循环装置不工作,应禁止刀盘旋转等。

该控制器还可分步启动各电机(使瞬时起峰电流最小),自动开动油过滤装置和刀盘轴承润滑。自动装置的设计研究由所有机器功能的精确泛函分析设定初值(共享服务和过程),以“冻结”输入输出表,因而确定控制器配置(基本框架和扩展)。盾构控制盘装有监控系统,通过屏幕给出关于不同故障及其状况的各种信息。故障处理:

(1)使盾构机立即停机的一般故障;

(2)引起相应设备立即停机的特殊故障;

(3)报警:若干传感器可以闪烁给出信号以向操作人员报警,其中,有一些则可在报警一段时间后切断故障(取决于功能)(例如:滤清器堵塞时先报警,5 min后会切断故障)。

盾构机控制盘显示状态有3类:

(1)灯亮:向操作人员显示正常运行的信息。

(2)灯闪烁:发信号报警或故障(称作故障显示状态)

(3)灯灭:一个故障正在发生,导致信息丢失。

20. 盾构安全装置

在盾构设计、制造和施工过程中尽可能选择阻燃材料,以减少引发火灾的可能性。在盾构上安装符合欧洲标准的灯光报警器、声音报警器、火灾报警器以及灭火装置:

(1)在人闸内配备水管和高压灭火器。

(2)在管片安装机上安装灯光报警器和声音报警器。当管片安装机旋转时,报警器会自动发出声音报警和灯光(闪烁)报警。

(3)在盾构各危险区域安装有手动火灾报警器。按下按钮后会发出双声火灾报警。

(4)在盾构各危险区域安装有不同类型的灭火器。CO_2 灭火器安装在电气控制面板、电机及相似部件附近;干粉灭火器安装在控制室旁和后配套系统上液压设备附近。

(5)在主控室、人闸、管片安装机等重要部位都设置有紧急停机按钮。

(6)在盾构机上设有紧急情况下使用的紧急安全通道。

5.7　盾构的主要性能参数

盾构的主要性能参数见表5—1。

表5—1　盾构的主要性能参数(京津城际延伸线 ϕ11.97 m泥水平衡盾构)

主部件名	细目部件名称	参数描述
综述	主机长	11 875 mm(盾体+刀盘)
	整机长度	50 m
	盾构及后配套总重	1 300 t
	适应地层土质种类	砂砾、黏粉土及砂质土、软岩
	最小转弯曲线半径	350 m
	最大坡度	2.5%
	开挖、超挖直径(mm)	11 970 mm
	刀盘开口率	35%/45%中心
	刀具允许磨损量	20 mm
	旋转接头	2个仿行刀液压通道、1个仿行刀油脂通道、1个中心膨润土注入通道
刀盘驱动	驱动型式	变频双向电驱动
	转速	0～2.5 r/min
	主驱动变频电机数量	10
	额定扭矩	17 500 kN·m
	最大转速下扭矩	7 000 kN·m@2.5 r/min
	脱困扭矩	21 900 kN·m
	扭矩系数	10.2
	主轴承结构型式	三排"轴向—径向"滚柱轴承

续上表

主部件名	细目部件名称	参数描述
刀盘驱动	主轴承直径	4.8 m
	大齿圈类型	整体内置式
	大齿圈齿数	174
	模数	22
	主轴承密封型式	内外2套三道四唇密封
	主轴承寿命	10 000 h
	使用寿命可靠度	99%
	大齿圈传动装置、减速器、轴承密封使用寿命	10 000 h
	(密封)工作压力	10 bar
	主轴承润滑方式	内外自动注脂(含HBW密封注脂)
	驱动功率	2 030 kW
破碎机	安装位置(内置/外置)	内置式
	破碎型式	改进颚板悬挂式,更有利于泥浆的混合及石块的进入
	驱动方式	液压驱动
	最大破碎粒径	500 mm
	最大破碎力	1 000 kN
盾壳	型式	被动铰接方式
	前盾直径、长度、钢板厚度	11 952 mm,2 405 mm,60 mm
	中盾直径、长度、钢板厚度	11 940 mm,2 795 mm,60 mm
	盾尾直径、长度、钢板厚度	11 928 mm,5 455 mm,60 mm
	盾壳工作压力	至少能承受4.5 bar以上实际运行工作压力,设计按6 bar压力设计。主轴承密封测试压力是10 bar
	钢丝刷密封数量	4
	钢板束密封数量	向外
	盾尾间隙	39 mm
	预留超前注浆孔数量	12,DN100
盾尾油脂注入系统	盾尾油脂注入口数量	3×10
	盾尾油脂泵型式	气动
	气压调节	
	压力传感器数量	30
推进系统	比推力	960 kN·m^2(额定)1 257 kN·m^2(最大)
	最大总推力	107 500 kN(额定)140 743 kN(最大)
	油缸数量	50(25 pairs)
	油缸行程	2 500 mm
	最大推进(掘进)速度	60 mm/min

续上表

主部件名	细目部件名称	参数描述
推进系统	管片安装模式下最大伸出速度	2 000 mm/min
	管片安装模式下最大回缩速度	3 000 mm/min
	位移传感器数量	4
	推进油缸分区数量	4
铰接系统	类型	被动式铰接
	最大收缩力	30 000 kN@350 bar
	油缸数量	22 根
	铰接密封	唇型密封＋钢板束
人闸	舱室数量	2
	容量	3 人(主舱); 2 人(应急舱)
	舱门数量	3
	工作压力	4.5 bar
压缩空气调节系统	型式	PID 调节器(Samson 阀)
	压缩空气调节器数量	2 套
	压力控制精度	0.05 bar
同步注浆系统	注浆管路数量(含备用管路)	6＋6(备用)
	注浆泵数量	3
	能力	3×12 m^3/h
	同步注浆罐容量	总共 18.5 m^3
	压力传感器数量	6
管片安装机	型式	Vacuum
	额定抓举能力	110 kN
	侧向挤压力	100 kN/m
	驱动方式	液压驱动
	自由度	6
	旋转扭矩	611 kN·m
	静扭矩	1 610 kN·m
	移动行程	2 600 mm,可拆除上一环管片及前两道密封刷
	旋转角度	±220°
	控制方式、精度	1 遥控和 1 线控
	旋转速度	0～1.5 r/min
	预留超前钻机安装位置	Yes
管片吊机	型式	真空吸盘式
	起吊能力	110 kN
	工作范围	能从堆有三块管片的车上吊下管片
	控制方式	无线

续上表

主部件名	细目部件名称	参数描述
激光导向系统	型式	PPS
	激光全站仪和棱镜之间的角度测量精度	2″
	激光有效工作距离	200 m
	姿态超限报警	Yes
	双轴倾角计测量滚动精度	0.1 mm/m
	双轴倾角计测量倾斜精度	0.1 mm/m
盾尾间隙测量系统	传感器数量	4
	安装位置	管片拼装区
电视监视及电话通信系统	摄像头数量	2
	显示屏数量	2
	显示屏规格	10″
	电话数量	5
后配套	连接桥	1
	拖车数量	2
	允许列车通过尺寸(长×宽×高)	30 m×1.8 m×2.8 m
冷却水系统	进水参数	90 m^3/h@6 bar,30℃
	水箱容量	2 m^3
	进水温度(℃)	30℃
	出水温度(℃)	39℃
	回水泵(泵至地面清水池中)	90 m^3/h@5 bar,22 kW
	水箱	5 m^3
	水管卷筒规格	2个,各配DN100水管40 m
污水排放系统	盾壳内的潜水泵	3×16 m^3/h@2 bar(2盾体;后配套)
	污水箱容量	6 m^3(1.5 m^3+4.5 m^3)
	安装在污水箱上的转运泵(将沉淀后的污水泵送至排泥管中)	60 m^3@7 bar
工业气体压缩机	排气量	430 m^3/h
	额定压力	8 bar
	储气罐容量	1 m^3
气垫空气压缩机	排气量	2×1 260 m^3/h
	工作压力	10 bar
	储气罐容量	14 m^3
	过滤装置数量	2套过滤器,2级过滤
二次通风机	流量	33 m^3/s(排风机)
	风管直径	分成1×1 100 mm+1×700 mm
	工作区最小风速	平均0.37 m/s
	消音器数量	2

续上表

主部件名	细目部件名称	参数描述
二次通风机	二次通风机装机功率	75 kW
	储风桶数量	2
	储风桶直径	1 800 mm
	储风桶更换起吊装置	4 个电动吊机
	储风桶容量	200 m
液压系统	设计标准	ISO
	主油箱容量	13.5 m^3
	液压油	46# 抗磨液压油
	清洁度	Class7(NAS1637)
	液压油冷却方式	水/油热交换器
	热交换器进水温度	30℃
	液压管型式	弹性软管，符合 ISO 1436 标准
	管接头型式	焊接头或 SAE 焊接方式
	加油滤油泵	加油泵
	滤油泵装机功率	15 kW
泥水输送系统	类型	气垫式
	压力控制精度	±0.05 bar
	送泥流量	1 476 m^3/h(进浆密度 1.08，排浆密度 1.3，推进速度 60 mm/min)
	送泥密度	在控制掘进速度情况下，最大 Max1.20
	送泥管直径，壁厚	16″
	排泥流量	1 881 m^3/h
	排泥密度	最大 Max1.30
	排泥管直径，壁厚	16″
	泥水仓压力传感器数量	4
	泥浆管延伸装置型式	软管滑架＋球塞式
	泥浆管延伸装置长度	8 m
送泥泵 P1.1，P1.2	样式	离心式
	型号	Warman
	扬程	55 m
	最大送泥密度	1.05～1.20
	送泥管直径	16″
	排量	1 600 m^3/h
	允许通过的最大粒径	80 mm
	装机功率	P1.1：545 kW，P1.2：480 kW
排泥泵 P2.1，P2.2/P3	样式	离心式
	型号	Warman

续上表

主部件名	细目部件名称	参数描述
排泥泵 P2.1,P2.2/P3	扬程	65 m(P2.1 和 P2.2)/60 m(P3)
	排泥管直径	16″
	最大排泥密度	P3 排泥泵的最大水平输送距离为 1 350 m
	排量	1 915 m^3/h
	允许通过的最大粒径	160 mm
	从泥浆处理站到竖井的最大距离	500 m
	装机功率	P3 泵保持 615 kW(变压器也相应调整),与 P2.2 泵接近,以便满足 60m 扬程的要求
冲刷系统	冲刷点布置数量	6
	冲刷泵规格型号、流量	离心泵,350 m^3/h
供电系统	初次电压	10 kV
	二次电压	710 V/410 V/230 V
	主驱动变压器	3 500 kVA(主驱动+P2.1 泵 P2.1)
	辅助变压器	1 250 kVA
	变压器防护等级	IP55
	中线	中线点接地
	刀盘驱动电机和送、排泥浆泵电机防护等级	IP67
	电缆	阻燃等级根据 IEC332-1 为 C2 级
	高压电缆延伸能力(气动)	500 m(电动)(含 500 m 电缆)
	应急发电机组及内燃空压机	柴油空压机 1 台,250HP 365 kVA 应急发电机 1 台
	功率补偿器	功率因素高于 0.9
控制系统	安装空调的主控制室	1
	可编程逻辑控制器(PLC)	800 输入/输出,盾构机具备故障监测/过载/安全等报警
	显示系统	操作数据及报警信息显示,中英文显示,可切换
	数据记录系统	操控室 PC(P4,2.0 GHz,RAM512 M,硬盘 40 G),带 CD 记录器,调制解调器、可记录 40 个参数
	纵倾角和滚动传感器数量	各 1 个
安全设施	紧急停机用锁定式按钮	沿设备布置
	专用的紧急停机	在拼装机控制盒上有锁定式按钮
	正常照明和应急照明	1 套沿机器布置
	消防设施	6 个烟感探测器、4 个热探测器、1 个监控单元及 12 个灭火器
	管片拼装机位置	拼装机转动时的闪光灯
	有害气体监测系统	1 套:CH_4,O_2,CO,CO_2(达到警报值时自动关闭盾构机部件)

续上表

主部件名	细目部件名称	参数描述
功率	刀盘驱动	2 030 kW
	仿形刀	11 kW
	推进系统	200 kW
	管片安装机	160 kW
	破碎机	75 kW
	安全闸门	与破碎机共享
	注浆泵	90 kW
	注浆储存罐的搅拌器	22 kW
	液压油过滤泵	15 kW
	主轴承润滑	>4 kW
	管片吊机	37 kW
	污水排水泵	30 kW
	管片存放器	45 kW
	工业水泵	48 kW
	二次通风机	75 kW
	泥浆管铺管吊机	手动
	排泥泵 P2.1	615 kW
	工业气体空压机	45 kW
	管路延伸装置	37 kW
	气垫空气压缩机	2×132 kW
	其他设备	40 kW
	装机总功率	3 960 kW

5.8 主要技术参数的验算

5.8.1 扭矩计算

地层主要由淤泥质土和砂层，粉土及粉质黏土等构成。最大扭矩设计基于如下计算：

$$T_{max}=T_{1max}+T_{2max}+T_{3max}+T_{4max}$$

式中 T_1——开挖土层需要的扭矩；

T_2——克服刀盘与掌子面和圆周与地层摩擦力所需扭矩；

T_3——克服刀盘结构背部与地层摩擦力所需扭矩；

T_4——克服搅拌臂所需扭矩。

刀盘承受扭矩分布示意见图 5—39。

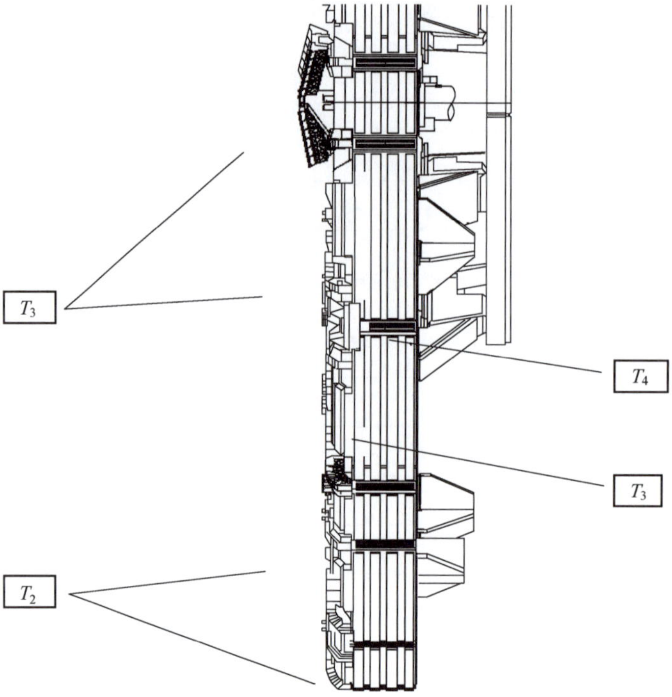

图 5—39 刀盘承受扭矩分布示意图

计算最大所需扭矩 T_{max}=11 776 kN·m，安装名义扭矩 17 500 N·m，安全系数 1.49>1.25。根据经验，此安全系数足够满足在困难土层中（尤其在含砾砂岩层中），安全工况下连续掘进作业。

详细计算如下：

$$T_1(\text{最大值})=1.8n\cdot\frac{D}{4}e_sLp^2\cdot\frac{10^{-0.56\cdot a\cdot\frac{\pi}{180}}}{10^6}=9\ 346\ \text{kN}\cdot\text{m}$$

式中 e_s——含砂岩的砂土层系数（120 kN/m³）；

L——开挖刀具宽度（120 mm）；

a——开挖刀具切削角度（0～35°）；

p——开挖轨迹切深，$p=V/N/k\approx7.5$ mm/rev（其中，$V=60$ mm/min，$N=1$ r/min，$k=8$）；

n——开挖刀具数量（343 把刮刀+24 把周边刮刀=367 把）；

D——开挖直径（11.97 m）。

$$T_2(\text{最大值})=\frac{2}{3}\mu\pi\left(1-\frac{A_s}{100}\right)\cdot\left(\frac{D}{2}\right)^3\cdot P_f+\frac{1}{2}\mu\pi D^2LP_c=2\ 430\ \text{kN}\cdot\text{m}$$

$$P_f=K\times[(\gamma-10)\times(H+D/2)+P_0]=43\ \text{kPa}$$

$$P_c=\frac{[2\times(1+K)(P_1-10H_w)+K\times(\gamma-10)\times D]}{4}=85\ \text{kPa}$$

式中 P_f——刀盘正面载荷；

P_c——刀盘圆周面载荷；

μ——土层与刀盘结构之间的摩擦系数，取 0.1；

K——朗肯系数；

H——TBM 上部土层有效高度，取 12.00 m；

H_w——水线以下深度，取 30 m；

A_s——开口率，取 35%；

L——刀盘圆周宽度，取 1.0 m。

$$T_3(\text{最大值})=\frac{2}{3}\pi\mu\left(1-\frac{A_s}{100}\right)\times 0.3\gamma_c\cdot\left(\frac{D}{2}\right)^4=728\ \text{kN}\cdot\text{m}$$

式中 μ——土层/刀盘结构摩擦系数，取 0.1；

γ_c——开挖仓土体容重，取 13.75 kN/m³。

$$T4(\text{最大值})=\frac{D}{2}/KK_a\gamma_c RA_a N_a=611\ \text{kN}\cdot\text{m}$$

式中 γ_c——开挖仓土体容重，取 13.75 kN/m³；

K——朗肯系数；

K_a——搅拌臂几何系数；

R——搅拌臂平均半径，取 2.40 m；

A_a——搅拌臂断面面积；

N_a——搅拌臂数量，取 8。

5.8.2 理论推力计算

设备所需最大推力按以下经验公式计算得出：

$$F_{max}=F_1\max+F_2\max+F_3\max$$

式中 F_1——垂直作用在盾壳上的力产生的摩擦力；

F_2——水平作用在盾壳上的力；

F_3——由于盾体本身净重产生的力。

总推力计算结果，F_{max}=96 738 kN，本项目所配推进力最大为 140 743 kN(安全系数约为 1.50)。详细计算如下：

$$F_1\max=2\mu P_v LD=55\ 834\ \text{kN}$$

$$P_v=10(H_w+D/2)+(\gamma-10)(H+D/2)+P_0=502\ \text{kPa}$$

式中 μ——地层与结构之间的摩擦系数，取 0.20；

P_v——垂直在盾体上的压力；

P_0——10 kPa 表面压力，取 10 kPa；

H——12 m 设备上部地层的有效高度，取 12 m；

H_w——取 40 m；

D——开挖直径，D=11.97 m；

L——长度，L=11.75m。

$$F_2\max=2\mu P_h LD=39\ 004\ \text{kN}$$

$$P_h=10K\left[P_v-\left(H_w+\frac{D}{2}\right)\right]+10\left(H_w+\frac{D}{2}\right)=420\ \text{kPa}$$

式中 P_h——盾体水平荷载；

K——系数。

$$F_3\max=\mu W=1\ 900\ \mathrm{kN}$$

式中 W——盾体及刀盘总重。

5.8.3 主轴承使用寿命

主轴承寿命的计算采用经验方法。这种方法结合在经验比率下总推力来估算刀盘的荷载，如：土体重量、刀盘的摩擦力、掘进时推力偏移、刀具室内的渣土的重量等。借助特定的荷载实例，用上述方法可以得到计算一般轴承寿命的一般负荷配置。主轴承荷载分布见图 5—40。

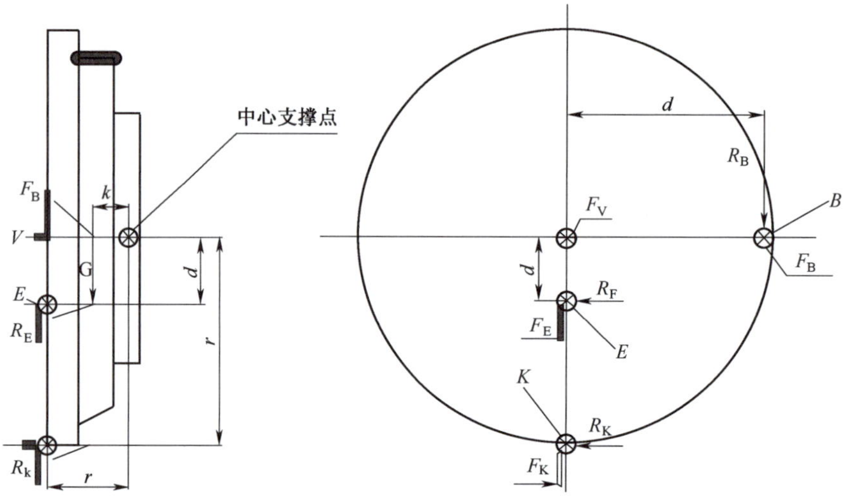

图 5—40 主轴承荷载分布示意图

F_V—轴向荷载；F_E—轴向荷载 E 处；F_K—轴向荷载 K 处；

F_B—轴向荷载 B 处；R_E—径向荷载 E 处；R_K—径向荷载 K 处；R_B—径向荷载 B 处

主轴承计算见表 5—2。大齿圈计算（10 个小齿轮，$Z_p=14$）见表 5—3。主轴承的寿命是 10 000 h。

表 5—2 主轴承计算表

运行工况	工况 1	工况 2	工况 3	工况 4
运行时间	40%	40%	19%	1%
轴向荷载(kN)	45 000	22 500	4 500	4 500
径向荷载(kN)	3 100	5 371	3 114	6 952
转动力(kN・m)	5 363	51 528	32 304	29 851
转速(r/min)	0.9	0.9	2.5	0.50

表 5—3 大齿圈计算表

运行工况	工况 1	工况 2	工况 3	工况 4
运行时间	10%	69%	20%	1%
转速(r/min)	0.9	0.9	2.5	0.50
转动力(kN・m)	17 857	9 454	6 429	27 860

5.8.4 刀盘、盾构壳体计算

刀盘、盾壳的刚度和强度采用有限元的方法进行计算见图 5—41。

$$f_1=\int_0^a W_1(x)qh\,\mathrm{d}x=\int_{-1}^1 W_1(\xi)qh\,\frac{\mathrm{d}x}{\mathrm{d}\xi}\mathrm{d}\xi=\int_{-1}^1=-\frac{1}{2}\xi(1-\xi)qh\left(\frac{1}{2}a\right)\mathrm{d}\xi=\frac{1}{6}qha$$

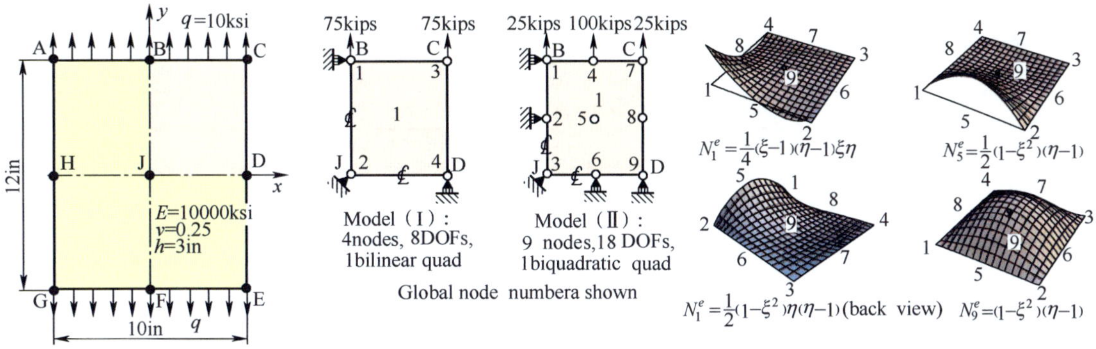

图 5—41 刀盘、盾壳的刚度和强度有限元计算方法

根据以上的计算结果，设计的盾壳满足强度和刚度的要求，可以承受 4.5 bars 以上压力。

5.8.5 泥水系统计算

（1）假定

掘进长度 2 269 m；处理厂距盾构井最远为 100 m；最大掘进速度为 6 cm/min；最大进泥密度为 1.08；最大排泥密度为 1.30。

（2）要计算结果

进泥量：1 476 m^3/h；

排泥量：1 881 m^3/h；

管路直径：进泥管 16″；排泥管 16″；

装配参数：井深 30 m，分离高度 10 m，TBM 与井底的最大落差 8 m。

（3）P 计算压力

进泥管径：16″；

流量：1 476 m^3/h；

速度：3.49 m/s；

ΔP 压降：0.05 m/m；

P1 泵的扬程：55 m；

排泥管径：16″；

流量：1 881 m^3/h；

速度：4.44 m/s；

ΔP 压降：0.056 m/m；

P3 泵的扬程定为：46 m。

P2 泵的扬程定为：65 m。

泥浆泵参数见表5—4。

表5—4 泥浆泵参数

安装功率计算	
P1.1 - P1.2 进泥泵	
开挖模式	
流量(m^3/s)	0.41
扬程(m)	55
校正因数	0.98
效率	0.80
密度(kg/m^3)	1 080
驱动效率	0.96
电机输出功率(kW)	442
P2.1 - P2.2 排泥泵	

开挖模式	
流量(m^3/s)	0.522
扬程(m)	65
r 校正因数	0.98
泵效率	0.78
密度(kg/m^3)	1 300
驱动效率	0.96
电机输出功率(kW)	609
P3 排泥泵	
流量(m^3/s)	0.522
扬程(m)	46
校正因数	0.92
泵效率	0.78
密度(kg/m^3)	1 300
驱动效率	0.96
电力输出功率(kW)	449

5.8.6 最小曲线计算

满足最小曲线半径350 m的施工要求,同时可以实现纠偏曲线半径280 m(使用仿行刀时)。

6 泥水处理系统的设计与布局

泥浆分离系统是泥水平衡盾构重要的组成部分，该系统的功能、性能参数几乎是泥水盾构掘进进度指标的底线。主机性能参数达到某一指标并不表示盾构整机就能达到这一指标。主机性能参数是盾构用户非常关注的部分，但有时会忽略泥浆分离系统的选择。虽然主机达到最佳状态的不确定因素较多而能力储备较大，相对来说泥浆分离系统问题少一些因而其能力的储备少一些，经常在满负荷状态工作。一旦选择不对，对地质的适应性不佳或能力太低，那么泥浆分离系统的问题反过来会成为盾构掘进的主要问题。泥浆分离系统选型中还有很多需要考虑的地方，与欧洲机型还是日本机型，与刀盘、主机、后配套结构和布置及其他系统还有紧密的联系，盾构选型时应给予充分的关注。

6.1 泥水处理系统的选型

6.1.1 盾构主机的推进速度

盾构主机的推进速度一般按照隧道工程的总工期安排月掘进进度计划，根据施工工序确定的纯掘进时间并考虑一定的储备系数，以每分钟掘进的行程标定。但在目前盾构技术水平条件下，盾构主机能够达到的掘进速度也有一个合理值，因此经常是综合设备的购买成本、使用成本、其他各施工工序在现有的技术条件下能够达到的工序进度水平等因素来考虑，现行的大直径泥水盾构掘进速度一般均在 4 cm/min 左右，该速度范围适合于目前大多数盾构隧道综合的进度指标。该范围内的盾构掘进速度，适合于具体工程地质条件的刀盘刀具参数、刀盘转速、扭矩以及相应的功率、推进油缸的推力及推进液压系统的功率来获得。

6.1.2 泥浆输送系统流量计算

1. 排渣量的计算

假设推进速度为 6 cm/min，则排渣量：

$$Q_g=\frac{60\pi R^2V}{100} \tag{6—1}$$

式中 Q_g——排渣量(m^3/h)；

R——隧道开挖半径(m^3/h)；

V——推进速度(cm/min)。

$$Q_g=\frac{60\pi R^2V}{100}=\frac{60\times3.14\times5.985^2\times6}{100}=405\ m^3/h$$（注：泥水输送计算不需考虑松方系数）

2. 泥浆输送系统的能力计算

(1)定义

设：进浆密度 $\rho_1=1\ 150\ kg/m^3$；排浆密度 $\rho_2=1\ 300\ kg/m^3$；岩土密度 $\rho_g=2\ 000\ kg/m^3$。

进浆流量 Q_1(m³/h);排浆流量 Q_2(m³/h);排渣量 Q_g(m³/h)。为计算方便假设地层含水率为0%。

(2)泥浆流量计算

由容积等式:$Q_2=Q_1+Q_g$　　(6—2)

即排浆容积等于进浆容积加渣土容积。重量等式:

$$Q_2\times\rho_2=Q_1\times\rho_1+Q_g\times\rho_g \qquad (6—3)$$

即排浆重量等于进浆重量加渣土重量。得:

进浆量:$Q_1=Q_g(\rho_g-\rho_2)/(\rho_2-\rho_1)$　　(6—4)

$$Q_1=405(2\ 000-1\ 300)/(1\ 300-1\ 150)=1\ 890\ \text{m}^3/\text{h}$$

排浆量:$Q_2=Q_1+Q_g$　　(6—5)

$$Q_2=1\ 890+405=2\ 295\ \text{m}^3/\text{h}$$

(3)泥浆流量分析

在上述计算中,按照以上假设的条件,如盾构满足6 cm/min的掘进速度,则泥浆系统理论进浆流量1 890 m³/h,排浆流量为2 295 m³/h。

假设进浆密度为1 100 kg/m³,代入式(6—4)和式(6—5)则泥浆系统理论进浆流量1 417.5 m³/h,排浆流量为1 822.5 m³/h。

假设进浆密度为1 100 kg/m³,但渣土密度为2 300 kg/m³,代入式(6—4)和式(6—5)则泥浆系统理论进浆流量2 025 m³/h,排浆流量为2 430 m³/h。

假设进浆密度为1 150 kg/m³,渣土密度为2 300 kg/m³,代入式(6—4)和式(6—5)则泥浆系统理论进浆流量2 700 m³/h,排浆流量为3 105 m³/h。

由此可以看出,当地层密度越大,满足6 cm/min的掘进速度时需要的泥浆流量越大。因此,根据地质条件的不同,泥浆系统理论进浆流量和排浆流量有较大不同。

6.1.3 泥浆输送系统流量选择

1. 根据实际施工进度选择

以上述计算为例,当主机的最大推进速度为6 cm/min时,按照该推进速度来选择泥浆系统的流量应该是偏大的,主机在大多数情况下达不到最大推进速度,而泥浆系统在大多数情况下基本上能够达到输送量要求,同时,由于泥浆输送系统配置的功率很大,当隧道区间长度超过2 000 m时,泥浆系统的功率相当于甚至超过泥水平衡盾构主机的驱动功率。因此,应该根据工程的综合情况提出实际需要的掘进进度选用泥浆输送系统的参数,以求在满足实际综合能够达到的掘进进度前提下,降低泥浆系统的采购费用和使用成本。根据经验,按照3～4 cm/min的推进速度来选择泥浆流量比较合理。

在盾构选型中,厂商会根据他们的经验提出泥浆系统流量配置的数据。但为了降低整机价格,有的厂商提供的参数偏于下限,在理想的条件下刚好满足工程进度指标要求,但实际施工中,理想状态在大多数时候都不能实现。用户在选购设备时应根据具体工程地质条件进行大致的分析计算,以便对厂商提供的泥浆输送系统参数进行复核,防止偏低。

2. 根据工程的地质情况选择

大粒径的颗粒在管道浆体中必须依靠浆体紊流来保持悬浮状态,这就要求管道浆体有紊流流速。需要输送的渣土平均粒径对于不同的隧道工程地质有很大的差别,需要根据渣土的平均中值粒径计算泥浆管路中的临界沉降流速。但这类流体计算对于盾构用户来说是很困难的。盾构厂商一般不会提供这样详细的资料供用户审核，或者这类计算实际误差很大，完全根据试验数据和经验。国内泵类资料提供的一些计算公式中，中值粒径多以毫米计算，对于砂层地质来说有参考价值，但少有针对隧道工程中的大粒径渣土泵送计算的资料。

6.1.4 进、排浆管径选择

从伸缩管开始，作业面侧、送、排浆管道都采用统一的直径。

根据盾构的切削断面、进浆浓度、掘进速度、排浆浓度计算进浆流量和排浆流量，再根据流体能输送块石的大小、排出土砂的沉降限界速度以上的流速，来决定排浆管径。每个盾构都相应的规定了一个标准的排浆管径。

6.1.5 进、排浆系统压力的选择

在调整进、排浆的压力时，应保证各泵的压力值不应大于其额定压力。进、排浆流量应根据掘进速度来选择和控制。当推进的速度较高时，单位时间内切削下来的石渣量就多，此时应选择与之适应的高进、排浆流量，以能够将石渣排出；反之当推进的速度较低时，可适当减小进、排浆量。根据操作经验，850～900 m^3/h 的进、排浆流量可适应 25 mm/min 或更高的推进速度；800～850 m^3/h 的进、排浆量可以适应 25 mm/min 以下的速度。总之操作时尽可能用较低的流量，能将所切削的石渣推出即可，调整时，还必须保持进、排浆流量的平衡。

6.1.6 泥浆输送系统通过的粒径

泥浆输送系统通过粒径的能力主要由管径、泵来确定。一般管道最大能够输送其管径2/3的卵石块，泵的通过粒径可以选择，当管道的直径为小于 254 mm 时，泵的最大通过粒径可以达到 220 mm。泵的通过粒径应大于管径的 2/3，避免石块在泵轮处卡住。

6.2 泥水处理系统工作原理及特点

京津城际延伸线泥水处理系统主要由 SⅡ-2200 泥浆处理系统（后简称旋流筛分系统）、泥浆调整系统（后简称调浆系统）、新浆制备系统（后简称制浆系统）、余浆及废浆处理系统（后简称压滤系统）组成。几个系统之间的主要关系见图 6—1。

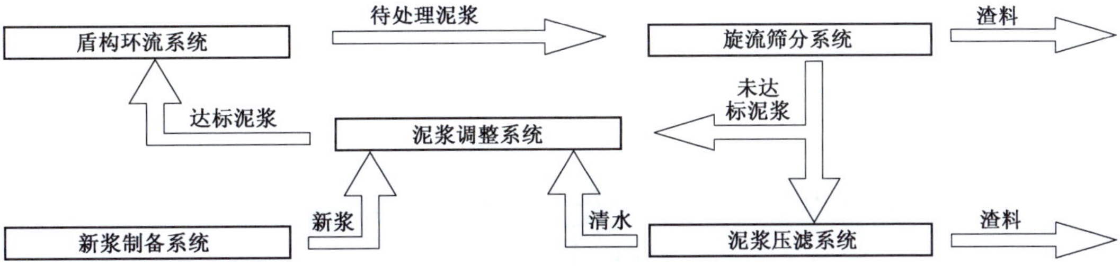

图 6—1 泥水处理系统工作原理图

从图 6—1 中可以看出，旋流筛分系统和泥浆调整系统与盾构环流系统组成一个循环链，在盾构掘进时，旋流筛分系统和调浆系统是必须要进行工作的。而制浆系统和压滤系统为循

环链外的部分，是对循环内部分进行调整的单元。

系统设计达到了泥浆零排放处理能力，主要设计思想是二级旋流分离设备不能达标时，从其处理后的泥浆中以一定的比例取出部分泥浆，对这部分泥浆进行浓缩（提高比重），根据其性状判断是否需要进一步絮凝或助滤剂的加入。然后对这部分泥浆进行压滤处理，被分离为泥饼及清水两部分，泥饼可以达到27%以下的含水率，直接外运，压滤后回收的清水直接回调浆池与二级旋流后的泥浆混合，使比重还原到进泥所需之值。

6.2.1 Ⅱ-2200 泥浆处理系统

SⅡ-2200 泥浆处理系统由 4 套 SⅡ-550/10 泥水处理系统组合而成。其中，SⅡ-550/10 由 YSC-750A 预筛分器、ZX-550/30 泥浆净化装置、ZX-550/10 泥浆净化装置组成二级泥水处理系统，见图 6—2。系统主要把泥浆中的固体颗粒通过旋流的方式从液体中分离出来，经脱水后

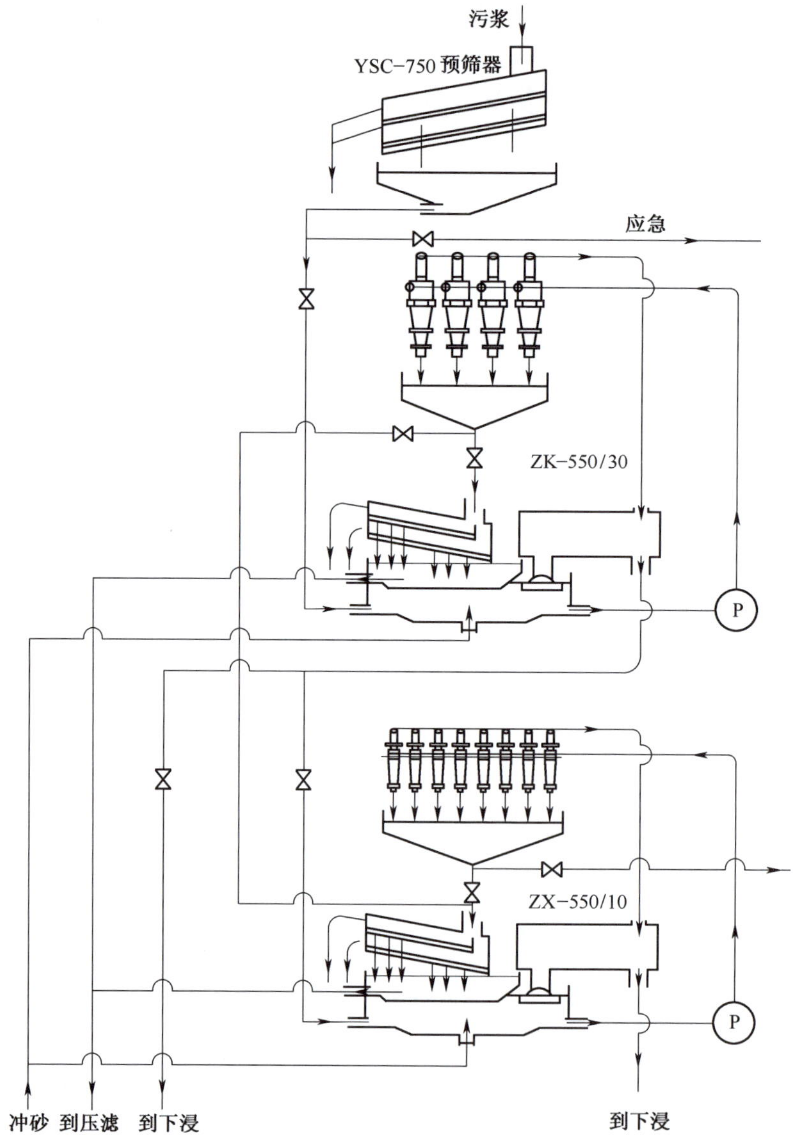

图 6—2　主分离系统原理图（ZXSⅡ-550）

进行外运。本系统配置的核心元件为进口 KREBS 变锥旋流器，具有处理量大，分离切点小，耐磨性好的特点。系统参数为：

(1)最大泥浆处理量 2 200 m^3/h。

(2)一次旋流分离 $d_{50}=27\ \mu m$；二次旋流分离 $d_{50}=11.8\ \mu m$。

(3)筛分出的渣料含水率小于 30%(砂层)。

(4)达到分离指标时各次处理污浆的密度小于 1.4 g/cm^3，黏度 40 s 以下(马氏漏斗)、30 s 以下(苏氏漏斗)，含砂量小于 20%。

(5)装机总功率：1 026 kW。

(6)SⅡ-2000 泥浆处理系统外形尺寸(m)：38.4×6.5×5.6。

(7)总重量：154 t。

盾构排出的污浆由排泥泵经分配器送入 4 套 SⅡ-550/10 泥水处理系统，经过预筛分器的两层粗筛振动筛选后，将粒径在 3 mm 以上的渣料分离出来；筛余的泥浆进入 ZX-550/30 泥浆净化装置的储浆槽，由 ZX-550/30 泥浆净化装置的渣浆泵从储浆槽内抽吸泥浆；在泵的出口具有一定储能的泥浆沿输浆软管从旋流除砂器进浆口切向射入，经过旋流除砂器分选，粒径微细的泥砂由下端的沉砂嘴排除落入细筛；细筛脱水筛选将渣料分离出来；经过第二道筛选的泥浆循环返回储浆槽内，处理后的干净泥浆从旋流器溢流管进入中储箱，然后沿出浆管自流入沉淀池或调浆池或二次旋流分离系统。

盾构掘进的泥浆，经一次除旋流分离系统不足以将泥浆密度及含砂率降至合理范围内，可转换出浆口阀门使泥浆进入二次旋流分离系统进行二次处理，见图 6—3。

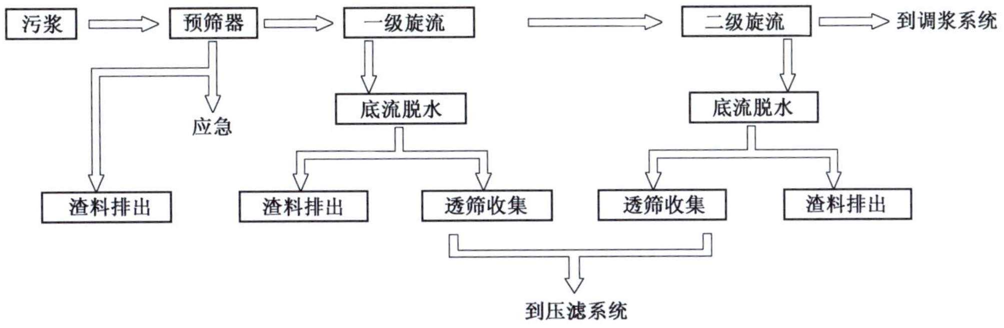

图 6—3　泥水处理系统泥浆循环示意图

如果在盾构掘进时有 ZX-550/30(或 ZX-550/10)泥浆净化装置出现故障，可以通过短接此单元前方的阀门，使上一级(预筛或一级)处理的泥浆直接排出，由此可尽力避免因设备故障而引起的泥浆进入应急池，减少清淤工作。

当要求更高质量的泥浆时，可通过减少总进浆量，重复旋流除砂器中的泥浆分选过程以达到目的；也可利用外接管路和阀门切换形成二次循环净化回路。

如果经过二次处理后的泥浆仍然无法达到要求，则在调浆系统中取出部分含固体量较高的泥浆进行浓缩后进行压滤处理，处理后产生的清水可以重新进入系统以重复使用或排放。

采用多段变锥角的旋流器在低压力进浆条件下具有处理能力大、分级粒度小的特点，成组使用的小直径旋流除泥器可清除泥浆中的 20 μm 以上的泥质颗粒。旋流器的鱼尾装置可提供稳定的底流浓度，使固体颗粒进入溢流中的机会大大减少，保证泥浆的分离精度。

由于脱水筛在脱水时必然有一部分底流透筛，特别是在对二级底流进行脱水时，透筛的可能性更大，为避免这部分透筛的底流重新进入泥浆的循环，设置了透筛底流收集槽，收集到一起后泵送到压滤系统(图 6—3)，这样既可以保证泥浆的分离精度，也避免了旋流器功能浪费。

图 6—4 是主分离设备进行二级旋流处理的流程图，在 4 套进行并联组合后，可以使处理能力达到 2 200 m^3/h。

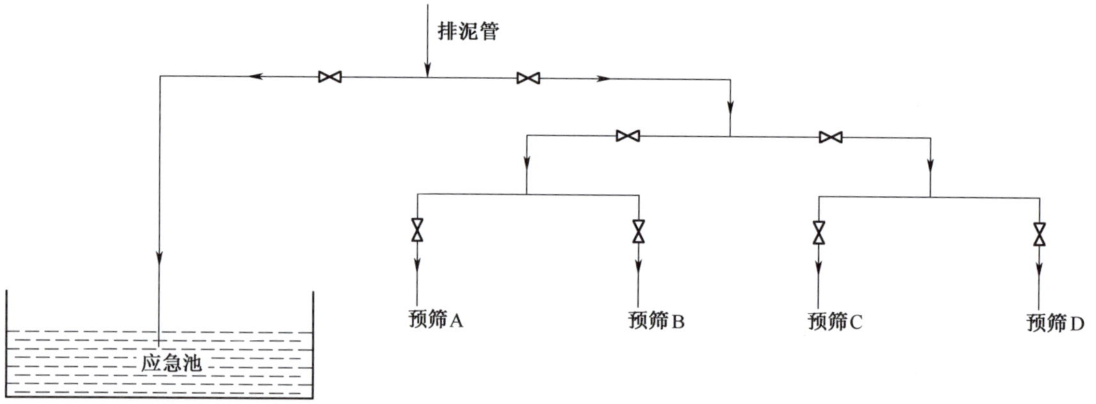

图 6—4 主分离系统流程图(ZXSⅡ-550)

6.2.2 调浆系统

调浆系统由不同功用的泥浆池、泵组、管阀、自动检测仪器，以及相关的控制部分组合而成。其主要功能是对泥浆处理系统的泥浆进行分配、循环、沉淀和调整。操作人员可以在集中控制室对泥浆的流向、比重和流量予以监控。调浆系统工作原理见图 6—5。

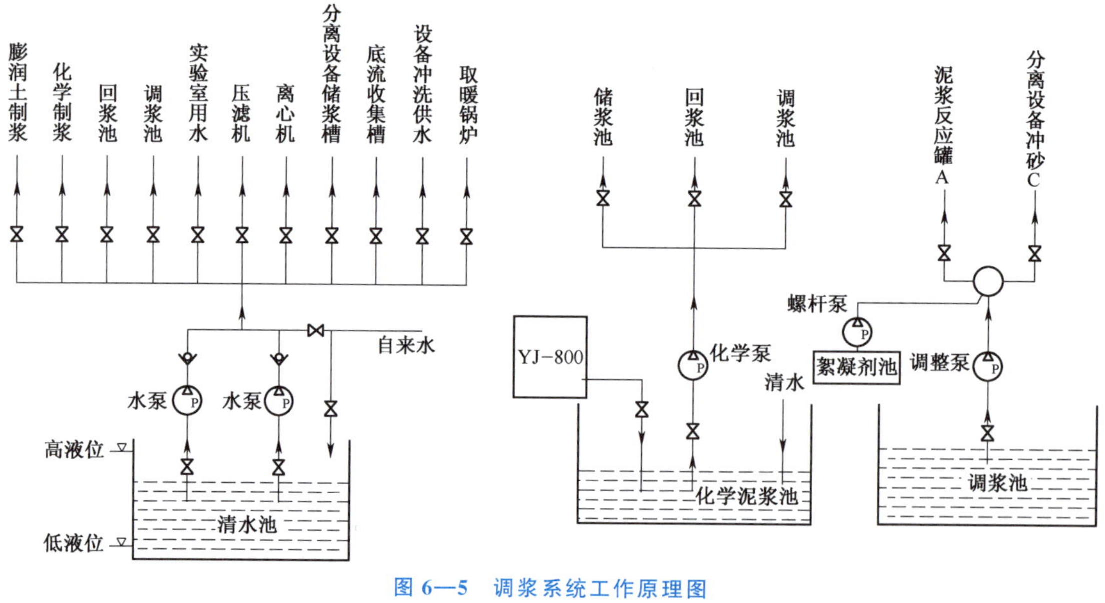

图 6—5 调浆系统工作原理图

系统设置有可供应急处理沉淀的应急泥浆池，当处理设备发生故障或其他原因需要停机时，可以部分或全部短路排泥管的泥浆至应急池，此时泥浆通过沉淀后进入沉淀池再次进入系统循环。在不需要应急时，也可以把应急池作为废浆池储存废泥浆。

如果经泥浆处理系统二次处理后的泥浆性能不能达标，则需要对泥浆进行进一步降比重处理。经过分离设备处理的泥浆进入浓缩池，在流速较低的情况下，取出池底部分含固体量较高的泥浆进行浓缩絮凝处理，然后用压滤机进行压滤，泥浆中的绝大部分颗粒可以被清除，压滤后的清水重新进入调浆池和原有泥浆进行混合，达到降低比重及流量平衡的目的。

(1)调浆系统流量：2 200 m^3/h。

(2)泥浆外调能力：500 m^3/h。

(3)泥浆补充能力：250 m^3/h(泥浆)+250 m^3/h(清水)+36 m^3/h(化学泥浆)。

当调浆池内沉淀淤积较多时，可以通过 P1 泵输送到盾构井口短路至泥浆处理系统进行二次循环净化处理。当某个沉淀池内需要清淤时，也可通过泥浆泵将沉淀池内的泥浆送入废浆池处理，净化后的泥浆经浆沟短接至下一沉淀池或调浆池，之后挖掘机对沉淀池进行清淤也不会影响泥浆的正常循环。

经二级分离设备处理后的泥浆中含细微颗粒逐渐富集，如果不及时予以去除，则引起泥浆的比重和黏度上升，直接影响泥浆的携渣能力及环流系统的泵送能力，进而影响到盾构的掘进效率。离心处理对于泥浆中的更细微颗粒的清除是一种快捷而经济的手段。同时考虑泥浆处理过程中由于参数的偏移、地层的变化导致主分离设备效果降低，这样可能使三级处理的量加大，因此设置 4 台离心机对作为对旋流分离的补充。

6.2.3 制浆系统

ZDJ-40 制浆系统是进行浆液配置的设备。该系统从物料配制、制浆、输浆均采用气动控制，具有制浆速度快，浆液搅拌均匀等特点。系统从上料(水)、称重、搅拌到输送全过程均为自动控制运行(亦可人为干预)，通过上位机预设定水灰比，可灵活配制从 1.05～1.20 之间不同密度的浆液。制浆时间可调，每个制浆周期耗时最多 3～5 min。主要参数为：

(1)制膨润土浆密度：1.05～1.2 kg/dm^3。

(2)系统额定制浆能力：40 m^3/h。

(3)泥浆系统额定功率：60 kW。

由于地层的原因，在盾构掘进期间可能制浆量比较少，而压滤前的泥浆需要加入助滤剂，因此把制浆系统也用做助滤剂的制备，只不过是在水中加入固体粉剂的不同而已，在实际使用中通过不同的途径进行物料的添加，制成的水剂也通过不同的管路进入各自位置。

6.2.4 余浆及废浆处理系统

当二级旋流分离设备不能达标时，或者在泥水循环产生多余泥浆的时候，则需要用压滤系统对无法达标或多余的泥浆进行三级处理。

从二级处理后的泥浆中以一定的比例取出部分泥浆，泵送到待压泥浆罐，同时根据其性状判断是否需要进一步絮凝或助滤剂的加入(除了淤泥质黏性颗粒外，一般不需且用量极少)。经改良后的浆液进入压滤机进行压滤，泥饼直接被运走，清水可直接重新进入清水池或调浆池。该系统具有以下特点：

(1)全部压滤流程均为 PLC 自动控制，通过压力自动检测进行低压过滤和高压挤压的分段压滤流程切换。

(2)压滤系统具备助滤等浆液改良功能。浓缩后及浆液改良后均有密度取样功能。

(3)压滤处理以独特的低压过滤、高压挤压的分段压滤方式进行。压滤后渣料含水率可低至23%,可以直接装车外运。压滤后回收的清水直接回调浆池与二级旋流后的泥浆混合,使比重还原到进泥所需之值。

(4)系统配有3个容量为150 m^3 带液位监控的泥浆储浆仓。

整个设计过程中最为重要的是通过循环泥浆的物质平衡计算,提高前二级旋流分离渣土量,同时采取措施降低三级处理量,在确保三级处理效果的基础上,保证经P1泵下井的进泥泥浆比重稳定。

压滤机的参数:

滤室容积:8.79 m^3/h;

过滤面积:500 m^2;

滤板尺寸:2 000 mm×2 000 mm;

滤饼厚度:35 mm;

过滤压力:1 MPa;

压榨压力:1.2 MPa。

鉴于工程以淤泥和粉质黏土为主,二级旋流分离后泥浆中的细微颗粒非常多,以及黏土颗粒的带电特性,在压滤时很难进行脱水,因此在压滤中采用高压力进浆及隔膜压榨,同时辅以合适的助滤剂,可以较好地解决泥饼含水率的问题,压滤后的含水率可以保证在23%以下。

压滤流程(图6—6)的说明:

压滤机工作过程可分为:压紧→进料→压榨→吹风→反吹→高压卸荷→松开→卸料。

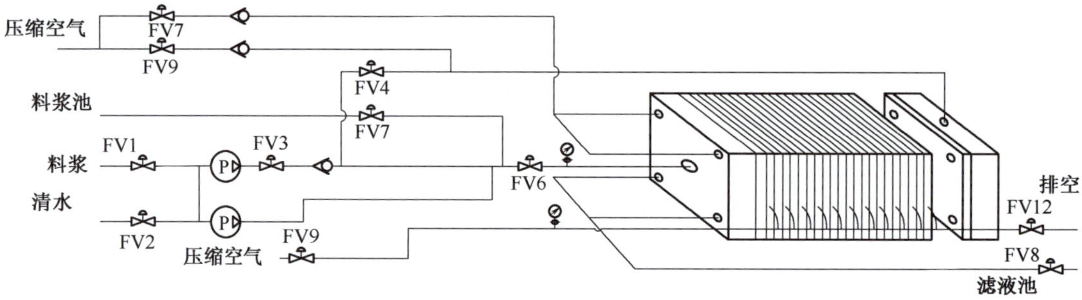

图6—6 压滤流程图(单台压滤机)

工作流程完成后,间隔几十秒后进入下一个工作循环。

在实际的使用中,可以根据实际需要对相关的工艺流程进行删减和省略。以节省辅助时间,增加压滤机的工作效率。

6.2.5 系统特点

(1)设备能力满足盾构施工要求,与盾构掘进速度和掘进要求能相匹配。设备不仅适用于天津工程地质条件,可以在使用后根据实际情况通过更换少量部件的方式来增强对不同地层的适用性,并可以按照流量大小拆分后独立使用。

(2)设备分离后的渣土能够满足汽车运输的要求。

(3)设备的性能与工程的不同地质与颗粒分布相适应。

(4)在系统设备出现故障时,具备应急措施,避免对盾构掘进和施工环境造成影响。

(5)设备采用模块化、紧凑化设计,集中布置,占地面积小,出渣位置集中。

(6)设备适应本工程的环境要求,满足施工噪声控制标准,集中控制室配置了分体式冷暖空调。

(7)设备结构合理、操作简单、维修方便适用、性能稳定、安全可靠。

(8)设备采用 PLC 集中控制方式。

(9)全自动流程的压滤系统能确保压滤过程连续,渣料含水率低,从而保证整个泥水系统达到物质平衡无外弃泥浆。

(10)设备可采用隔声板制作的墙体遮蔽,施工时全封闭运行,仅留有出渣和人员进出的门和窗口,可以最大限度减小施工时噪声产生的污染,满足城市夜间施工噪声控制标准。

6.3 主要设备组成及工作方式

泥浆处理系统由制浆系统、输送系统、主分离系统、调浆系统、离心系统、压滤系统等构成,通过管路连接使各单元组合在一起,达到泥浆按盾构要求进行循环的目的。

6.3.1 制浆系统

制浆系统是进行膨润土泥浆配置的设备,从物料配制、制浆、输浆均采用自动控制,具有制浆速度快,浆液搅拌均匀等特点。

1. 主要技术参数(表 6—1)

表 6—1 制浆系统主要技术参数表

系统内容	参数
最大制浆密度	1.5×103 kg/m^3
制泥浆最大功率	110 kW
额定制泥浆能力	40 m^3/h
电控系统方式	操作电气柜

2. 主要组成部件(表 6—2)

表 6—2 制浆系统主要组成部件规格数量表

产品型号	规格	数量	备注
40 t 料仓	ϕ3 000	1	双锥粉料仓,高度 11 m
卧式供料器	WG5	1	5 m^3,配备流化空压机
人工加料仓	2.5 m^3	1	人工破袋加料
高速制浆机	ZJ-1500B	2	制备膨润土泥浆
称重组件	CFHG-1A/1T×4	2 套	称重控制
气动浆阀总成		2	制备和输送泥浆
气动球阀	Q641F-10/DN100	2	上清水
螺旋输送机	ϕ219×4 650	2	上灰,输送能力 30～40 t/h
制浆电气柜		1	
控制电路电缆	配制	1 套	
连接管路用料	配制	1 套	

3. 制浆工作流程

(1)膨润土粉料上料过程

①人工加料仓的使用:人工拆除袋装膨润土,装入 2.5 m^3 人工加料仓内。粉料装入过程中,开启上料除尘器,可以最大限度减少上料粉尘对人体伤害。

②40 t 料仓的上料:人工拆除袋装膨润土,倒入卧式供料器内,加满粉料后,关闭仓门,开启摆式空压机,膨润土被流化后吹入 40 t 料仓内,粉料装入过程中,开启上料除尘器,可以最大限度减少上料粉尘对人体伤害。所有粉料通过螺旋输送机送入制浆机内。

(2)上清水、上料、制浆及排浆

先通过上位机设定制浆水灰比,上位机自动计算上料所需水的重量 G_1,膨润土的重量 G_2。上位机自检,气动球阀联动机构在制浆位,位于机架底部,重力传感器检测制浆桶初始值重量为 G_0,系统控制上水气动球阀打开,称重检测达到预定值(G_0+G_1)时,气动球阀关闭,加水过程结束。然后,上位机控制制浆泵启动,控制螺旋输送机输送膨润土。当重力传感器第二次称重检测到达预定值($G_0+G_1+G_2$)时,螺旋输送机停止上料,制浆泵持续制浆达到设定制浆时间后,上位机控制气动球阀联动机构在输浆位,制浆泵开始排浆,当重力传感器检测到达初始值 G_0 时,上位机控制气动球阀联动机构在制浆位,系统运行下一个制浆循环。

(3)制浆机的清洗功能

每次台班(或使用过程中认为必要时)制浆系统需要清洗各部分管道、阀门,防止水泥浆块凝结成块堵住运行管路。清洗过程可选择自动清洗功能键。清洗完后的液体送到储浆池。

6.3.2 输送系统

泥水输送系统由送排泥泵、送排泥管、延伸管线、辅助设备等组成。送泥泵将处理好的泥水通过送泥管输送到土仓和掌子面;而排泥泵则将携带渣土的泥水由排泥口排出,通过排泥管输送到地面的泥水处理设备进行分离。

6.3.3 主分离系统

本系统采用 SⅡ-2200/10 主分离系统,由 4 套 YSC-750A 预筛器、ZX-550/30 泥浆处理装置单元、ZX-550/10 泥浆处理装置单元组成,污浆处理能力为 2 200 m^3/h,$d_{50}=0.011$ mm。

(1)振动筛单元

由两台振动电机、一个振动筛箱、一副粗筛板或两副细筛板、四组隔振弹簧、两组调整垫板组成,可使振动筛产生直线振动。

①振动筛加装了偏心块和同时变频器,通过调整偏心块的夹角可实现激振力的变化,通过同时变频器来改变振动电机振次,可以更好地调整渣料含水率。

②振动筛箱为框架式焊接结构,由四组隔振弹簧支撑,通过双向斜面楔紧机构和标准件的连接紧固。

③粗筛安装在预筛器内,细筛安装在脱水筛内。粗筛板为不锈钢条缝筛板,细筛板为组合筛板,一级筛为聚氨酯组合式筛板,二级筛为聚氨酯与不锈钢组合混用式筛板。筛孔尺寸:粗筛板为 3 mm×35 mm,聚氨酯细筛板为 0.5 mm×12.5 mm,不锈钢细筛板为 0.3 mm×12.5 mm。通过调整垫板的高度可调整振动筛的倾斜度,振动筛的倾斜度根据渣料筛分效率

及生产率的变化而调整。

④此振动筛筛分能力为 80～480 t/h，筛分出的渣料含水率小于 30%。

(2)渣浆泵单元

渣浆泵单元由渣浆泵、驱动电机组成，为进入旋流器的浆液提供动力。

(3)旋流器

选用变锥角水力旋流器，并带有底流浓度调节及真空调节装置。在运行过程中，可以对旋流器的真空度进行调节，一经调定，不宜轻易改动。

6.3.4 调浆系统

系统是根据盾构掘进机的要求，通过系统中的泵、阀的配合切换，对泥浆的各项指标进行调整，并可实现其他各项辅助功能。

1. 主要组成

(1)调整泵、补浆泵等用于泥浆循环的动力元件；

(2)泥浆池部分，包括应急池、调浆池、回浆池和清水池、储浆池等；

(3)管路和各电动阀门构成的管路部分；

(4)电控部分，包含集中控制室、PLC 柜、各功能单元机旁控制柜、配电柜及线路；

(5)辅助单元，包含移动搅拌设备、清淤泥浆泵等。

2. 工作方式

(1)盾构始发阶段

在盾构掘进前，预先通过制浆系统将配好的泥浆泵送到储浆池，静置 15～20 min，经过充分钠化处理后由补浆泵送入到调浆池，配好的化学浆液送入药池。把药池内的 CMC 根据水解品中药剂量占膨润土量的 1～2%由化学泵送入调浆池，并由移动式搅拌器充分搅拌均匀后用 P1 泵送入井下，由于初期需要的新制泥浆量很大，所以需要在储浆池和调浆池全部盛满泥浆后开始往井下泵送，如果一次制备的泥浆量不够，可以使系统暂时停止，重新配制新泥浆后继续进行泵送，直到泥浆能够充满盾构掌子面和所有管路及主分离设备等整个循环各环节为止。此时泥浆即可实现正常的循环。

(2)盾构正常掘进阶段

盾构在正常掘进时，排出的污浆经过主分离系统二级处理，净化后的泥浆进入调浆池；当盾构在粉土、黏土层掘进时，二级系统不足以将泥浆密度降至合理范围内，部分泥浆泵入到压滤系统进行压滤工作。

(3)盾构停止掘进阶段

在盾构掘进停止时，可以通过泵坑里的 P1.1 泵输出端在竖井口的三通支路，以地面旁通的方式将调浆池里的泥浆泵送回主分离设备上，进行二次净化处理，以进一步清除泥浆中的细微颗粒。

在主分离系统运行过程中，如果某个单元设备有故障出现，可以通过分配器，将进入主分离设备的污浆部分或全部短接进入应急池，此时进入应急池的泥浆完全靠沉降法分离。

整个系统根据不同的地质情况及泥浆处理系统处理后的泥浆指标，可以进行灵活的分配、循环和调整，并根据需要进行其他的操作。

由于地质情况的差别，盾构推进时对泥浆的要求区别比较大，要根据实际情况由泥浆工程师对泥浆进行分析后再进行调整。

3. 管路组成

(1)补浆泵管路：可以将储浆池里的泥浆泵送到调浆池和回浆池；可以提供经特殊化学药剂调配好的储备泥浆和应急泥浆供应。

(2)补水管路：可以将清水泵送到调浆池和回浆池；可以为泥浆比重调整提供清水供应。

(3)调整泵管路：可以将调浆池里的泥浆泵送到浓缩反应罐，为压滤系统提供浆液。

(4)废浆泵管路：可以把应急池或二级底流收集池里的泥浆泵送到待压泥浆罐；可以为三级压滤系统提供泥浆供应。

(5)化学泵管路：可以把化学药剂泵送到储浆池、调浆池和回浆池；可以为新制和循环泥浆提供化学药剂的供应。

运行时根据实际需要选择相应的管路进行泥浆调整作业，使用中可以在回浆池里对泥浆进行快速调整，以应对紧急情况。

6.3.5 离心系统

系统主要由旋转件总成、动力传动系统、过载保护系统、机座机壳、进料管和电气系统等几部分组成。

(1)旋转件总成：由转鼓、螺旋推料器、差速器等部件组成，由两个主轴承座水平支撑在机座上。转鼓为柱—锥结构，内面沿轴向焊有若干筋条，转鼓大端盖半轴上有 6 个可调节液池深度的月牙板。螺旋推料器总成由芯管、加速器、螺旋叶片等组焊而成，通过其两端半轴上的轴承同轴安放在转鼓内，经花键轴与差速器相连。推料螺旋为双头、左旋，其推料面进行耐磨处理。差速器的功能是让螺旋和转鼓之间形成差转速。差速器外壳随同离心机转鼓同速旋转，辅电机通过皮带轮驱动输入轴，两个速度经过双级行星齿轮传动合成螺旋推料器相对于转鼓的转速差，即差转速。

(2)动力传动系统：主传动由隔爆型电动机，经液力耦合器，通过 5 根三角胶带和主带轮驱动转鼓旋转。辅传动由隔爆型电动机，经 3 根三角胶带，通过差速器带轮和过载保护装置驱动差速器输入轴旋转。

(3)过载保护系统：采用机械—电器双重保护措施。其中机械保护包括液力耦合器、机械式扭矩过载保护装置两部分。

本系统选用的皮带轮式液力耦合器为限矩型液力耦合器。泵轮直接与电动机轴相连，动力通过液力介质经由涡轮—与其相连的皮带轮—三角胶带—从动主带轮驱动转鼓旋转。由于动力是经过在涡轮和泵轮间作周向螺旋运动的液体介质传递给涡轮的，从而使电动机的直接负载启动工况变为柔性负载启动，因而具有负载启动平稳及隔振功能。而本耦合器为静压卸载式限矩型液力耦合器。当载荷增大，涡轮转速降低时，侧辅腔内液体的旋转速度也降低，静压头减小，工作腔中液体有一部分流入侧辅腔，致使耦合器能容减小，起到限矩作用。

扭矩过载保护装置安装在差速器末端，由传力螺钉、传力钢球、扭矩体、碟形弹簧、拨盘等组成，拨盘通过安全销与差速器输入轴相连。在扭矩体左端还有一安装在机座上的具有支点的杠杆，另一端与行程开关的凸轮接触。

当离心机过载或螺旋推料器意外卡住时，扭矩体上的钢球在过载力的作用下从拨盘上的传力孔中脱出，滑至拨盘的最低处，此时在碟形弹簧的作用下扭矩体左移与传力螺钉脱开，差速器带轮空转，从而保护了差速器和螺旋推料器。同时，通过其杠杆推动行程开关的凸轮，使电气控制系统动作，切断电源，整机停止运转。

(4)机座机壳：包括分料箱、机座、减振器、高架吊篮等。

(5)进料管总成：包括进料管和清水管，清水管用于停机前清洗离心机。

(6)电气系统：包括控制柜、行程开关和相应的电缆。

(7)本系统采用 4 台 LW500×1000AN 型离心机，能有效分离 5～7 μm 以上的超细颗粒，最大处理量 50～60 m^3/h，分离因素 810，长径比 2.5，差速比 84∶1，转鼓转速 1 600 r/min，半锥角 9°，满足在细微颗粒地质条件的使用要求。

6.3.6 压滤系统

系统采用厢式自动拉板压滤机，能够实现滤板压紧、过滤、压榨、反吹、洗涤、滤板松开、卸料等各道工序的自动化控制。其结构见图 6—7。

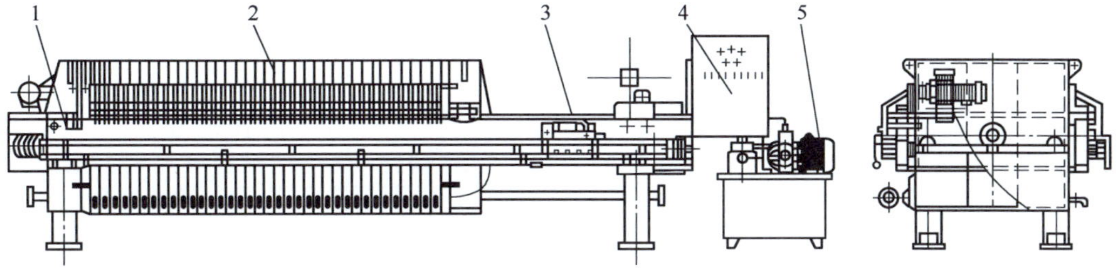

图 6—7 压滤机的结构图

1—机架部分；2—过滤部分；3—自动拉板部分；4—电气控制部分；5—液压部分

(1)机架部分：机架是整套设备的基础，主要用于支撑过滤机构和拉板机构，由止推板、压紧板、机座、油缸体和主梁等组成。设备工作运行时，油缸体上的活塞杆推动压紧板，将位于压紧板和止推板之间的滤板及过滤介质压紧，以保证带有一定压力的泥浆在滤室内进行加压过滤。

(2)过滤部分：由整齐排列在主梁上的滤板和夹在滤板之间的过滤介质所组成的。滤板为增强聚丙烯滤板，选用优质聚丙烯，使用独特配方压制而成。

(3)自动拉板部分：由变频电机及减速机、拉板小车、链轮、链条等组成，在 PLC 的控制下，变频电机转动，通过链条带动拉板小车完成取拉板动作。除程序控制外，还可手动控制，能随时控制拉板过程中的前进、暂停、后退动作，以保证卸料的顺利进行。

(4)电气控制部分：电气控制部分是整个系统的控制中心，主要由变频器、PLC 可编程控制器、热继电器、空气开关、断路器、中间继电器、接触器、按钮、信号灯等组成。自动压滤机工作过程的转换是靠 PLC 内部计时器、计数器、中间继电器及 PLC 外部的行程开关、接近开关、电接点压力表(压力继电器)、控制按钮等的转换而完成的。工作过程可分为高压卸荷、松开、取板、拉板、压紧、保压和补压等。

(5)液压部分：液压部分是主机的动力装置，在电气控制系统的作用下，通过油缸、油泵及液压元件来完成各种工作。可实现自动压紧、自动补压、及高压卸荷及自动松开等功能。

(6)系统采用高低压泵组合方式为压滤机供料。低压泵为普通渣浆泵，能快速填满滤室，高压泵是柱塞泵，为变量泵，具有集抽浆、加压、远距离输送浆料的特点，会随着过滤密度的增加自动使压力增高流量减少。此种组合方式能加快进浆时间，加大进浆量，一台泵出现故障时，另一台泵可单独使用，大大提高压滤机的工作效率。

6.4 泥水处理系统的主要性能参数

泥水处理系统的主要性能参数见表 6—3。

表 6—3 泥水处理系统的主要性能参数

主部件名称	细目部件名称	参 数
综述	装机总功率	约 2 473 kW
	分离设备外形尺寸(m)	38.4×6.5×5.6
	整机重量(t)	154
YSC-750A 预筛器	最大处理能力	600 m^3/h
	筛面尺寸($L \cdot B$)	3 640×1 520(两层)
	筛缝	32×6/15×3
	筛面角	−14°～−20°
	振动电机	6.3 kW/960 r/min(两台)
	电源供应	380 V/50 Hz
	重量	9 t
	设备外形尺寸	5.0 m×3.20 m×6.10 m
ZX-550/30 净化装置	额定处理能力	550 m^3/h
	筛面尺寸	3 615×1 220(两层)
	筛板	0.4 mm 聚氨酯筛板
	筛面角	0°～3°
	振动电机功率	6.1 kW/960 r/min(两台变频电机)(带变频器)
	旋流器直径	250 mm
	分离精度 d_{50}	28 μm
	渣浆泵额定扬程	18 m
	电源供应	380 V/50 Hz
	重量	16 t
	设备外形尺寸	6.7 m×3.23 m×6.27 m
ZX-550/10 净化装置	额定处理能力	550 m^3/h
	筛面尺寸	3 615×1 220(两层)
	筛板	0.3 mm 不锈钢筛板
	筛面角	0°～3°
	振动电机功率	5.5 kW/960 r/min(带变频器)
	旋流器直径	100 mm
	分离精度 d_{50}	11.7 μm
	渣浆泵额定扬程	24 m
	电源供应	380 V/50 Hz
	重量	15 t
	设备外形尺寸	6.7 m×3.23 m×6.27 m

续上表

主部件名称	细目部件名称	参　　数
调浆系统	调整泵流量	300 m^3/h
	调整泵扬程	16 m
	调整泵电机功率	30 kW/1 460 r/min
	清理泵流量	150 m^3/h
	清理泵扬程	25 m
	清理泵电机功率	22 kW/1 450 r/min
	补浆泵流量	250 m^3/h
	补浆泵扬程	6 m
	补浆泵电机功率	11 kW/1 450 r/min
	排污泵流量	47 m^3/h
	排污泵扬程	19 m
	排污泵电机功率	11 kW/1 450 r/min
	小水泵流量	50 m^3/h
	小水泵扬程	50 m
	小水泵电机功率	15 kW/1 450 r/min
	大水泵流量	350 m^3/h
	大水泵扬程	15 m
	大水泵电机功率	22 kW/1 450 r/min
	搅拌器叶片直径	2 m
	搅拌器电机功率	18.5 kW/1 450 r/min
	搅拌器叶片转速	46 r/min
	行走门架速度	1.45 m/min
	行走电机功率	1.1 kW
ZDJ-40 膨润土制浆	单台单次循环制浆量	1 500 L/台(共两台)
	制浆比重	1.05～1.2
	系统制浆能力	40 m^3/h
	制浆搅拌泵电机功率	22 kW/1 460 r/min
	螺旋输送电机功率	5.5 kW/1 450 r/min
	灰罐容量	40 t
	灰罐上料方式	压缩空气
化学制浆	单台单次循环制浆量	800 L
	制浆搅拌泵电机功率	3 kW/1 450 r/min
	化学泵流量	36 m^3/h
	化学泵扬程	12 m
	化学泵电机功率	5.5 kW/1 450 r/min
余浆及废浆处理系统	压滤机型号	XMZG500-2000-90.75U(四台)
	压滤机功率	21 kW/台
	压滤机处理能力	7.5 m^3/h 渣土量
	压滤机外形尺寸	11 092×2 290×2 390
	滤板尺寸	2 000 mm×2 000 mm
	滤饼厚度	35 mm
	过滤面积	500 m^2

续上表

主部件名称	细目部件名称	参　数
余浆及废浆处理系统	过滤容积	8.79 m^3
	压榨压力	1.2 MPa
	填充泵流量	215 m^3/h
	填充泵工作压力	0～0.7 MPa
	填充泵功率	75 kW/1 450 r/min
	挤压泵流量	40 m^3/h
	挤压泵工作压力	0～1.2 MPa
	挤压泵功率	30 kW/1 450 r/min
	储浆仓容积	150 m^3×3 个
离心机	最大处理量	50 m^3/h
	最小分离点	5～7 μm
	分离因素	810
	长径比	2.5
	差速比	84∶1
	功率	(30＋7.5＋5.5) kW
	外形尺寸(m)	2.65×1.67×1.47
	净重	1 780 kg

6.5　泥水处理系统的布局

6.5.1　泥水处理系统的场地布置

泥水处理系统场地布置见图 6—8。

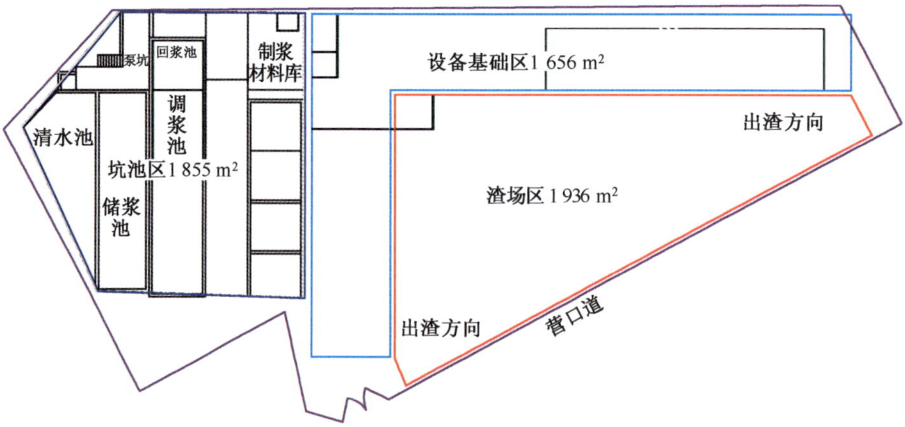

图 6—8　泥水场地布置图

6.5.2 泥水处理系统的设备布置

泥水处理系统设备布置见图 6—9。

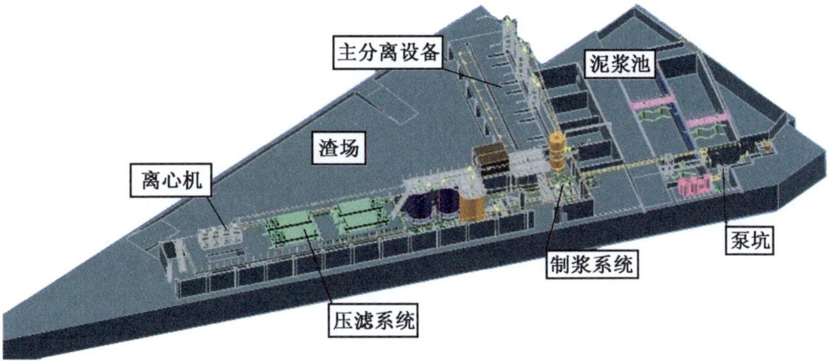

图 6—9 泥水设备装配图

6.6 泥水处理系统的安装与调试

6.6.1 泥水处理系统的组装

1. 安装流程

整个地面泥水系统由多个子系统组成，安装中除部分影响进度的施工外，其余施工均可平行进行，安装流程见图 6—10。

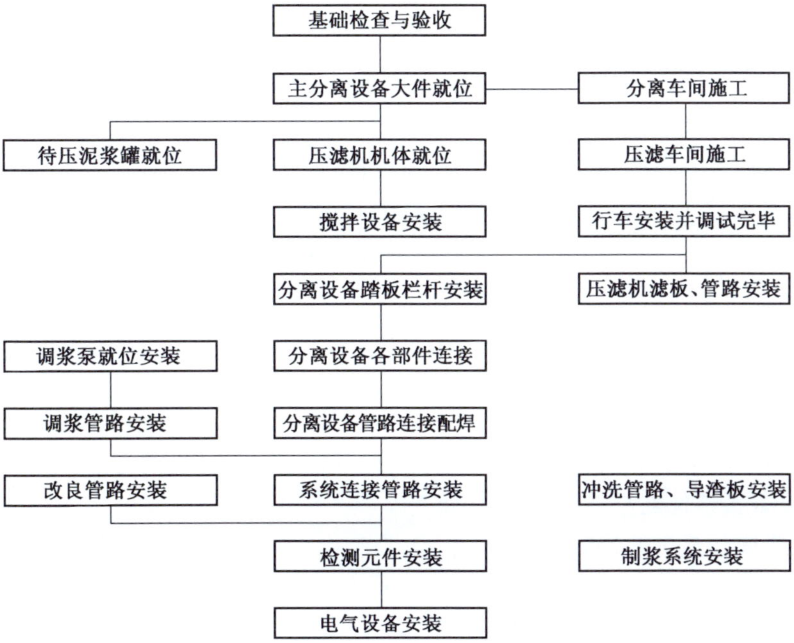

图 6—10 安装流程图

2. 安装施工

(1)基础检查与验收

以固定支撑点或基准点为准，划出基础平面中心线，并进行等高线实测，一定要与设计图纸相符。

①储浆池、调浆池和应急池侧墙顶部的标高及直线度、水平度检查，如有与图纸不符现象，在安装中应采取措施进行纠正、垫高。

②分离设备平台上平面的平面度及水平度检查，允许偏差见表6—4。

表6—4 分离设备平台平面度及水平度偏差表

名称	偏差(mm)
平台宽度	≤±50
平台高度	≤±6
平面度	≤±10

在分离设备的储浆槽就位后连接时，在保证水平度的前提下对设备进行垫高或加固。

③压滤设备平台上平面的水平度检查，主要涉及的是离心机的安装，压滤设备安装时的水平度靠浇筑地脚螺栓前调整。

④钢结构房屋基础螺栓的分布位置精度及相对位置精度。相对位置精度将直接影响房屋的安装，在钢结构房屋安装时，如有需要，配合甲方及施工方进行调整。

(2)分离设备及压滤设备大件就位

为了减少安装施工中的吊装工作量，先把大件就位后安装车间行车进行小质量零部件的吊装：

①主分离设备的大件包含有：预筛器振动筛及储浆槽、一级及二级分离设备的储浆槽、脱水筛及旋流器组，这些大件到位后必须更可靠连接，以确保在钢结构施工中及天气变化影响时不会产生不稳定现象。

②压滤部分的机体主要指不带滤板的部分，可能的前提下，可以把滤板吊装到压滤机上。

③待压泥浆罐和反应罐就位并可靠连接。

④制浆机及灰罐就位并连接。

(3)分离车间及压滤车间的安装

进行钢结构车间的安装，为便于后期的管路连接施工，房子的墙壁暂不安装。

(4)搅拌设备的安装

在分离车间及压滤车间施工的同时进行搅拌设备的安装，移动门架安装前，导轨的安装要注意平行度及平面度的保证，必要时应对基础进行调整。移动门架安装好后，应及时进行试车，并来回运行，确保无脱轨现象出现，搅拌器运行时，电流无超负荷现象。

(5)行车的安装及调试

对行车进行安装，调试完毕，确保能安全使用。

(6)分离设备踏板栏杆安装

为保证安装中的人员安全，在12个储浆槽安装到位后，先把槽体上的踏板栏杆安装并可靠连接。如果因故无法安装的情况，应有安全绳或其他安全警示标牌悬挂，以防事故。

(7)分离设备各部件连接

①预筛储浆槽与筛机的连接。

②脱水筛和净化装置储浆槽之间的连接。

③旋流器组合脱水筛机之间的连接。

④中储箱与储浆槽之间的连接。

以上连接不仅要依靠限位板进行，必要时应有合适的加固措施，以确保连接可靠。

(8)压滤机滤板及管路的安装

①滤板安装及压滤机本体的装配。

②压滤泵的安装。

③压滤泵与压滤机之间的管路连接。

④空压机与压滤机之间的连接。

(9)调浆用泵就位安装

根据图纸要求及现场实际情况，就位调浆用泵并调平，对泵进出口进行相关连接，固定各调浆用泵。

(10)调浆管路安装

根据图纸要求及现场实际情况，施工管路，必要时对基础或管路长度进行调整。其中涉及有空中走管的，必须在确保支撑可靠的情况下进行安装，同时注意连接密封可靠，尽可能避免试运行是有泄漏情况。

(11)系统连接管路的安装

①预筛与泥浆净化装置之间的连接。

②进浆管路和预筛器的连接。

③总出浆管和二级底流收集管路的施工。

(12)絮凝剂管路的安装，施工中应注意管路的密封问题。

(13)冲洗管路、导渣板、爬梯、支撑的安装，做好辅助部件的安装，并根据具体情况进行调整。

(14)检测元件的安装，包括比重计、流量计等元件，安装时应进行适当的保护，以防损坏。

(15)钢结构车间墙体的安装，墙体的施工对降噪影响比较大，安装中不仅要保证密封，还应注意墙体内隔声棉的安放。同时做好大门、窗子的安装。

(16)制浆系统的安装，根据要求对制浆系统进行安装，做好相关的管路连接。膨润土灰罐安装时应保证基础牢固，位置正确。

(17)电气安装

①所有电动元件的机旁柜安装。

②所有元件的动力电缆铺设。

③涉及远程控制的电动元件控制线连接。

④PLC 柜的安装。

6.6.2 泥水处理系统的调试

1. 调试内容

泥水处理系统要达到使用效果，必须有良好的加工和安装质量，安装后的调试工作是检验和保证整个系统质量的必不可少的手段，其主要工作内容包括：

(1)电气设备调试。

(2)SⅡ550/10 系统的各单元设备调试。

(3)SⅡ2200/10 系统的检查与调试。

(4)调浆系统中各单元设备的调试。

(5)调浆系统联合调试。

(6)集中控制系统联合调试。

(7)制浆系统各单元设备调试。

(8)制浆系统联合调试。

2. 电器设备调试

(1)调试目的

①检查设备与元器件安装接线的正确性。

②检查设备与元器件动作的正确性和可靠性。

③检查传感器的测量精度和范围以及动作的灵敏度。

④调整各运行设备的参数。

⑤使各类设备的操作控制和运行管理功能满足泥水处理工艺的要求。

(2)调试内容

电气设备调试分为单机调试工作(安装期间的调试)和集中控制设备与现地控制设备之间的联合调试。调试内容如下:

①现地设备单机调试。

②集控设备调试。

(3)控制设备的单机调试

①现地设备单机调试

现地设备单机调试的目的是进一步检查各设备间接线的正确性,使各现地控制信号检测、操作和控制功能满足泥水处理工艺控制运行的要求,对有关参数进行调整;有效地采集和处理现地设备信息,正确控制设备运行。调试内容如下:

a. 传感器调整:检查其准确度和灵敏度是否符合要求;

b. 信号采集、处理和显示的正确性;

c. 柜台内器件和操作面板上器件动作的灵活性、正确性调整;

d. 设备电机等设备的通电动作调整;

e. 操作、控制功能调整;

f. 故障保护的可靠性;

g. 现地单机调试步骤;

h. 信号检测的检查与测试;

i. 模拟控制动作试验检查;

此项试验应在确保现场执行器件不带电的情况下进行;检查输出继电器的动作是否工作正确。无误后进行下列项目的调试;

j. 带电进行输出控制设备的动作检查是否正确。

按操作与控制功能的要求逐项调试。

②集控设备调试

集控设备调试的目标是检查集控设备接线的正确性和运行程序的正确性、可靠性。集控设备对现地设备运行和故障信号进行数据采集、加工、存储、传输、检索等处理,并按照事先设定的程序进行控制。集控设备的主要调试工作内容如下:

a. 数据采集处理及信息管理实时性;

b. 操作人员通过键盘输入命令，或通过鼠标激活菜单命令，对现地站进行正常和应急操作的正确性和可靠性调整；

c. 画面切换和报表的操作、管理；

d. 按照规定程序的过程控制；

e. 对现地设备故障的报警及保护；在系统发生严重故障时，自动紧急事故停机和事故处理的正确性；

f. 网络系统自诊断报警及保护；

g. 误操作提示及报警保护；

h. 图形和数据显示的直观性、正确性和实时性调整；

i. 应用软件的调整和完善。

(4)整体运行试验

重复单机调试和联合调试的所有内容，精确调整各种运行参数，验证控制设备在各种工况下均能满足泥水处理系统正常运行及设计所赋予的各种操作控制和运行管理的功能要求。

3. SⅡ550/10 系统各单元设备调试

SⅡ550/10 系统中的各单元设备在出厂前已进行出厂验收，在此可不再做性能试验，现场主要进行动作试验，并保证总装后的设备无丢、漏件，无泄漏现象。

4. SⅡ2200/10 系统的检查与调试

由于SⅡ2200/10 由三套相同的SⅡ550/10 系统组成，主要检查相互间的连接方式、动作连接是否合适，在后续的集中控制系统调试中体现。

5. 调浆系统中各单元设备的调试

(1)各渣浆泵的调试

①启动

a. 用手按泵转动皮带盘，感觉轻重均匀，无异常声音，即可将护罩罩好。

b. 关闭出口阀门，在允许的情况下，在输送浆体前用清水启动泵。

c. 初次启动，必须点动电机，泵从进口看均为逆时针旋转，注意泵严禁反转，否则会使叶轮脱落，造成事故。确认电机转向正确后，即可启动，待电机转速正常后，慢慢打开出口阀门至所需工况。

②运行

a. 定期检查轴承部件，轴承温升不大于 35 ℃，极限温度不大于 75 ℃。采用稀油润滑还需定期检查油位。使用初期轴承发热，则可停泵待轴承冷却后再启动，若轴承仍严重发热，温度持续上升，则须检查轴承部件。

b. 定期检查轴封水压力和流量，及时调整填料压盖松紧或更换填料，保证有少量清洁水通过轴，填料处温度正常。轴承冷却水量应以能保证进出水温温差为 5 ℃左右为宜。

c. 叶轮与护板间隙由于浆体磨损会增大，造成效率下降，故应及时将叶轮向前调整，保证泵高效运行。当磨损到不能满足工况要求时应更换易损件，定期检测泵，估计易损件寿命，防止其失效后及时消除或停机检查。

d. 注意泵有无抽空或堵管现象，泵运转时有无杂音。如有异常应予以及时消除或停机检查。

③停车

a. 停车前应尽可能使泵抽送清水一段时间，以清洗泵内浆体。

b. 然后依次关闭出口阀门、切断电源。

④渣浆泵的调试要求

a. 旋向正确，盘根处有正常滴水。

b. 运行中无不正常的振动。

c. 进出口管路无渗漏现象。

d. 机旁、远程电气控制动作准确，反馈信号明确有效。

(2)电动刀型闸阀调整

根据说明书的内容进行以下调整：

①行程限制机构的调整；

②行程控制机构的调整；

③开度指示器的调整。

(3)搅拌器的试验

根据说明书要求进行试验。

(4)移动台车的调试

使台车进行往复行走，要求在两端能自动换向，行走过程中基础变形量不大于 2 mm。

(5)管路的检查

在各管路有水流动时，管路无滴漏现象，各管路的支撑连接有效，无带荷沉降、变形状况，无共振现象。

6. 调浆系统联合调试

由于整个系统的各执行元件分布范围广，在各执行单元设备调试完成后，其集中调试应在控制系统的各控制单元调试完成后一起进行。

(1)各设备单元在远程条件下的手动控制运行；

(2)各检测元件在 PLC 连接后的远程显示；

(3)各设备单元之间涉及的联动、逻辑关系正常有效；

(4)设备单元之间的程序运行控制；

(5)设备故障时在监控画面的报警显示；

(6)操作过程中的人机对话提示完备。

7. 制浆系统各单元设备调试

手动调试各部分执行元件：

(1)上灰设备手动调试

①空压机电机启动和停止；

②两台螺旋输送机电机启动和停止；

③灰罐振动电机启动和停止；

(2)制浆系统中控柜手动调试

①控制柜上 1 号制浆系统手柄拨至“手动”；

②操作以下 8 个电动机构按钮，分别执行开启和关闭，观察此时机构真实状态，要求完全一致(阀门有开度指示，电机有运动和停止状态)。

a. 螺旋输送机 1 电机(此时输灰机旁柜手柄拨至“二次电源开”位置为远控状态)开启和

关闭；

b. 制浆机 1 出口泵电机开启和关闭；

c. 制浆机 1 进水阀开启和关；

d. 制浆机 1 回料阀开启和关闭；

e. 制浆机 1 出料阀开启和关闭；

f. 制浆机 1 废料阀开启和关闭；

g. 调浆池电动阀 1 开启和关闭；

h. 调浆池电动阀 2 开启和关闭。

检验各个电动机构在电控柜手动操作，状态必须一致。

(3)化学制浆的调试

化学制浆调试为机旁控制型式。控制 YJ-1500 搅拌桶上清水电动阀打开和关闭，YJ-1500 搅拌桶电机启停，化学泵的电机起停。化学液输出到调浆池的流量在上位机统计。

化学制浆工艺必须人工参与配合。人工上物料，转换 YJ-1500 搅拌桶输入输出状态，管路阀门的选择。

8. 制浆系统联合调试

本控制是通过上位机电脑软件自动控制

(1)制膨润土浆液的联合调试：40 t 灰罐上满料，清水池注满清水，电源进线接好，以操作员身份登录，进入 1 号制浆系统，点击"生产"，检查整个制浆过程是否正常。2 号制浆系统同 1 号。

(2)各工艺的配合调试

①暂时停止工艺检查：在 1 号制浆系统上，在制浆过程时运行"暂时停止"，检查上述 a.～h.，要求全部处于不运行状态。

②立刻停止的工艺检查：在 1 号制浆系统上，运行"生产"，制浆过程继续，此时再点击"立刻停止"，制浆强制排出到膨化池后，系统停机。

③清洗工艺的检查：接着②，点击"清洗"，制浆机上清水，循环输出到废料池。

④排空工艺的检查：在制浆界面上点击"排空"，检验桶内浆液是否排空。

⑤停止工艺的检查：重复①的"生产过程"点击"本次停止"，浆液制完后强行清洗排出到膨化池。

以上 5 个过程，检验 2 号制浆系统同 1 号制浆系统。

9. 压滤系统的调试

(1)压滤机的调试

①整机检查，油、电齐全，管路、阀门配置正确；

②根据压滤机说明书对电控液压系统进行调试；

③根据压滤机说明书对过滤部分进行调试；

④高低压压滤泵的调试。

(2)制备及输送管路

①絮凝剂制备装置的调试；

②絮凝剂上料装置的调试；

③进水管路上各电动阀的配合、调试；

④螺杆泵的调试；

⑤红外线液位计的调试。

(3)待压泥浆罐的检测

包含搅拌装置、出口电动阀、比重计、液位开关及进口电动阀的调试。

10. 离心机的调试

(1)根据离心机说明书对离心机进行调试；

(2)离心机供浆泵的调试。

7　泥浆的性能与配制

近年来，泥水平衡式盾构机以其施工质量好、效率高、技术先进、安全可靠等优势在水利、市政及铁路隧道工程施工中得以应用和推广。泥水平衡盾构使用的泥浆，其作用及性能也受到业内技术人员极大的重视。在泥水平衡盾构的工作机理中，泥浆最主要的功能是在掌子面形成泥膜来稳定掌子面，以及运输盾构刀盘掘削下来的渣土。为了满足上述两大功能，就需要泥浆具备良好的性能，如稳定性、良好的泥膜形成性、适当的比重、黏度和良好的流动性。

7.1　泥浆的作用

1. 形成泥膜及稳定掘削面

把水、膨润土、纯碱、聚氧乙烯及 CMC 按一定比例混合制成泥浆，经泥浆管路输送到盾构的泥水仓，形成泥水压力来稳定盾构开挖面，良好的泥浆在与掘削面接触后，可迅速在掘削面的表面形成隔水泥膜，良好的泥浆使地层的渗透系数变小，通过调节泥水仓内泥水压力，使泥水压力与土压及地下水压力平衡，可控制或稳定地下涌水，保证掘削面稳定，防止地层坍塌及地表沉降。盾构掌子面作用力示意见图 7—1。

为保证泥水盾构开挖面稳定，泥浆压力必须平衡开挖面处的土水压力。在强透水地层，采用水土分算，即为保证泥水盾构开挖面稳定，泥浆压力必须分别平衡开挖面处的水压力和土压力。泥浆压力以类似水压的形式存在的，只要泥浆压力大于地下水压，水压力即可得到平衡；然而土压力的平衡则比较困难，要求必须在开挖面上形成不透水或微透水的泥膜，将部分泥浆压力转化为有效应力才能实现平衡(图 7—2)。在泥浆与开挖面接触时，由于作用在开挖面上的泥浆压力大于地层中水土压力，泥浆中的细颗粒成分与水通过地层间隙渗入地层，随着时间的增加，地层间隙被细颗粒填充的越来越充分，渗透系数越来越小。另外，泥浆中的黏土颗粒带负电荷，而地层土颗粒带正电荷，故泥浆中的泥土颗粒吸附聚集在开挖面的表面，此外，黏土颗粒均匀的悬浮于泥水中，泥膜在开挖面是均匀分布的。综合所述，显而易见形成泥膜的因素

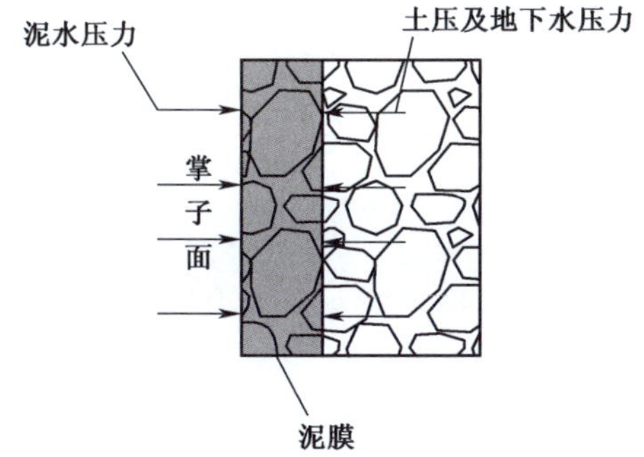

图 7—1　盾构掌子面作用力示意图

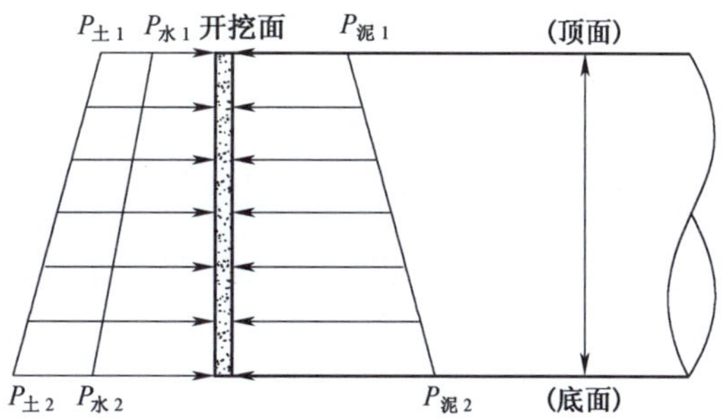

图 7—2　泥水盾构开挖面稳定机理

有两种，即渗透填充作用（前者）和表面吸附作用（后者）。显然在泥膜形成后，泥浆具有双向隔离作用，保证了开挖面的稳定，防止开挖面的变形、坍塌及地表沉降。

2. 运送掘削渣石

良好的泥浆特性包括具有适中的比重、黏度和酸碱性，泥浆将刀盘掘削下来的土砂通过排浆管路运送到地面的泥水系统，一定比重和黏度的泥浆使渣土在通过管路及泵的运输时呈现一定的悬浮状而不失流动性。

3、泥浆具有冲刷、润滑和冷却刀盘

刀盘在切削土体时，其与土体的作用力（推力和扭矩）非常大，可产生大量的热量致使刀盘疲劳变形，泥水的冲刷可有效带走热量，同时泥浆可冲刷走刀盘上因切削而黏附的大量泥土，使刀盘清洁，减轻刀盘的负荷，有效减小盾构推力；泥浆同时起到润滑掌子面与刀具的作用，能在一定程度上减小刀盘扭矩。

7.2 泥浆的性能要求

泥浆的性能是泥浆的组成以及其各组分间相互物理化学作用的宏观反映。泥浆的主要性能有泥浆的比重、黏度、滤失性能（泥浆的失水量和泥饼厚度）、含砂量、胶体率和 pH 值等，见表 7—1。

表 7—1 泥浆性能

密度	黏度	切力	pH 值	失水	泥饼
1.13～1.28	20～26	2～4	9～10	4～7 mL	2～3

泥浆与掘削下来的渣土在开挖仓内混合、搅拌，但渣土在泥浆中保持悬浮状态，且具有流动性。然后通过泥浆泵经管道将其排至地表，经泥水分离处理后，将渣土排出，泥浆经过处理各项性能指标满足要求后，重新注入。为了使泥浆发挥其应有的作用，泥浆必须具有稳定性、良好的泥膜形成性、适当的比重与黏度和良好的流动性。

1. 物理的稳定性

泥浆即使静置相当一段时间，其性质也没有变化，这叫稳定性高。若泥浆长时间处于静置状态，在重力作用下，其固体颗粒发生离析沉淀，在特殊情况下，泥浆的上部成为普通的清水。清水或者接近清水的泥浆是没有维护开挖面稳定的功能的。

2. 化学的稳定性

若泥浆被反复使用，泥水、地下水（海水）以及地基土中的阳离子等会逐渐使泥浆的性质发生变化。这就是说泥浆将要从悬浮分散状态向凝集状态转化。当泥浆出现凝集时，呈悬浮胶体状态的颗粒就要增大，失去形成良好泥皮的能力，这时如果让泥浆静止不动，膨润土颗粒就开始与水分离而沉淀下来。

3. 黏度

泥浆的黏度对盾构的施工影响较大，尤其在软土砂层等自稳定性较差的地层掘进时，需要泥浆的成膜性要好，以稳定掌子面及土体的压力；京津城际延伸线盾构隧道全长 2 248 m，泥浆管道的耐磨性要求严格，渣石在管道内的运动轨迹为旋转跳跃，若泥浆成膜性好，可在管道内壁形成一层泥膜，可在一定程度上缓冲渣石对管壁的碰撞，润滑隔离渣石对管壁的摩擦，缓解渣土运输对管壁的磨损。京津城际延伸线隧道盾构掘进中，泥浆黏度一般保证苏氏漏斗在20～26 s之间。

4. 比重

泥浆和地下水之间的压力差可抵抗土压力和水压力，以维护开挖面的稳定。若泥浆的比重增大，就会增加压力差，提高开挖面的稳定性。若比重增大，就会提高对土渣的浮托力，有助于把土渣携出地面。可是如果比重过大，就会产生泵的能力不足或妨碍泥浆与渣土的置换。

在一定程度上，泥浆比重越大，其携渣能力越强，对掌子面的稳定效果越明显。泥浆比重越大，盾构石渣在运输过程中的悬浮力就越大，对管路的撞击磨损就越小，再配合大黏度而形成的管壁泥膜对渣石的缓冲润滑作用，能起到对管壁很好的保护作用。但是泥浆比重越大，泥浆泵的负荷就会增大，长时间运行则会对设备造成不利影响；泥浆比重越大携出的渣石颗粒越大，泥水的分离系统很难更好的处理，从而会造成渣场跑浆和设备堵塞现象。在京津城际延伸线盾构掘进中，泥浆比重控制在1.13～1.28间，带渣效果较理想。

5. pH值

泥浆的pH值对设备和管路的保护作用也是很明显的，京津城际延伸线隧道地下水是海水的渗透，具有很高的含盐量，对管路及设备的腐蚀非常严重，通过降低泥浆的pH值、综合碱性，可起到抑制管路和设备的腐蚀作用；配置好的泥浆一般pH值在9～10。

6. 良好的泥皮

形成性能良好的泥皮在开挖面表面形成一层薄而韧的不透水泥皮，并在开挖面表面附近的地基土内，由于泥浆的渗透而形成浸透沉积层。如果泥浆性能恶化，就会形成厚而脆，截水性差的泥皮。

7.3 泥浆的配制

盾构在粉质黏土、砂层、砾石以及淤泥质黏土地层中施工时，由于颗粒之间缺乏胶结，盾构掘进时掌子面土体不稳定；为了保证掌子面土体稳定避免地表发生变化，需要配制适合的泥浆来保证盾构正常掘进。泥浆的组成材料有：

1. 膨润土

膨润土的主要化学组成是二氧化硅、三氧化硅和水；氧化铁和氧化镁含量有时高，钙、钾、钠元素常以不同含量存在于膨润土中。膨润土具有极强的吸湿性，吸水后膨胀，膨胀数可达30倍。在水介质中能分散呈胶体悬浮液，这种悬浮液具有一定的黏滞性、触变性和润滑性。它和水、泥或砂等细碎屑物质的掺合物有可塑性和黏结性，有较强的阳离子交换能力；对各种气体、液体、有机物质有一定的吸附能力，最大吸附量可达5倍于它的重量，黏度好、pH值高，热湿拉强度和干压强度高。

2. 化学处理剂

为了提高泥浆的各种工艺性能，以适应各种工况下盾构施工；泥浆中需添加化学制剂。常用的化学剂有：

(1)纯碱：纯碱属于分散剂，在水中容易电解和水解，在配制时加入从而有效地改善黏土的水化分散性质，因此加入适量纯碱可使泥浆的失水下降，使泥浆的黏度、切力增大。掺量为0.5%。

(2)CMC:属于增黏剂,溶于水中能增加泥浆黏度。掺量为0.3%。

(3)聚氧乙烯:聚氧乙烯属于润滑剂,润滑剂分子的亲水基吸附在金属或黏土表面,形成一层坚固的化学黏膜,提高泥浆的润滑性,从而降低了摩擦力。掺量为0.2%。

3. 水

泥浆中的水应选取pH值在中性范围内的水。按泥浆配置的实际情况加入合适量的清水。

7.4 泥浆的性能检测与调整

7.4.1 泥浆的检测方法

1. 相对密度

泥浆的密度是指泥浆的重量与单位体积水的重量比;施工现场测定的泥浆密度的大小主要取决于泥浆中造浆重量和掘屑重量之和。泥浆相对密度测量方法:先在泥浆杯中灌满清水,盖好杯盖并擦干,把游码放在杠杆的刻度标志1.00处,调节调重管,使水平泡处于水平位置。在泥浆杯中灌满泥浆,盖好杯盖并擦干,然后把密度称杠杆的刀刃放在支架上,移动游码使水平泡处于水平位置,由游码位置刻度读出泥浆相对密度。见图7—3。

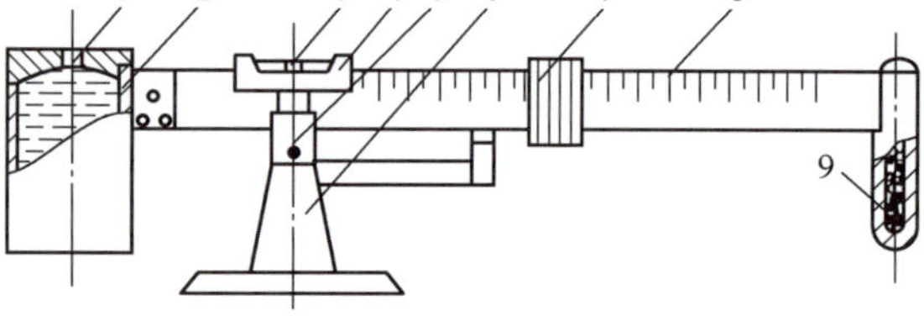

图7—3 泥浆比重称

1—杯盖;2—泥浆杯;3—水平泡;4—主刀口;5—主刀垫;6—支架;7—游码;8—杠杆;9—调重管

2. 黏度

仪器使用前,应用清水进行校正。该仪器测量清水的黏度为15±0.5 s;误差在±1 s内为合格。测量泥浆的黏度计是由漏斗和量筒组成,见图7—4。量筒由隔板分成两部分,大头为500 mL,小头为200 mL,漏斗下端是直径为5 mm,长为100 mm的管子。将漏斗呈垂直,用手握紧并用食指堵住管口,然后用量筒两端分别装200 mL和500 mL的泥浆通过过滤网倒入漏斗;将量筒500 mL一端朝上放在水平试验台漏斗下面,放开食指,并同时启动秒表计时,记录流满500 mL泥浆所需时间,即为所测泥浆的黏度。

3. 泥浆的滤失性能

泥浆的滤失性能用泥浆失水量测定仪测量。该仪器是将泥浆用惰性气体(二氧化碳、氮气或压缩空气)加压的情况下,测量泥浆的失水量。当泥浆在0.69 MPa压力的作用下,30 min内通过截面为45.6±0.5 cm^2过滤面渗透出的水量,以毫升表示。同时,可以测得泥浆失水后泥饼的厚度,以毫米表示。失水量测定仪主要由气源、减压阀、放空阀、泥浆杯、量筒、支架等组成,其结构见图7—5。

测定步骤:

(1)先将支架放在平稳的台面上。

(2)将减压手柄退出,使减压阀处于关死状态,此时无输出,然后关死放空阀。

(3)装好气瓶并拧紧盖,顺时针旋转减压阀手柄,使压力表指示0.5~0.6 MPa。

(4)以左手拿住泥浆杯,用食指堵住泥浆杯气接头小孔,倒入被测泥浆,高度以低于密封圈2~3 mm最好,放好密封圈,铺平一张滤纸,拧紧泥浆杯盖,然后将泥浆杯连接在三通接头上,将20 mL量筒放在泥浆杯下面,对准出液孔。

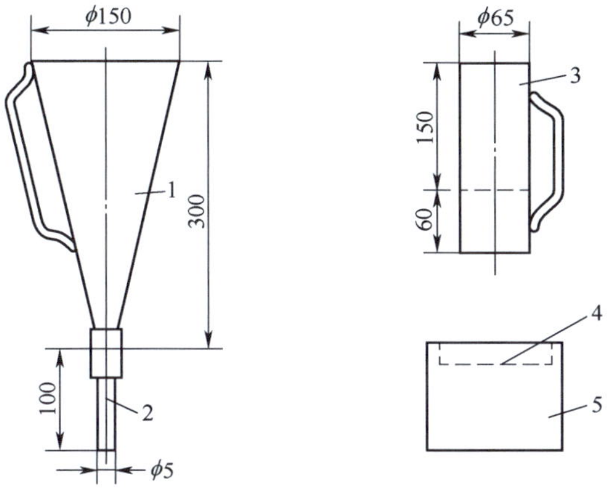

图 7—4　泥浆黏度计(单位:mm)

1—漏斗;2—漏管;3—量杯;4—筛网;5—泥浆杯

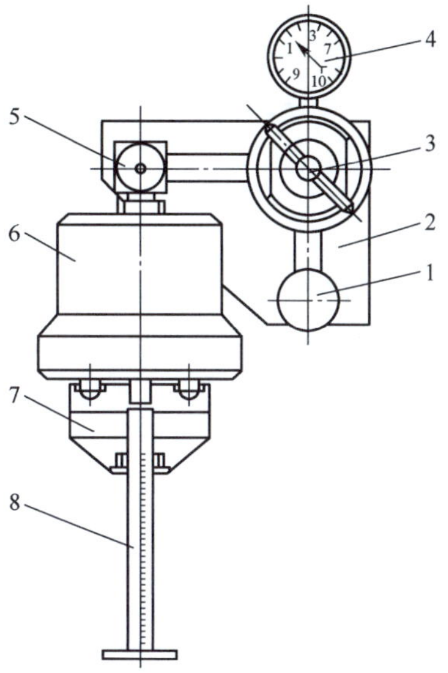

图 7—5　泥浆失水量测定仪

1—气源总体端盖 2—放空阀;3—放空阀旋钮;4—压力表;5—减压阀;6—泥浆杯;7—放水阀;8—量杯

(5)按逆时针方向缓缓旋转放空阀手柄,同时观察压力表指示。当压力表稍有下降或听见泥浆杯有进气声响时,即停止旋转放空阀手柄,微调减压阀手柄,使压力表指示为 0.69 MPa,泥浆杯内保持 0.69 MPa 的恒定状态。当见到第一滴滤液开始计时,30 min 时取下量筒,退出减压阀手柄,关死减压阀,顺时针旋转放空阀,泥浆杯内余气放出。取下泥浆杯,打开泥浆杯盖取出滤纸,洗净泥饼上的浮浆,测量泥饼厚度。

(6)冲洗擦干泥浆杯、杯盖、密封圈(凉干或烘干杯盖滤网)。

记录下量筒内失水量。

(7)为缩短时间一般可测 7.5 min 失水量成乘以 2,必要时即需测 30 min 失水量。

4. 含砂率

泥浆含砂量是指泥浆中不能通过 200 号筛网(相当于直径大于 0.74 mm)砂子体积的百分比。仪器由过滤筒、漏斗和玻璃量筒组成,见图 7—6。

测定方法:

(1)在玻璃量筒内加入泥浆(20 mL 或 40 mL),再加入适量水不超过 160 mL,用手指盖住筒口,摇匀,倒入过滤筒内,边倒边用水冲洗,直到泥浆冲洗干净,网上仅有砂子为止。

(2)将漏斗放在玻璃量筒上,过滤筒倒置在漏斗上,用水把砂子冲入玻璃量筒内,等砂子沉淀到底部细管后,读出含砂量体积,计算出砂子体积的百分含量。

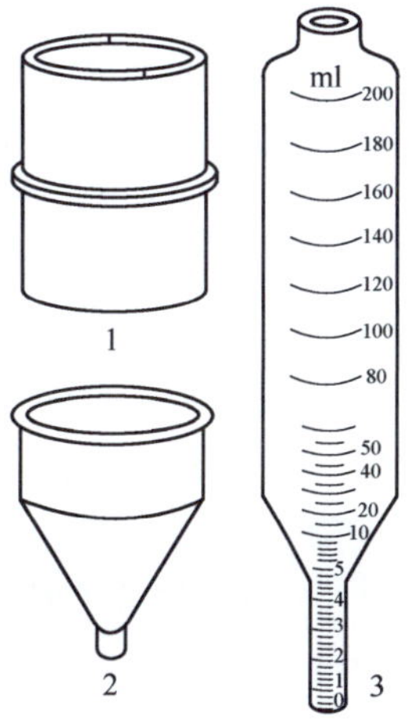

图 7—6　泥浆含砂量仪器

1—过滤网;2—漏斗;3—玻璃筒

5. 泥浆的胶体率

胶体率表示泥浆中黏土颗粒分散和水化的程度。

仪器:胶体率测定瓶(也可以用 100 mL 量筒代替)。

测定步骤：将 100 mL 泥浆装入胶体率测定瓶中，将瓶塞塞紧，静止 24 h 后，观察量筒上部澄清液的体积（毫升数）。

胶体率以百分数表示：

$$胶体率(\%)=\frac{100-澄清液体积}{100}$$

6. pH 值

泥浆的 pH 值表示泥浆中含酸、碱的程度。泥浆一般在碱性范围内比较稳定，否则会引起泥浆黏度和失水量等性能的变化。一般泥浆的 pH 值以 8～9 为宜。

测量方法：用广泛试纸。撕下一小条 pH 试纸，浸入泥浆滤液或泥浆中，观察其颜色变化，并与比色板颜色对比，相一致即为泥浆的 pH 值。

7.4.2 泥浆的调整与改善

泥水处理模式与盾构选型、掘进速度、地质条件等紧密相关。京津城际延伸线地层多为淤泥质粉质黏土、粉质黏土、黏土、粉土等低强度，极易发生蠕动和扰动，工程性质差，不利于盾构掘进的地层。为了保证盾构正常掘进，泥浆的质量至关重要。泥浆的调整是整个泥水系统最重要的环节。

1. 泥浆二次压滤处理

京津城际延伸线项目泥浆处理系统由 4 套 SⅡ-550/10 泥水处理系统组合而成，最大泥浆处理量为 2 200 m^3/h；经二级旋流分离，可将地层中 21 μm 以上的颗粒分离出 90%以上。如果经泥浆处理系统二次处理后的泥浆性能不能达标，则需要对泥浆进行进一步降比重处理。取出泥浆池底部分含固体量较高的泥浆进行浓缩絮凝处理，然后用压滤机进行压滤，泥浆中的绝大部分颗粒可以被清除，处理后产生的清水可以重新进入系统以重复使用或排放，达到调浆池降低泥浆比重及液位平衡的目的。

2. 泥浆二次离心处理

经二级分离设备处理后的泥浆中含细微颗粒逐渐富集，如果不及时予以去除，则引起泥浆的比重和黏度上升，直接影响泥浆的携渣能力及环流系统的泵送能力，进而影响到盾构机的掘进效率。取出泥浆池底部分含固体量较高的泥浆泵送到离心机，离心机将 5～7 μm 的颗粒经过离心作用处理，处理后产生的清水可以重新进入系统以重复使用或排放，达到调浆池降低泥浆比重及液位平衡的目的。离心处理对于泥浆中的更细微颗粒的清除是一种快捷而经济的手段。

3. 将调浆池底部沉淀弃出

当调浆池内沉淀淤积较多时，可以通过泥浆泵将调浆池内的泥浆送入储浆池，用挖掘机将调浆池底部沉淀物挖出运走，之后再将储浆池的泥浆用泵重新输送回调浆池，从而降低泥浆的比重和黏度。

4. 合理安排掘进时间，控制调浆池液位

由于京津城际延伸线盾构隧道地层多为淤泥质粉质黏土等地层，盾构向前每掘进 1.5 m 泥浆的指标变化的很恶劣；地层中细微颗粒很难分离和处理，造成调浆池液位上升很快，泥浆的调整很困难。为了得到高质量的泥浆需向调浆池内加入清水或处理后的滤液水，来降低泥浆的比重和黏度，调高泥浆的协渣能力。调浆池液位高时为了得到质量好的泥浆需加入水的量会很大，造成液位升高，泥浆指标很难保证；只有控制好调浆池的液位再加入合适量的水才能更好地控制泥浆的指标，保证盾构持续合理的掘进。处于经济考虑加入清水和处理后的滤液水需按实际情况调整，清水造价高，调整泥浆指标快，处理后的滤液水回收利用节省资源，但含碱性高，调整泥浆指标慢。

8　管片的设计与制造

盾构隧道一般采用管片衬砌作为永久支护结构，管片是盾构施工的主要装配构件，是隧道的最内层屏障，承担着抵抗土层压力、地下水压力以及一些特殊荷载的作用，盾构管片质量直接关系到隧道的整体质量和安全，影响隧道的防水性能及耐久性能。

管片的制造、安装技术是隧道建设的关键技术之一。管片类型基本上分为钢管片、铸铁管片、复合管片和钢筋混凝土预制管片等；管片的连接主要有螺栓连接、销接等连接方式。随着盾构隧道衬砌技术的快速发展，由于钢管片，球墨铸铁管片的成本高，资源耗费大，使用比例越来越少，只在少数特殊衬砌中使用(如隧道连通道、急转弯处等)；国内外大量的隧道衬砌技术均采用钢筋混凝土预制管片衬砌技术，钢筋混凝土管片预制、衬砌技术得到飞速发展。

8.1　管片设计

1. 衬砌的选择

国内隧道很少采用双层衬砌，只在盾构法最初阶段，例如在上海地铁试验段一段区间隧道中采用了双层衬砌，其后皆采用单层衬砌。根据国内的设计、施工经验和运营情况，单层柔性衬砌结构的受力性能和耐久性等均可控制在预期的要求内，能够满足隧道的运营要求，且单层衬砌的施工工艺单一、工程实施周期短、投资省、防水效果从施工情况看优于矿山法区间隧道，因此单层衬砌占据主导地位。但是由于国内盾构区间隧道的运营时间还不长，结构的抗震性能、防水性能以及结构的耐久性还有待时间来检验。

结合国外经验进行比较，在欧美盾构隧道以单层衬砌为主，双层衬砌很少使用；在日本双层衬砌和单层衬砌都多有采用。比较双方的差别，这可能主要由于大的地质构造方面的差异，日本一直是一个地震高发带，而欧洲相对比较稳定。国内修建地铁隧道的城市地震烈度基本为 6～7 度，从这点看，国内更趋向于单层衬砌。

2. 管片内径的确定

隧道内径的确定主要取决于地下结构的建筑限界，同时还要考虑施工误差、测量误差、线路拟合误差及不均匀沉降等诸多因素。由于隧道的不同用途，地下结构的建筑限界不同，隧道内径尺寸方面的变化较大，小的输水隧道内径只有 2 m 左右，大的公路隧道直径达 14.20 m 等。隧道内径尺寸主要受地下结构的建筑限界和盾构设备技术进步的影响。

3. 管片结构型式

隧道断面形状可分为圆形、椭圆形、矩形、复合圆形等多种断面。管片的形状根据各种断面的形状来设计。地下隧道通常为单圆形、箱形等，因而钢筋混凝土管片结构型式主要有平板形管片和箱形管片。箱形管片主要用于大直径隧道，手孔较大利于螺栓的穿入和拧紧，同时节省大量的混凝土材料，减轻结构自重，但在千斤顶的作用下容易开裂，国内应用很少。在上海穿越黄浦江的两条公路隧道——打浦路隧道和延安东路隧道中采用了直径约 11.22 m 的箱形管片。对于中小直径的圆形盾构隧道,国内外普遍采用平板形管片,因其手孔小对管片截面削弱相对较少,对千斤顶推力有较大的抵抗能力,正常运营时对隧道通风阻力也较小。现在国内外很多大直径隧道也采用平板形管片。

4. 管片分块

早期在上海地铁试验段曾进行过 4 分块的试验,但是,由于管片较大,运输、拼装作业相对不便。而盾构施工的一个发展趋势是快速拼装,因此 4 分块方案现在已经淘汰。现在在国内的隧道一般采用 6 分块方案:1 块封顶块+2 块邻接块+3 块标准块。而且从有利于管片拼装考虑,一般皆采用小封顶块。这种分块方法也与国外经验相吻合,在国外中等直径的盾构隧道一般采用 5～7 分块方案,而且封顶块的设计以利于减小千斤顶的行程(减短盾构长度,增加灵敏性)和管片运输、拼装为前提。随着大型盾构隧道的施工,管片分块也有向大分块形式发展的趋势,先后出现 8、9、10、11 块等分块方案的,管片外弧长也有所加大。

5. 管片宽度

随着设计、施工经验的成熟,在整个机械系统配备合理协调的情况下,管片宽度有逐渐增大的趋势。从结构防水、加快施工进度考虑,管片加宽是有利的;从经济性出发,管片加宽可节约综合造价。管片宽度由于受到机械系统的约束,其最大宽度有着一定的限制,从国内外的资料看,对于中等直径的地铁区间隧道,一般不超过 1.5 m。总体来说,在国内现有的设计和施工水平下,管片有条件取较大的宽度,可在 1 200～2 000 mm 间根据具体工程条件进行选择。

6. 管片厚度

管片的厚度一般为管片外径的 5%～6%。上海地铁、南京地铁一号线的管片厚度为 350 mm,广州地铁一号线、二号线及北京地铁五号线试验段的厚度皆为 300 mm。按照国内的设计经验,一般在富水的软流塑地层中管片采用 350 mm 的厚度;在地基承载力较高的地层中采用 300 mm 的厚度。按照国内地铁区间的埋深和地质情况,软土地层中管片的厚度并不取决于管片的结构受力,主要取决于管片的耐久性要求。若单纯从受力分析,管片厚度有减薄的可能性。对大直径,深埋深及深水头压力下的盾构隧道,管片的厚度较地铁区间大。上海延安东路越黄浦江公路隧道(最大埋深 36 m,设计水头压力 0.3 MPa 管片外径 11.0 m,内径 9.9 m,环宽 1.0 m)管片厚 55 cm;上海大连路越黄浦江公路隧道管片厚从 55 cm 优化到 48 cm;日本东京湾海底隧道(海水面下约 55 m,水深约 28 m,覆土约 20 m,管片外径 13.9 m,内径 12.6 m,环宽 1.5 m)管片厚 65 cm 等。同国外的相似条件下的工程进行比较,管片厚度差别很小。大体上说与欧洲相比,我国的管片相对厚一点,与日本相比我国又相对薄一点。但我国在对结构耐久性的研究和相关规范的制定方面却落后于国外,在国外对于结构的耐久性从设计到施工都有着比较详细的规定,而我国的相关规范可操作性较差。因此在下一步的设计中,管片厚度能否减薄主要取决于结构耐久性方面的研究。

7. 管片接触面构造

(1)榫槽的设置

按照国内的设计经验,在富水的软流塑地层中一般要设置榫槽。管片若采用通缝拼装,管片环、纵缝接触面皆设置榫槽,但管片若采用错缝拼装,管片只在纵缝接触面设置榫槽,在地基承载力较高的地层中一般不设置榫槽。榫槽的设置主要是增加管片的连接刚度,并有利于控制管片拼装的精度。增加榫槽设计从理论上分析应该说是有利的,但对管片拼装速度、错缝拼装情况下管片开裂的控制相对而言是不利的。因此中等直径的盾构隧道是否需要设计榫槽或榫槽如何设置,在工程实施中还应该进一步进行考虑。若从结构受力和变形看,管片纵缝在外部水土压力下接缝张开小,而管片环缝由于地质变化或不均匀沉降,接缝张开相比纵缝要大一些。若从管片施工拼装看管片的错台问题也主要集中在环缝,因此增加环缝的接头刚度和控制环缝的管片错位是接缝榫槽设计应优先考虑的问题。

在国外,管片榫槽一般设置在环缝接触面,纵缝接触面很少设置榫槽(有的工程在封顶块和邻接块接头面设计纵缝榫槽)。而且对于中等直径的盾构隧道一般不设计榫槽,在环缝接触面设计榫槽一般都很小,与国内的大榫槽差别较大。因此国内设计思路与国外有着较大的差异,分析其原因主要是对错缝拼装下控制管片开裂的整体施工水平的担心。预计随着施工技术的进步,错缝拼装将普及,以利用其提高管片接头刚度,因此从利于施工的角度出发,榫槽的设置将相对减少,而且软土地层中管片纵缝榫槽将被环缝榫槽所取代。

(2)缓冲垫的设置

在国内的管片设计中,为控制管片开裂,环纵缝一般皆设置缓冲衬垫。从结构受力和施工工艺考虑,管片环缝的衬垫是必须的。但纵缝的缓冲衬垫结合现在的施工工艺水平是可以考虑取消的。根据欧洲的设计施工经验,在纵缝接触面采取一定的抗边角开裂措施情况下可不设置衬垫,这对节约造价和减少施工环节都是有利的。国内也已经进行了这方面的尝试,施工情况是良好的,因此随着施工技术的提高,管片纵缝接触面的缓冲衬垫会逐步取消。

8. 管片连接方式

国内区间隧道的管片连接一般采用螺栓连接,而且螺栓是永久性的。这与欧洲的设计习惯“管片的接缝一般只在管片拼装时采用螺栓,工程竣工后大部分螺栓取消”差异很大。这种情况主要取决于结构计算模式以及设计习惯的差异。在欧洲,管片接缝不考虑螺栓的作用,而是按弹性铰接接头进行整个结构的受力分析;在国内,管片接头基本按与结构等强进行考虑,按匀质圆环进行分析,因此接头设计相对较强。增加管片接头的连接刚度有利于增强结构的整体性和控制结构的变形,但盾构隧道施工和运营期间的一些问题与接头设计有一定的关系,比如曲线施工中管片的开裂和结构后期变形造成的结构的附加应力等。对于管片连接可否减弱或减弱到何种程度,国内现在还没有一个一致的看法。从国外经验看,环、纵缝的连接都有减弱的余地。而且,国内施工采用的机械都很先进,设计施工技术已日趋完善,部分工程的施工质量可以与国外相提并论。因此从节约工程造价考虑,可考虑在国内地质较好的地区(例如广州、深圳或北京)先进行这方面的试验。

国内管片连接的螺栓在早期上海地铁中以直螺栓为主,由于直螺栓需要设计较大的管片手孔,对结构削弱较大,因此在近期的盾构隧道又有使用弯螺栓。弯螺栓的连接存在两个问题:容许管片错位的能力差,因此管片若错位较大,经常造成管片手孔处混凝土的开裂;另外弯螺栓安装相对困难,基本难以拆卸。为了管片螺栓的拆卸方便,国外经常采用临时的斜螺栓连接,因此易于拆卸的管片连接方式也是管片设计的一个发展方向。另外,快速连接接头(销钉连接)在国外也有使用,这有利于加快管片的拼装速度。国内现在在小型盾构隧道中正在进行这方面的尝试,经验成熟后,在地铁区间隧道也可进行相关的试验研究。

9. 管片拼装方式

管片的拼装方式有两种,通缝拼装和错缝拼装。在国内,采用通缝和错缝拼装;在国外,不管是欧美,还是日本,一般皆采用错缝拼装。错缝拼装可提高管片接头刚度,加强结构的整体性，这点在国内有着统一的认识。从结构受力分析考虑，采用错缝拼装的管片相对于通缝拼装而言一般结构计算内力要大一些，但管片配筋经常由最小配筋率控制，因此整个结构的配筋量未必会加大。从具体的施工管理看，错缝拼装相对复杂一些，管片的拼装需要按三维进行，环面的平整度以及千斤顶的行程控制相对难一些，若施工中部分环节控制不当，管片错台会大一些，开裂也相对多一些。但现在管片生产一般采用高精度钢模，盾构系统配备也很先进，施工技术也日趋完善，错缝拼装的经验越来越丰富。预计在以后的盾构工程中，错缝拼装将是主流趋势。

10. 衬砌环组合形式

区间盾构隧道的线路拟合是通过不同的管片衬砌环组合来实现的。线路的拟合包括平、竖曲线两个方面。一般有三种管片组合方法来模拟线路，这三种管片组合方法应该说都是可行的。采用哪一种方法，一方面取决于设计施工习惯；另一方面取决于区间的线路曲线情况。

一般而言，采用标准衬砌环＋左转弯衬砌环＋右转弯衬砌环组合施工更方便，但管片的生产数量控制相对复杂一些，管片模具的利用率会低一些；采用万能管片，由于只需要一种模具，模具的利用率高，管片的生产控制单一，但管片的拼装相对复杂；采用左转弯衬砌环＋右转弯衬砌环组合可以算是以上两种方法的综合，可在以后的设计和施工中进行实践。

在管片采用通缝拼装时，由于竖曲线半径大，楔形量很小，竖曲线的模拟一般通过加贴竖向楔形衬垫来进行；在采用错缝拼装时，一般通过管片的扭转按三维来进行线路拟合，因此一般不采用楔形衬垫。这两种方式国内皆有采用，有的工程还混合使用。从节约成本、减少人为因素对施工影响考虑，通过管片的扭转来进行线路拟合更具有发展优势，而且竣工后管片的接缝缝隙也相对小一些。

11. 管片结构分析

在国内，已建或在建的盾构工程基本采用了荷载结构模型进行结构分析，地层结构模型基本作为计算参考或进行沉降分析使用。利用荷载结构模型进行分析，国内采用了三种计算方法，且计算方法的采用与工程实践紧密联系在一起。

在 20 世纪 80 年代之前，由于盾构隧道基本集中在上海，而上海在国内是一个典型的软土地区，地层的弹性抗力很小，因此计算方法采用不考虑地层弹性抗力的自由变形圆环法。由于管片一般采用通缝拼装，设计中也不考虑环间接头的影响。90 年代后，广州地铁开始修建，由于一号线盾构区间为日本青木公司承包，其计算方法采用日本的修正惯用设计法，根据工程经验及试验分析，计算中引入两个参数：圆环刚度折减系数和管片弯矩传递系数。通过系数调节，来考虑管片多接缝造成的管片刚度降低和管片错缝拼装的影响，计算理论是完整的，但参数的取值应综合地层条件和管片接头构造设计进行确定。

在广州地铁二号线、深圳地铁和北京地铁五号线等工程，地层较好，尤其是广州地铁二号线，岩石地层占了很大的比例，在设计中采用弹性地基因环法。自由变形圆环法可以算是日本修正惯用设计法的一个特例，因此计算方法可以归纳为两种：日本修正惯用设计法和弹性地基因环法。随着工程的竣工或投入使用，根据工程实践，这两种计算模式都能够满足工程设计的具体要求，在本质上没有明显的区别，在特定的工程环境条件下皆有其合理性。两种计算方法的关键在于计算参数选择的合理性和匹配性。另外，对于弹性地基因环法，从计算理论的完整性和工程实际情况考虑，可考虑参照日本修正惯用设计法引入两个经验系数：刚度折减系数和管片弯矩传递系数，这样更符合盾构隧道的结构受力特点。

国内部分工程也尝试采用了其他的计算方法：弹性铰接圆环和德国的双环梁弹簧模型。

前者考虑管片块间接头的刚度;后者考虑管片错缝拼装情况下两环结构块间和环间接头的刚度。应该说,这两种计算模式更接近于管片的实际受力状况,但管片接头计算参数的确定是一个难题,国内这方面的试验较少。可以预计,随着设计和施工经验的增加以及试验研究的深入,这两种计算方法将有较大的发展余地。

8.2 京津城际延伸线管片设计

根据京津城际延伸线的技术条件,盾构隧道内径为 ϕ10 600 mm,管片厚度设为 500 mm,环宽为 1 500 mm,采用了通用管片型式,楔形量按最小曲线半径(450 m)的圆曲线计算并综合考虑后确定。衬砌排版时,一般拟合误差<10 mm,局部 15 mm。盾构管片采用 C50 高性能混凝土,抗渗等级为 P12,在高精度钢模内制作成形。

京津城际延伸线盾构工程衬砌圆环的分块主要根据管片制作、运输、安装等方面的实践经验综合确定,同时符合受力性能、防水的要求。衬砌圆环全环分为 8+1 块模式,即封顶块 K(14.4°)、两块邻接块 B(43.2°)和 6 块标准块 A(43.2°)构成。一环内纵向采用 25 个等圆心角布置,刮片采用错缝拼装,封顶块管片施工采用先搭接 2/3 环宽径向推上,再行纵向插入的拼装方法。

从有利于提高接缝刚度和控制管片拼装错位方面考虑,管片接触面纵缝设凹凸榫,环缝不设凹凸榫。盾构管片外弧侧设弹性密封垫槽,内弧侧设嵌缝槽。环与环间以 50 根 M30 的纵向螺栓相连,既能适应一定的纵向变形,又能将隧道纵向变形控制在满足列车运行及防水要求的范围内。块与块间以 2 根 M36 的环向螺栓紧密相连,能有效减少纵缝张开及结构变形。环向螺栓、纵向螺栓均采用纳米复合粉末渗锌防腐处理,防腐层厚度不小于 50 μm。管片拼装展开图见图 8—1。

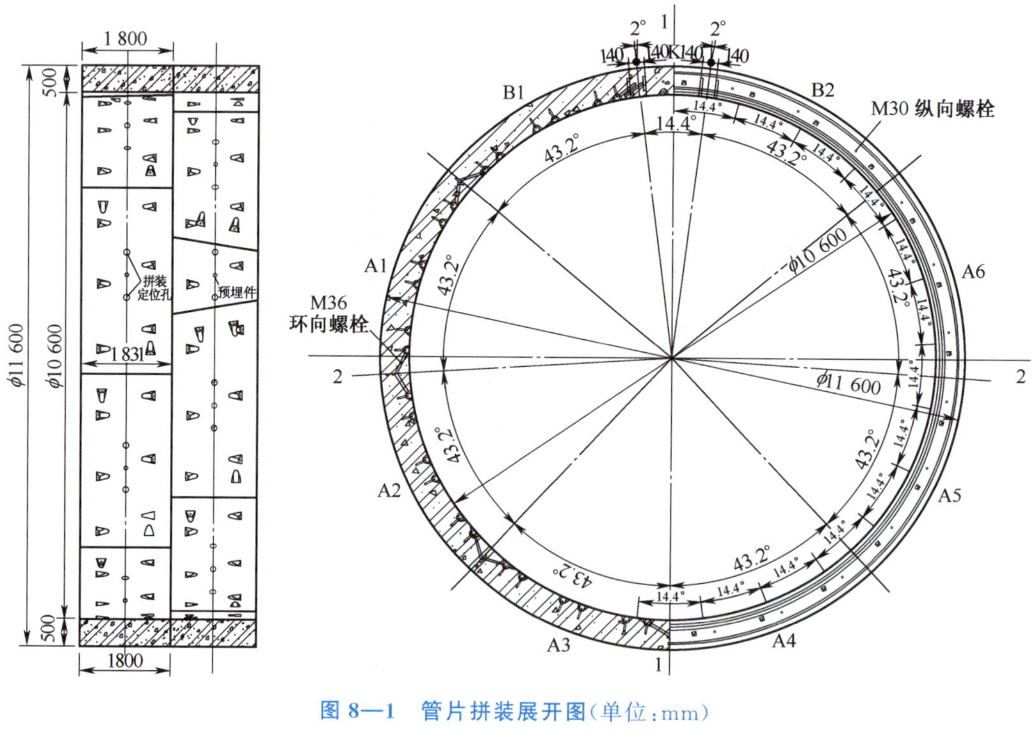

图 8—1 管片拼装展开图(单位:mm)

京津城际延伸线盾构施工长 2 248.5 m,隧道内安装管片 1 499 环,负环 10 环。管片配筋有三种形式:特殊段、超浅埋暗挖段和标准段。

8.3 管片生产

8.3.1 管片生产过程

京津城际延伸线盾构工程共需管片 1 509 环,根据盾构施工总体安排,管片从 2011 年 8 月至 2012 年 10 月生产,共 14 个月。管模于 2011 年 6 月 5 日进厂组装调试,2011 年 6 月 15 日～2011 年 8 月 15 日进行了管片三环试生产(对钢模精度进行试拼装检验、验收,其中包括对钢模精度进行调整)。从 2011 年 8 月 15 日开始正常生产,2 套管模,刚开始每天 1.5 个循环,日最高产量 2 环。考虑气候、保养、效率、28 d 养护期和留有余地等各种因素,每月产量安排 90 环。考虑盾构 2011 年 11 月开始掘进,根据盾构机生产管片消耗计算,在此之前必须储备至少 300 环及以上管片,以备盾构连续施工高峰时期消耗需要。

8.3.2 管片生产规划和精度控制

1. 管模数量确定

按每套管模每天生产 1.5 个循环,每月生产 28 d 计算,考虑气候、保养、效率、28 d 养护期和留有余地、管模寿命、维修调整及其他不可见因素,京津城际延伸线盾构工程前期计划投入 2 套管片模具,后期视生产情况可能再增加 1 套。

2. 管片生产模式

管片浇筑采用管片模具固定,混凝土通过轨道小车水平传送、吊斗就位浇混凝土方式生产。管片先采用蒸养方式养护,脱模后采用喷洒养护剂养护方式。

3. 管片模具(图 8—2)

管模由国内外知名的管模生产厂家生产,确保管片的精度和质量。

图 8—2 管模

4. 管模模具精度

(1)管模通过高精度机械加工保证如下公差精度:

机加工侧板表面的平整度:$^{+0.3}_{-0.3}$ mm。

机加工端板表面的平整度：$^{+0.3}_{-0.3}$ mm。

外半径：$^{+1}_{0}$ mm。

弧弦长：$^{+0.4}_{-0.4}$ mm(每块测三点)。

宽度：$^{+0.4}_{-0.4}$ mm(每块测六点)。

厚度：$^{+1}_{-1}$ mm。

对角线：$^{+0.4}_{-0.4}$ mm。

内腔高度：$^{+1}_{-1}$ mm(每块测四点)。

边模夹角：≤0.2 mm。

(2)为确保管片的防水，拼装及结构受力需要，确保隧道建筑限界，管片制作及拼装须达到一定的精度，单块管片检验允差：

管片宽度：±0.5 mm(每块测 3 点)。

四周沿边管片厚度：$^{+3}_{-1}$ mm(每块测 3 点)。

管片弧、弦长：$^{+1}_{-1}$ mm(每块测 3 点)。

管片内半径：$^{+1}_{-1}$ mm(每块测 3 点)。

管片外半径：$^{+2}_{0}$ mm(每块测 3 点)。

螺栓孔直径与孔位：$^{+1}_{-1}$ mm。

弹性密封垫槽的轴线半径：$^{+1}_{-1}$ mm。

纵缝凹凸榫槽的轴线半径：$^{+1}_{-1}$ mm。

径向接头(块与块之间)的平整度：距平面 0.1 mm，局部偏差率不超过 0.6 mm/m。

环向接头的平整度：距理论平面 0.3 mm，局部偏差率不超过 0.6 mm/m。

整环拼装检验允差(三环整环拼装)：

相邻环环面间隙不得大于 1.0 mm(插片，每环 6 点)；

纵缝相邻块块间间隙$^{+2}_{0}$ mm(插片，每环 6 点)；

成环内半径：$^{+1}_{-1}$ mm(不放止水垫，每环 8 点)；

成环外半径：0～3 mm(不放止水垫，每环 8 点)；

对应环向螺栓孔不同轴度小于 1 mm。

5. 管片模具检测

钢筋混凝土管片精度是以钢模加工和合龙振捣后的精度做保证的，因此钢模在正式投入管片制作前必须经过四阶段检测：即加工装配精度检测、运输到厂钢模定位后的精度复测、试生产后的钢模精度同实物精度对比检测及管片三环水平拼装精度的综合检测。各项检测指标均在标准的允许公差内，经现场监理工程师批准，方可投入正常生产。

在正常生产状态下，对钢模实施两种检查的管理，即浇捣前的快速检查和钢模定期检查。浇捣前的快速检查用专用的快速测量工具对钢模中心宽度和能显示钢模正确合龙的项目进行测试。在常规情况下，检查周期以每制作 100 环管片作为暂定检查周期。如有特殊情况，可缩短其检查周期或作针对性检查。超标必须上报驻厂监理并及时修正。复检达标后方可继续进行管片制作。

钢模检查的各项目检测值都应及时准确清晰填写在规定的钢模检查表中，确保记录的有效性和可追溯性。

8.3.3 管片预制厂的规划与布置

管片预制厂主要有五个分区：

一区：钢筋存储及钢筋笼加工区。该区采用全封闭的钢结构车间形式，主要用于钢筋原材料堆放、钢筋笼生产与存储，设有弯弧机、弯曲机、切断机、调直机、钢筋骨架成形模架及CO_2气体弧焊机、龙门式起重机等设备。该区有两路轨道与混凝土成形与蒸养区相通，生产好的钢筋笼通过轨道运输车运送至管片施工区。

二区：混凝土成形和蒸养区。该区采用全封闭的钢结构车间形式，宽 20 m，长 67 m。主要布置 3 套管片模具及行车。每两套模具放在一个蒸养室内，行车可将混凝土运输小车上运来的混凝土提起灌入模具，同时还可将成形管片自模具中吊出。蒸养室中安装有自动温控系统，可根据设计自动调节室内温度并保温。每两排管模之间铺设混凝土输送小车运行轨道，共计二路轨道，混凝土由小车自轨道运进来，由行吊起混凝土斗灌入模具。

三区：翻转整修区。该区采用全封闭的钢结构车间形式，主要用来管片的翻身及修补，设有 4 台液压翻转架及各种吊夹具。

四区：管片堆放、试验区。管片堆放区中设有翻转架、三环拼装平台及抗渗检漏台、龙门式起重机等设备。管片分类型竖向摆放，共放置二至三层，可堆放管片约 1 000 环。使用平板拖车将管片运输到施工现场。

五区：办公区及配件库。管片厂设置现场办公室，便于就近管理施工。配件库主要存放管片场日常运转所需的各种配件。

除了以上的五个区的主要用地外，场内还有道路及其他的一些空地或预留的场地用于满足将来其他的用地需求。管片厂区平面布置见图 8—3。

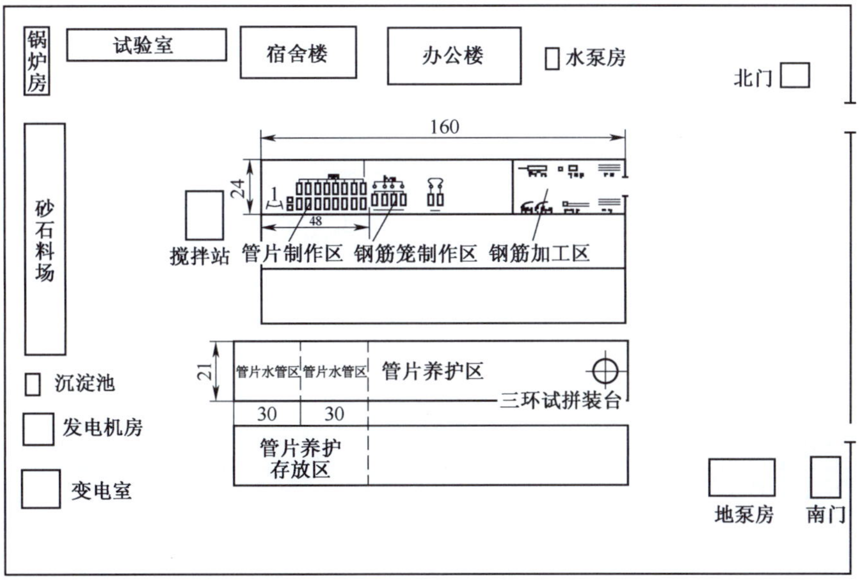

图 8—3 管片厂平面布置示意图(单位：m)

8.3.4 管片加工

1. 原材料的技术要求

①钢筋:钢筋混凝土结构用的钢筋,其种类、钢号、直径等均要符合施工详图及有关设计文件的规定。热轧钢筋的性能必须符合现行国家标准的要求。

钢筋要有出厂质量证明书。钢筋进场时,必须对其质量指标进行全面检查并按批抽取试件做屈服强度、拉伸强度、伸长率和冷弯试验,其质量应符合现行国家标准《钢筋混凝土用热轧光圆钢筋》(GB 1499.1—2008)、《钢筋混凝土用热轧带肋钢筋》(GB 1499.2—2007)和《低碳钢热轧圆盘条》(GB/T 701)等的规定和设计要求。需要焊接的钢筋作好焊接工艺试验,工艺试件合格后再进行加工,焊接试件按批进行验收并提供相关的焊接试验报告,焊条型号必须符合图纸及相关规范要求。钢号不明的钢筋,不能在工程中应用。使用进口钢筋时,应执行国家相关规定。

②水泥(表 8—1):采用强度等级为 P·O 42.5 和 P·O 52.5 硅酸盐水泥,不宜使用早强水泥。

表 8—1 水泥的技术要求

序号	项目	技术要求	备注
1	比表面积	≤350 m^2/kg	按 GB/T 8074 检验
2	安定性	煮沸法合格	按 GB/T 1346 检验
3	游离氧化钙含量	≤1.0%	按 GB/T 176 检验
4	碱含量	≤0.80%	
5	熟料中的 C3A 含量	氯盐环境下≤10%	按 GB/T 21372 检验
6	Cl^- 含量	≤0.06%	按 GB/T 176 检验

注:1. 当骨料具有碱—硅酸反应活性时,水泥的碱含量不应超过 0.60%。
2. C40 及以上混凝土用水泥的碱含量不宜超过 0.60%。氧化镁含量应在 3.5%～5.0%范围内,SO_3 含量控制在 1.4%～2.2%,满足 GB/T 176 要求。

③粉煤灰(表 8—2):粉煤灰应选用来料均匀,各项性能指标稳定的一级灰。

表 8—2 粉煤灰的技术要求

序号	项目	技术要求		备注
		C50 及以上混凝土	C50 以下混凝土	
1	细度(%)	≤12	≤25	按 GB/T 1596 检验
2	Cl^- 含量(%)	不宜大于 0.02		按 GB/T 176 检验
3	需水量比(%)	≤95	≤105	按 GB/T 1596 检验
4	烧失量(%)	≤3.0	≤3.0	按 GB/T 176 检验
5	含水率(%)	≤1.0		按 GB/T 1596 检验
6	SO_3 含量(%)	≤3		按《水泥化学分析方法》(GB/T 176)检验
7	CaO 含量,%	≤1		

④外加剂(表 8—3):外加剂应采用减水率高、坍落度损失小、适量引气、能明显提高混凝土耐久性且质量稳定的聚羧酸减水剂,与水泥之间应有良好的相容性。

表 8—3 聚羧酸高效减水剂的性能

<table>
<tr><th>序号</th><th colspan="2">项目</th><th>指标</th><th>备注</th></tr>
<tr><td>1</td><td colspan="2">硫酸钠含量(%)</td><td>≤5</td><td rowspan="3">按《混凝土外加剂匀质性试验方法》(GB/T 8076)检验</td></tr>
<tr><td>2</td><td colspan="2">氯离子含量(%)</td><td>≤0.6</td></tr>
<tr><td>3</td><td colspan="2">碱含量(%)</td><td>≤10.0</td></tr>
<tr><td>4</td><td colspan="2">减水率(%)</td><td>≥25</td><td rowspan="2">按《混凝土外加剂》(GB 8076)检验</td></tr>
<tr><td>5</td><td colspan="2">含气量(%)</td><td>≤3</td></tr>
<tr><td rowspan="2">6</td><td rowspan="2">坍落度 1 h 经时变化量(mm)</td><td>标准型</td><td>≤80</td><td rowspan="2">按《混凝土外加剂》(GB 8076)检验</td></tr>
<tr><td>缓凝型</td><td>≤60</td></tr>
<tr><td>7</td><td colspan="2">常压泌水率比(%)</td><td>≤20</td><td>按 GB 8076 检验</td></tr>
<tr><td>8</td><td colspan="2">压力泌水率比(%)</td><td>≤90</td><td>按 JC473 检验</td></tr>
<tr><td rowspan="3">9</td><td rowspan="3">抗压强度比(%)</td><td>3 d</td><td>≥160</td><td rowspan="5">按《混凝土外加剂》(GB 8076)TB 10753—2010 检验</td></tr>
<tr><td>7 d</td><td>≥150</td></tr>
<tr><td>28 d</td><td>≥140</td></tr>
<tr><td>10</td><td colspan="2">对钢筋锈蚀作用</td><td>无锈蚀</td></tr>
<tr><td>11</td><td colspan="2">收缩率比(%)</td><td>≤110</td></tr>
</table>

注:压力泌水率比仅对泵送混凝土用外加剂而言。

⑤骨料(表 8—4):用于混凝土的骨料包括粗骨料和细骨料(砂),采用天然料场和人工料场生产的骨料。

表 8—4 混凝土人工骨料主要质量要求表

项目	细骨料	粗骨料
含泥量(%)	≤2	≤0.5
吸水率(%)	≤2	<2
坚固性(%)	≤8	≤8(混凝土结构) ≤5(预应力混凝土结构)
云母含量(%)	≤0.5	
石粉含量(%)	≤2.0	
岩石抗压强度		母岩抗压强度与混凝土强度等级之比不应小于 1.5
紧密空隙率(%)		≤40
有机物含量	浅于标准色	不允许浅于标准色
硫化物及硫酸盐含量(%)	≤0.5	≤0.5
压碎指标(%)	<25	
轻物质含量(%)	≤0.5	
泥块含量(%)	≤0.5	≤0.2
针片状颗粒总含量(%)		≤5

⑥水:用于混凝土的拌和用水必须新鲜、洁净、无污染(如污水、油、酸、碱盐及其他有机物的污染),凡符合饮用标准的水均可用于拌和与养护混凝土。当采用其他来源的水时,水的品质应符合表 8—5 要求。

表 8—5 拌和用水的品质指标

项目	预应力混凝土	钢筋混凝土	素混凝土
pH 值	＞4.5	＞4.5	＞4.5
不溶物(mg/L)	＜2 000	＜2 000	＜5 000
可溶物(mg/L)	＜2 000	＜5 000	＜10 000
氯化物(mg/L)	＜500	＜1 000	＜3 500
硫酸盐(mg/L)	＜600	＜2 000	＜2 700
碱含量(mg/L)	＜1 500	＜1 500	＜1 500
抗压强度比 28 d	≥90%		
凝结时间差	≤30 min		

⑦聚丙烯网状纤维(表 8—6):为避免在制作及拼装过程中,环、纵向手孔交叉处混凝土开裂,在所有管片环的混凝土中加入聚丙烯网状纤维,其中 CJDK182＋591.5～CJDK183＋194.5 范围内添加量为 1.4 kg/m³,其余地段添加量为 0.9 kg/m³。

表 8—6 聚丙烯网状纤维技术指标

序号	项目	技术要求	备注
1	抗拉强度	≥500 MPa	符合 CECS38:2004 纤维混凝土结构技术规程
2	弹性模量	＞3 500 MPa	
3	电阻	＞1.2 Ω	
4	韧性指数	I5≥3.0	
5	比重	0.91	
6	长度	12～19 mm	
7	熔点	160～170 ℃	
8	抗酸碱性	强	

⑧其他材料

焊丝(条):符合《气体保护电弧焊用碳钢、低合金钢焊丝》(GB/T 8110—2008)用于钢筋搭接、固定、埋件制作、定位的焊丝(条)。

预埋件:管片施工用的预埋件均采用 Q235 材质,满足施工图纸的要求,并且符合设计要求和国家材料检验制作标准。

以上材料除满足图纸要求外,必须满足《铁路混凝土结构耐久性设计规范》(TB 10005—2010)、《铁路混凝土工程施工质量验收标准》(TB 10424—2010)、《客运专线高性能混凝土暂行技术条件》等规范要求。

2. 原材料管理

进场原材料时,掌握材料信息,优选供货厂家;合理组织材料供应,确保施工正常进行;加强材料检查验收,严格把好材料质量关;重视材料的标识,以防错用或使用不合格的材料。

水泥、钢筋、砂、石等建筑原材料标识状态以挂牌作状态标识。检验结果由材料员进行标识,在牌子上状态栏写"待检/合格/待处理"分别表示不同状态。水泥、钢筋的标识以分类整齐堆放挂牌为标识,牌子应写明品种、规格、进货数量、到货日期,水泥标识包括生产日期;砂、石子以分类堆放挂牌为标识，牌子应写明品种、规格、进货数量、到货日期；其他原材料均按品种、规格堆放整齐，挂牌标识，写明品种、规格、进货数量、到货日期。

原材料堆场布置根据京津城际延伸线盾构工程管片施工的需要，在满足管片施工正常进行的前提下，因地制宜布置钢筋等堆场。钢筋堆场布置在钢筋车间，使用专用钢筋堆放架存放钢筋。

3. 管片加工标准

管片生产各指标均应符合《盾构法隧道施工与验收规范》(GB 50446—2008)；钢筋制作误差应符合表 8—7。

(3)单块管片质量应符合表 8—8 标准。

表 8—7 钢筋制作允许误差表

序号	项目	允许误差(mm)
1	主筋和构造筋长度	±10
2	主筋折弯点位置	±10
3	分布筋长度尺寸	±10
4	分布筋间距	±5
5	骨架长、宽、高尺寸	+5、-10
6	主筋保护层	+5、-3
7	箍筋间距	±10
8	环、纵向螺栓孔	畅通、内圆面平正

表 8—8 单块管片质量标准表

序号	项目		检测要求	允许误差(mm)
1	外形尺寸	宽度	测 3 个点	±0.5
		弦长、弧长	测 3 个点	±1
		厚度	测 3 个点	+3、-1
2	螺栓孔孔径及孔位			±1
3	混凝土强度			>设计强度
4	混凝土抗渗			>设计强度

每生产两环取一块管片做检漏试验，检漏应按设计抗渗压力恒压 2 h，渗水深度不超过管片厚度的 1/5。

管片水平拼装检验应由三环管片进行水平组合拼装；管片正式生产前必须经过水平拼装检验合格；管片投入正式生产后，对每套钢模生产的管片按规定水平拼装检验：管片开始生产 50 环后，应进行水平拼装一次；开始生产 100 环后，再经一次水平拼装检验合格后，可定为每生产 200 环做一次水平拼装检验。水平拼装的检验标准见表 8—9。

表 8—9 水平拼装检验标准表

序号	项目	检测要求	检测方法	允许误差
1	环缝间隙	每环测 6 点	插片	≤1 mm
2	纵缝间隙	每条缝测 6 点	插片	0、+2 mm
3	成环后内径	测 8 点(不放衬垫)	用钢卷尺	±1 mm
4	成环后外径	测 8 点(不放衬垫)	用钢卷尺	0～3 mm
5	纵环向螺栓全部穿进	螺栓与孔隙间	插钢丝	≤1 mm

4. 管片混凝土

盾构隧道管片混凝土作为盾构系统中的高性能混凝土，在盾构隧道施工中起着至关重要的作用。只有对管片混凝土的性能不断优化调整，才能保证盾构施工中的管片质量。

(1)原材料选择

水泥:由于骨料具有碱-硅酸反应活性,水泥碱含量不应超过0.6%。在氯盐环境下,考虑到氯离子对混凝土的影响,宜采用低Cl^-含量的水泥。在硫酸盐化学侵蚀环境条件下,应采用低铝酸三钙含量且≤8%的水泥。结合以上指标要求,再充分考虑到水化热反应、凝结时间、3 d强度等指标,在多个水泥厂家中进行比较筛选,最终选择低水化热反应、3 d强度较高、Cl^-含量、铝酸三钙含量较低的P·O42.5低碱水泥。该水泥的具体指标为:初凝时间232 min,终凝时间294 min,碱含量0.55%,Cl^-含量0.02%,铝酸三钙含量保持在7%左右,3 d抗压强度25.1 MPa,28 d抗压强度52.6 MPa。

粉煤灰:粉煤灰中的活性成分与水泥水化生成的$Ca(OH)_2$反应,降低水泥的水化热:粉煤灰自身颗粒级配良好,可填充水泥空隙,增加密实度,细化孔径,改善均匀性;大量消耗掉自由态的$Ca(OH)_2$,大大降低液相的碱度,从而提高混凝土的耐蚀性;另外还可减少放热、收缩和徐变,提高体积稳定性和抗裂性,有利于混凝土的耐久性。采用来料均匀、质量稳定的Ⅰ级粉煤灰。要求细度不大于12.0%,需水量比不大于95%,烧失量不大于3%,三氧化硫含量不大于3.0%。粉煤灰具体指标为:细度10.9%,需水量比94%,烧失量2.49%,三氧化硫含量2.12%。

矿粉:矿粉为磨细的粒化高炉矿渣粉,根据设计要求,其细度不宜小于350 m^2/kg。矿渣细度越大,活性越高,但是磨细程度太高,会增加早期的水化热,增大混凝土早期的自身收缩。考虑此因素,在筛选厂家时,挑选细度介于400～500 m^2/kg之间,且质量稳定的矿粉。

外加剂:减水剂作为混凝土中所有外加剂中使用最为广泛,改善混凝土多种性能的外加剂,种类很多。对于管片这种低坍落度,需要严格控制拌和用水用量的高性能混凝土。首先必须保证一定的工作性能,进而提高混凝土的流动性。高效减水剂分为萘系减水剂、氨基磺酸盐系减水剂、聚氰胺系高效减水剂和聚羧酸系高效减水剂。近年来,聚羧酸系高效减水剂得到广泛的应用。它具有低掺量、坍落度损失小、与水泥和其他外加剂的相容性好、降低成本的优点。据此,采用聚羧酸高性能减水剂,它的具体指标为:减水率29%,泌水率比8%,含气量2.7%,掺量1.2%。

粗细骨料:对于铁路高性能混凝土,细骨料应级配合理、质地坚固、外观洁净,且为天然中粗河砂。粗骨料应粒形良好、质地坚固、外观洁净。特别对于骨料中的含泥量、泥块含量,要采取严格的控制措施。含泥量对于混凝土的抗压、抗渗等性能均有较大的影响。骨料中泥块不仅降低混凝土拌和物的抗压强度和和易性,对混凝土抗渗性影响更大。根据以上描述,细骨料采用了天然中砂,按照规范要求,含泥量应不大于2%,泥块含量不大于0.5%。在本工程中,不允许有泥块存在。经过试验,细骨料为Ⅱ区中砂,碎石按照5～10 mm和10～25 mm比例4∶6进行掺配,碱活性反应经过试验确定均满足规范要求。

纤维:考虑到管片的外观质量,为避免管片在制作及拼装过程中环、纵向手孔交叉处混凝土开裂,增加管片混凝土的抗冲击能力和抗破坏能力,增加其延展性和韧性、增加其抗疲劳性能,考虑在混凝土中添加聚丙烯网状纤维。聚丙烯网状纤维技术指标必须符合《纤维混凝土结构技术规程》(CECS 38—2004)的规定。

拌和用水:拌和用水采用饮用水,执行规范对钢筋混凝土拌和用水的要求。

(2)配合比设计

设计原则:由于管片混凝土的和易性、抗渗性能有更高的要求,加入矿物掺合料,在保证强度的前提下，提高混凝土的耐久性。

胶材总量以及水胶比的确定：胶凝材料总量范围为 320～480 kg/m^3，考虑到加入了矿物掺合料，且水泥的用量不能低于 280 kg/m^3。暂定水泥用量为 350 kg/m^3，粉煤灰、矿粉用量均为 60 kg/m^3，胶材总量为 470 kg/m^3。为了使试验更有参照性，又采取了两种胶材分配方式：水泥 330 kg/m^3，粉煤灰、矿粉各 70 kg/m^3；水泥 360 kg/m^3，粉煤灰、矿粉各 55 kg/m^3。依据试验结果，发现三种胶凝材料组合下的配合比试件的 28 d 强度均能达到设计强度的 125%。胶材总量不变，考虑到粉煤灰用量越大，混凝土的初凝时间就越长，不利于管片混凝土的蒸养，采用水泥 350 kg/m^3，粉煤灰矿粉各 60 kg/m^3 的比例。对于这种用于管片预制的高性能混凝土，水胶比对其影响更大。管片混凝土生产工序复杂，水胶比对和易性、混凝土的浇筑、振捣以及脱模都有较大的影响。如果水胶比过大，会导致混凝土强度降低，延长混凝土振捣时间和养护时间，降低生产速度。同时水胶比过大，混凝土在凝结过程中内部收缩体积变大，导致蒸养过程中混凝土表面易留下气孔，影响其外观质量。综合上述考虑，通过试验发现水胶比为 0.31 时，混凝土各项性能均优于其他，故最后采用了 0.31 的水胶比。

砂率：砂率的选取主要以经验为主，其原则是确保砂子能完全填充石子间的空隙。当然在保证填充石子空隙的前提下，砂率也不宜过大。砂率过大，混凝土在浇筑过程中多余的砂子与水就会形成砂浆层，影响混凝土自身的收缩，容易产生裂缝。选取了 30%、33%、36%、39%四种砂率进行试验发现，砂率为 36%时，砂子能够很快填满模具，而且混凝土流动性最好，振捣后混凝土表面没有蜂窝麻面的现象。所以采用 36%的砂率。

配合比的确定与优化调整：水泥 353 kg/m^3，粉煤灰 59 kg/m^3，矿粉 59 kg/m^3，砂子 677 kg/m^3，碎石 1 203 kg/m^3，外加剂 5.65 kg/m^3，聚丙烯网状纤维 0.9 kg/m^3，拌和用水 146 kg/m^3，胶凝材料总量为 471 kg/m^3。试验强度为 7 d 43.9 MPa，28 d 63.4 MPa，总碱含量 2.15 kg/m^3，氯离子含量 0.078%，抗渗停止试验时水压力 H=1.5 MPa，满足耐久性要求。

考虑到天津冬季气温很低，生产车间温度也受影响，实际施工时，经过试验对第一种配合比进行优化调整。在保证砂率，水胶比不变的情况下，加大水泥的用量，降低粉煤灰矿粉的用量，以缩小混凝土的初凝时间，保证生产进度。

(3)混凝土取样试验：按《铁路混凝土工程施工质量验收标准》(TB 10424—2010)、《铁路混凝土结构耐久性设计规范》(TB 1005—2010)、《高速铁路隧道工程施工质量验收标准》(TB 10753—2010)的规定，在出机口和浇筑现场进行混凝土取样试验。

(4)混凝土拌和：拌制混凝土时，严格遵守并经批准的混凝土配料单进行配料，严禁擅自更改配料单。采用固定拌和设备，拌和设备安装完毕后，进行设备运行操作检验。设备生产率必须满足京津城际延伸线盾构工程高峰浇筑强度的要求，所有的称量、指示、记录及控制设备都应有防尘措施，设备称量应准确，定期校核称量设备的精度。

混凝土拌和程序和时间均应通过试验确定。因混凝土拌和及配料不当等原因造成的混凝土不合格而报废的混凝土应弃置在指定的场地。混凝土出拌和机后，应迅速运达浇筑地点，运输中不应有分离、漏浆和严重泌水现象。

5. 管片施工工艺(图 8—4)

(1)钢筋骨架的制作

钢筋制作严格按设计图纸要求加工，不得随意更改。钢筋的表面洁净，不得有锈皮、鳞落、油漆等污垢。生产使用的钢筋必须顺直，凡经调直处理的钢筋表面不得有伤痕。成形的钢筋

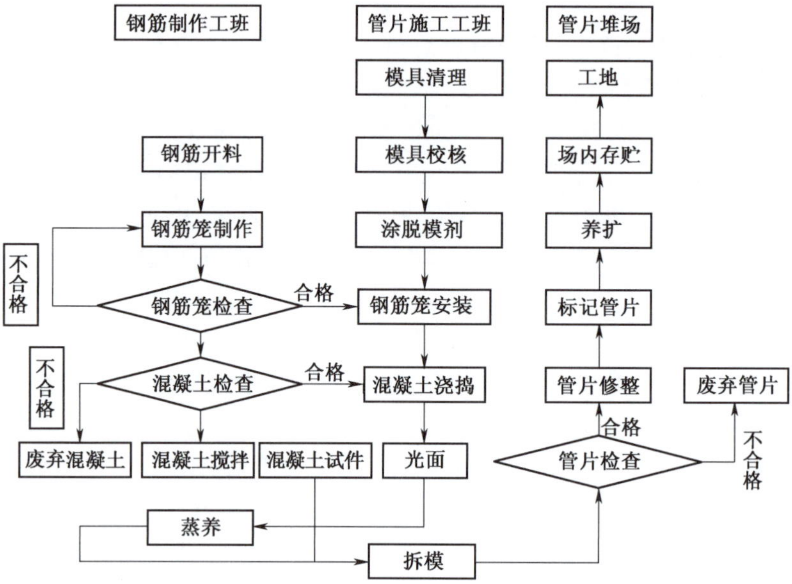

图 8—4 管片施工工艺流程图

骨架通过试生产，经检验合格后成批下料加工。管片弧形钢筋骨架其落料和成形尺寸必须正确，并在合格的靠模中定位、焊接。钢筋进入弯弧机时保持平稳、匀速，防止平面跷曲，成形后表面不得有裂纹。严格按配筋单配料，各种规格的钢筋分类堆放。

钢筋骨架单片焊接成形，必须在靠模内进行，其平行搭接的焊缝厚度不小于 0.3 倍钢筋直径，焊缝宽度不小于 0.8 倍钢筋直径，搭接长度不小于 30 mm，钢筋交叉搭接缝厚度不小于 0.35 倍钢筋直径，焊缝宽度不小于 0.6 倍钢筋直径。焊接成形时，焊接处不得有缺口，裂缝及较大的金属焊瘤，钢筋端部的扭曲、弯折予以校直或切除。焊接不得出现咬肉、气孔、夹渣现象，焊接后的氧化皮及焊渣清除干净。成形骨架起吊运输需与行车工密切配合，必须垂直起吊，不准斜吊，钢筋骨架吊装采用横担式专用工具，确保骨架在吊装过程中不产生变形。

钢筋骨架制作成形后，按规定要求进行实测检查，检查中发现的个别脱焊、漏焊及时予以补焊，检查合格后，认真填好记录，挂好标识牌(内容包括焊工、骨架型号、日期)并分类堆放，由专职质检员对其进行检查，检查合格后在标识牌上盖上合格章。预埋件所用的材料、加工精度、焊接高度、长度，严格按设计图纸加工。外加工的预埋件在成品进厂时必须由技术质量部进行质量检验，要有合格证书。其抽检比例为 10%，做好记录，若不合格则应全数检验。

(2)组模及钢筋骨架入模

在钢模合龙前，应先查看一下模底与四块侧模接触处是否干净，然后合上端头板，合上两面侧板，拧定位螺栓，先中间后两头，打入定位销，检查端板与侧板一定要密贴、旋紧。

模具组装完毕后，必须对钢模的内净宽度进行快速检查，检测误差必须在规定的偏差范围内，班组自检合格后，必须经专职检验员复验，并做好记录。入模的钢筋骨架必须经检查合格。

钢筋骨架的驳运、入模采用横担式专用工具，以确保骨架不变形。钢筋骨架的隔离器采用专用塑料支架。选用标准：应符合厚度、承受力和稳定性要求，支架颜色同管片混凝土保持基本一致。隔离器根据不同部位分别选用齿轮形和支架形两种。其中支架形用于内弧底部；齿轮形用于侧面和端面。隔离器布置位置正确、布设均匀。

钢筋骨架入模后，检查底部、两端、两侧的混凝土保护层，主筋的混凝土净保护层应控制在要求范围内，管片中的预埋件锚固钢筋与管片的主筋焊接牢固，预埋件按要求就位。环向、纵向芯棒安装前清除杂物，表面涂脱模剂，斜垫圈涂黄油。纵向、环向预留孔加强螺旋钢筋就位时固定在构造钢筋上，并确保与预留孔芯棒、钢模侧(端)板等部件保持足够的间隙。管片中预埋件每根锚固钢筋必须与管片的主筋焊接牢固。若两者间直接搭焊有困难可另加连接钢筋，将其两端分别与钢筋骨架、锚筋搭焊。芯棒入模安装到位后必须用斜插销固定，所有芯棒不准敲击。

钢筋骨架预埋件安装完毕后，班组先进行自检。模内不得有黄油及脱模剂存积，钢筋不得粘污。班组全面检查钢筋骨架入模质量，详细记录于隐蔽工程验收单中(内容包括：钢筋品种、规格、尺寸、长度、钢筋的位置和数量、保护层等项目)中。在隐蔽工程验收合格并经检验工认可后，由检验工挂合格标志牌，然后开始浇捣混凝土。

(3)混凝土拌和

搅拌系统计量装置，每月定期校验一次，并做好记录。搅拌站机器操作工严格按照要求进行操作。混凝土基准配合比经试配试验确定。

混凝土开拌前根据气候、气温和骨料含水率的变化，出具当日搅拌的混凝土配合比，拌和不准随意更改配合比。若混凝土出现异常情况，确实需要调整配合比时，由搅拌站及时通知试验室或技术部门解决。混凝土配合比材料允许偏差：水、水泥、外掺剂为±1%，粗、细骨料为±2%。

冬季启动原料加热系统，将原材料先预热至需要温度后再进行搅拌。混凝土搅拌时间最低限为 90 s，因掺有外加剂，搅拌时间要适当延长，冬季的搅拌时间应比以上规定时间延长 50%。

混凝土坍落度控制在 50～70 mm 范围内。混凝土拌出后 3～4 m^3 内试验室取样做拌和物质量检验及试块制作。混凝土试块留置每次浇捣(且少于 100 m^3)不少于 3 组。其中 2 组进标养室标养，作 28 d 强度试验(其中有 1 组作备用)；另 1 组同管片同条件养护，测得起吊时的抗压强度。

搅拌结束后及时清洗拌筒，料斗和各附配件，上料系统除每日例保外，每月进行一次保养，其所有设备配专人负责操作及检查保养。

(4)混凝土浇筑

混凝土分层次灌注，在模具内匀布。采用附着式振捣器振动成形。开启附着式振捣器，直到混凝土与侧板接触处不再有喷射状气、水泡，构件表面均匀为止。

成形后的管片外弧面的混凝土收水应根据气温间隔一定时间后进行。间隔时间一般以管片外弧面混凝土表面已达到初凝来控制。收水必须使管片外表面压实抹光，且保证外弧面的平整和顺。在收水的过程中，为保证管片边口处密实，收水工需用铁板压管片的边口处。

钢模内侧面和端面螺孔芯棒既要便于脱模又要防止坍孔，混凝土初凝前转动一下芯棒，但严禁向外抽动，当混凝土初凝后再次转动芯棒，视混凝土结硬程度，抽出芯棒，芯孔不得变形，芯棒抽出时间应根据天气、温度、混凝土结硬程度的情况而定。当芯棒拔出后，须将芯棒洗刷干净并涂上机油，放在指定的地方备用。

混凝土从出料到入模的时间最长不得超过 60 min，若超过时间则不能使用，同样混凝土料在钢模内(因其他故障原因)未振捣好，也不得超过 90 min(在故障时间内立即报告)，立即采取其他措施。

(5)管片养护

管片的前期养护采用小隔间蒸汽养护(图 8—5)。蒸养必须严格分静养、升温、恒温、降温等四个阶段进行，混凝土养护过程中，应加强温度控制和测定。升温、降温速率不得大于 20 ℃/h。升温和降温阶段每小时测温不少于 2 次；稳定期测温每小时不少于 1 次。

混凝土浇筑入模完成静养后，关闭蒸养室顶盖升温，在 40～45 ℃蒸汽环境中停放不少于 30 min；然后继续升温至 75～80 ℃并保温 3 h，再将其降温至室温，蒸汽养护的具体时间由现场试验再行调整，标准是能使管片混凝土强度至少达到 20 MPa。试验在与蒸汽养护混凝土管片同样处理的试件上进行。测温人员要严格执行蒸养制度，加强观测，做好测温记录，配合试验人员按规定放置和取出试块，混凝土试块与管片同条件养护。管片蒸养后，生产小组根据试验室签发的管片起吊通知单(或早期起吊强度报告)脱模起吊。

图 8—5 管片蒸养室

(6)脱模

管片脱模前需松预埋件和模板紧固夹具等部件，管片用真空吸盘起吊，操作时慢慢起吊，平均受力。在使用、维护真空吸盘时要严格遵守该机器的操作规程。吊装工操作时必须听从起重工的指挥，并负责观察两端起吊高度。起吊时不得倾斜，上升时两端必须用手扶稳，管片严禁撞击钢模。

管片在专用翻身架上进行翻身，成侧立状态。同时应拆除管片上其他零件。管片翻身后，拆下的附件集中送放到原钢模位置，交装模工验收安装，不得随意摔砸。在管片的内弧面、端头、侧面上方同一方位盖上该管片的型号、生产日期及班次。

在翻转修整区，质检员要检测管片外形尺寸及外观质量，并填在相应的检测表中。班组检查每只螺栓孔是否存在坍孔现象。

(7)管片修补及养护

混凝土管片应外光内实，外弧面平整、螺栓孔圆滑、边棱完整无缺损、无色差，不允许有裂缝；密封垫沟槽两侧及平面转角处不得有剥落、缺损，管片不得有缺角、掉边、蜂窝等外观缺损，麻面应小于 0.5%；管片外观质量检验均需有专职质检人员检验，并做好记录。

修补前必须用钢丝刷或加压水冲刷清除缺陷部分，或凿去薄弱的混凝土表面，用水冲洗干净，应采用比原混凝土强度等级高一级的砂浆填补缺陷处，并予抹平，修整部位应加强养护，确保修补材料牢固黏结，色泽一致，无明显痕迹。

对于小于 0.2 mm 的裂缝，用环氧树脂封堵；大于 0.2 mm 的裂缝，凿一条宽 2 cm 的槽，深度大于裂缝深度，用水冲洗干净，采用比原混凝土强度等级高一级的砂浆填补缺陷处，并予抹平，洒水养护。对于定位销塑料衬套的缺陷(凹陷、凸出或倾斜)修补，应凿出塑料衬套，用水冲洗干净凿除部位，重新按正确位置安装塑料衬套。

修补合格的管片喷洒养护剂进行养护。管片在养护前必须清理干净，同时对有螺纹的埋件涂嵌黄油或加闷盖。

(8)管片的堆放

管片在蒸养成形后，将经过脱模、翻身、转向、养护、堆放贮存、出厂运输等一系列操作步骤，为避免损坏管片的表面、边缘和角部，必须采取相应的保护措施。

管片堆放、运输时，要有专人指挥，防止碰撞损坏。各种专用工具及各类吊索具，必须由专人负责，发现问题及时整改，不得冒险作业。吊运管片时，必须使用专用吊索具并检查吊索具的使用性能，管片吊运时严禁从人体上空越过。

管片堆场地面必须坚实平整。垫木厚度一致，放置位置正确。垫木的截面不小于 3×4 寸；长度不短于 1.5 m；质硬；不得有腐烂。

管片贮存时，必须注意不要让管片产生有害的裂纹或永久性变形等，需要选择适当的贮存场所和贮存方法，以免因其自重造成的贮存场所不均匀下沉和垫木变形而产生异常应力和变形。贮存时，不要让油类、泥等污损管片。管片可侧立按型号堆放，堆放高度以 2 层为宜，不得超过 3 层。管片堆放现场照片见图 8—6。

图 8—6 管片堆放场地

(9)环氧涂层及止水条的粘贴

在管片外弧面要涂刷环氧聚氨酯外防水涂料，涂层厚度要达到 0.5 mm。三元乙丙遇水膨胀橡胶止水条在粘贴前应清除沟槽中的杂物，用毛刷将粘贴剂均匀地涂刷于沟槽内，止水条粘贴后应检查是否与混凝土面密贴。

(10)管片出厂检验及运输

出厂前每片管片必须经过质量检验。管片应达到外光内实，外弧面平整、光洁，螺栓孔保持润滑，管片不得有缺角掉边，无麻面露筋、蜂窝等外观缺损。并逐块填写好检验表。厂内检验主要是检查管片的各项生产记录和各项检验指标是否达到设计和规范的要求，检验后应在在管片的内弧面和两端面的统一部位盖上合格和不合格章、管片型号、规格、生产日期、厂名及检验人员代号,检验合格的管片方可出厂。

凡出厂的管片必须出具“出厂合格证”,出厂合格证内容为:工程名称、合格证编号、管片型号、生产日期、混凝土强度等级、混凝土抗渗指标、管片检漏指标、钢筋分项质量评级、管片厚度、制表日期、监理及检验人员盖章等。

预制混凝土管片的强度达到设计强度标准值的90%以上,才可对构件进行装运,卸车时应注意轻放,防止碰损。管片装车不得超载,装车形式为内弧面向上,管片与车辆跑垫之间必须用截面不小于3寸×4寸,长度为1.0～2.0 m垫木垫实、放稳。管片运输时,必须注意不要使其损坏,对于运输过程中被损坏的管片,应按技术负责人的指示处理。运输时,对贴在管片上的防水条和混凝土管片的棱线部分,必须采取适当的防护措施,以防止损坏,同时在装卸等搬运时也必须加以充分注意。

8.3.5 管片质量缺陷预防措施

1. 对裂纹的控制措施

优化混凝土配合比,采用外加法在混凝土中加入少量优质粉煤灰,以增加拌和物的浆体数量,进一步改善混凝土的和易性,减少混凝土的收缩量,使得管片表面不易产生裂纹。避免在管片的外弧面积聚过多的混凝土浆而在管片外弧面产生裂纹。严格控制管片的收面时间,不得过迟,以免在蒸养前混凝土失水收缩产生裂纹。严格控制蒸养升温降温幅度及时间,以免因温度控制不佳致使管片外表面开裂。对管片采用喷养护剂养护,使管片养护充分均匀,不因缺乏养护或表面温差致使管片表面开裂。严格控制振动器的振捣频率、时间。

2. 对气泡的控制措施

优化混凝土的配合比;通过使用黏度指标小的脱模剂减小对混凝土的黏性,以减少对排气的阻力而利于振捣排气。提高混凝土的和易性,增加混凝土内部润滑,以利于振捣排气。清模干净彻底,强化清模认真;加强模具的维护保养,使模具表面光滑。严格控制振捣频率,避免因过振混凝土离析致使管片产生水泡。严格控制混凝土的水灰比,不使用大于设计坍落度的混凝土,以减少混凝土的含水率;严格控制混凝土原材料的质量,保证混凝土的性能良好。

8.3.6 管片季节性施工措施

1. 夏、雨期施工

夏、雨季施工前认真组织有关人员分析夏、雨期生产计划,根据夏、雨期施工项目编制夏、雨期施工措施,所需材料要在夏、雨期施工前准备好。成立夏、雨期施工领导小组,制定防汛和防暑计划和紧急预防措施。

检查施工现场及生产生活基地的排水设施,疏通各种排水渠道,清理雨水排水口,保证雨天排水通畅。现场道路两旁设排水沟,保证不滑、不陷、不积水。清理现场障碍物,保持现场道路畅通。道路两旁一定范围内不要堆放物品,且高度不宜超过1.5 m,保证视野开阔,道路畅通。检查行车基础是否牢固,堆放管片的场地是否坚实,同时保证排水良好,避免积水浸泡。施工现场办公室、仓库、临时住房等应在雨期前进行全面检查和整修,保证基础、道路不塌陷,房间不漏雨,场区不积水。作好各高耸建筑的防雷装置,在雨期前要对避雷装置作一次全面检查,确保防雷安全。雨期前对现场配电箱、闸箱、电缆临时支架等仔细检查,需加固的及时加固，缺盖、罩、门的及时补齐，确保用电安全。夏、雨期施工所需材料、设备和其他用品，如水泵、抽水软管、草袋、塑料布、苫布等由物资部门提前准备及时组织。水泵等设备应提前检修备用。

加强天气预报工作，设置天气预报员，负责收听和发布天气情况。防止暴雨突然袭击，合理安排每日的工作。晴天派专人进行开窗通风换气，以防室内潮气过大。现场设有防中暑及急救措施。

夏期施工，避免在日最高气温时进行混凝土浇筑，高温干燥季节，尽量安排在晚上进行浇筑。混凝土拌制时，控制好加水量，减小坍落度损失，减少塑性收缩开裂。

原材料的储存和堆放：砂、石料一定要有足够的储备，以保证工程的顺利进行。外加剂罐要做好防雨措施，避免雨水进入外加剂罐中。

混凝土施工应尽量避免在雨天及高温天气进行。如在雨天进行浇筑混凝土，混凝土运输过程中上盖一块苫布，以防雨水冲刷。夏、雨期期间应随时测定砂、石含水率，及时调整混凝土配合比，严格控制水灰比。

现场钢筋堆放应垫高，以防钢筋泡水锈蚀。露天放置的钢筋应该加以覆盖，防止淋雨。雨后钢筋视情况进行防锈处理，不得把锈蚀严重的钢筋用于生产。

2. 冬期施工

成立冬期施工管理小组，根据生产任务情况，做好冬施材料计划。为了保证冬期施工中蒸汽热量的供应，改造蒸汽管道，并结合场地情况，搭建足够的供热管线，并在冬期施工前多次检查，使之具备供热条件。混凝土生产车间在冬施前进行细致检查，窗户和门进行保温处理，进出车间的大门采用保温门，车间内安放暖气片，保证室内施工温度＞15 ℃。钢筋生产车间内保证施工温度在 10 ℃以上。砂石料场搭设钢框架结构大棚，进行围护，保证砂石不受风雪影响。同时还要组织施工管理人员，根据工程特点学习冬施的施工技术规程，下达冬施措施，制定实施细则。

(1)对混凝土原材料加热的控制，设专人管理测温，检查并做好检查记录，做到开盘前检测，施工中测温，入模后测温，出盘温度不低于 15 ℃。为防止原材料出现冻块，搅拌机输送带在完成最后一盘时要走空，不得在输送带上存料，原材料控制的加热标准：水：70 ℃；砂：50 ℃；石子：40 ℃。

(2)搅拌机在开盘前要进行检查，消除故障，应空转 2～3 min，在机械运行正常的情况下，可进行搅拌，在搅拌混凝土时要严禁加冷水，冬期搅拌混凝土，每盘搅拌时间应当延长，一般不小于 3 min，保证有较好的和易性。混凝土搅拌完要及时浇筑，混凝土运输过程中上盖一块苫布，防止温度损失，保证施工质量，采取快运少装，尽量减少混凝土搅拌和浇筑之间的工序间隙，防止温度流失。

(3)管片浇筑成形后，必须有防冻措施，车间内打开蒸汽阀门，小气慢蒸，保证车间内温度，使混凝土及时预热，等混凝土压面成活完毕，表面达到一定硬度，方可盖蒸养罩进行蒸养，管片蒸养必须严格控制温度与保温时间。蒸汽养护过程中，要加强混凝土的测温管理，应掌握升温、降温阶段每小时测温一次，出现温度过高或过低现象时，要及时调整蒸汽阀门，控制温度准确性，测温记录要按记录单的各项内容逐一填写清楚。

(4)冬期保温防冻措施：生产、生活的保温、防冻应符合安全消防要求。对生产、生活用的供水管、暖气片、节门、消防通道、灭火器材，均做好提前检修、防冻工作。安全部门对防火器材设备作全面检查，发现问题及时解决，保证冬期生产、生活安全。

冬施前对施工现场用电和易燃性材料进行一次全面检查，制定出消防管理制度和措施，并有文字交底。未经批准擅自使用者，要从严处理。生产车间及搅拌站内严禁吸烟，现场设专职安全、消防检查员，把防火工作落实到人。

加强机务管理；加强对汽车、装载机等内燃设备的管理，做好各种车辆的保养和燃料换季工作。在冬施期间下班后，严格执行放水制度，避免冻缸事故发生，车辆要停放车库。对电动机械设备，也要在冬施前进行检查，对漏电和不绝缘的线路和设备要及时解决，消除隐患，确保安全。

(5)冬期施工管理：

冬施领导小组应切实抓紧冬施准备工作，并严格执行冬施有关规定。

做好保温工作。定期检查测温记录，抽检测温人员的日常工作。

加强试验管理工作，冬施期间管片混凝土多做一组备用条件试块。

做好化学附加剂管理工作。冬施的化学附加剂有的属于有毒品，有的属于氧化剂。为了防止中毒的发生，应加强对化学附加剂的管理，物资部门要设专人管理，建立健全领料制度。

8.3.7 管片预制厂劳动力及主要设备配置

管片预制厂劳动力及主要设备配置见表 8—10～表 8—13。

表 8—10 钢筋制作人员配置表

序号	工序名称	工种及人数	序号	工序名称	工种及人数
1	钢筋配料、调直、切断、成形	钢筋工 5 人	5	钢筋骨架堆放、吊运	行车工 2 人、起重工 2 人
2	钢筋单体成形	电焊工 5 人、辅助工 3 人	6	电气、机械维护	电工 1 人、机修工 2 人
3	网片制作、安装	电焊工 2 人、辅助工 2 人	7	质量验收	质检工 2 人
4	总装成形	电焊工 3 人、辅助工 3 人		合计	37 人

表 8—11 混凝土制作人员配置表

序号	工序名称	工种及人数	序号	工序名称	工种及人数
1	钢模拆装及保养	混凝土普工 4 人、机修工 1 人	7	电机车运输	电机车司机 1 人
2	钢筋骨架入钢模	混凝土普工 2 人	8	汽车运输	汽车司机 2 人
3	混凝土浇制	振捣操作工 2 人、收水工 2 人	9	锅炉蒸养	锅炉工 3 人
4	钢笼混凝土管片吊运	行车工 4 人、起重工 4 人	10	管片检漏	操作工 2 人
5	管片养护、外形修补	养护工 2 人、收水工 3 人	11	水平拼装	操作工 4 人
6	混凝土搅拌系统	操作工 2 人	12	质量验收	质检工 2 人
			13	电气、机械维护	电工 1 人、机修工 2 人
				合计	43 人

表 8—12 主要施工设备配置表

序号	设备名称	规格型号	数量	序号	设备名称	规格型号	数量
1	空气压缩机	GA75P	1 台	17	半自动钢筋弯曲机		3 台
2	钢模		2 套	18	40 切断机		1 台
3	管片真空吸盘机	GX-10	1 台	19	液压翻身架		1 台
4	气保焊机	R350	9 台	20	10 t 双梁天车		1 台
5	储气罐		1 个	21	16 t 双梁天车		1 台
6	50 切断机		1 台	22	10 t 单梁天车		2 台
7	液压调直机	YGT4-12	1 台	23	10 t 双梁天车		1 台
8	弯弧机	W-32	1 台	24	10 t 单梁天车		2 台
9	钢筋弯箍机	W-18	1 台	25	10 t 龙门吊		2 台
10	液压钢筋弯曲机	W-32A	3 台	26	搅拌站	HJW1500	1 套
11	液压翻身架	GK-FP9-90	1 台	27	蒸养罩		4 套
12	管片检漏试验台	GKJL	1 台	28	钢筋对焊机	75 kW	1 台
13	管片装车吊		1 台	29	福田运输车		1 台
14	电焊机	BX6-200	3 台	30	解放运输车		2 台
15	钢筋笼胎膜	自制	9 个	31	混凝土料斗		3 台
16	液压钢筋弯曲机	自制	1 台				

表 8—13 主要试验仪器设备配置表

序号	设备名称	规格型号	数量	序号	设备名称	规格型号	数量
1	万能材料试验机	100 t	1 台	8	维卡仪		1 台
2	压力机	200 t	1 台	9	水泥电动抗折机		1 台
3	恒速液压试验机	30 t	1 台	10	高温电炉		1 台
4	水泥标准养护箱		1 台	11	恒温鼓风干燥箱		1 台
5	水泥净浆搅拌机		1 台	12	摇筛机		1 台
6	水泥胶砂搅拌机		1 台	13	电子天平		2 台
7	水泥胶砂振实台		1 台	14	混凝土抗渗仪		1 台

8.4 管片试拼装与试验

8.4.1 管片试拼装

管片正式生产前及生产中需进行水平拼装检验。生产中水平拼装检验频率为 1 次/200 环，水平拼装由三环管片组成，试拼装时可不安装遇水膨胀止水条及传力衬垫，见图 8—7。

8.4.2 管片抗渗性能试验

每生产 100 环管片，应抽查一块进行检漏测试；连续 3 次达到检测标准，则改为 200 环抽查一块管片；再连续 3 次达到检测标准，按最终检测频率 400 环抽查一块管片。如出现一次

图 8—7　管片三环试拼装

不达标，则恢复 100 环抽查一块管片的最初检验频率，再按上述要求进行抽检。如出现不达标，则双倍复检；如再不达标，必须逐块检测。试验是将标准管片固定在支撑架上，通过手动加压泵进行加压，按 0.05 MPa/min 的加压速度，加压到 0.2 MPa，恒压 10 min，检查管片是否有渗漏水现象，观察侧面渗透高度，做好记录。继续加压到 0.4 MPa、0.6 MPa、…，每级恒压时间 10 min，直至加压到设计抗渗压力，恒压 2 h，检查管片是否有渗漏水现象，观察侧面渗透高度，作好记录。

在设计抗渗性能试验压力的条件下，恒压 2 h，管片不得出现漏水现象，渗水深度不超过 50 mm 则判定管片抗渗性能合格。

抗渗试验台应采用刚性支座，紧固螺杆及试验架钢板应有足够的刚度。密封面与管片应能紧密接触，结合处橡胶密封垫密封。管片抗渗试验装置示意图见图 8—8。

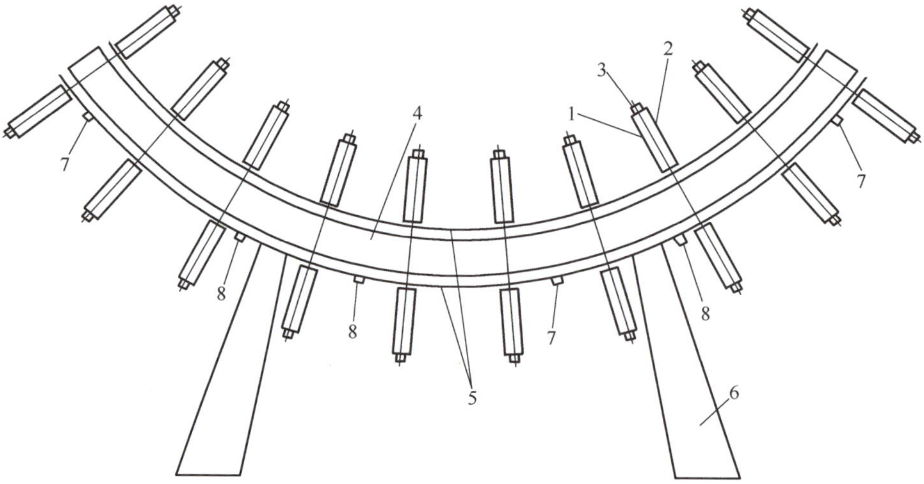

图 8—8　管片抗渗试验装置示意图

1—钢构件；2—紧固螺杆；3—螺帽；4—管片；
5—钢板；6—钢支架；7—进水口；8—出水口

抗渗试验台与管片外弧面的密封区设置在管片外弧面中部,管片环向密封垫长度取不小于 3 倍管片厚度,且距管片边缘的距离为 50 mm,密封区应布置进水口和出水口。密封试验区布置见图 8—9。

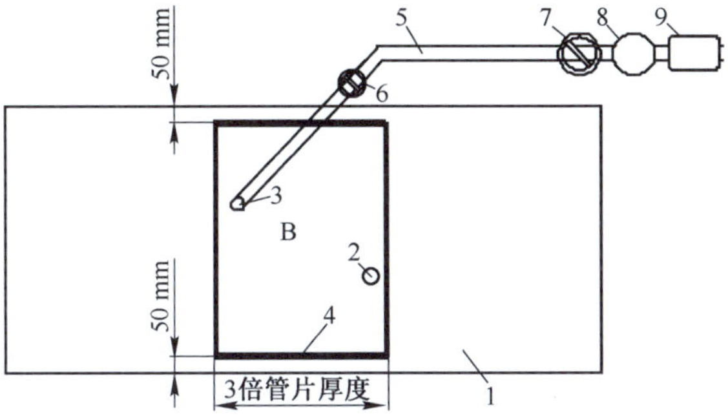

图 8—9 管片受检区域示意图

1—抗渗试验台;2—泄压排水孔;3—加压进水孔;4—密封橡胶垫;
5—进水管;6—阀门;7—总阀门;8—压力表;9—加压泵

试验用仪器其技术要求见表 8—14。

表 8—14 试验仪器技术要求

仪器名称	单位	技术指标		
		量程	分度值	精度
压力表	MPa	2.5	0.05	1.6 级
电子秒表	s	>2 h	0.01	1 级
加压泵		能保证连续加压		

8.4.3 管片抗弯性能试验

取一块管片进行试验,按图 8—10 进行安装,管片上挠度和水平位移测试点见图 8—11。D_1、D_2、D_3、D_5 和 D_7 测管片的竖向位移,D_4 和 D_6 测管片的水平位移。抗弯性能试验采用千斤顶分配梁系统加荷,加荷点标距 900 mm 或设计确定。支承管片两端的小车可沿地面轨道滑动。

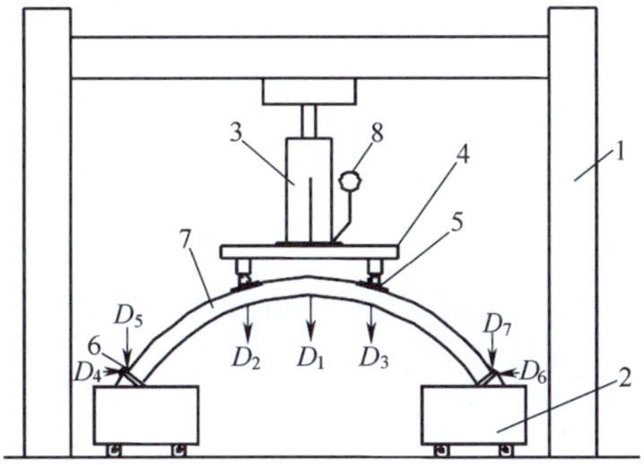

图 8—10 管片抗弯试验装置示意图

1—试压架;2—活动小车; 3—千斤顶;4—试压杆;5—橡胶垫;6—百分表;
7—管片;8—压力表;D_1~D_7—测试位移的百分表读数

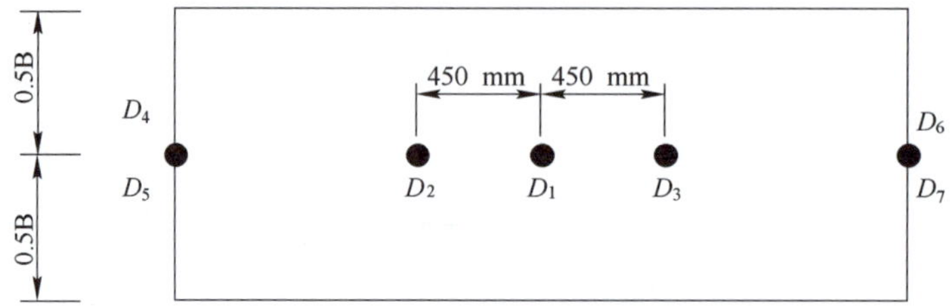

图 8—11 抗弯性能试验位移测试点示意图

将管片平稳安放在试验架上，在加载点上垫上厚度不小于 20 mm 的橡胶垫。采用分级加荷方式，每级加荷值详见表 8—15，每级恒载时间不低于 3 min。记录每级荷载值及各测点位移，并施加下一级荷载。

表 8—15 分级加荷值

一级	二级	三级	四级	五级	六级	七级
20%N	20%N	20%N	20%N	10%N	5%N	5%N

注：N 为试验荷载设计值。

当出现第一次裂缝后，持续荷载 10 min，观察裂缝的开展，并取本级荷载值为开裂荷载实测值。当加荷达到设计荷载时，持续荷载 30 min，观察管片裂缝开展，若在此荷载作用下管片裂缝宽度不大于 0.2 mm，则满足设计验收要求，记录荷载和位移，终止试验。

试验用仪器其技术要求见表 8—16。

表 8—16 试验仪器技术要求

仪器名称	单位	技术指标		
		量程	分度值	精度
荷载测试仪	kN	500	0.1	1 级
读数显微镜	mm	10	0.01	0.01
百分表	mm	30	0.01	1 级
电子秒表	s	>2 h	0.01	1 级
加压千斤顶	kN	500 kN 能保证连续加压		

试验记录及位移变量计算应符合以下要求：

(1)记录每一级加荷后的位移变量，并按下列计算：

$$中心点位移=D_1-(D_5+D_7)/2$$

$$载荷点位移=(D_2+D_3)/2-(D_5+D_7)/2$$

$$水平点位移=(D_4+D_6)/2$$

(2)根据位移变量绘制各中心点、荷载点、水平点变量曲线图。

(3)记录在不同荷重情况下裂缝出现的位置和裂缝长度。

当出现以下情况，代表试验失败，应重做试验：

(1)位移变量曲线出现突变；

(2)管片在加载点处出现局部破坏。

9 盾构始发阶段的施工技术

9.1 盾构始发井端头加固

盾构工程的始发与到达地基加固施工，在盾构隧道施工中处于非常重要的位置。为了在拆除盾构工作井的盾构端头临时墙时保持地层的稳定，防止盾构始发完全进入地层之前与盾构到达完全脱出地层之后其周围流出地下水和泥砂造成端头失稳，需要根据地层条件、水文条件、隧道埋深及周边环境等因素对盾构始发端头进行加固处理。

为了防止盾构始发时使井壁产生过大的变形，根据盾构长度、直径及地层条件等考虑加固方案和加固范围。在京津城际延伸线盾构始发前采用深孔搅拌桩及素混凝土地下连续墙进行加固，见图 9—1。外圈为 0.8 m×37.5 m 素混凝土地下连续墙(C15)，内部为 672 组 37.5 m 深层水泥土搅拌桩，桩径 ϕ850 mm，同组内桩间距 600 mm，相邻两组间距 450 mm。

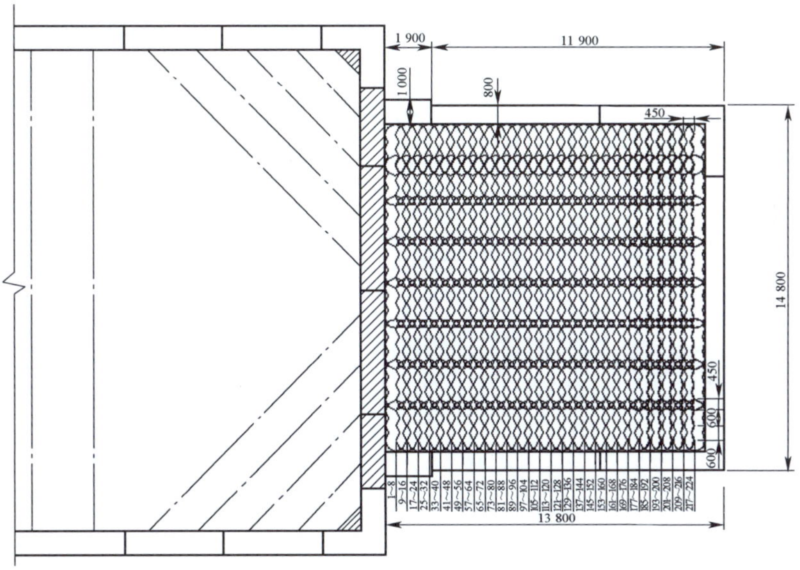

图 9—1 始发盾构井端头加固平面示意图(单位:mm)

9.2 盾构始发区域施工布置

9.2.1 现场准备工作

1. 场地硬化处理。
2. 搅拌站、泥水处理系统、冷却水系统、垂直运输系统、水平运输系统安装调试完成。
3. 充电房、配件库等设施建设齐备。

4. 合格管片运至现场。

5. 管片螺栓、砂石料、膨润土、水泥、油脂等材料齐全。

6. 吊机、索具、液压泵站等机具进场验收合格。

7. 盾构高压电源引入、泥水设备、配套设备用电引入现场。

8. 施工人员进场并经培训合格。

9.2.2 施工布置

根据施工现场实际情况,以效率最高,施工最安全为基本原则,结合实际施工的需要布置施工现场。隧道内平面布置见图 9—2。

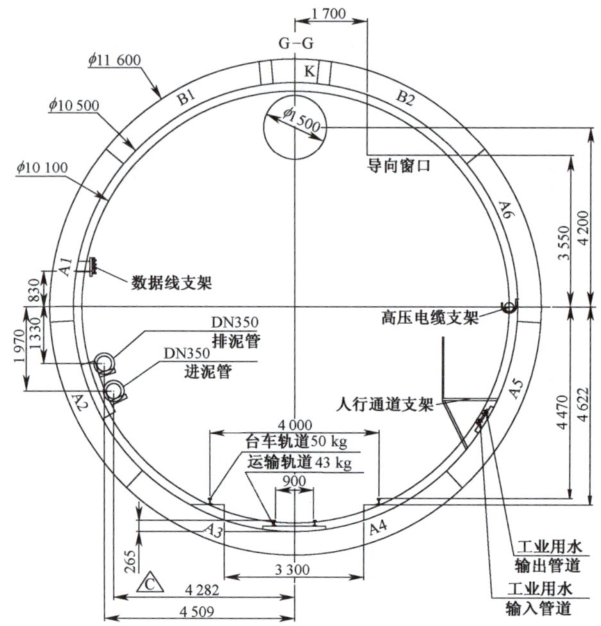

图 9—2 隧道内平面布置图(单位:mm)

1. 地面施工布置

(1)吊装设备

45 t/16 t 龙门吊置于竖井井口,平行于掘进方向行走。主要用于地面与井下的垂直运输,包括盾构组装期间的设备吊装和掘进期间的材料吊运等。

(2)管路

①泥水管路全长约 400 m(双线)。地面部分泥水管路全部采用法兰连接。

②冷却循环管路冷却循环管路采用 DN100 的镀锌管,冷却水池布设于配合井底部右后方,池上方搭一冷却塔。

③污水管路置于竖井侧边,通过圈梁预埋管与污水沟连接。

④风管始发阶段不需要使用通风设备,暂不安装风机、风管。

⑤上述管路布置为初步规划布置,根据实际施工需要进行调整。

(3)其他

①值班室、库房、油脂库、充电房等建筑,根据施工现场的具体条件设置。

②施工材料、设备、机具备齐，以满足本阶段施工要求。管片、连接件等准备要足量，保证正常施工需要。

③电缆及各种管路和设备等接至井下。

④井上、井下建立测量控制网。

⑤在施工前对轴线沿线作详细勘察，掌握其他情况，如隧道施工前期路线布置、沉降监测点的布置等，以便于盾构施工参数的优化选择。

⑥泥水设备保证正常使用，所有管路接到井下，并能满足盾构始发使用。

2. 隧道内施工布置

(1)隧道照明布置

在隧道左上方布置1个灯架，照明电缆和灯具固定在上面，每相隔5环布置1个灯架，照明线路采用220 V电压供电。高压电缆布置在隧道右侧下方，低压电缆布置在隧道左侧。

(2)管线布置

送泥管、排泥管布置在隧道管片左侧偏下，进水管、排污管通过1个管架布置在隧道管片右侧偏下处，每相隔2环布置1个管路托架固定在管片上。通信电缆布置在隧道左侧偏下处与人行通道在同一位置。

(3)通风管

隧道上方布置通风管，每隔1环用吊架固定。

(4)材料运输

隧道内采用单轨运输，在竖井和洞内铺设一小段双轨和道岔，便于列车编组。由编组后的电瓶车牵引运输管片、浆液、轨枕、油脂等材料。

9.3 盾构组装与调试

9.3.1 盾构组装

1. 始发托架安装与固定

盾构始发托架安装的重点是控制托架的安装精度和结构强度。盾构上架后，不仅要保证盾构轴线要与隧道设计轴线吻合，同时也要考虑到盾构始发后轴线的变化与盾构进入加固区后的姿态控制。考虑到泥水平衡盾构机断面和重量都较大，在施工始发时遇到软土容易下沉，所以盾构就位后实际轴线应高于设计轴线50 mm。为保证始发架的结构强度，始发托架就位后需进行加固支撑，确保其强度和刚度。钢制盾构托架安装位置按照测量放样的基线，吊入井下就位，托架底部与竖井底板预埋钢板焊接牢固。

2. 后配套台车组装

后配套系统由后配套台车(G2台车、G1台车、G0台车)组成。根据盾构始发方案，后配套系统主要结构在地面组装。由于后配套系统钢结构构件较轻，且在地面组装时空间比较大，故后配套系统的组装较为容易。后配套系统分别在地面组装用150 t吊车即可进行吊装。在地面组装时要按照G2台车—G1台车—G0台车的顺序组装，组装并加固好一节台车就下井吊装一节，并拖运到明挖隧道内部去，见图9—3和图9—4。

G0号台车只有8 m长，比较短很容易吊装，只要注意G0号台车前轮不走轨道要设置一段过渡斜面轨道。

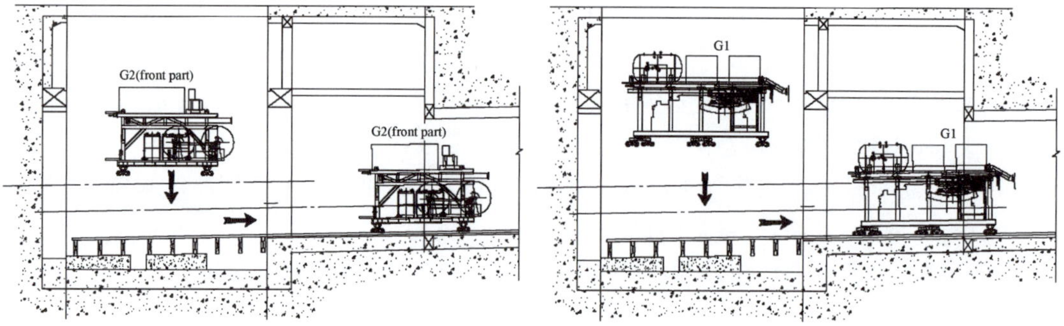

图 9—3　G2 和 G1 号台车吊装示意图

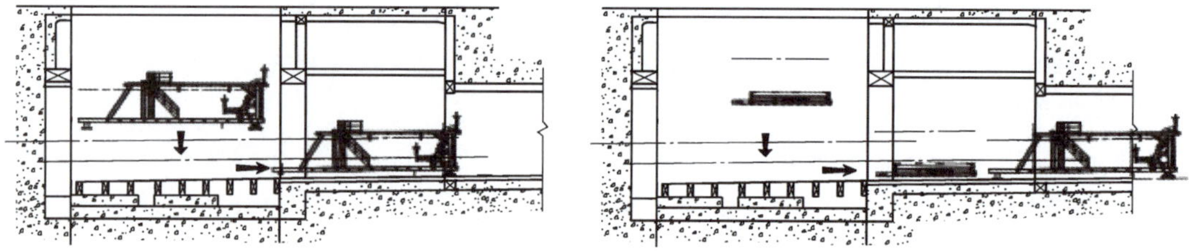

图 9—4　G0 号台车吊装示意图

在 G2 台车、G1 台车和 G0 台车均下井吊装并拖运到明挖隧道内结束后，把托架上的轨道轨枕拆除。把泵站和油缸等工具设备吊到井下，做好吊装盾构机盾体的准备工作。后配套台车和盾体组装示意图见图 9—5。

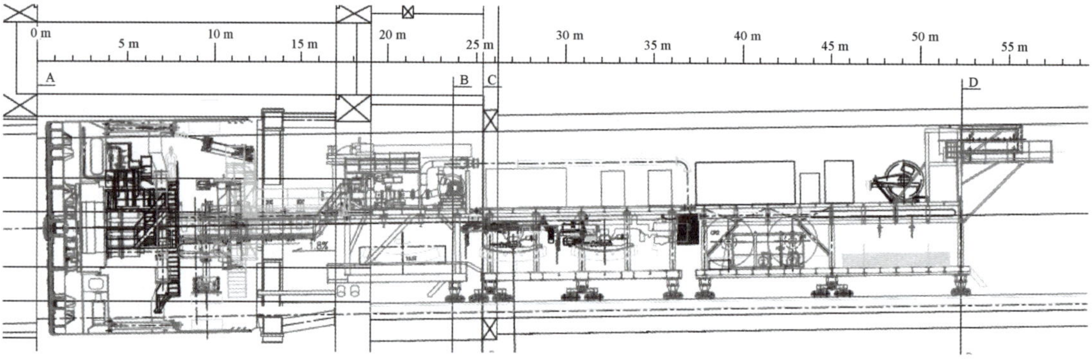

图 9—5　后配套台车和盾体组装示意图

3. 盾构组装

考虑到盾构体积和重量庞大，把刀盘、前盾、中盾和盾尾分成多块设计制造。分块分批运至施工现场，进行组装焊接。

(1)组装场地的布置及组装所需设备

①盾构组装场地要提前硬化，达到吊装使用要求。盾构的组装场地分成三个区：后配套存放区、主机及配件存放区、吊机存放区。

②吊装设备为：45 t/16 t 龙门吊机一台，150 t、400 t 履带吊车各一台，两台 100 t 液压千斤顶及泵站，10 t 气动葫芦、手动葫芦若干、电焊机、气割等盾构安装辅助工具以及相应的吊具。

(2)盾构机组装顺序

在盾构主机组装之前，需要安装始发托架并铺设轨道。

在地面先后进行后配套系统(2# 台车、1# 台车和 0# 台车)的组装并进行本段管线安装。组装结束后,按先后顺序把台车 G2→G1→G0 吊装下井并用电机车拖运到明挖段;刀盘在地面进行组装焊接;吊装前盾的下部;吊装中盾下部,并与前盾连接(点焊定位);吊装主驱动;吊装前盾上部并与前盾下部连接;吊装盾尾下部;吊装管片拼装机及行走梁;吊装中盾上部并与中盾下部连接;吊装刀盘并与主驱动相连接;吊装尾盾左部、右部和上部,将尾盾拼装成环并与前盾连接;吊装反力架。

在进行以上盾构部件组装同时进行管线连接。具体吊装过程如下:

①400 t 履带吊与 150 t 履带吊配合,吊入前盾下半部分,见图 9—6。

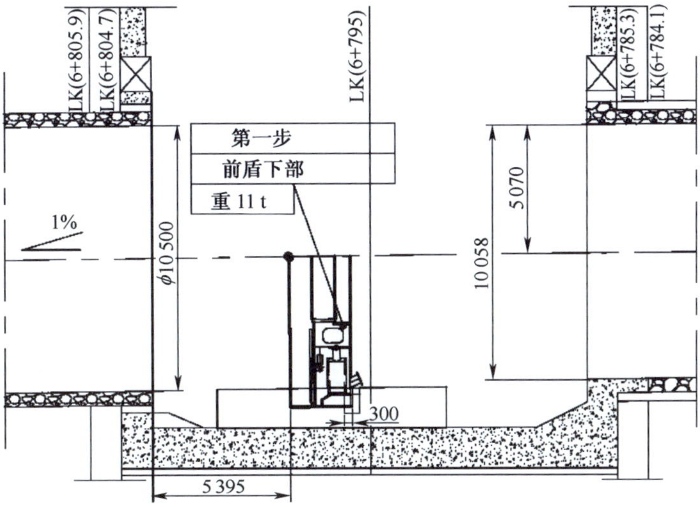

图 9—6　依次吊入前盾下半部分示意图

②150 t 吊机与 400 t 吊机配合,将中盾下体翻身,由 400 t 吊机将中盾下体吊入盾构井放置在始发托架上并连接,见图 9—7。

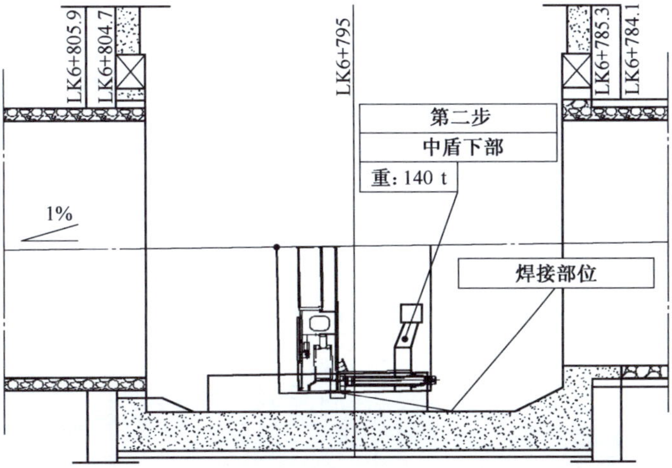

图 9—7　吊装中盾下体示意图

③利用 150 t 吊机与 400 t 吊机配合,将主驱动部分翻身,由 400 t 吊机将驱动部分吊入盾构井,并与盾体相连放置在始发托架上,见图 9—8。

④利用 150 t 吊机与 400 t 吊机配合,将前盾其他部分和人闸,由 400 t 吊机分别吊入盾构

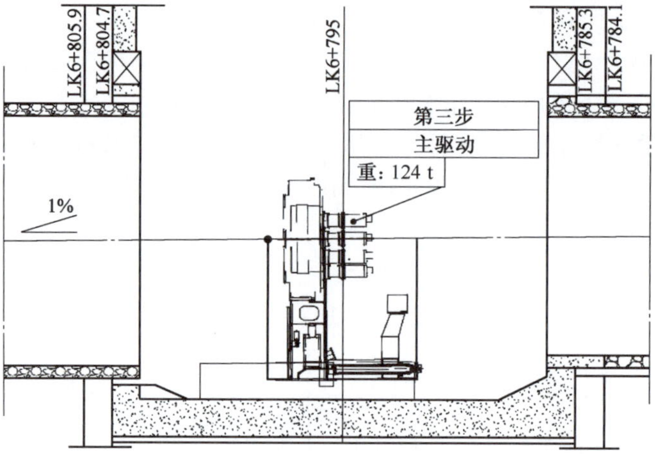

图 9—8 吊装主驱动示意图

井，与盾体下部相连接。

⑤利用 150 t 吊机将米字梁支撑吊入盾构井内，见图 9—9。

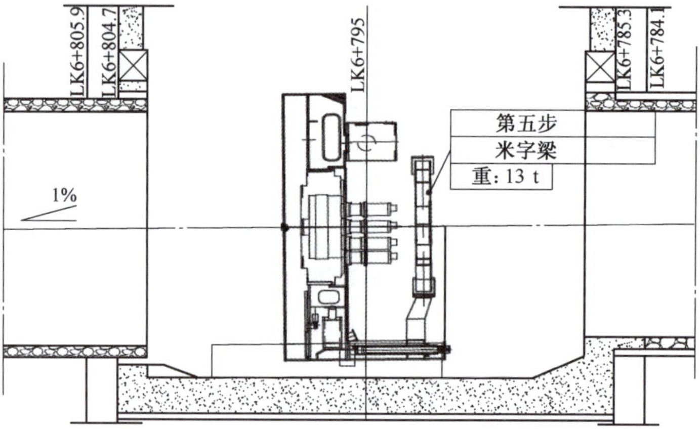

图 9—9 吊装米字梁示意图

⑥利用 400 t 吊机将中盾上半部分吊入盾构井内，见图 9—10。

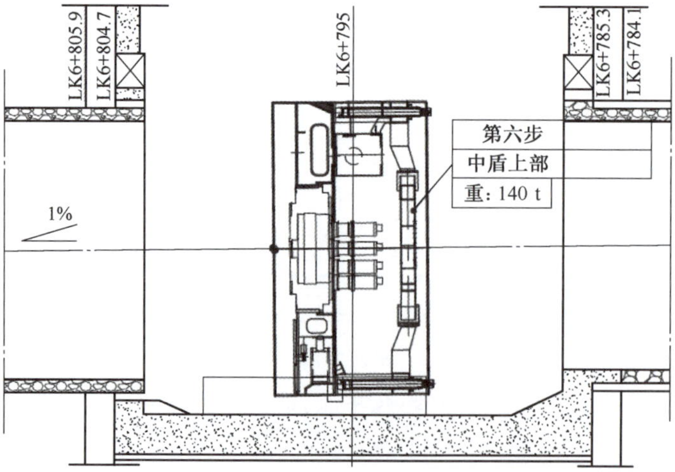

图 9—10 吊装中盾上半部分示意图

⑦刀盘在地面组装后，在吊机配合下吊装刀盘连接主驱动见图 9—11。

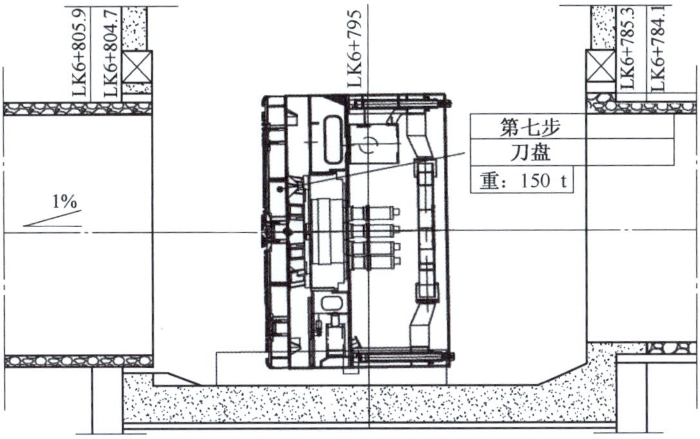

图 9—11 安装刀盘示意图

⑧井下部分前移，吊入盾尾和反力架下面部分。

⑨吊装拼装机和行走梁，并和主机相连，见图 9—12。

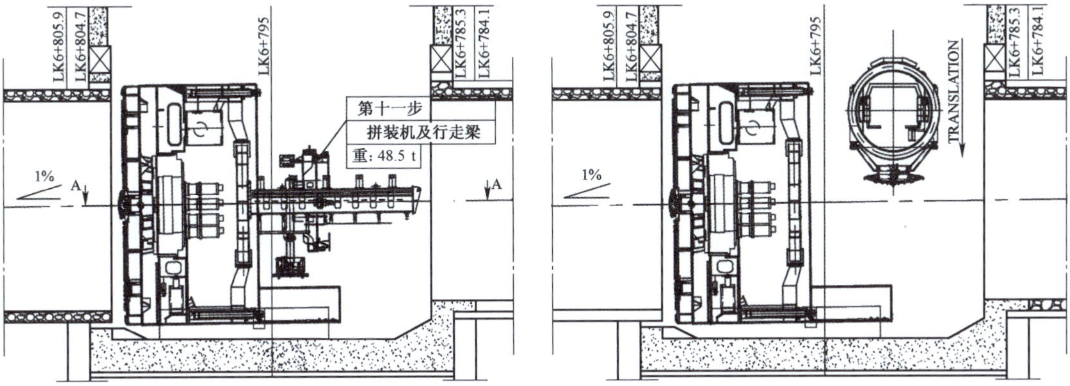

图 9—12 吊装拼装机和行走梁示意图

⑩吊装盾尾上半部分，与下半部分进行焊接，利用液压千斤顶使其向前移动与盾体焊接，见图 9—13。

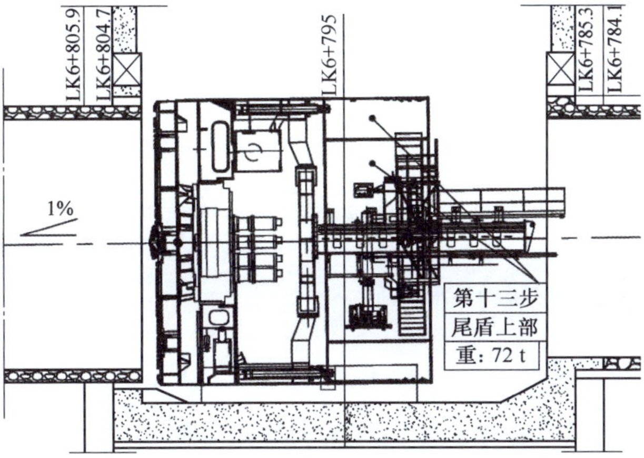

图 9—13 吊装盾尾上半部分示意图

4. 反力架安装

根据盾构始发井尺寸，盾构反力架采用三榀工字钢焊接，在工厂制作成形后运至现场安装，反力架后支撑安装完毕后用 100 t 液压千斤顶把整个盾体后移至反力架。反力架尺寸及位置关系见图 9—14。

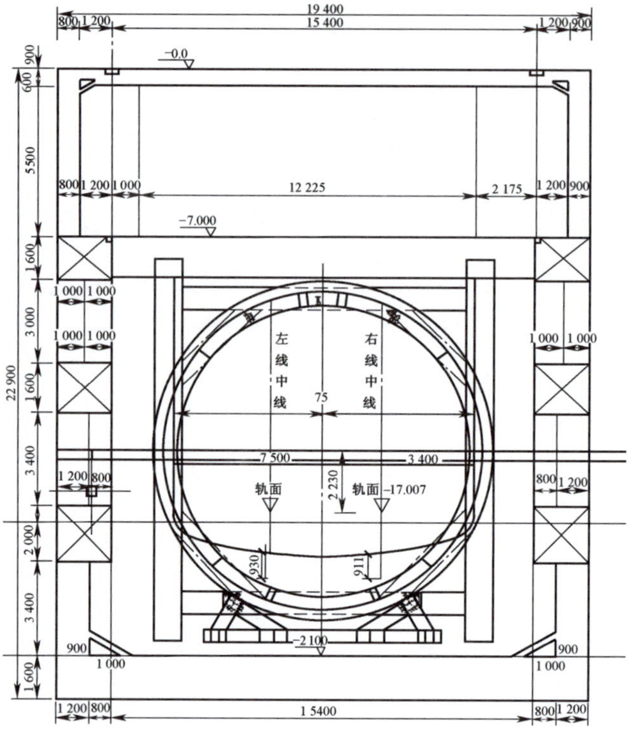

图 9—14 反力架尺寸及位置关系图(单位:mm)

9.3.2 盾构调试

盾构组装完毕后，在设备工程师以及相关专家的指导下，进行盾构的现场调试工作。

(1)调试前认真阅读盾构的操作手册，熟悉和掌握盾构操作流程，包括:盾构运转程序;每台机械的运作和注意事项;每台机械的手动、自动和联动操作方法;每台机械的保养和维修常识;每台机械的应急处理方法和措施;每台机械的润滑和减磨措施;每个系统的工作原理和工作方法。

(2)现场调试

盾构连接好后进行各项功能调试，具体调试项目在调试时制定。

9.4 盾构始发前的准备工作

9.4.1 洞门部分围护结构凿除

洞门围护结构地下连续墙凿除前 30 d 左右打设水平探孔，探孔主要分布在盾构范围边缘处，上半圆布置孔数宜少，下半圆孔数宜多，孔深 1 m，穿透地下连续墙即可，以便确认地下连续墙与咬合桩之间的隔水情况，若发生透水现象，需及时采取封堵加固等措施。

在始发防水装置设置完成后，凿除盾构范围内围护结构地下连续墙的混凝土(保留迎土侧玻璃纤维筋的保护层)，地下连续墙凿除根据围护结构地下连续墙的实际位置，吊出空间及地质情况，采用分层分块、从里到外、从下到上的方式进行凿除，共分成 16 块，每块面积不大于 9 m^2，分块方式见图 9—15，按顺序破除混凝土及部分钢筋并及时吊出。

混凝土凿除分两次进行，第一次凿除厚度约为 70～80 cm，留 20～30 cm，在盾构始发前进行凿除。在凿除完最后一层混凝土之后，要及时检查始发洞口的净空尺寸，确保没有钢筋、混凝土侵入设计轮廓范围之内。

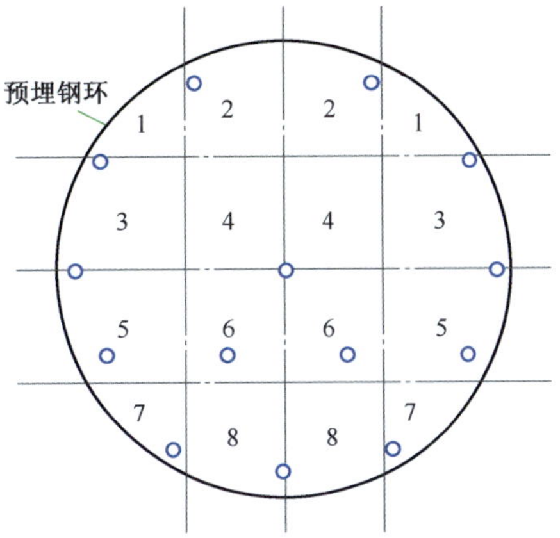

图 9—15　洞门凿除分块及探孔位置示意图

9.4.2　洞口密封装置安装

盾构始发时，洞口与盾构壳体之间会形成环形的建筑空隙。在初步建立泥水平衡压力时，泥水容易从空隙处窜入井内，导致开挖面泥水压力平衡无法建立，并易造成开挖面土体不稳，产生塌方，因此须设置密封性能良好的密封装置。考虑到施工竖井的深度和地质条件，盾构始发洞口密封装置，采用二道钢丝刷加两道帘布橡胶板组合在一起的钢性密封圈结构，并在洞口周边布设注浆口，一旦发现有泥水外漏，可通过注浆口注浆来确保洞口的密封。

(1)在洞口外侧安装两道组合在一起的帘布橡胶板止水密封装置，每道帘布橡胶板止水密封装置由一道帘布橡胶板、圆形板、翻板及连接螺栓组成。

(2)在洞门钢环内安装 2 道钢丝刷(类似于盾尾密封刷)，并在相应 2 道钢丝刷之间沿外圈布置注脂孔。

(3)盾构始发时指派专人在二道钢丝刷上及中间涂满油脂，保证钢丝刷与盾构外壳保持良好的密封接触，从而达到良好的止水效果。

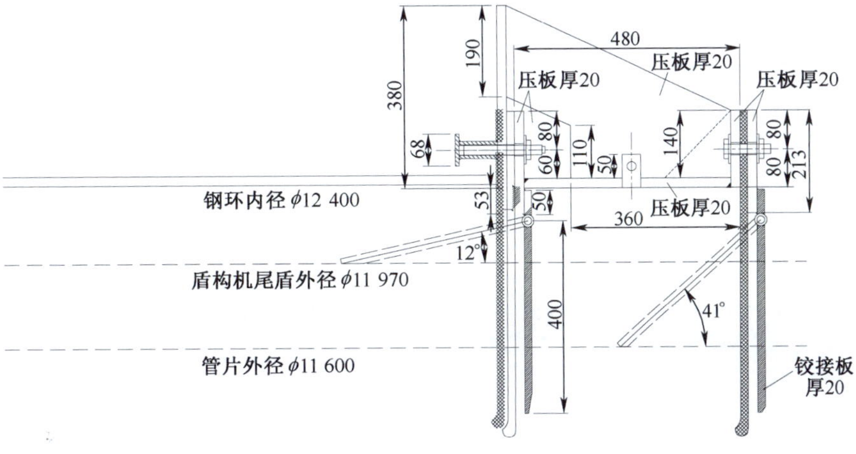

图 9—16　止水装置安装示意图(单位：mm)

(4)始发时注意对帘布橡胶板的保护，避免刀具刮伤帘布橡胶板。始发时在帘布橡胶板及盾壳的外表面涂抹黄油，以降低两者间的摩擦系数，保证止水装置不被破坏并处于良好的工作状态。始发过程中密切注意洞口止水装置，一旦发现止水装置受损，应立即组织抢修，并采取相应措施保证推进，决不允许在始发段停留。

9.4.3　安装导轨

施工连续墙厚0.8 m，内衬厚2 m，洞门止水装置厚度0.5 m。洞门凿除后，盾构导向轨道与土体之间有大约3.5 m的距离，为保证盾构安全、正确始发，在洞圈内与凿除洞门混凝土处安装二根导向接长钢轨，安装角度、位置应顺延盾构始发托架上的轨道。导向轨道与原盾构始发托架予以焊接固定。完全清除洞门混凝土后，为防止水土流失，应尽快安装好导向轨道，并尽快使用推进千斤顶使盾构进入洞门。

9.4.4　负环管片拼装

准备工作全部就绪后，启动盾构后尽快将盾尾内预存的负10环管片推出盾尾，使盾构在最短的时间内进入洞门钢环。负环拼装时第一环负环的定位非常重要，对后面的管片拼装起着基准面的作用。在负10环管片下部对应每块管片焊接3块20 mm厚的钢板到反力架上，托住负环管片；每一环负环管片脱出盾尾1/3时，立即采用钢丝绳捆住并固定于托架上，每环用2根钢丝绳，在两侧及底部架设特制型钢支撑，负环管片与始发托架导轨之间塞入木楔子，采取有效措施固定好负环管片。

9.4.5　建立泥水循环

盾构刀盘接触土体后掘进0.6 m左右后(理论计算，需根据施工现场情况进行控制)开始建立泥水循环。此时的泥水循环只要能够满足输送要求即可。

9.4.6　盾尾通过洞门密封后进行回填注浆

当盾尾通过洞门密封后，立即将铰接压板焊接固定，并进行同步注浆，同时根据实际情况选择水泥—水玻璃双液浆补注，以避免洞门钢环间隙处产生泥浆、水土流失而影响泥水压力平衡的建立。在始发掘进过程中，当盾尾完全进入洞门后，橡胶止水布帘及压板和管片外壁接触时，间隙落差瞬时由236 mm扩大至400 mm，(管片外径为ϕ11 600 mm，尾盾外径为ϕ11 928 mm，始发洞门钢环内径ϕ12 400 mm)，所以为了保证切口水压的稳定，应加大泥水量，并利用止水箱体和洞门钢环的预留孔加注油脂或水玻璃双液浆防止漏浆，也可采取同步注浆措施，现场根据实际情况来定。

9.4.7　进入正常掘进状态

注浆后即可进入正常的盾构掘进状态。盾构姿态按管片的配置，沿轴线的上沿掘进。

9.4.8　盾构掘进推力验算

1. 盾构被动土压力计算

设$\varphi=9.0°$(砂、黏土φ的平均值)，$\gamma=1.8\ t/m^3$，$H=21.6$ m(盾构中心埋深)，则$P=\gamma H\tan^2(45°+\varphi/2)=1.8\times18\times\tan^2 49.5°=53.27\ t/m^2$。

2. 盾构正面阻力

$F=0.785D^2\times P=0.785\times 11.972\times 44.40=5\ 994$ t。盾构设计总推力为 147 000 kN 即 14 700 t，所以总推力远大于正面阻力，能满足盾构施工的需要。根据以上理论分析，在实际掘进过程中，应根据不同的土层和实际推力变化调整相关施工参数。

3. 加固区顶力分析

由于加固区盾构机没有正面阻力，所以盾构推力只需大于盾构自重本身所产生的摩阻力即可，故应根据推进速度调整推进顶力，但为保证盾构机泥水平衡压力的建立，其顶力估计应控制在 4 000～7 200 t，根据实际施工需要进行实时调整。

4. 负环管片拆除应力分析

顶部土压：$P_0=\gamma(H-H_W)+\gamma' H_W+P'$

顶部侧压：$P_1=P_0\cdot k_a$

底部侧压：$P_2=[\gamma(H-H_W)+\gamma' H_0+P']k_a$

底部抗力：$P_0'=P_0+W_g/(\mathrm{DL})$

式中　k_a——侧压系数，取 0.40；

γ——覆土平均容重，18 kN/m³；

H——隧道埋深；

H_W——地下水位以下隧道埋深；

γ'——土在水中的浮容重 $\gamma'=\gamma-9.8=8.2$ kN/m³；

D——管片外径，11.60 m；

L——管片总长。

代入上述各式，得：

$$P_0=18\times 3.8+8.2\times(24.815-11.97-1.5)+10=171.43\ \mathrm{kN/m^2}$$

$$P_1=171.43\times 0.40=68.57\ \mathrm{kN/m^2}$$

$$P2=[18\times 3.8+8.2\times 13.845+10]\times 0.40=76.77\ \mathrm{kN/m^2}$$

$$P_0'=171.43+436\mathrm{L}/(11.6\times \mathrm{L})=209.02\ \mathrm{kN/m^2}$$

因此管片的摩擦力：

$$f=\mu\cdot(\pi D\cdot L(P_0+P_2+P_3+P_0')/4+436\times L)$$
$$=0.2\times(\pi\times 11.6\times L\times 198.88+436\times L)$$
$$=1044.77\times L$$

当 $f>F_n$ 时才可以拆除管片，F_n 为盾构机最大推力，即 $1\ 044.77\times L>140\ 743$，则 $L>134.71$ m 时拆除负环管片是安全的（其中，μ 为管片和土体间的摩擦系数，根据经验值泥水盾构取 0.2）。

京津城际延伸线盾构始发段 135 m 以后，盾尾注浆为活性浆液，约 30 h 左右即凝固，起到对管片摩阻力加大的效果，所以此时拆除负环管片是安全的。土压荷载示意图见图 9—17。

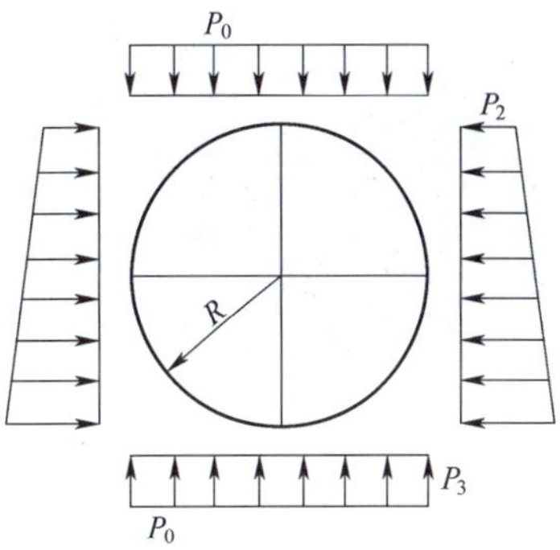

图 9—17　土压荷载示意图

9.5　负环管片拆除

负环拆除是一个复杂的系统工程，京津城际延伸线负环成功拆除克服了大直径管片错缝拼装给整个施工所带来的种种困难，为以后类似工况的负环拆除施工提供了很好的指导作用，也为盾构工作者提供了参考依据。

9.5.1 负环拆除前的准备工作

为防止在负环管片拆除后，洞口附近的管片发生变形，在负环管片拆除作业开始前必须做好以下几方面的工作：

(1)负环管片计算

负环管片重量表 9—1。

表 9—1 管片重量表

管片编号	A1	A2	A3	A4	A5	A6	B1	B2	K
重量(t)	8.92	8.92	8.9	8.9	8.9	8.9	8.9	8.9	3

(2)二次注浆

通过管片上预留的注浆口对盾构成形隧道的 1～10 环进行二次注浆(图 9—18)，浆液采用水泥—水玻璃双液浆及超细水泥。在使用超细水泥时，应注意控制浆液的水灰比，京津城际延伸线工程采用 0.75∶1 的水灰比，配比见表 9—2，其初凝时间约在 7 h 左右，7 d 的抗压强度约 20 MPa。

表 9—2 水泥—水玻璃参考配比

材料	水玻璃浓度(Be′)	水泥浆浓度(水灰比)	水泥浆与水玻璃体积比
配比	35	0.75∶1	1∶1

(3)管片拉紧

对盾构成形隧道的 1～10 环安装管片拉紧装置，拉紧条采用 12 号槽钢连接，每环 9 根，以防负环管片拆除后，管片环与环间隙被拉大，造成漏水或漏泥砂，见图 9—19。

(4)复紧管片螺栓

对盾构成形隧道的 1～10 环的螺栓进行复紧，见图 9—20。

图 9—18 二次注浆

图 9—19 管片拉紧装置

图 9—20 复紧管片螺丝

(5)盾构停机

选择地面上较空旷、无重要建筑物及管线的地方停机，并且停机期间安排人员进行 24 h 值班，盯控盾构参数变动，每天对盾构上的机械设备进行检查维护。

(6)其他准备工作

准备好 45 t/16 t 龙门吊、气割设备、电焊设备、空压机、葫芦及千斤顶等拆除所用设备，并进行必要的检查与调试，确保设备工作正常。

准备好钢丝绳、H 型钢、卸扣等材料，确保其强度、拉力等满足拆除作业安全进行。

将负环管片预埋件敲出，并利用钢板将负环管片连接起来(包括环与环相连，同环间块与块相连)，为防止负环在反力架拆除后，失去支持力而发生移动，同时将每环的预留注浆孔打穿。每块管片预埋件见图 9—21。

准备拥有完成负环拆除作业的组织与劳动力资源，该人力资源应具有负环拆除的相关经验，良好的安全意识及集体观念，确保人员可控。

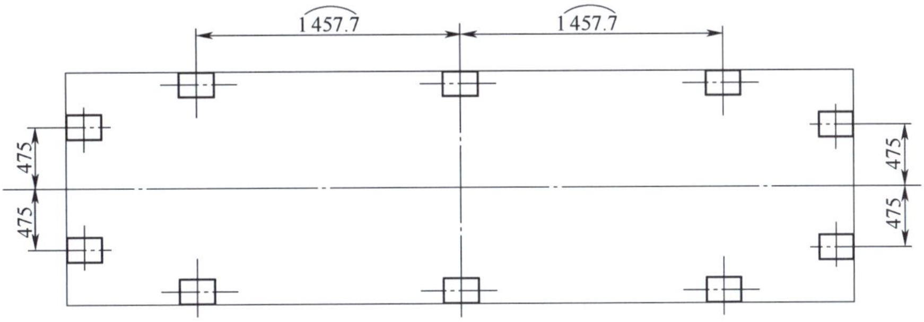

图 9—21　管片预埋件示意图(单位：mm)

9.5.2　负环管片拆除

1. 负环拆除顺序

首先拆除反力架，边割除连接部分边拆除，而后进行管片的拆除。京津城际延伸线工程的管片拼装采用的是错缝拼装，每环相同位置的管片编号不尽相同，其拆除负环的主要思想是从上至下，以隧道中心线为轴对称拆除；同时，出于安全的考虑，采用“阶梯式拆除”方式，即先拆除－10 环的上半部 5 块管片，再拆除－9 环管片上半部分 4 块管片，然后是－8 环上半部分 2 块管片；回过头再拆除－10 环下部管片对称的 2 块管片，以此类推进行拆除，见图 9—22。

2. 负环管片的拆除方式

(1)顶部管片的拆除

A、K 块位于环的顶部，首先采用专用吊具插入 K 块的注浆孔内，内弧面用螺栓拧紧后用葫芦与龙门吊连接，再用直径为 36 mm，一端带有绳扣的钢丝绳作为吊具，将钢丝绳没有绳扣的一端，从其中一块管片的外部伸入注浆口，再从另一管片的注浆孔由内向外穿出并安装钢丝绳卡头，吊装见图 9—23，钢丝绳卡关安装示意图见图 9—24。

图 9—22　负环拆除顺序

图 9—23　K 块位于顶部的管片拆除

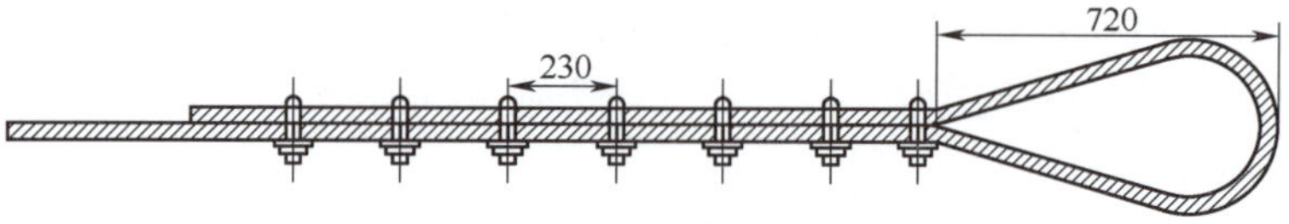

图 9—24 钢丝绳卡关安装图(单位:mm)

准备起吊时,应使与葫芦相连的钢丝绳及与龙门吊的钢丝绳收紧,再将管片螺栓拆下。B、K 块不位于整环管片的顶部,其吊装见图 9—25。

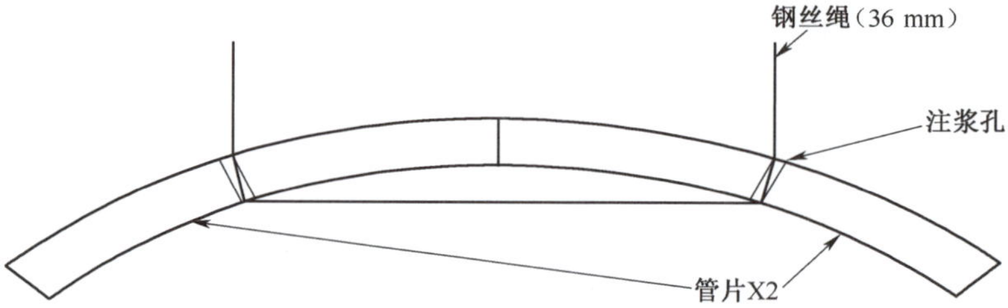

图 9—25 K 块不位于顶部吊装示意图

(2)侧部管片的拆除

侧边管片拆除见图 9—26,上部按如下方式挂钢丝绳:将钢丝绳不带绳扣的一端穿过注浆孔,通过管片内侧包住管片,同时安装钢丝绳卡头,将钢丝绳的两端挂在一个龙门吊吊钩上。

(3)底部管片的拆除

底部管片的拆除相对简单,采用钢丝绳没有绳扣的一端穿过注浆孔,包住管片后,利用钢丝绳卡头与带有绳扣的一端相连,将管片吊起,或用吊带直接吊起。

图 9—26 侧面管片拆除

9.6 盾构始发阶段施工安全

9.6.1 盾构组装施工安全

1. 吊装前的准备

(1)方案编制和审批

编制专项吊装施工方案,方案要根据现场实际情况有详细说明、设计图、计算书、资源配置、平面布置等,必要时组织专家论证,审批手续完备。编制吊装施工安全技术方案,审批手续完善。编制应急预案并准确落实。

(2)人员教育和培训

对参加施工的人员按工种、岗位进行安全教育和技术交底。编制作业指导书并进行宣贯。

(3)资质审查

承担吊装作业的单位必须具有国家机关审核批准的相对应的有效资质。起重机械按施工方案要求选型,并具有技术监督局颁发的特种设备检测资料。组装单位应具有相应资质,检查验收后应有记录。机操工必须经过培训持有上岗证,特种作业人员(起重机械、起重指挥、挂钩、电工、电焊工等)所持安全技术操作证真实有效。

(4)技术参数核验

对盾构重大构件的主体吊耳进行探伤试验(图 9—27)。对钢丝绳安全系数校核。对主要部件起重半径及起重高度核算。现场核对地质条件并进行地基承载力验算。

图 9—27 刀盘吊耳探伤

(5)环境条件

现场必须清理出足够的组装场地。吊车行走和作业区间的场地必须平整(图 9—28)。提前做好风、水、电的配备。夜间施工照明充分到位。见图 9—28。

图 9—28 现场施工中的龙门吊

(6)材料机械

装机所需的小型设备、工具、材料准备齐全。吊车使用前要进行必要的保养。

2. 吊装过程的安全

(1)安全防护设施

作业现场悬空作业时应有牢固的立足作业平台,支架、脚手架必须搭设规范,应有专用爬梯或斜道,临边应设护栏和封挂安全网。

盾构构件放置应平稳，重心较高的构件，两侧加设支撑，长度较长的支撑不得少于三道。根据施组设计要求划定危险作业区域，设置醒目警示标志，防止无关人员进入，同时视作业环境，专门设置监护人员，防止高处作业或交叉作业时造成落物伤人。检查作业区临空管线是否影响作业，架空电缆四周，按规范搭设保护支架，以免损坏线路。

(2)正式吊装前进行试吊

检验起重机械的安全装置、限位器、吊钩保险装置是否符合要求。经 1.2 倍额定荷载试吊，吊离地面 20～50 cm，检查扒杆、地锚、缆风绳情况，确认各部滑轮及钢丝绳受力良好。检查吊点设置是否合理(吊点选择应与重物在同一垂直线上，且高于重心)。检查钢丝绳、索具是否同起重量匹配。磨损、断丝是否超规范。

(3)正式吊装

检查起重设备是否正确就位，操作指挥人员是否准备就绪。起重吊装过程是否符合经审核的专项技术方案。过程是否合理安全。并作详细记录。露天施工遇 6 级以上大风或大雨、大雪、大雾等恶劣天气应停止作业。作业时，起重臂和重物下方严禁有人停留、作业或通过。重物吊运时严禁从人上面回转。实施吊装作业严格遵守“十不吊”规定。吊装就位，没完成固定前，不得收撤索具。起重吊装操作人员作业于高处时，应审查高处坠落安全措施是否落实。吊装作业人员在高空移动和作业时必须系安全带，并固定在安全支点上。

9.6.2 破除洞门混凝土安全

1. 在洞圈内搭设脚手架

根据施工需要分层铺设脚手板，以提供作业人员作业位置。脚手架底部与预埋钢环底通过方木紧密接触，不可悬空。并按要求搭设剪刀撑。斜撑可通过搭设在刀盘上以保证脚手架稳定牢固。

2. 水平探孔

洞门凿除前打水平探孔(图 9—29)，孔深以穿透地连墙为准，以确认地连墙外隔水情况，若发现透水，需采取封堵加固等措施。

图 9—29 水平探孔布置及施工

3. 混凝土凿除

人工用风镐凿除盾构范围内地连墙内侧混凝土(图 9—30)，采用分层分块的方式。钢筋割除由下至上，混凝土凿除由上至下，凿除至玻璃纤维筋为止。渣土随凿随清。

图 9—30　洞门凿除及脚手架搭设

4. 拆除脚手架

后装先拆、先装后拆，从上而下逐层进行。同一层的构配件和加固杆件必须按先上后下，先外后内的顺序进行拆除。连墙件必须随脚手架逐层拆除，严禁先将连墙件整层或数层拆除后再拆架体。连墙杆、通长水平杆和剪刀撑等，必须在架体拆卸到相关位置时方可拆除。

5. 风险与措施

洞门凿除风险较大，采取如下措施防范：洞门凿除前 30～40 d，对洞门区域的加固效果打观察孔观察加固效果；凿除洞门前，调试好双液注浆泵，备足相关注浆材料，以便及时封堵涌水涌砂；竖井内安装有足够排污能力的排污泵，防止作业面被淹；设置紧急安全通道；洞门凿除时，除施工人员及相关管理人员外，其他人员不得围观和簇拥；设置 2 名专职安全员，从不同角度监控施工过程，发现问题及时处理；把握好凿除时机，时刻处于临战状态，及时应对不可预见的风险因素。

6. 涌水涌砂的处理措施

(1)少量涌水涌砂

洞门凿除过程中，不可避免的要有漏水漏砂现象。若在控制范围内，不影响施工不造成危害，可通过由污水泵排出污水。

(2)大量涌水涌砂

若造成洞口处大量涌水涌砂，立即使用双液注浆泵和导流管对漏砂漏水处进行引流并注浆封堵。直至封堵完毕后方可进行下一步施工。

快速将盾构前推靠上土体，利用刀盘支护和止水帘布的止水性能防止塌方扩大，必要时刻将止水箱体(图 9—31)与盾壳进行焊接密封，确保洞门土体稳定。

图 9—31　盾构始发洞门止水箱体

9.6.3 盾构顶推进洞安全

检查刀盘范围内有无钢结构，拆除脚手架。

超前导轨在洞门凿除时安装，一端连接至钢丝刷内侧附近（低于托架 5 cm）焊接固定，另一端延伸至掌子面。导轨底部通过型钢垫实并满焊牢固，上导轨处打楔形坡脚，两根导轨中间加弧形支撑。

盾构推进前，再次清理洞门混凝土，检查钢环内净空尺寸，确保没有钢筋、钢板等钢结构侵入盾构刀盘范围之内。

洞门凿除和导轨安装完成后，开始拼装负环管片，盾构向前顶进，并使盾构在最短的时间内进入洞门钢环。始发洞门防水措施见图 9—32。

图 9—32 始发洞门防水措施

负环脱出盾尾 1/3 时，负环管片与始发托架导轨之间塞入木楔子垫实，立即采用钢丝绳捆住并固定于托架上，每环捆绑两道。在两侧及底部架设型钢支撑。全部负环拼装完成后，通过注浆孔用特制型钢进行焊接连接加固，防止隧道浮动，增强整体性，保证盾构姿态。负环管片加固措施见图 9—33。

刀盘进入洞门时，调整橡胶帘布，防止帘布刮裂。盾体通过帘布后，检查周圈止水装置压板位置，对间隙较大的部位，采用钢板焊接并固定。

当盾尾通过洞门密封后，立即将铰接压板焊接固定，并进行同步注浆，同时根据实际情况选择水泥—水玻璃双液浆补注，以避免洞门钢环间隙处产生泥浆、水土流失而影响泥水压力平衡的建立。洞门注浆后，即可进入正常的盾构掘进状态。

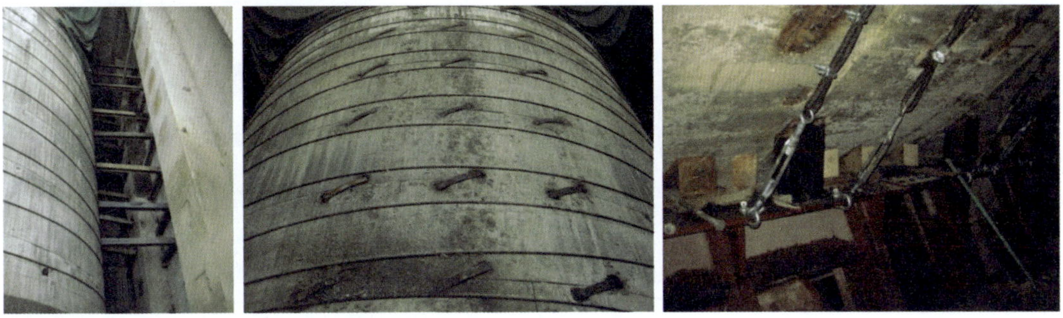

图 9—33 负环管片加固措施

9.6.4 拆除负环管片安全

根据计算，确定盾构在掘进多少环后进行负环拆除工作。拆除负环之前，洞口 0 环至+5 环之间要进行二次注浆。

首先拆除反力架，边割除连接部分边拆除，而后进行管片的拆除。管片拆除顺序：从上至下，以隧道中心线为轴对称拆除，采用“阶梯式拆除”法（图 9—34），即先拆除－8 环的上半部 5 块管片，再拆除－7 环管片上半部分 4 块管片，然后是－6 环上半部分 2 块管片。回过头再拆除－8 环下部管片对称的 2 块管片，以此类推。

负环拆除采取由上至下，分块拆除的方法，采用钢丝绳捆绑顶部三块管片，两侧管片通过钢丝绳对拉固定，然后拆除连接螺栓，吊除顶部管片（图 9—35），继而吊除两侧及底部管片（图 9—36）。

图 9—34 阶梯式拆除负环管片

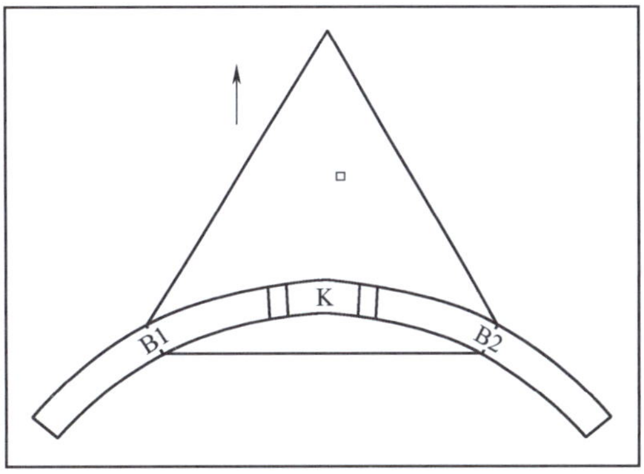

图 9—35 顶部管片拆除方式

负环管片拆除后，采用弧形钢板焊接封堵洞门空隙，防止漏水漏砂，拆除托架，并安装新的始发井底部工作平台。管片拆除现场见图 9—37。

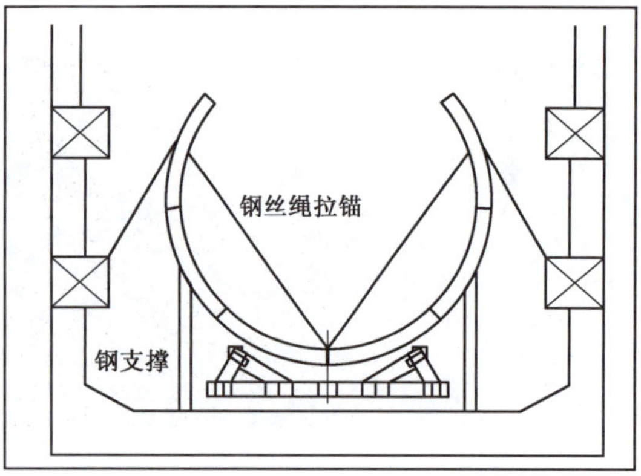

图 9—36 拆除顶部管片后加固措施

图 9—37 管片拆除现场施工图

9.7 控制测量

盾构施工测量主要包括地面控制测量、联系测量、地下控制测量、盾构掘进测量、贯通测量和竣工测量。

9.7.1 地面平面控制测量

1. 基本要求

地面平面控制测量在 CPⅡ与 CPⅠ控制网的基础上，采用四等导线附合线路的形式。控制网的布置原则及要求：

(1)四等导线尽量沿线路方向布设，并采用附和导线，以减弱边长误差对横向贯通精度的影响。

(2)尽量选择长边，减少导线边数，以减弱测角误差对横向贯通误差的影响。

(3)相邻边短边长度不小于长边长度的 1/2，最小边长不短于 100 m。

(4)四等导线点的位置选在因施工而发生沉降变形区域以外的地方，并避开地下管线等建筑物。

(5)CPⅡ控制点与相邻四等导线点间的垂直角不大于 30°。

(6)插网和插点与主网同等精度。

(7)充分利用城市导线点。

(8)相邻点之间的视线距障碍物的距离以不受旁折光影响为原则。

2. 技术标准

地面平面控制网在设计院移交的 CPⅡ与 CPⅠ控制网的基础上采用四等导线控制网加密。以 CPⅡ与 CPⅠ控制网为基础建立四等地面四等导线网。通过四等导线点，再通过布设近井导线引至盾构井，进行施工测量。引入施工现场的平面控制点在始发井、接收井附近均不少于 3 个。近井导线点与四等导线点构成附和导线，按四等导线测量的技术要求施测。四等导线控制网主要标准如下：

平均边长：330 m；

导线总长度：3～4 km；

测距中误差：±5 mm；

测距相对中误差：1/80 000；

测角中误差：±2.5″；

方位角闭合差：$\pm 5\sqrt{n}$（n 为导线角度的个数）；

导线全长相对闭合差：1/40 000；

相邻点的相对点位中误差：±10 mm；

近井导线点位中误差为±10 mm。

3. 测量方法

使用徕卡 TCRA1201＋全站仪，采用多测回测角程序自动观测 4 测回，按奇数测回和偶数测回分别观测导线的左角和右角，观测限差为：

各测回同方向两倍视轴差（$2c$）的互差：±9″；

各测回同方向值互差：±6″；

半测回归零差：±6″。

左、右角分别取中数后按下式计算圆周角闭合差 Δ：$\Delta=[\text{左角}]_{中}+[\text{右角}]_{中}-360° < 5.0''$，最终取 4 测回平均值。

边长观测采用全站仪光电测距，每边往、返各测 4 测回，边长观测始末均进行温度、湿度、气压测量，取每边两端的平均值，利用全站仪机载软件及时进行温湿度、气压改正，最后边长取 4 测回平均值。

观测及检核限差为：测距中误差＜5 mm；同一测回各次读数互差 5 mm；测回间读数较差 7 mm；往返测平距较差 2 m_D。

注：仪器标称精度：

$$m_D=(a+b\times D)$$

式中 a——仪器标称精度中的固定误差（mm）；

b——比例误差系数（mm/km）；

D——测距边长度（km）。

测量平差及精度评定均采用测量平差软件通过严密平差进行。

9.7.2 地面高程控制测量

1. 基本要求

（1）加密水准点沿线路方向布设，采用附和水准路线。

（2）加密水准点间距为 500 m 左右，在建筑密集，通视条件差的路段适当减小点间距。

（3）加密水准点的位置选在因施工而发生沉降变形区域以外的地方，并避开地下管线等建筑物。插网和插点与主网同等精度。

（4）高程控制网采用 1985 国家高程基准。在设计院移交的二等水准网的基础上采用二等水准加密，在二等水准测量的基础上布设近井水准点，近井水准点与二等水准点形成附合水准路线。

2. 测量方法

使用徕卡 DNA03 电子水准仪，配 2 m 徕卡水准标尺，按二等水准测量要求实施测量。按附合水准路线往返各观测一次，视线长度 50 m，使 DN03 自带的测距仪控制，前后视的距离较差小于 1 m，前后视的距离较差积累小于 3 m，视线离地面高度大于 0.5 m，同一测站两次测量高差较差小于 0.7 mm，检测间歇点高差之差小于 2 mm。往返侧较差和附合线路闭合差小于 $4\sqrt{L}$ mm（L 为水准路线长，单位为千米）。

观测时采用后—前—前—后的观测顺序，利用机载程序自动观测和记录。由往测转向返测时，两根水准尺互换位置，并重新整置仪器。

使用徕卡专用数据处理软件进行平差。

9.7.3 竖井联系测量

竖井联系测量主要为利用竖井空间进行地下导线定向测量和高程传递测量。

1. 平面坐标传递

采用竖直导线定向，见图 9—38 将近井导线点布设至井口稳固处，从近井导线点 A 引出，在竖井各层板或框梁上布设竖直导线的导线点，各导线边的最大垂直夹角小于 30°，边长 20 m 左右，共布设 4 个竖直导线点，形成 4 条竖直导线边。近井点 A 与两个地面控制点连测。竖直导线测量独立测量两次，地下定向边方位角互差控制在 12″以内，平均值中误差为±8″。

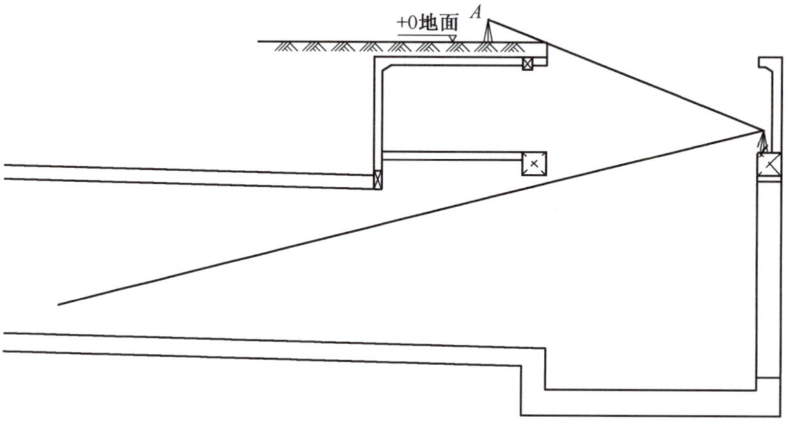

图 9—38 竖直导线定向示意图（图中 A 为近井导线点）

用一套徕卡 TCRA1201＋全站仪测量。为减小仪器和棱镜的对中误差，本竖直导线测量时采用三联脚架法观测，导线边长对向观测，其他观测技术要求按地面控制测量的四等导线测量的技术要求实施。

测量平差及精度评定均采用测量平差软件通过严密平差进行。

2. 竖井高程传递

在井下稳固地方布设 3 个水准点，采用悬挂钢尺、井上井下安置两台水准仪同时读数，见图 9—39。并在钢尺上悬挂与钢尺检定时相同质量的重锤，钢尺读数高差进行温度、尺长改正。传递高程时，每次独立观测 3 测回，测回间变动仪器高，三测回测量得到的地面、地下水准点高差较差小于±3 mm，然后取中数计算井下水准点高程。

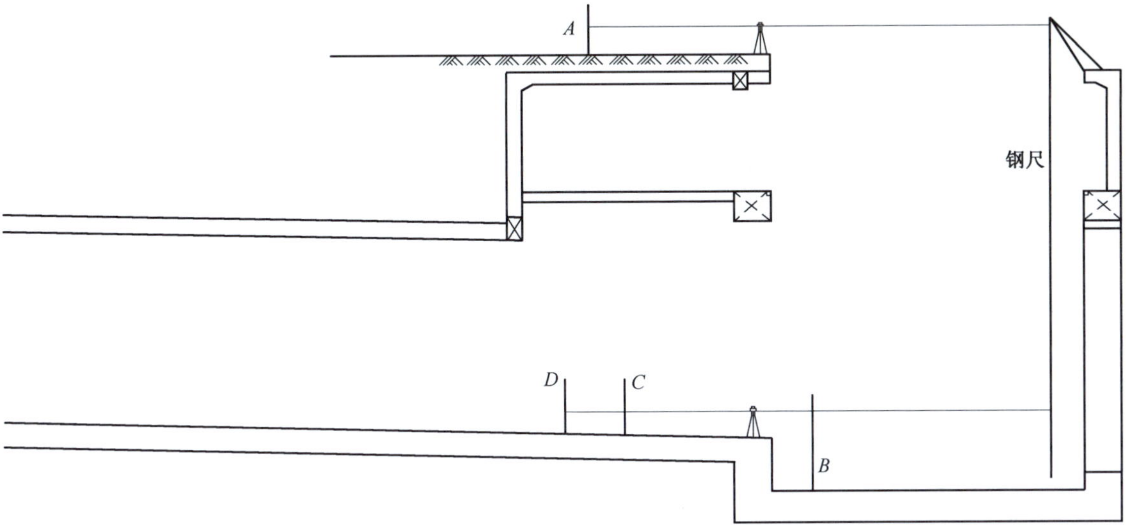

图 9—39 高程传递测量示意图（*A* 为近井水准点，*B*、*C*、*D* 为井下水准点）

10　盾构掘进阶段的施工技术

10.1　泥水盾构的基本原理

泥水盾构基本原理是刀盘在泥浆中旋转，开挖掌子面；挖掘下的渣土与泥浆混合。盾壳区域内，刀盘旋转进行开挖的部分称为开挖仓，压力仓板将它与盾壳分隔开来。开挖仓内的土压和水压被压力泥浆平衡，从而避免了不受控制的土体掺入，并保证了隧道开挖面的稳定。开挖仓被一个分隔板分隔成两个区域。泥水平衡式盾构示意图见图 10—1。

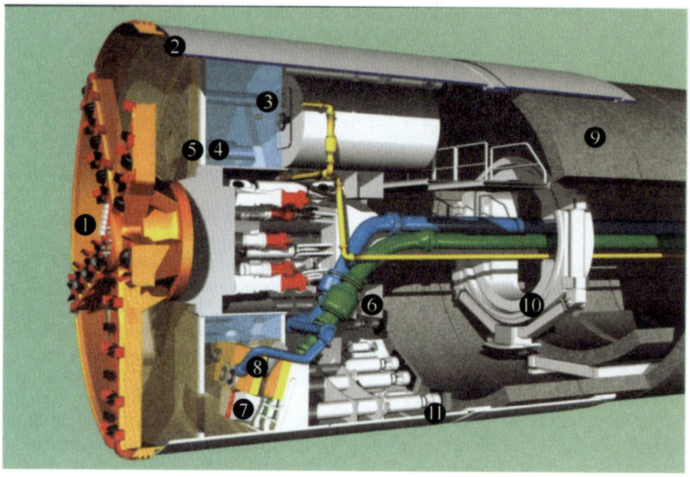

图 10—1　泥水平衡式盾构示意图

1—刀盘；2—护盾；3—承压隔板；4—气垫调压仓；5—分隔舱板；6—排泥管；7—砾石破碎器；8—进泥管；9—管片；10—管片安装机；11—液压推进缸

泥浆通过气垫对隧道开挖面施加压力从而实现支撑作用（图 10—2 和图 10—3）。对开挖面施加压力的控制由压缩空气控制单元进行。

气垫调节仓内的压缩空气气垫产生支持压力，并将该压力传至泥浆，调节液位高度。受到压力后的泥浆，其液位则刚好达到机器轴线的位置。承压泥浆产生的支持压力传输到开挖仓，这时，整个开挖仓内完全充满承压的泥浆。开挖仓内泥浆的波动将被精确控制以保持平衡状态。

在泥水仓内和掌子面建立泥水平衡是泥水盾构掘进的根本要求，另外由于盾构掘进过程中，采用管片背填双液同步注浆方式来填充管片与土体的间隙，从而达到减小底层沉降，限制管片位移和变形，提高结构稳定性，加强隧道防水性能的目的。

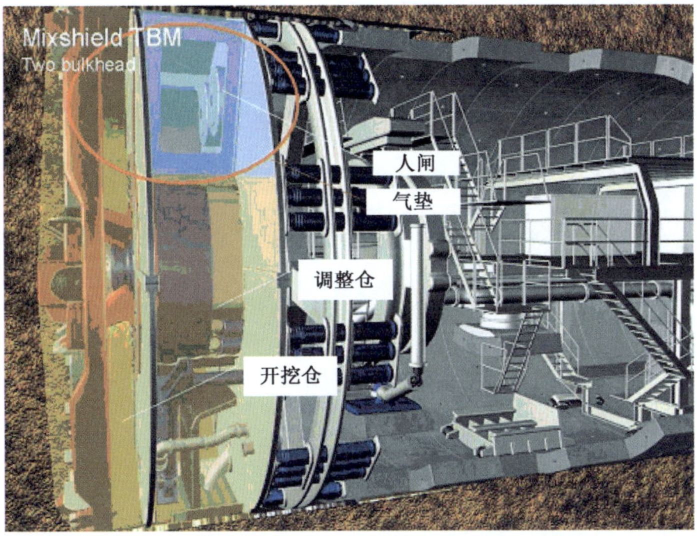

图 10—2 泥水平衡式盾构—气垫调压仓示意图

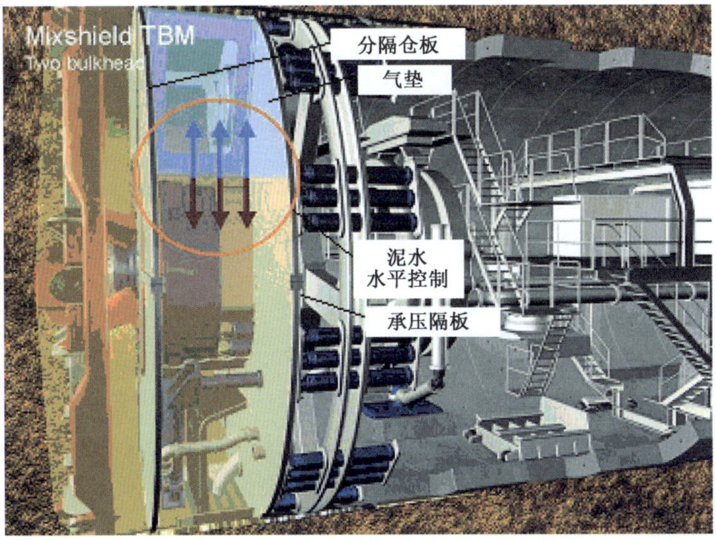

图 10—3 泥水平衡式盾构—通过气垫加压实现支撑作用示意图

10.2 掘进参数

10.2.1 切口水压

1. 切口水压理论计算：

(1)切口水压上限值：

$$P_{上}=P_1+P_2+P_3=\gamma_w h+K_0\cdot[h(\gamma-\gamma_w)+\gamma(H-h)]+20$$

式中 $P_{上}$——切口水压上限值(kPa)；

P_1——地下水压力(kPa)；

P_2——静止土压力(kPa)；

P_3——变动土压力，一般取 20 kPa；

γ_w——水的溶重（kN/m^3）；

h——地下水位以下的隧道埋深（算至隧道中心）（m）；

K_0——静止土压力系数；

γ——土的溶重（kN/m^3）；

H——隧道埋深（算至隧道中心）（m）。

（2）切口水压下限值：

$$P_{下}=P_1+P'_2+P_3$$
$$=\gamma_w h+K_a\cdot[h(\gamma-\gamma_w)+\gamma\cdot(H-h)]-2C_u\cdot \mathrm{sqr}(K_a)+20$$

式中 $P_{下}$——切口水压下限值（kPa）；

P'_2——主动土压力（kPa）；

K_a——主动土压力系数；

C_u——土的凝聚力（kPa）。

2. 掘进时切口水压管理

盾构掘进时的切口泥水压力应介于理论计算值上下限之间，并根据地表建构筑物的情况和地质条件适当调整。在逆洗过程中，由于泥水仓或盾构内的排泥管处于堵塞状态，因此逆洗时应提高排泥流量，但不能降低切口水压。盾构推进、逆洗和旁路三状态切换时的切口水压偏差值均控制在：－40～＋40 kPa。

10.2.2 掘进速度

正常掘进条件下，掘进速度应设定为 20～40 mm/min；在盾构通过软硬不均地层时，掘进速度应控制在 10～20 mm/min。

盾构掘进速度设定时，注意以下几点：

（1）盾构启动时，盾构司机需检查千斤顶是否顶实，开始推进和结束推进之前速度不宜过快。每环掘进开始时，应逐步提高掘进速度，防止启动速度过大冲击扰动地层。

（2）每环正常掘进过程中，掘进速度值应尽量保持衡定，减少波动，以保证切口水压稳定和送、排泥管的畅通。在调整掘进速度时，应逐步调整，避免速度突变对地层造成冲击扰动和造成切口水压摆动过大。

（3）推进速度的快慢必须满足每环掘进注浆量的要求，保证同步注浆系统始终处于良好工作状态。

（4）掘进速度选取时，必须注意与地质条件和地表建筑物条件匹配，避免速度选择不合适对盾构刀盘、刀具造成非正常损坏和造成隧道周边土体扰动过大。

10.2.3 切削量的控制

挖掘土体的体积计算式：

$$V_R=Q_1-Q_0$$

式中 V_R——挖掘土体的体积（m^3）；

Q_1——排泥总量（m^3）；

Q_0——送泥总量（m^3）。

实际切削量(固体土粒子质量)W'可由下式计算得到:

$$W'=\frac{\gamma_s}{\gamma_s-1}[Q_1(\rho_1-1)-Q_0(\rho_0-1)]t$$

式中 W'——实际切削量(kg);

γ_s——土的比重;

Q_1——排泥总量(m^3);

ρ_1——排泥密度(kg/m^3);

Q_0——送泥总量(m^3);

ρ_0——送泥密度(kg/m^3);

t——切削时间(min)。

当发现切削量过大时,应立即检查泥水密度、黏度和切口水压。此外,也可以利用探测装置,探测土体坍塌情况,在查明原因后应及时调整有关参数,确保开挖面稳定。

10.3 同步注浆

10.3.1 浆液配合比设计

盾构施工中,考虑到土体性质、高程、地下水位、隧道横断面以及施工技术的等多方面因素,在盾构隧道内将具有早期强度的材料,按照一定的注浆压力和注浆量注入盾尾间隙中。

1. 原材料的选择

考虑到本工程中盾构掘进中下穿各种障碍物,为了保证同步注浆的效果,在设计配合比时,在满足浆液稠度、强度、倾析率的前提下,保证浆液质量。

水泥:水泥采用强度较高的 P·O42.5 普通硅酸盐水泥,水泥性能稳定,且初凝终凝时间基本保持在 240~350 min 之间。3 d 抗压强度达到 22.6 MPa,28 d 强度达到 47.9 MPa。

粉煤灰:为了有效的使粉煤灰掺合料与浆液很好的融合,最终采用 F 类Ⅱ级粉煤灰。该粉煤灰细度为 15.8%,在Ⅱ级粉煤灰中各项指标均优于其他。

细骨料;作为同步注浆,更加注重对细骨料的选用。经过对天津周围地区砂场的调查,经过试验采用的为中砂,细度模数为 2.5,含泥量仅为 0.3%,泥块含量为 0.1%。

膨胀剂:膨胀剂在浆液中起到补偿收缩的作用。从膨胀剂自身的限制膨胀率、抗压强度指标上考虑,选择了 HE-Y 型膨胀剂。该膨胀剂与水泥能够很好地相容,并且强度较高。

膨润土:采用的膨润土,2 h 吸水率 214%,吸蓝量 30.0 g/100 g,膨胀指数 8 mL/2 g,过筛率(75 μm,干筛)97.8%,水分 10.3%,属于冶金球团用膨润土二级品。

2. 配合比的设计

对于较坚硬,有其一定的自稳能力的岩层,要均匀填充地层,就一定要增加浆液的流动性,因此浆液配比要在保证砂浆稠度、倾析率、固结率、强度等指标的基础上延长其凝结时间,以获得更为均匀的填充效果。

对于软弱、其自稳能力较差的岩层,注浆后希望尽快获得固结体强度,因此浆液配比要保证砂浆的固结率和强度,需要在较短时间内加固地层。注浆凝胶时间宜为 3~10 h,固结体1 d 强度应不小于 0.2 MPa,28 d 强度不小于 2.5 MPa。浆液结石率应大于 95%,即固结收缩率小于 5%,浆液稠度宜为 8~12 cm,浆液倾析率应小于 5%。

经过反复的试验论证,验证了 3 种浆液拌制砂浆稠度为 100 mm 时候,浆液的结石率最小。见表 10—1 和表 10—2。

表 10—1 3 种配合比的用量比较(每立方米用量)

配合比	水泥(kg)	粉煤灰(kg)	砂子(kg)	膨胀剂(kg)	膨润土(kg)	水(kg)
配合比 1	150	350	1 000	10.96	100	450
配合比 2	100	500	600	9.5	90	400
配合比 3	200	250	1400	15.5	140	500

表 10—2 3 种配合比的试验指标比较

配合比	1 d 强度(MPa)	28 d 强度(MPa)	胶凝时间	浆液结石率
配合比 1	0.59	4.2	5 分 45 秒	95%
配合比 2	1.2	3.42	5 分 30 秒	98%
配合比 3	0.57	4.1	6 分 50 秒	96%

在保证强度的前提下，对 3 种配合比进行分析，考虑到凝胶时间和浆液结石率，选用第二种配合比。经过一定的优化，最后确定配比为：每立方米用水泥 100 kg，粉煤灰掺合料470 kg，砂 630 kg，膨胀剂 8.76，膨润土 87.6 kg，拌和用水 380 kg。

10.3.2 同步注浆量

盾构刀盘开挖后围岩与拼装完管片的外径之间存在着一定间隙。在现阶段盾构施工中一般都进行注浆填充，既起到回填注浆的作用，保证地层不过量沉降，又是隧道防水的一道坚实的屏障，如果注浆量不足或质量不好，则管片背后很容易形成漏水通道，最终造成隧道的渗漏水，在掘进过程中注浆量不足或过多都会造成盾尾的渗漏水。在实际的施工中注浆量的多少是以注浆压力控制注浆量为原则，适当的注浆量会在最后一道盾尾刷的钢板束(本工程盾构机此位置设置了止浆板)位置形成一道隔水层防止泥浆窜入盾尾仓。所以用来控制注浆量的注浆压力尤为重要。

10.3.3 同步注浆压力

盾构在掘进过程中，同步注浆注浆压力一般控制在 $P=P_{切}+(0.6\sim1.0)$ bar，当注浆压力高于盾尾刷和油脂的抗压强度时，就会击穿盾尾油脂保压仓而造成窜浆。

但是实际的施工中，由于注浆管路的内壁会慢慢凝结砂浆，给注浆造成更大的阻力，这时的注浆压力损失系数 0.6～1.0 bar 就不够了，注浆量就会减少，注浆压力出现波动。如果此时盲目的增大注浆压力就会造成注浆压力的更大波动，使所注入的砂浆击穿盾尾油脂保压仓而造成窜浆。

10.4 盾尾密封保护

10.4.1 盾尾密封的原理

盾尾密封系统(图 10—4)是采用多道钢丝刷，双室中注入油脂起到盾尾管片处与外界浆液层隔绝及润滑的作用。盾构掘进过程中，管片是静止不动的，盾体是连续移动的，因此盾尾和已装管片间存在相对滑动，为了防止外部污水和泥砂等进入盾构内，必须对盾尾和管片间进行密封处理。盾尾密封一方面靠装在盾尾内壁的多道钢丝刷密封，另一方面是靠充满整个油脂腔的油脂建立起压力进行密封，同时注入到油脂腔内的油脂也可以起到润滑和保护钢丝刷，延长其使用寿命的作用。

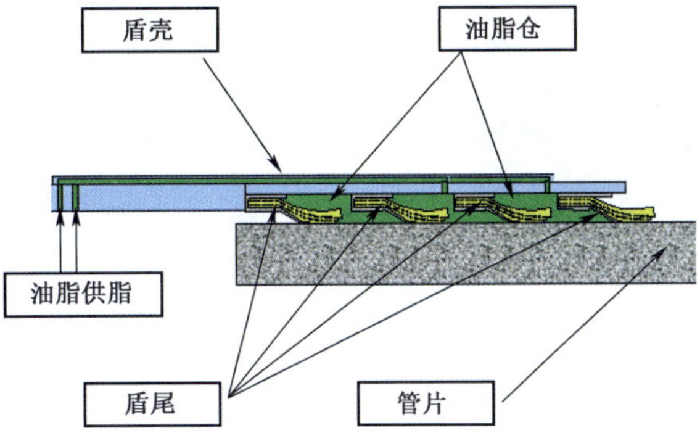

图 10—4　盾尾密封示意图

10.4.2　盾尾油脂的基本要求

盾尾油脂用于盾构的尾部，起到密封地下水（淡水或海水）、密封泥浆和密封膨润土泥浆（如使用）的作用，是一种以油脂为主剂，加入纤维、改性剂、填充剂等添加剂而制得的膏状物，主要起到密封、防水、润滑、防腐蚀作用。盾尾油脂都是采用高压气泵进行注入，因此盾构密封脂中最重要的性能即是泵送性和抗水密封性，另外还应具有较好的黏附性：

（1）能在一定的地下水压和地层压力下有效工作，并且在外压作用较大的情况下不会被分解，仍然能保持其有效参数指标及形态。

（2）具有良好的可泵送性。

（3）具有适宜的黏度，能与管片外表产生良好的黏附性能。

（4）温度性能稳定，其参数不因施工环境温度的变化而产生较大变化。

（5）黏度较小的一般使用在盾构直线掘进；而黏度较大使用在盾构调头、拐弯时。

10.4.3　盾尾油脂的使用方式

1. 盾构始发前盾尾油脂的使用

在盾构始发以后，通过泵送油脂一般情况下是无法进入盾尾刷的。因此，在盾构始发拼装负环之前，需要先将盾尾刷内部涂抹油脂，此次涂抹必须按要求进行，不得疏忽。

盾构尾首次充填盾尾钢丝刷时使用的密封油脂，其性能指标与泵送型油脂基本相同，只是稠度略高，涂抹油脂一般采用 CONDOT-WR90 手涂盾尾油脂。涂抹时分层将钢丝刷拨开后填入油脂，涂抹后每层油脂填塞饱满，不掉落、不漏涂，尤其是在每个油脂仓内盾尾刷与盾体焊接位置也要填充盾尾油脂。若此处不进行填充，会造成正常掘进油脂自动注入时，注脂压力虽能达到，但油脂仓内并未有油脂注入，从而对盾尾刷造成损伤。油脂涂抹及效果见图 10—5 和图 10—6。

图 10—5　涂抹盾尾油脂

图 10—6　涂抹油脂后的盾尾刷

2. 盾构正常掘进时盾尾油脂的使用

在推进过程中，利用盾尾油脂泵通过管路直接注入盾尾仓内，在实际推进中，按要求位置注入。

高压气动注脂泵(图 10—7)举例：

高压连接管 1/2″，3 m；

出脂最大流量：8 kg/min；

加注量：可调；

工作气压：4～8 bar；

加注精度：≤1%；

加注油脂：0～3# 润滑脂；

单次加注时间：≤10～15 s；

加注距离：50 m；

适用油桶：180～220 kg 标准。

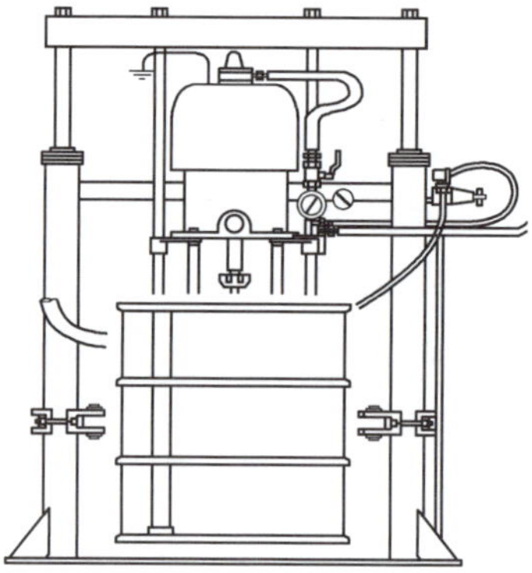
图 10—7　注脂泵示意图

推进模式下一般采用自动压力注入模式：

自动压力注入：采用压力优先原则，当注入点压力降至设定压力 P 以下时自动开启，对该点强制注入 a 秒，若 a 秒后压力升至设定 P_{max} 则停止注入。若仍低于 P 继续压注，若连续 N 次 a 秒仍低于 P，则停机检修，检查管路及气动阀组。反之则循环致下一点，本模式也可多点注入。

盾尾油脂注入系统，具有分路单独工作及压力、次数等的监控功能。设置电液动或气动油脂注入系统，在盾构推进过程中根据需要向盾尾钢丝刷中注入油脂。在水压较高的情况下，盾构在推进过程中需不断地向盾尾钢丝刷中注入油脂。防止盾尾钢丝刷反转。由于油脂的不断充填，可以获得充足的止水效果。盾尾油脂的注入，通过泵的间歇运转和注入阀的开关来实现。盾尾处的各个注脂分管路上安装电气控制的阀门，装有压力控制装置。盾尾密封加注密封油脂的自动控制及加注压力监测装置，能在盾构掘进机操作室的操作面板上对密封油脂的加注作业进行控制。选择自动注入时可预先设定注脂次数，注脂时间、最大等待时间、注脂压力等参数。

3. 盾尾油脂的用量

在盾构掘进过程中，盾尾刷与管片的摩擦消耗的油脂与掘进速度成正比，速度过快则注入盾尾的密封油脂在单位时间内不能满足其消耗量，若不及时调整油脂泵注脂率，则盾尾刷内的油脂量和注入油脂的压力不能及时密封盾尾，势必造成尾刷的密封效果减弱，形成盾尾渗漏。因此，盾尾油脂注入需在掘进过程中及时补充，确保盾尾密封良好。油脂的消耗量取决盾构本身盾尾结构的情况和土体条件，以及外部泥水压力等，一般每次按密封面积计算 0.4～1.5 kg/m^2。

10.5 盾构机姿态控制

10.5.1 盾构姿态偏差原因

盾构姿态偏差主要是方向偏差和滚动偏差。方向偏差是指盾构在水平和垂直方向偏离了线路的方向，滚动偏差则指盾构的机身沿其轴线发生了旋转。由于隧道通过的岩层软硬不均、岩层界线变化较大且盾构在掘进过程中还需要适应线路在平面方向和垂直方向的变化，盾构掘进参数的设置不可能随时都能完全适应掌子面的岩层情况，因此盾构极易发生方向偏差。另外，由于盾构在掘进过程中是依靠刀盘的旋转来挤压和切削土体来工作的，因此盾构机身有向刀盘旋转方向相反的滚动趋势，如果这种滚动趋势得不到有效的控制，盾构就会发生滚动，即发生滚动偏差。方向偏差和滚动偏差都会对盾构的掘进带来不利的影响，因此有必要对其进行控制和纠正。

1. 方向偏差

盾构机产生方向偏差主要原因：

(1)盾构推进过程中部同部位的推进千斤顶参数设置不能与实际需要相吻合，致使推进千斤顶在不同部位的推进量不一致而产生姿态偏差。

(2)开挖掌子面的土层软硬不均，刀盘在洞室不同部位的阻力不一致，致使刀盘向阻力较小的方向移动而产生姿态偏差。

(3)刀盘自重的影响，使盾构有向下低头的趋势。

2. 滚动偏差

产生滚动偏差的主要原因是盾构壳体与洞壁之间的摩擦力矩不能平衡刀盘旋转的扭矩。这种情况在盾构通过稳定性较好的地段尤为明显，因为此时盾构壳体与洞壁之间只有中下部才产生摩擦力，同时其摩擦系数也相对较小。盾构产生过大的滚动不仅会影响管片的拼装，也会引起隧道轴线的偏斜。

10.5.2 盾构姿态控制的一般细则

在掘进过程中，盾构操作人员根据激光自动导向系统在电脑屏幕上显示的数据，通过合理选择各分区千斤顶及刀盘转向等来调整盾构的姿态。

盾构姿态控制操作原则有两条：

(1)机体滚角值应适宜，盾构滚角值太大，盾构机不能保持正确的姿态，影响管片的拼装质量，此时，可以通过反转刀盘来减少滚角值。

(2)盾构的前进方向水平向右偏，则需要提高右侧千斤顶分区的推力；反之，则需要提高左侧千斤顶分区的推力。如果盾构机头向下偏，则需要提高下部千斤顶分区的推力；反之亦然。

一般情况下，盾构的方向纠偏应控制在±20 mm 以内，在缓和曲线及圆曲线段，盾构的方向纠偏应控制在±30 mm以内。尽量保持盾构轴线与隧道设计轴线平行，否则，可能会因为姿态不好而造成盾尾间隙过小和管片错台裂缝。

当开挖面土体较均匀时，盾构姿态控制比较容易，一般情况下方向偏角控制在±5 mm以内。当开挖面内的地层左、右软硬不均且又是处在曲线段时，盾构姿态控制比较困难。此时，可以降低掘进速度，合理调节各分区的千斤顶推力，有必要时可考虑使用超挖刀进行超挖。当盾构遇到上软下硬土层时，为防止盾构机“抬头”，要保持下俯姿态；反之，则要保持上仰姿态。

掘进时要注意上下两端和左右两侧的千斤顶行程偏差不能相差太大，一般控制在±20 mm以内。在曲线段掘进时，一般情况下根据曲线半径的不同让盾构机向曲线内侧偏移一定量，偏移量一般取10～30 mm。在盾构机姿态控制中，推进油缸的行程控制是重点。对于1.5 m宽的管片，原则上行程控制在1 700～1 800 mm之间，行程差控制在0～40 mm内，行程过大，则盾尾刷容易露出，管片脱离盾尾较多，变形较大；行程差过大，易使盾体与管片之间的夹角增大，易造成管片的破损、错台。

10.5.3 不同地质环境中盾构掘进姿态的控制技术

1. 淤泥质土层中盾构姿态控制

淤泥质土层中盾构机掘进姿态的控制盾构在软弱土层中掘进时，由于地层自稳性能极差，为控制盾构水平和垂直偏差在允许范围内，避免盾构机蛇形量过大造成对地层的过量扰动，宜将盾构机掘进速度控制在20～30 mm/min之间，刀盘转速控制在1.4 r/min左右。在该段地层中掘进时，四组千斤顶推力应较为均衡，避免掘进过程中千斤顶行程差过大，否则，可能会造成推力轴线与管片中心轴线不在同一直线上。在掘进过程中应根据实际情况加注一定量的添加剂，以保持出土顺畅，尽量保持盾构的连续掘进，同时，要严格控制同步注浆量，以保证管片背后间隙被有效填充。

2. 砂层中盾构姿态控制

砂层中盾构掘进姿态的控制，盾构在全断面富水砂层中掘进，由于含水砂层的自稳性极差，含水量大，极易出现盾构“磕头”现象，同时，在含水砂层中盾构机也易出现上浮现象。为避免盾构在含水砂层中掘进出现“磕头”现象，在推进过程中盾构应保持向上抬头的趋势，如果发现有“磕头”趋势，应立即调节上下部压力，维持盾构机向上的趋势。为避免盾构机在含水砂层中掘进出现上浮现象，在盾构掘进时应减小刀盘转速，减小对周围砂层的扰动。

3. 措施

(1)在保证盾构正常掘进的前提下，通过电磁减压阀，调节上下区油缸压力，同时通过油缸的位移传感器观察各区油缸显示，减小盾构掘进过程中向一侧偏移的趋势，达到控制盾构姿态的目的。

(2)在利用铰接千斤顶转动特点，在掘进过程中将软土侧的铰接千斤顶推出，克制盾构向此侧偏的趋势。

(3)在利用盾构刀盘的超挖刀，先行切割开挖面土体，使盾构机开口环部位在此侧产生较小的空隙，在盾构另一侧千斤顶的推力作用下产生土体硬一侧行走的趋势，从而可以减小盾构在掘进过程中由于土体软硬不均而引起的一侧跑偏的现象。

(4)以上软下硬地层为例，在这类地质条件下掘进，盾构机刀盘受力不均，掘进速度不均衡，这就要求在掘进过程中，必须时刻观察测量系统提供的盾构机姿态数据，结合推进千斤顶和铰接千斤顶的行程差值，不断地调整各分区千斤顶的推力及总推力，以保持盾构姿态的平稳。如果不注意调整推进千斤顶的行程差，就会造成管片选型变化大，甚至造成过小的盾尾间隙使管片不能顺利脱出盾尾。因此，在推进过程中不能单一的只注意测量系统所提供的盾构姿态来指导掘进，还应兼顾各分区千斤顶的行程差。

(5)盾构在该类地层中掘进，其轴线姿态能较好地控制，在掘进时保持各分区千斤顶推力均匀，总推力和掘进速度均匀，即可保持盾构较好的姿态。

10.5.4 盾构纠偏措施

盾构在掘进过程中总会偏离设计轴线，进行纠偏时必须有计划有步骤地进行。纠偏措施如下：

(1)在掘进过程中随时注意滚角的变化，及时根据盾构机的滚角值调整刀盘的转动方向。

(2)应根据各段地质情况对各项掘进参数进行调整。

(3)在纠偏过程中，掘进速度要放慢，并且要注意避免纠偏时由于单侧千斤顶受力过大对管片造成的破损。

(4)尽量选择合理的管片类型，避免人为因素对盾构姿态造成过大的影响，严格管片拼装质量，避免因此而引起的对盾构姿态的调整。

(5)在纠偏时，要密切注意盾构的姿态、管片的选型及盾尾的间隙等，盾尾与管片四周的间隙要均匀。

(6)当盾构偏离设计轴线较大时，不得猛纠猛调，避免往相反方向纠偏过大。

对于盾构施工而言，掘进过程就是一个长期纠偏的过程，要通过实际的掘进施工不断地积累施工经验，并在施工过程中做记录，探索出各种问题对盾构姿态的影响程度，并把比较严重的问题作为施工中的重点问题进行研究解决，为今后的掘进施工提供支持。

10.6 管片旋转防控

图 10—8 为管片发生旋转的实际例子。出现此种情况时，推进油缸必然会被管片与管片的缝隙分享一个油缸。在此解释下，推进油缸和管片是如何对应的。本工程一环有 9 块管片组成，6 个 A 块，2 个 B 块和 1 个 K 块，A 块和 B 块分别由 3 个油缸完全对应，K 块由 1 个油缸完全照应，由此推出盾构机由 25 组油缸组成。因此，如果管片不出现旋转问题，那么，A 块和 B 块必然由 3 组油缸去对应。

推进时，滚动角的变动大小直接影响管片旋转的发生。图 10—9 滚动角为负值时，盾构左低右高，因为刀盘转动产生的力直接影响台车的平衡。在推进时，管片自然受到的扭矩直接受滚动角大小的影响。

出现此种现象时，首先，推进时刀盘转向需改变，如果滚动值为负值，那么刀盘转向也必须为反转；滚动值为正值，刀盘转向也必须为正转。因为刀盘的力矩和管片的力矩相反，由此来减小滚动值大小。其次是推力的选择，如果滚动值为负值时，右侧的推力需大于左侧的推力；滚动值为正值时，右侧的推力需小于左侧的推力。因为刀盘的力矩和管片的力矩为相反值，因此刀盘为反转时，管片旋转为正转，所以右侧的推力需大于左侧的推力。相反，刀盘为正转时，管片旋转为反转，所以右侧的推力需小于左侧的推力。

图 10—8　盾构隧道管片旋转示例图

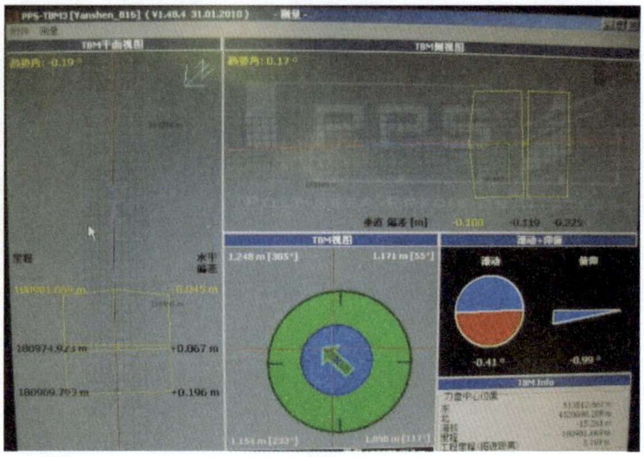

图 10—9　盾构机滚动角变化示例图

拼装时如若滚动值为负值时，那么台车左高右低；如若滚动值为正值时，那么台车左低右高。如若滚动值为负值时，拼装时左侧管片必须向下压，螺栓孔下压；右侧管片必须向上顶，螺栓孔上顶。相反，滚动值为正值时，拼装时左侧管片必须上顶，螺栓孔上顶；右侧管片必须下压，螺栓孔下压。以此来改变滚动值的大小，来实现盾构机的平衡，管片拼装成形照片见图10—10。当拼装时出现管片旋转时，及时通知当班工程师，及时对管片旋转问题进行解决。以上是解决管片旋转问题的方法之一。

图 10—10　管片拼装成形

当管片出现旋转时，先检测盾尾间隙，如若盾尾间隙满足拼装要求，即盾尾间隙大于1.5 cm。可根据旋转的方向进行逆向管片拼装，推进时对油缸的收缩也是逆向。具体方法如下：当管片拼装出现管片左旋转时，那么在拼装时候，拼装手应对管片进行右压，以此来实现管片的拼装平衡。再者，在推进过程中调解管片旋转问题。在此还以管片左旋转为例进行讲述：例如盾构用的管片长度是1.5 m，那么在推进过程中至少要对管片旋转问题调解二次。当推进500 mm时，停止推进对管片旋转问题进行调解。此时管片出现的是左旋转问题，那么控制油缸时应从上方开始，上—右—下—左顺序进行油缸收缩和伸出，强调油缸的伸缩之间要有油缸数量差距，大于等于1个，小于等于3个。用此方法当推进至1 000 mm时，再次对油缸进行伸缩。相反,当管片出现右旋转时候,控制油缸应从上—左—下—右的顺序进行油缸伸缩控制。当然伸缩油缸的数量差距依然保持在大于等于1个,小于等于3个。此方法应依据工程隧道管片的长度进行安排,应活用此方法。

管片旋转问题对工程虽说没有造成大的影响,但是管片旋转问题确实是一个棘手问题,影响施工中的小环节。例如隧道照明的布置和泥水盾构管路的延伸等。

10.7 测量控制

准确地掌握盾构机的位置和方向,需进行不间断的测量,通常用导线测量法进行控制测量,采用PPS测量系统测量盾构机位置状况。

10.7.1 隧道内平面控制测量

隧道内平面控制测量采用导线测量的方法进行。

从隧道掘进起始点开始,随盾构掘进逐个埋设。点设在竖井后侧井壁上,偏离隧洞中心0.7 m,高度为隧洞顶下1 m。洞内导线设在隧洞两侧成多边形闭合环与交叉双导线结合,形成符合线路接入地面平面控制网,按四等控制网平差计算(洞内导线示意图,见图10—11),洞内第一个点离洞口150 m左右。从第二个起两点之间的距离在300 m左右。以后曲线隧道每掘进150～250 m,直线隧道每掘进350 m布设一个导线点。导线平均边长300 m,曲线隧道段的导线边长大于150 m。

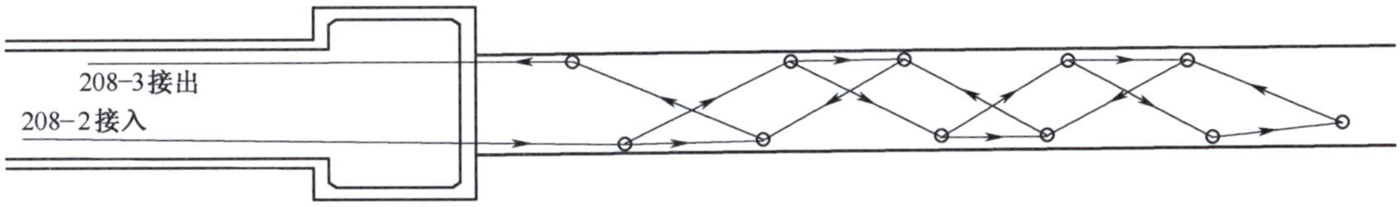

图10—11 贯通前多边形闭合环与交叉双导线结合与洞外形成符合线路

控制导线点在隧道贯通前至少测量3次,并与竖井定向同步进行,重合点重复测量坐标值的较差小于30×d/D(mm)(其中,d为控制导线长度;D为贯通距离。单位均为米)。满足要求时,取逐次平均值作为控制点的最终成果指导盾构掘进。

隧道贯通后,将隧道内导线构成附合导线,见图10—12。

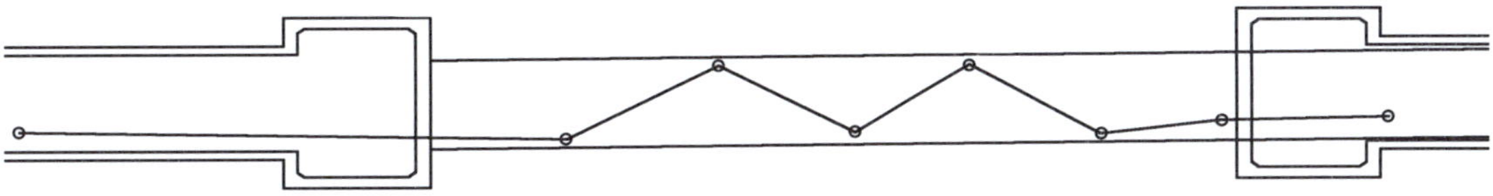

图10—12 贯通后洞内外构成符合导线

控制点设在管片顶部的仪器台上,采用强制归心,在仪器台下方另外安装吊篮式测量人员作业平台,使仪器台与作业平台完全分离,确保仪器操作时的稳定性。

导线测量使用徕卡TCRA1201+全站仪观测,左右角各观测两测回,左右角平均值之和与360°的较差小于5″;边长往返测各两测回,往返平均值较差小于5 mm。测角中误差为±2.5″,测距中误差为±5 mm。其他方面的观测技术要求同四等导线观测的技术要求。

10.7.2 隧道内高程测量

地下水准测量采用二等水准测量的方法，起算于地下近井水准点，高程控制点每 200 m 左右埋设一个，一般埋设在管片下部距管片底 1.5 m 左右处。在隧道贯通前进行三次，并与传递高程测量同步进行。重复测量的高程点间的高程较差小于 5 mm，满足要求时，取逐次平均值作为控制点的最终成果指导隧道掘进。

隧道贯通后，将地下高程控制点构成符合水准路线。

隧道内高程测量进行往返测量，往返测较差和闭合差为$\pm 8\sqrt{L}$ mm（L 为水准路线长）。具体测量方法和精度要求与地面二等水准测量相同。控制点埋设方法与地面墙角水准点相同。

10.7.3 盾构掘进测量

盾构掘进过程中的姿态测量主要以自动测量为主，人工测量进行检核。自动测量依靠盾构导向系统（PPS 系统）完成，人工测量盾构姿态采用平杆法。

1. PPS 测量系统简介

PPS 导向系统创始于 20 世纪 70 年代，总部位于德国 Landau。作为专业的隧道机械导向产品供应商，PPS 的用户已经遍布世界各地。PPS 为各种型号的隧道掘进设备提供导向产品，从微型盾构和顶管设备，到大型的硬岩盾构、软土盾构、泥水盾构和悬臂掘进机；合作伙伴几乎涵盖了全球所有的知名隧道机械厂商，如维尔特、罗宾斯、海瑞克、NFM、罗瓦特、山特维克、三菱等；同时 PPS 也提供对管片、模具和盾体的高精度的控制测量服务。PPS 系统隧道内设备布置见图 10—13，其系统数据传转见图 10—14。

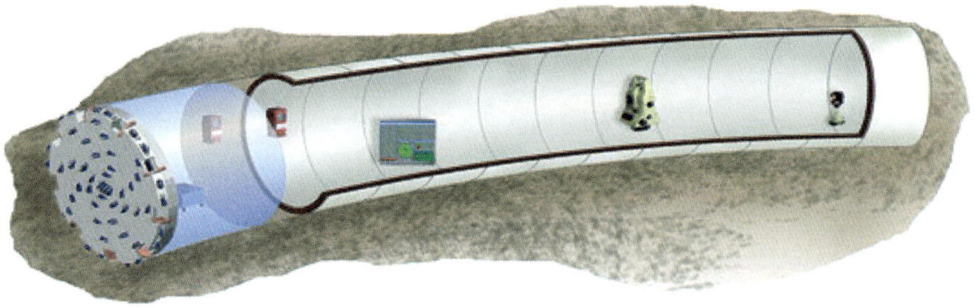

图 10—13 PPS 系统隧道内设备布置示意图

2. 自动导向 PPS 测量

(1)PPS 测量系统硬件。

全自动、无需照管的系统运行使用了全站仪。全站仪可以自动检测和测量目标棱镜。全站仪由系统电脑控制测量两块安装在掘进机上的棱镜和一块远程后视棱镜。掘进机上还安装了一个高精度双轴倾斜计用来检测掘进机在开挖过程中经常发生的倾斜和转动。系统电脑包括：棱镜测量；和倾斜计测量。通过这些数据可以计算出掘进机精确的地球坐标、方位和倾斜度。由于勘测窗口通常位于掘进机的周边附近，倾斜计的误差就会导致潜在的位置误差。因此，在开挖条件下，倾斜计的设计精度小于 0.01°。

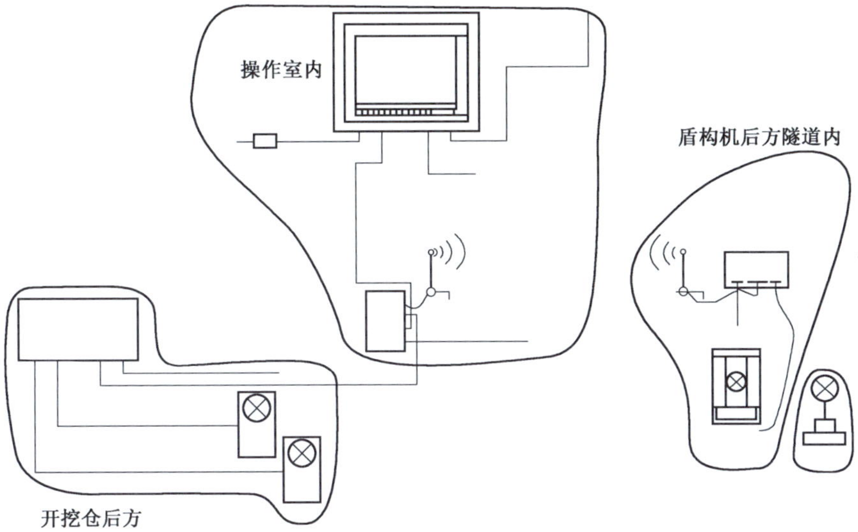

图 10—14 PPS 系统数据传输示意图

为了防止邻近棱镜射束反射造成的测量误差，棱镜之间的实际间距必须最小为 0.5 哥恩度(GONS)。但是，对于勘测窗口很小的掘进机来说，通常达不到这个最小间距。因此，安装了一种特殊机动棱镜，这种棱镜由软件控制交替打开和关闭镜盖。这样就能确保任何时候都能单独准确地测量每块棱镜。只有具备这种特点才有可能自动超前测量激光全站仪新的位置。

在恶劣的环境下开挖，会采取一些特殊的办法来确保系统正常运行：

1)数据传输电缆，如 RS232 数据线，通常是与大功率电缆一起走线。这种情况数据传输电缆可能工作不正常，因此开发了抗干扰数据传输系统并集成到导向系统中。

2)系统电脑放置于工业封闭罩壳内，配有 10″－TFT 显示器、不间断电源以及处理断电情况的电源管理系统。

3)所有电子元器件相互之间以及与隧道电力主系统均隔离绝缘。

(2)导向系统勘测软件

掘进机导向系统运行在 Windows95 和 Windows98 操作系统的 PC 或更高配置的电脑上。机动激光全站仪由系统程序控制，自动跟随两块主棱镜的移动。在用户程序的时间间隔内，它也检查远程棱镜以核实或变换激光全站仪的方向，还包括激光全站仪固定点的稳定性检查。无论何时采集到一套测量数据(测量掘进机里面的两块棱镜和倾斜计的读数)，掘进机新的位置和方向就被计算并显示出来。所有信息都以图形和数字方式显示在屏幕上。通过使用双轴倾斜计，独立的数据测量就完成了。隧道内系统安装导向系统的导向软件所有的相关数据都被记录和显示在同一个界面。

PPS 盾尾间隙测量系统包括安装在管片安装机上的传感器、电缆及管片计算软件等部件组成，主要用于管片的“预选型”。当将标准环、左转弯环和右转弯环的相关信息及隧道线路信息预设到管片计算软件中后，计算软件可以根据当前的位置及传感器采集到的盾尾间隙信息计算出最佳的管片安装位置和类型，或根据实际的特殊要求进行管片的选型；同时还可以推算出未来的管片安装序列直至隧道中心线与理论中心线重合，在显示界面上以蓝色线显示出“纠偏线路”，这也是最佳的纠偏曲线，并显示所需要的管片类型。

在 PPS 系统上，一个界面用来给出盾尾间隙并给出管片 K 块安装位置的建议（管片预选型），另一个界面用于在完成一环安装后显示结果。这个界面的数据被保存，操作员能用此分析历史数据。工作原理见图 10—15，系统界面见 10—16。

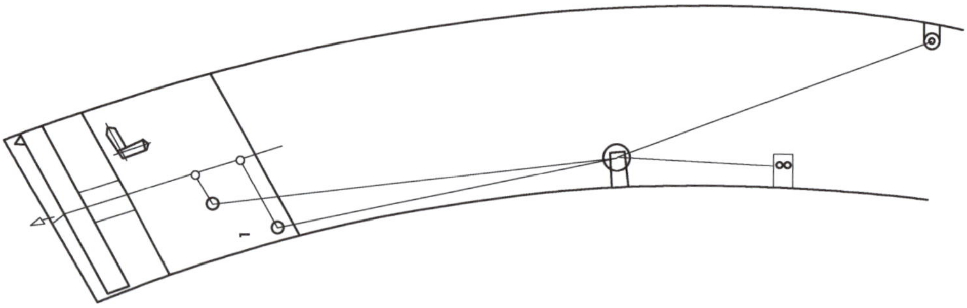

图 10—15　PPS 系统工作原理图

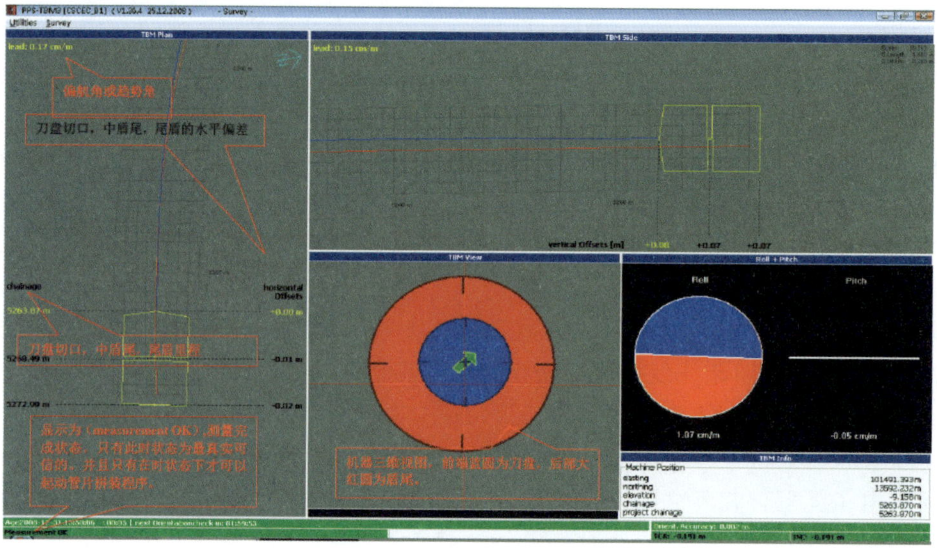

图 10—16　PPS 系统界面

3. 盾构姿态人工测量

盾构施工中管环测量分两次测量，第一次是盾构掘进过程中，刚拼装的管环还没有来得及注浆加固，因此还不稳定，经常发生管环位移现象。有时位移量很大，特别是上浮，位移量大常常引起管环限界超限。第二次是盾构与盾构台车通过以后管环稳定时测量，得到成形管环最终处于的位置。为了防止管环的侵限，首先是提高控制测量的精度外，其次是提高导线系统的精度，最后就是通过每天的管环测量，实测出管环的位移趋势，采取措施尽量减小位移量。当然，管环测量还起到复核导向系统的作用。

（1）平杆法

人工测量盾构姿态采用平杆法测量，首先把平杆架设于盾构铰接处后 0.6 m，且用平水尺调至水平，测出前杆的中点 F 以及左、右定向点 W、E 的三维坐标；然后向后平移平杆一定距离，测出此时中点 B 的三维坐标。根据 W、E 点坐标算出平杆的方位角 α_{we}，推算前洞体方位角 α，根据盾构出厂时的参数，由以上各值就可计算出盾构姿态参数前、后参考点的平面坐标、绝对俯仰角（纵向坡度）；最后，把前、后参考点的坐标与设计值进行对比，得出前后参考点的垂直和水平偏差，并由此推算出主机趋势。左右定向点 W、E 点之间的距离直接影响到前洞体方位角，所以在施工测量中，W 点和 E 点的距离应≥2 m。前后点 F、B 点之间的距离直接影响洞体的绝对俯仰角（纵向坡度），在施工测量中后杆 B 点应该尽量远离前杆，F 点和 B 点的距离应≥1.5 m。盾构推进轴线与设计轴线允许偏差值（上、下、左、右）：±50 mm。人工测量方法见图 10—17。

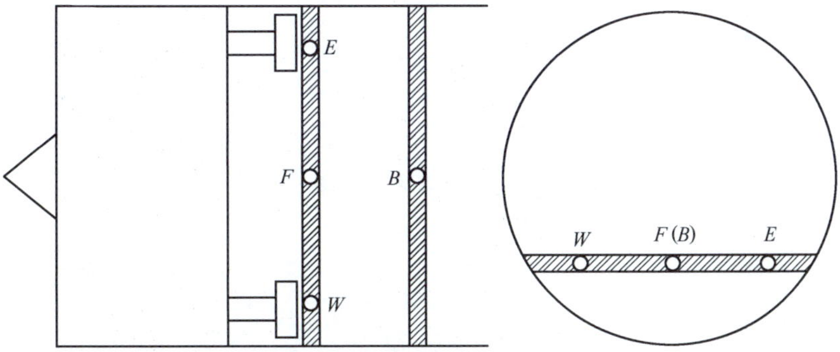

图 10—17　平杆法测量盾构姿态示意图

（2）全站仪法

测量管环时传统的方法是使用平杆测量法，在遇到大直径盾构隧道施工测量管环时，由于隧道直径大，平杆测量跨度大、盾构隧道内各种配套设施所阻碍等问题，传统的平杆测量方法已不适用。

首先，将全站仪架设到准备测的管环的前后 1～2 环处，这样保证了测量管环时没有视线死角，而又使激光与测量面呈大于 45°，确保无棱镜测量时的精度。在隧道内可与全站仪通视的控制点架设棱镜，需架设至少 2 套棱镜。然后使用全站仪进行后方交会进行三维定向（定向点需三维坐标）。

后方交会定向好以后，使用仪器进行无棱镜测量，沿管环的环边测每片管片的角点。测完后只需移动全站仪就可以直接后方交会测下一环。

一旦安置好后方交会的棱镜以后，只需挪动全站仪就可以方便快捷的测其他需要测的管环，可以方便快捷的测大量管环。

将测量的管片坐标由仪器导入计算机，将坐标复制到文本里，使用替换命令将坐标格式做成以下格式：

514026.9454,4320276.432,—24.9336
514025.8971,4320274.842,—21.5358
514026.4329,4320275.639,—17.7605
514028.1388,4320278.186,—15.7176
514030.4032,4320281.564,—16.3679
514031.6554,4320283.484,—19.3678
514031.7677,4320283.657,—20.9655

514030.9715,4320282.482,－24.4525

514029.2296,4320279.873,－26.0833

打开 CAD,选择点指令,然后将坐标全部复制到 CAD 下方的命令栏里,即可马上绘制成坐标图。将每环的点连成一条直线,截取线中心的坐标反出相应里程,便可以根据里程计算出理论上此位置隧道中心点的三维坐标。然后将每个里程隧道中心点的三维坐标按照之前的方法将其绘入图中,见图 10—18。

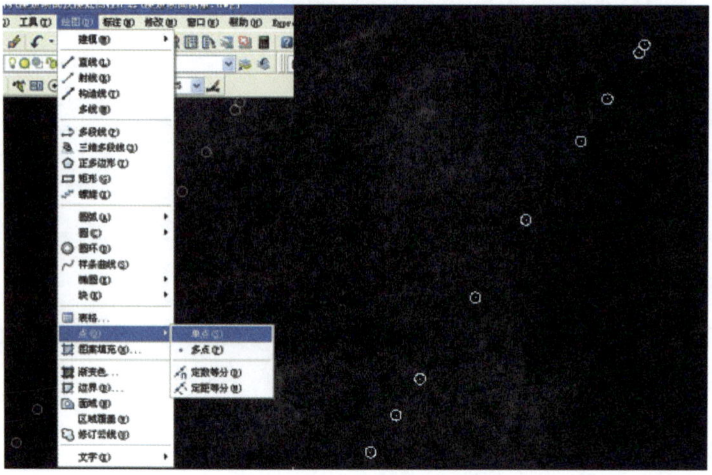

图 10—18 测量数据在 CAD 中展点

然后将每环的点根据之前画的直线旋转至垂直状态,然后选择 CAD 里视窗里的左视图,即成为了一个断面图,见图 10—19。

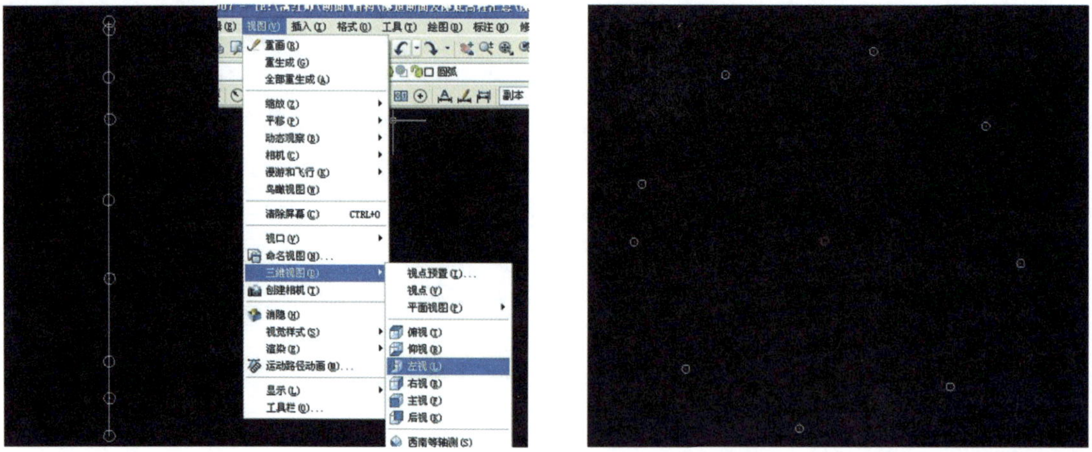

图 10—19 改变视图

因为管片是预制的,每环管片都是固定的,均为内半径 5.3 m 的圆弧。因此每环管片的两个角点使用半径 5.3 m 的圆弧连接即可绘制出管环实际的图形。然后以理论隧道中心点为圆心绘制半径 5.3 m 的圆,此圆为理论隧道管环的位置,见图 10—20。

通过绘制出的管环实际位置与设计管环位置相比较,就可以在 CAD 里通过查询命令直接量出管环的水平和垂直姿态,还可以得出管环的椭圆度。

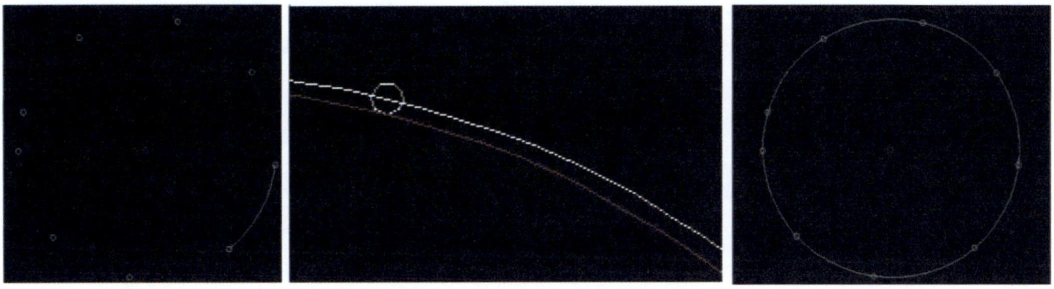

图 10—20　以设计隧道中心位置绘制设计断面

过去通常使用的平杆测量法无法得到管环椭圆度，且竖向与横向宜是通过推算而得出，精度很低，此测量方法不仅准确的反映出管环的位置还可以得到管环的椭圆度，准确性比过去平杆测量法大大提高。

过去隧道断面测量传统方法是使用断面仪或者使用莱卡断面测量软件一般均在 4 万以上，而且测量时间长数据多，而此方法结合盾构隧道的特点使得普通全站仪即可满足此需求，节约了测量成本。

通过以上管环的测量和计算方法，还解决了管环检测数据量大，计算复杂，测量时间长的问题。大大提高了管环检测的效率和准确度，此测量方法降低了测量工作强又提高了测量精度和施工进度。

盾构隧道施工中管环为隧道主体，管环的尺寸位置直接影响到成形隧道的质量，因此控制好管环的位置至关重要，同时管环刚拼装成、稳定后的尺寸位置与盾构掘进姿态的关系将直接指导盾构掘进的施工参数，因此高效、准确、操作简单测量方法更适合盾构隧道施工。

4. 盾构姿态人工测量与自动测量系统相结合

盾构姿态测量以自动测量系统为主，人工测量为辅的测量方法。在盾构始发初期，自动系统的测量参数，全是经过人工测量盾构姿态的结果来确定的。盾构自动测量系统的精度跟人工测量的精度息息相关。所以在盾构始发初期应该加强人工测量盾构姿态的次数，更好的修正盾构自动测量系统的参数。更加精确的反映出盾构的实时姿态。

盾构掘进初期 15 环内，每环进行一次人工测量盾构姿态，对自动系统测量结果进行对比。允许偏差在 1 cm 以内，以此证明两种测量结果是吻合的。确定自动测量系统结果以后，按每天人工测一次盾构姿态，对盾构姿态进行监控。管片姿态按每班一测。

10.8　超前探测

10.8.1　BEAM 系统简介

电法超前监测技术（简称 BEAM）由德国 GET 公司开发研制并获得德国专利，是一种应用聚焦电流激发极化方法原理的地质超前探测技术，特别设计应用于地下工程建筑工业领域的。BEAM 探测系统的主要部件由可以放置在盾构操作室里的测量单元和作为测量电极的盾构刀盘组成，它直接安装在盾构上工作，能提前预报掌子面前方隧道直径 3 倍距离的地质情况。在完整的监测仪里，测量单元连接盾构机的导向系统和可编程控制器（PLC），接收盾构机的位置和掘进状况信号，自动进行数据采集和地质评估，然后实时显示预报结果，利于现场快速做出判断。

BEAM 技术从 2000 年开始成功的商业化应用，超过 20 个在硬岩、软土层和混合地层里的盾构隧道工程使用该系统，通过 GET 公司仪器租赁服务完成的地质超前预报的隧道总长度超过 100 km。

10.8.2 BEAM 系统工作原理

BEAM 系统是一种聚焦电流频率域的激发极化方法，其最大特点是实时探测和自动探测。通过外围的环状电极发射一个屏障电流和在内部发射一个测量电流，以便电流聚焦进入要探测的土体中，通过测取与岩体孔隙(空隙)有关的电能储存能力参数 PFE 和视电阻率的变化，预报前方岩体的完整性和空洞、含水状况。PFE 是反映地层储存电能的能力，因此与地层的有效孔隙率(渗透能力)成反比。电阻则提供了断层或空洞充填情况(如水、气)的补充信息。

隧道中采用交流激发极化法进行超前预报要解决的首要问题就是电流传播的方向问题。BEAM 测试技术的核心在于改善了电法测试的灵敏度和稳定性，依靠适合在隧道掘进工作面来布置的环绕 A1 电极利用同性电极相排斥的原理来实现的保护电场，使独立的 A0 电极产生的电流能够更纵深的以放射状半径或者垂直隧道掘进的径向传播，聚焦进入要探测的岩体中，通过测量岩体的交流变频激发极化特征，计算出岩体视电阻率和一个与岩体中孔隙有关的电能储存能力的参数(PFE)的变化来预报前方岩体的完整性和含水性。

该设备通过 A0 和 A1、B1 和 B2 四个电极产生低频交流电场，通过 A0 电流聚焦进入要探测的土体，产生敏感地带。在隧道中从 A0 和 A1 电极输入测量电流，B1 和 B2 电极固定在较远距离的土层中，通过电极的合理布置，A1 电流保护 A0 电流，并偏离直线路径的 A0 电流到 B1 和 B2 电极。见图 10—21。

盾构操作手可通过主控室内电脑显示屏幕上实时显示出的电阻率和激发极化率曲线，获得前方土体的变化信息，以便及时调整盾构机的各项参数。

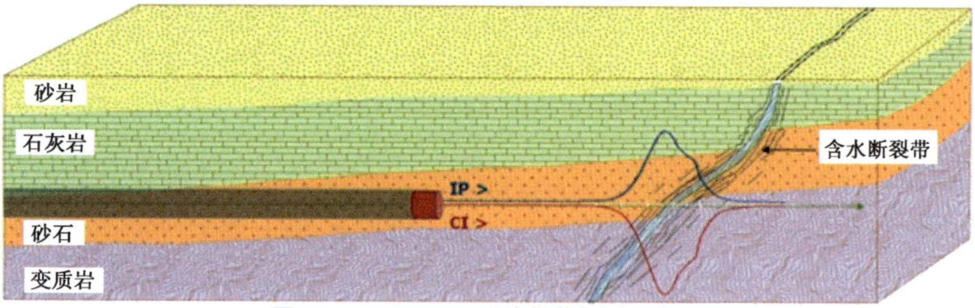

图 10—21 BEAM 系统超前探测示意图

10.8.3 BEAM 系统安装要求

(1)集成设备安装

BEAM 集成设备的尺寸为 33 cm×23.5 cm×18.5 cm，包括显示屏、外接键盘等，总重约 8 kg，需连接 230VAC 电源。由于该设备体积小、重量轻、耗电量低，可直接安装在盾构机的操作室内。

(2)接触点连接

BEAM 系统有四个主要接触点 A0 和 A1、B1 和 B2，A0 和 A1 安装在盾构机上，B1 和 B2

安装在隧道内。

A0 的接触点的位置应尽可能靠前面且位置居中，并固定在盾构不旋转的部件上，A1 的位置可以选在护盾的边墙或撑靴处，接触点由螺栓或螺纹焊接在盾构机的金属件上，为防止破损，应将连接电缆很好地保护起来。

B1 和 B2 两个接地电缆应在系统安装阶段安装在隧道外面或盾构机后面的管片上。在盾构机后面应准备一个电缆盘，随着盾构机的掘进不断延长两根电缆。电缆盘应能储存1 000 m长的 $2\times2.5\ mm^2$ 绝缘电缆，采用同类型的电缆连接电缆盘和在控制室内的主机，并且这些电缆也要很好保护起来防止破坏。B1 和 B2 两个接触点距离 BEAM 主机最小为 100 m，最大距离不得超过 900 m，两个接触点之间的距离不得小于 50 m。BEAM 系统接触点安装见图 10—22。

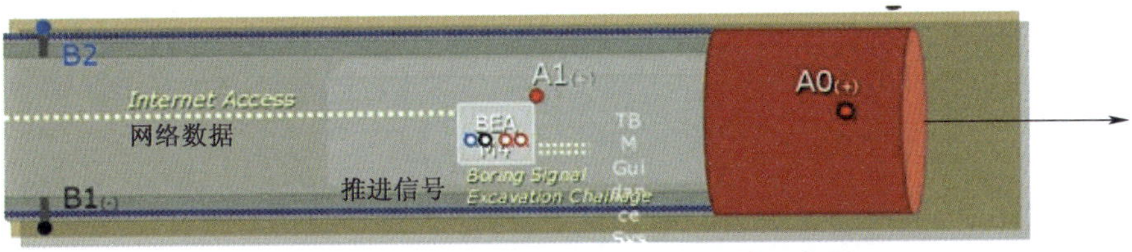

图 10—22 BEAM 系统接触点安装示意图

(3)为了进行自动化测量，BEAM 需要来自盾构机导向系统的 PLC 信号激发，该信号指明盾构是掘进(24 V=测量)还是停止(0 V=不测量)。通信界面必须与导向系统一起启动，并一直接收目前刀盘的里程。

(4)BEAM 系统需要因特网接入、电话线或数据电缆和远程管理接入，达到系统维护目的和从 BEAM 单元到现场办公室与隧道外其他认可的计算机进行预报数据传输。

10.8.4 BEAM 系统探测成果显示界面

BEAM 系统的成果显示是以可视化的方式显示。通过将岩体的质量以及是否含水的情况以颜色深浅来表示，直观、清晰地展示了前方预报范围内的地质情况，非常便于现场操作人员理解，是整个探测系统的最突出的程序，成果显示界面见图 10—23。在盾构掘进过程中，随时可以了解盾构机前方的地质情况，避免了因不良地质造成盾构机停机，提高了掘进效率，确保了施工安全。

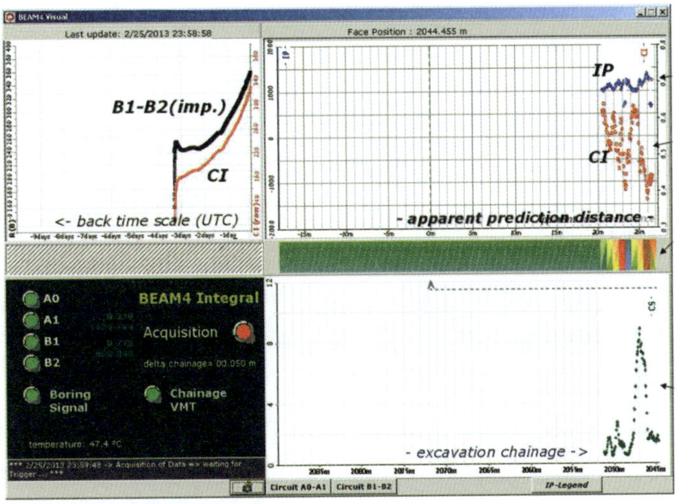

图 10—23 BEAM 系统成果显示界面

10.9 刀具磨损的检测

目前，盾构掘进过程的刀具磨损状况判断主要还是凭经验、凭感觉，最有效的方法是停机后人工进仓检查。但人工检查是一项风险很高的工作，这种方法只能在稳定地层中使用。在不稳定地层中，需首先进行地层加固或压气作业，代价很大。为了“减少”麻烦，施工中往往不愿主动停机检查，到无法再继续掘进了才被迫开仓检查。此时往往很多刀圈、轴承都已磨损、变形，一些变形严重的刀具经常无法顺利取出，增加更多麻烦，耽误更多的换刀时间。

盾构掘进过程的刀具磨损检测技术已成为迫切需要解决的问题。有鉴于此，对刀具磨损检测方法进行一些探索研究。

10.9.1 刀具失效的判断方法

常见的刀具失效形式有：刀圈磨损、(多边)弦磨，刀圈断裂、崩刃，刀圈松动，轴承漏油，轴承磨损失效等，其中，刀圈磨损是刀具正常损坏，其他形式属于非正常损坏。刀具磨损、失效常见的判断方法有以下几种：

1. 刀具磨损感应装置

在刀具或刀盘内安装液压或电子传感器系统，一旦刀具磨损到一定程度就会自动报警指示。该磨损检测装置由探测器、发射器、接收器组成，采用线路连接，可在刀盘上少量安装这种特制刮刀。本工程即采用刀盘上安装 5 把磨损检测装置(磨损检测刮刀)的形式。

2. 异味添加剂

这种方法适合在硬岩敞开式盾构机中应用，例如在秦岭隧道所使用的 WIRTH 公司生产的滚刀，为了检测轴承失效情况，在其轴承润滑油中加入了具有异味的 MOLYUAN 添加剂，掘进中若刀具漏油，则放出刺鼻的异味，能很敏感地报告刀具损坏信息。这种方法在土压平衡式盾构和泥水式盾构中效果不佳。

3. 掘进参数分析

随着刀具的磨损，在推力不变的情况下，掘进速度一般会降低，扭矩增加，据此可以粗略估计刀具磨损情况。但由于掘进速度、扭矩受众多因素影响，包括推力变化、转速变化、地层变化、土仓压力变化等，故往往还难以直接用于判断。

4. 开仓检查

这是最常用最直接最可靠的方法，停机后由人工进仓逐个刀具检查。在不稳定地层中，开仓前需首先进行地层加固或压气作业，方可入仓检查。

10.9.2 运用掘进参数检测滚刀失效的原理

随着盾构技术的进步，现代盾构都配备有先进的数据采集、传输、存储系统，可以对盾构掘进过程的各种掘进参数进行自动采集、记录。最基本、最重要的掘进数据包括：掘进速度、千斤顶总推力、刀盘扭矩、刀盘转速、开挖仓压力等。在总推力、刀盘转速不变的情况下，掘进速度、刀盘扭矩的变化主要与岩层性质和刀具磨损状况有关，刀具磨损后，掘进速度一般会降低，扭矩也会发生相应变化。一般的，掘进速度和扭矩之间并非独立的，掘进速度越大，滚刀切入岩石越深，扭矩就越大。故可以通过分析掘进速度和扭矩的变化来预测刀具的磨损情况。同时，由于掘进速度和刀盘扭矩还受岩石强度的影响，其他条件不变的情况下，岩石强度越大，掘进速度和刀盘扭矩就越低。故还必须研究掘进速度、扭矩与岩石强度的关系，以便判断引起掘进速度和扭矩变化的真实原因。选取滚刀为试验道具，在不考虑土压力的理想情况下建立试验模型。

1. 滚刀切削力试验模型

有关滚刀切削力模型，最早是从滚刀切削破岩试验中得出的，包括切削力与岩石强度、切削深度、切槽间距、切削面积、切削速度、切削半径、滚刀尺寸、形状等参数的关系，以及垂直切削力和水平切削力之间的关系等。

(1) 切削力与岩石强度、切削深度的关系

Graham(1976)对单轴抗压强度为 140～200 MPa 的岩石进行切削试验，得到的关系式为：

$$P = 3\,940 F_n/\sigma_c \tag{10—1}$$

式中 P——为每转进尺(mm/rev)；

F_n——滚刀的平均推力(kN)；

σ_c——岩石单轴抗压强度(MPa)。

将式(10—1)变换后，切削力线性模型：

$$F_n = k_n \sigma_c P \tag{10—2}$$

式中 k_n——为切削力系数，$k_n = 1/3\,940^2$。

Hughes(1986)根据煤层中的切削试验数据，提出的关系式为：

$$P = 1.667\left(\frac{F_n}{\sigma_c}\right)^{1.2}\left(\frac{2}{D}\right)^{0.6} \tag{10—3}$$

式中 D——滚刀直径(mm)。

式(10—3)只考虑单个滚刀破岩作用，即不考虑相邻滚刀对切削力的影响。将上式变换后，切削力幂模型：

$$F_n = k_n \sigma_c P^m \tag{10—4}$$

式中 k_n——为切削力系数，$k_n = 0.642D^{0.5} = 13.3$；

m——切削深度指数，$m = 0.83$。

可见，切削力线性模型只是幂模型的一种特例。

(2)垂直力与水平力的关系

在滚刀切削破岩试验中，大部分研究人员发现，滚刀垂直推力与水平滚动力之间是成比例变化的，水平滚动力与垂直推力之比定义为切削系数。

Roxborough 和 Phillips(1975)假设单个滚刀的切削深度就等于 TBM 的每转进尺，由此得到切削系数：

$$C_e = F_r/F_n = \sqrt{P/(D-P)} \tag{10—5}$$

式中 F_r——滚刀水平滚动力；

C_e——切削系数。

由于实际施工中，滚刀切削深度远小于滚刀直径，故式(10—5)可简化为：

$$C_e = F_r/F_n \approx \sqrt{P/D} \tag{10—6}$$

Hughes(1986)得到的切削系数关系式为：

$$C_e = F_r / F_n = 0.65\sqrt{P/(0.5D)} \tag{10—7}$$

简单变换后得到：

$$C_e = F_r / F_n \approx 0.92\sqrt{P/D}$$

可以看出，不同研究者得到的切削系数表达式基本上是一致的。

2. 有效推力、有效扭矩与切削力关系的推导

根据切削力试验模型精确计算总推力、扭矩等掘进参数是很复杂的。为简化起见，不考虑刀尖距对切削力的影响，即假设每把滚刀的切削深度是相同的。由此得到的推力和扭矩计算公式如下：

(1)刀盘有效推力计算

刀盘有效推力指推动刀具破岩所需的合力，不包括克服盾构前进的各种摩擦力和开挖仓土压力产生的反推力。有效推力由每个滚刀的垂直(法向)推力沿盾构机轴线方向的分力叠加而得：

$$W = \sum_{i=1}^{N} F_{ni} \cdot \cos\beta_i \tag{10—8}$$

式中 W——刀盘有效推力；

F_{ni}——第 i 个刀具的垂直(法向)推力；

β_i——第 i 个刀具法线与盾构机轴线的夹角；

N——刀盘上的刀具数量。

将式(10—4)代入上式得：

$$W = k_n . (\sum_{i=1}^{N} . \cos\beta_i) \cdot \sigma_c \cdot P^m \tag{10—9}$$

(2)刀盘有效扭矩计算

刀盘有效扭矩指由刀具切向力对刀盘旋转轴产生的合力矩，不含刀盘旋转遇到的摩擦力矩。

$$T = \sum_{i=1}^{N} F_{ri} \cdot r_i \tag{10—10}$$

式中 T——刀盘有效扭矩；

F_{ri}——第 i 个刀具的水平(切向)切削力；

r_i——第 i 个刀具的旋转半径。

由式(10—6)得：

$$F_r = F_n\sqrt{P/D}$$

代入式(10—10)整理得：

$$T = k_n \frac{1}{\sqrt{D}} (\sum_{i=1}^{N} r_i) \sigma_c P^{m+0.5} \tag{10—11}$$

(3)有效推力、扭矩表示的掘进速度

式(10—11)是刀盘扭矩的计算公式，由于公式中含有岩石强度参数，还无法直接用于扭矩计算，故需进一步变换。

由式(10—9)得：

$$\sigma_c = \frac{1}{k_n(\sum_{i=1}^{N}\cos\beta_i)}\frac{W}{P^m} \tag{10—12}$$

将上式代入式(10—11)得：

$$T = \frac{\sum_{i=1}^{N} r_i}{\sqrt{D}.(\sum_{i=1}^{N}\cos\beta_i)} W\sqrt{P} \tag{10—13}$$

根据切削深度与掘进速度、刀盘转速的关系 $P = v/n$，代入上式得：

$$T = \frac{\sum_{i=1}^{N} r_i}{\sqrt{D}(\sum_{i=1}^{N}\cos\beta_i)} W\frac{\sqrt{v}}{\sqrt{n}} \tag{10—14}$$

式中　v——掘进速度；

n——刀盘转速。

对比式(10—11)，式(10—14)已不包含岩石强度参数，可直接由掘进速度、刀盘转速、有效推力、刀具布置坐标参数计算出有效扭矩，岩石强度对扭矩的影响作用已隐含在掘进速度参数中。

由式(10—14)变换得到掘进速度的计算公式：

$$v = \frac{D(\sum_{i=1}^{N}.\cos\beta_i)^2}{(\sum_{i=1}^{N} r_i)^2} \cdot n\frac{T^2}{W^2} \tag{10—15}$$

3. 总推力、总扭矩表示的掘进速度检测式

式(10—14)和式(10—15)是由单个滚刀切削力模型推导出，式中对应的推力、扭矩是直接作用于破岩的有效推力和有效扭矩，不包括盾壳摩擦力和后续台车牵引力，也不包括刀盘旋转产生的摩擦力。而实际施工中还难以直接量测有效推力和有效扭矩，所记录的是包括各种摩擦力的总推力和总扭矩，故直接应用式(10—15)检测掘进速度将产生较大的误差，还必须进一步对式(10—15)进行变换。

分别记总推力 T_t、总扭矩为 W_t，则：

$$\begin{cases} W = W_t - W_0 \\ T = T_t - T_0 \end{cases} \tag{10—16}$$

式中　W_0、T_0——为盾构掘进过程所受摩擦力和摩擦扭矩。

记：$K_t = \dfrac{\sum_{i=1}^{N} r_i}{\sqrt{D}.(\sum_{i=1}^{N}.\cos\beta_i)}$，代入式(10—14)得：

$$T_t - T_0 = K_t \cdot (W_t - W_0) \cdot \frac{\sqrt{v}}{\sqrt{n}}$$

移项得：

$$T_t = T_0 + K_t W_t \frac{\sqrt{v}}{\sqrt{n}} - K_t W_0 \frac{\sqrt{v}}{\sqrt{n}} \tag{10—17}$$

根据式(10—17)可采用回归方法求出 W_0、T_0，回代入式(10—15)得到：

$$v = \frac{n}{{K_t}^2} \cdot \frac{(T_t - T_0)^2}{(W_t - W_0)^2} \tag{10—18}$$

式(10—17)和式(10—18)是在滚刀完好情况下建立起来的总扭矩与总推力、掘进速度之间关系的半理论半经验公式，可直接采用掘进过程记录的总推力、总扭矩计算掘进速度。一般滚刀完好情况下，检测值与实际值之间的偏差值一般比较小；滚刀磨损后，检测值与实际值之间的偏差值将增大，故可通过对比掘进速度或扭矩的检测值与实际值之间的偏差值来预报滚刀磨损状况。

10.9.3 滚刀磨损或失效的判断方法

设滚刀完好情况下，掘进了 L_0 m，采集了 n_0 条掘进参数记录($T_{ti}, W_{ti}, v_{ti}, n_i, i=1,2,3,\cdots,n_0$)，按照式(10—18)计算出对应的 n_0 个掘进速度检测偏差值($\Delta v_1, \Delta v_2, \Delta v_3, \cdots, \Delta v_{n_0}$)，可看作一个随机样本，其样本均值和样本方差分别记为($\Delta v_0, s_0$)；继续掘进 L_x m 后，又采集了 n_x 条掘进参数记录，同样得到 n_x 个掘进速度检测偏差值($\Delta v_1, \Delta v_2, \Delta v_3, \cdots \Delta v_{nx}$)，其样本均值和样本方差分别记为($\Delta v_x, s_x$)，则判断盾构继续掘进 L_xm 后，滚刀是否明显磨损就等同于判断两个随机样本的均值差是否大于某一设定值 δ，故可运用数理统计的 t 检验法来判断。

构造下列统计量：

$$s_w{}^2 = \frac{(n_0 - 1)s_0^2 + (n_x - 1)s_x^2}{n_0 + n_x - 2} \tag{10—19}$$

式中 n_0——滚刀完好情况下掘进 L_0m 距离采集到的掘进参数样本容量；

n_x——继续掘进 L_xm 后采集到的掘进参数样本容量；

$\Delta v_0, s_0$——滚刀完好情况下的掘进速度检测偏差值的均值和方差；

$\Delta v_x, s_x$——掘进 L_xm 后掘进速度检测偏差值的均值和方差。

要检验的假设为：

$$H_0: \Delta v0 - \Delta v_x = \delta; H_1: \Delta v_0 - \Delta v_x > \delta，若：$$

$$\Delta v_0 - \Delta v_x > \delta + t_\alpha(n_0 + n_x - 2) \times s_w \sqrt{1/n_0 + 1/n_x} \tag{10—20}$$

式中 δ——设定的掘进速度检测偏差值的临界值，即当掘进 L_x 后掘进速度检测偏差值比滚刀完好情况下的掘进速度偏差值大 δ 时，判断滚刀显著磨损；

$t_\alpha(n_0 + n_x - 2)$——自由度为($n_0 + n_x - 2$)，α 显著性水平的 t 分布值，可查数理统计表得到。

则在显著性水平 α 下，拒绝 H_0，接受 H_1，即认为刀具显著磨损或失效。

10.9.4 对刀具磨损检测方法的期望

刀具磨损严重是盾构在掘进过程中遇到的最大难题之一。刀具磨损或失效后若不能及时发现并更换，将导致刀圈超量磨损、断裂、轴承异常损坏甚至刀盘严重磨损，大大降低掘进破岩效率。经常进行刀具检查,并尽早更换磨损或失效的刀具是正确的选择。

经研究表明,将滚刀台架切削破岩试验模型应用于现场掘进参数计算的原理是正确的。据此得到的掘进速度计算值和实际值变化趋势是一致的。今后刀具磨损检测技术是复合地层中盾构掘进技术的一个重要研究课题,根据盾构掘进参数检测刀具磨损情况的方法,是一项探索性研究。

目前的研究成果仅针对开仓掘进的情况,未考虑土压力的影响因素。在不同地质条件下掘进时的刀具磨损检测技术是今后需继续研究的课题。

10.10 泥水处理技术

泥水盾构施工时,泥水处理是影响盾构正常掘进的重要因素之一,泥水能否有效分离直接影响了施工进度、成本和环境。

京津城际延伸线盾构掘进地层以淤泥质土和粉质土为主,成分复杂,颗粒细微,对此,国内外现有泥水分离设备和工法均存在不同程度的缺陷。如何快速有效地实施泥水分离,确保工程质量和进度,降低对环境的污染是本工程的技术难点。

10.10.1 技术特点

(1)泥水处理效率高。对细微颗粒和水能实现有效分离,可保证大直径泥水盾构每天掘进5环以上的工效。

(2)施工质量易控。泥浆的充分净化,有利于控制泥浆指标,提高掘进质量。

(3)节约施工成本。泥浆的重复使用,以及水的循环利用,有利于节约造浆材料,降低施工成本。

(4)环保效果好。泥浆的闭路循环净化方式及较低的渣料含水率有利于减少环境污染,且滤液水可以循环使用。

(5)节约用地明显。全套分离设备采用立体式集成化设计,占地面积小。

10.10.2 技术原理

泥水处理系统主要由泥水分离系统、调/制浆系统、余浆及废浆处理系统、集中控制系统组成,以筛分、旋流为主要技术手段,采用离心、絮凝、浓缩、压滤等手段进行技术补充。

筛分:利用筛板的振动,将渣土从浆液中抛起,浆液顺筛板缝隙向下透流,实现渣土和泥浆的初步分离。

旋流:筛分分离出的泥浆在泵压力作用下沿切线方向进入旋流器壳体做高速回转运动,泥浆中的粗颗粒(或密度大的颗粒)因受到较大的离心力而进入回转流的外围,最终由底部排出成为沉砂,细颗粒所受离心力较小,处于回转流中心并随液流向上运动,最后由溢流管排出成为溢流。

压滤:利用压力泵将初步分离后的废泥浆压入密闭滤室中,将泥浆中的水压出,将渣料压成含水率极低的泥饼排出。

离心:浆液进入高速旋转的转鼓内,在离心力的作用下,利用固液两相的密度差,使固相颗粒迅速与水产生分离,沉积在转鼓内壁上,与转鼓作相对运动的螺旋叶片不断将沉积在转鼓内壁上的固体颗粒刮下并推出，分离后的清液溢流出转鼓。

10.10.3 工艺流程及施工方法

1. 工艺流程(图10—24)

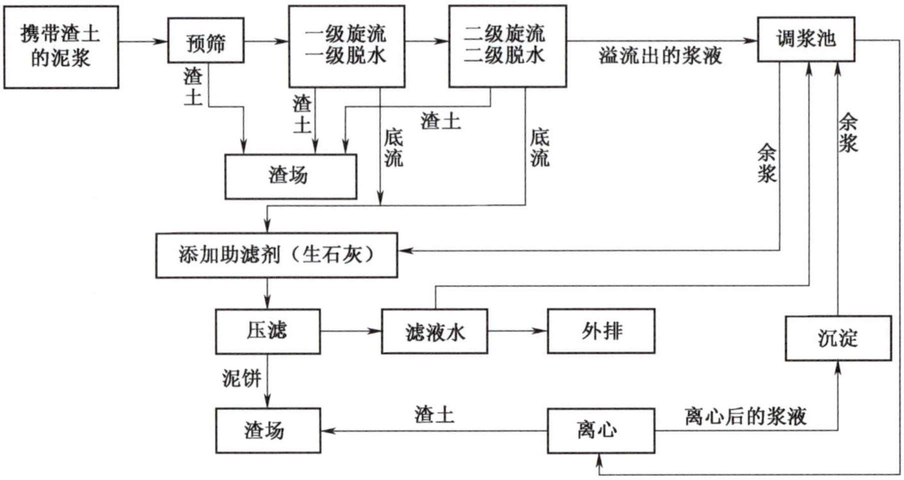

图10—24 泥水处理工艺流程图

2. 泥水分离系统

(1)主要组成

见本书6.3.3。

(2)泥水分离操作要点

由盾构排泥泵泵送出的污浆通过总进浆管经分配器分流后，输送到预筛器进行振动筛分，将粒径在3 mm以上的颗粒及泥团分离出来，泥浆进入一级净化装置，储存在储浆槽。

由渣浆泵从储浆槽内抽吸泥浆，从水力旋流器进浆口切向射入，经过旋流分选，形成粒径微细的泥砂粒和底流。

粒径微细的泥砂落入细筛，进行脱水筛选后，较干燥的细渣料被分离出来并排到渣场，透筛的泥浆由底流收集槽收集至底流池后进入压滤，避免再次提高泥浆比重。

旋流后泥浆进入中储箱，进行二级处理(原理与一级处理相同)，二级旋流后溢流出的泥浆进入到调浆池。

储浆槽内设置有专用的冲砂回路，可以扰动槽内沉淀颗粒，使储浆槽不致因长期使用而淤积。

在中储箱与储浆槽之间设置一个液位浮标，保持泥浆净化装置储浆槽内的液面高度恒定。一旦储浆槽内输出的浆量大于供给的，那么液位浮标将随液面的下降而下落，此时中储箱的泥浆就通过开启的补浆管转送到储浆槽内，液面因此上升直至恢复原状，液位浮标也随之上升并封住中储箱补浆管；此时如果供给浆量大于输出的，储浆槽的溢流管将会溢流以防止漫浆。

考虑到系统设备运行时的故障，为尽可能减少对应急池的污泥挖掘，在预筛器下面设置了应急阀，可以在旋流脱水设备故障时单独开启预筛，使泥浆中的泥团和大的石块被分离出来后，泥浆再进入应急池进行沉淀处理。

旋流器工作状态恶化时，细微颗粒不能有效分离，会加大溢流出泥浆指标，会使调浆池泥浆指标快速恶化，底流浓度低，加大调浆难度和时间。因此，设备运行时，应时常检查压力表的稳定性、溢流及沉砂流量大小、排料状态，并定时检测溢流、底流浓度、细度等指标。

(3)性能调整

给料压力波动调整：给料压力应稳定在生产要求压力上，不得产生较大波动。给料压力波动有损设备性能，影响旋流器的分级效果。压力波动通常是泵槽液位下降和空气曳引造成泵给料不足或者是泵内进入杂物堵塞造成的，运行很长时间后压力下降是由泵磨损造成的。调整措施：

若是泵槽液位下降引起的压力波动可以通过增加液位调整。

若是由泵堵塞或磨损引起的压力波动，则检修泵。

堵塞调整：检查所有运行中的旋流器溢流和沉砂排料是否通畅，如果旋流器溢流和沉砂的流量减少或沉砂断流，则表明旋流器发生堵塞。调整措施：

若是溢流、沉砂流量均减小，则可能是旋流器进料口堵塞，可将旋流器的进料口拆下，清除堵塞物。

若是底流流量减小或断流，则是沉砂口堵塞，可将螺母拧下，清除沉砂口中杂物。

底流参数分析：经常观察旋流器排料底流状态，并定期检测底流浓度和细度。底流浓度波动或“底流夹细”均应及时调整。旋流器正常工作状态下，底流排料应呈“伞状”。如底流浓度过大则沉砂呈“柱状”或呈断续“块状”排出。调整措施：

底流浓度大可能是由给料浆液浓度大或沉砂口过小造成的。可以先在进料处补加适量的水，若底流浓度仍大，则需更换较大的沉砂口。

若底流呈“伞状”排出，但底流浓度小于生产要求浓度，则可能是进料浓度低造成的，应提高进料浓度。

“底流夹细”的原因可能是沉砂口径过大、溢流管直径过小、压力过高或过低。可以先调整好压力，再更换一个较小规格的沉砂口，逐步调试到正常生产状态。

溢流参数分析：定时检测溢流浓度及细度，溢流浓度增大或“溢流跑粗”可能与给料浓度增大和沉砂口堵塞有关。调整措施：发现“溢流跑粗”可以先检测沉砂口是否堵塞，再检测进料浓度，并根据具体情况调整。

3. 压滤系统

(1)主要组成

见本书 6.3.6。

(2)操作要点

ZXSⅡ-2200/10 泥浆处理系统通过旋流对泥浆进行处理后，泥浆中的颗粒粒径已经很小，随着反复的循环，泥浆中的细微颗粒不断富集，导致泥浆比重和黏度不断升高，因此泥浆调整的时候，需要弃掉一部分泥浆，为达到零排放标准，采用压滤方式对外弃泥浆进行处理。

由旋流器处理后的底流进入脱水筛脱水时，一部分泥浆通过筛缝漏出，为避免这部分比重较高的泥浆重新进入循环而使泥浆恶化，在脱水筛底部收集后也进入压滤系统进行固液分离。

压滤机是一种间歇性固液分离设备，采用机、电一体化设计制造，由厢式板排列构成滤室，在进料泵的压力作用下，将改良后泥浆送入滤室，通过滤布，将颗粒和水分离。分离出的泥饼直接排到渣场，滤液水可排到调浆池参与调浆。

压滤时，泥浆在进料泵的压力作用下，经止推板的进料口进入滤室，泥浆借助进料泵产生的压力进行固液分离，通过滤布的作用，使固体留在滤室内形成泥饼，滤液由出液阀排出。

(3)性能调整

影响压滤效率的因素有压差、泥浆性质(黏度、粒度、浓度)等，压差越大，压滤效果越好，一般在生产中压差取一个固定值。

在泥浆性质中，粒度可以被看作主导因素，粒度越小的粒群，粒群的渗透性越低，即滤饼的阻力越大，压滤效果越差。对于越细的泥浆，容易在滤饼中形成水化膜，水化膜的存在导致了滤饼残留水分高。因此，粒度越细，黏度越大，浓度越高，压滤效率越低；相反，压滤效果越好。

在细微颗粒地质中，需加入助滤剂生石灰(按 1 m^3 泥浆加入 15 kg 生石灰的比例)，以改善泥浆粒度，提高过滤的速度和效率。从而提高分离效率。

需要形成含水率较低的泥饼时，可以通入压缩空气对泥饼进行挤压，能有效降低泥饼的含水率，达到可外运条件。

4. 离心系统

(1)主要组成

见本书 6.3.5。

(2)操作要点

在压滤系统工作能力受到限制同时调浆池比重较高时，为较快降低泥浆比重，需采用离心机对泥浆进行简单的降比重处理。

浆液从进料管被连续送入转鼓内，转鼓高速旋转；螺旋推料器在差速器的作用下，以一个略小于转鼓的转速旋转，转鼓与螺旋推料器构成了一副具有一定差转速、同向高速旋转的分离—输送机构。

在离心力作用下，转鼓内形成一环形液池，由于固相与液相之间存在密度差，较重的固相颗粒沉降到转鼓内壁形成沉渣，在螺旋叶片与转鼓的相对运动下，沉渣被推送到转鼓的小端排出到渣场。内环被澄清的泥浆则通过螺旋形通道经溢流孔排出到应急池，沉淀处理后再流到调浆池。

(3)性能调整

泥浆在经过离心处理后，泥浆的黏度可能会继续上升，因此压滤后的清水回用至关重要。当离心机排放的渣土过干或过湿时，可调节溢流挡板或进浆量。

10.10.4 主要设备(表 10—3)

表 10—3 泥水处理施工主要设备表

序号	名称	规格	数量	技术性能	备注
1	分离设备	ZXSⅡ-2200/10	1套	1. 最大泥浆处理量 2 200 m^3/h； 2. 净化分离粒径：$d_{50}=0.011$ mm； 3. 渣料筛分能力最大为 480 t/h； 4. 筛分出的渣料含水率小于 30%； 5. 达到最大净化除砂效率时污浆的最大比重小于 1.3 g/cm^3，马氏漏斗黏度 40 s 以下(苏氏漏斗 30 s 以下)，含砂量小于 20%； 6. 装机总功率：1 025.6 kW	主分离系统由 4 套 YSC-750A 预筛器、ZX-550/30 泥浆处理装置单元、ZX-550/10 泥浆处理装置单元组成

续上表

序号	名称	规格	数量	技术性能	备注
2	压滤机	厢式自动拉板式	4台	结构合理、操作简单、维护方便、安全可靠；能够实现滤板压紧、过滤、压榨、反吹、洗涤、滤板松开、卸料等各道工序的自动化控制	压滤系统
3	送浆泵	—	4套	高低压泵组合为压滤机供浆，低压泵为普通渣浆泵起快速进浆作用，高压泵为液压驱动柱塞泵起过滤浆液作用	压滤系统
4	离心机	LW500X1000AN	4台	最大处理量 50～60 m^3/h；最小分离点 5～7 μm，分离因素 810；长径比 2.5；差速比 84∶1；转鼓转速 1 600 r/min；半锥角 9°	离心机系统
5	供浆泵	离心式	4台	满足离心机使用	离心机系统

10.10.5　质量控制

质量控制目标就是要使用适合地质条件和施工条件的泥浆，并通过控制，使泥浆在盾构掘进过程中保持性能。应在适当的时间用适当位置的泥浆试样检验泥浆的性能指标，根据实验结果采取对泥浆的舍弃、再生和修正配合比等适当措施，控制好泥浆的性能，不因泥浆性能问题影响施工质量和施工进度。

做好技术交底，强化工序控制，实行监督检查。

对设备进行日常维护保养，以防保养不及时使设备损坏，影响施工质量和进度。

检查设备运行情况，发现问题及时解决。

制定设备操作规程和操作程序，以免操作不当造成设备损坏。

10.10.6　安全措施

各种机电机械应安装安全防护罩、电机防漏电、触电，加强机电设备维修和运转中的保养，确保机械的完好性。

各设备配电柜和控制柜做好防护，以防设备故障喷浆喷到电柜，导致漏电、电器元件损坏。

严格执行各项安全法律、法规和公司的安全规章制度，严禁违章作业。

经常对施工人员进行安全技术交底。

施工过程中，要实行统一指挥，集中精力。

发生异常现象要组织全力及时排除。

为了振动电机安全使用，两台振动电机偏心块的夹角调节必须一致，振动电机在运行期间轴承应保证良好的润滑。

10.10.7　环保措施

设备应安装在封闭的厂房内，可有效隔阻设备运行噪声传播，避免噪声扰民。

所有施工、生活废水在排放前必须取得市政管理相关部门的批准、同意。

施工中产生的废弃泥浆必须经过沉淀池沉淀处理后，方可排入市政污水管。废浆沉渣必须用密封的槽车外运，送到指定地点处置。

装有建筑材料、渣土等易扬撒物资的车辆，车厢应用覆盖封闭起来，以避免运输过程中的扬撒、飘逸，污染运输沿线的环境。

各类运输车辆离开施工现场时，应清洗车辆轮胎及车厢，清洗废水应接入施工现场的临时排水系统，经沉淀后排放。

运输车辆进出的主干道应定期洒水清扫，保持车辆出入口路面清洁，以减少由于车辆行驶引起的地面扬尘污染。

由于施工产生的扬尘可能影响周围正常居民生活、道路交通安全的，应设置防护网，以减少扬尘及施工渣土影响。

10.11 特殊情况下的应急处理

10.11.1 开挖面失稳

(1)超浅覆土段，一旦出现冒顶、冒浆随时开启气压平衡系统。

(2)正确地计算选择合理的仓压，仓压应采用静止水土压力的 1.2 倍左右；开挖面由膨润土悬浮液稳定，水压力可以精细调节。膨润土悬浮液由空气控制，随时补偿正面压力的变化。

(3)流砂地质条件时，要及时补充新鲜泥浆。事前检验泥浆物理性质，包括流变试验、渗透试验、成泥膜的检验。测定固体颗粒的密度、泥浆密度、屈服应力、塑性黏滞度、颗粒大小分布。泥浆可渗入砂性土层一定的深度，在很短时间内形成一层泥膜。这种泥膜有助于提高土层的自立能力，从而使泥水仓土压力泥浆对整个开挖面发挥有效的支护作用。对透水性小的粘性土可用原状土造浆，并使泥浆压力同开挖面土层始终动态平衡。

(4)控制推进速度和泥渣排土量及新鲜泥浆补给量。

(5)利用探测装置进行土体崩塌检查。为保证开挖面的稳定，施工中要利用安装在盾构顶部的探测装置定期进行检查，判断盾构前上方的土体有无松动。一般要求每天进行 2～3 次的检查，并做好探测记录。

(6)地表沉降与信息反馈。地表沉降是反映盾构正面稳定的一个方面，跟踪测量因盾构掘进而引起的地表沉降情况。一般每天需对盾构前 10～20 m、盾构后 30～50 m 轴线区域内的各沉降点进行监测。开挖面不稳定而产生的地表沉降往往发生在盾构切口前方，这时应检查泥水质量及切口水压。

(7)开挖面水压信号检查。在检查开挖面水压时，应注意检查开挖面水压信号传感器，有时会因管路堵塞而影响正常采集数据。

10.11.2 盾尾漏浆

1. 盾尾渗漏的原因

(1)管片变形

管片拼装后要求形成一个标准的圆，管片之间采用错缝拼装，但由于操作原因往往拼装成椭圆形，实际施工中由于自重等因素影响，横向椭圆较为多见。这就增大了管片之间止水条外缘的宽度(理论设计值为 6 mm)，实际在管片拼装过程中将出现两腰的管环之间的外缘纵缝开口度大于 6 mm，上下部的纵缝开口度小于 6 mm。在盾构掘进一环至 1.4 m 左右时，盾尾刷末端正好到达上一环管片，此时盾尾刷就正处在该环管片上，由于注浆压力和泥水压力都较大，而纵缝开口度大于 6 mm，纵缝处的油脂无法承受浆液和泥水的压力，就形成一个渗漏通道,造成盾尾漏浆。盾尾密封见图 10—25。

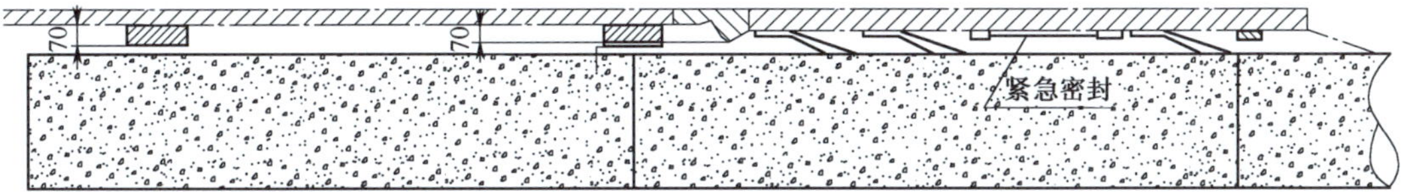

图 10—25　盾尾密封示意图(单位:mm)

(2)管片错台

由于管片拼装操作不熟练,造成管片错台严重,特别是在纵缝错台产生后,使得盾尾刷无法紧密包裹整环管片,形成渗水通道,虽然盾构推进时盾尾仓内有盾尾油脂填充纵缝,但在较高的注浆压力和泥水压力等作用下,极有可能将油脂冲脱而击穿盾尾刷,造成管片渗漏。管片漏水原因分析见图 10—26。

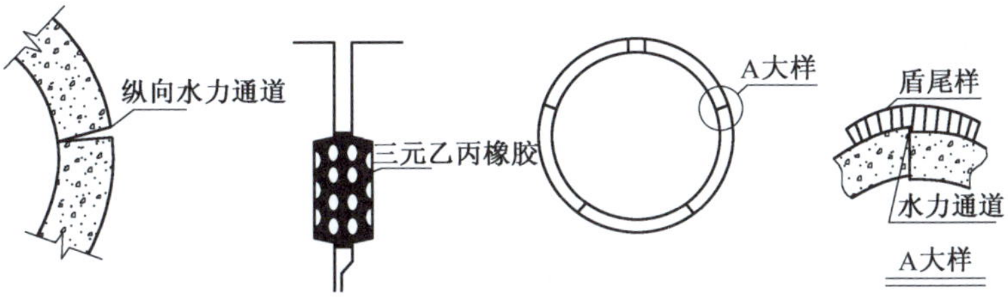

(a)盾尾变形　(b)管片错台

图 10—26　管片渗漏水原因分析示意图

(3)管片碎裂

在轴心线未产生较大偏差的状态下,组装工艺不合理或野蛮施工,K 块管片安装时没有足够的空间,采用盾构千斤顶强行顶进,造成相邻管片外壁处(尤其螺栓孔、角根部)在千斤顶高压状态下顶裂或破碎,而带进盾尾仓,损坏盾尾刷,形成渗水通道而造成漏浆。

(4)同步注浆浆液指标选择不当

同步注浆浆液的参数指标是否合适对盾尾漏浆也有很大的影响,盾构机上注浆设备本身的性能对注浆浆液有一定的限制,注浆设备泵送能力比重 1.8,稠度 150,这就要迫使同步注浆所用的浆液必须满足比重小于 1.8,稠度小于 150,否则就会经常发生注浆管堵塞,注浆泵损坏现象。但是同步注浆所用的浆液比重、稠度不能太小,要尽可能的大,这样才会更好的回填盾构机刀盘开挖后围岩与拼装完管片的外径之间存在的一定间隙,起到回填防水作用;否则如果比重稠度太小,浆液就会和泥水混为一体,有可能击穿盾尾油脂保压仓而造成窜浆。

(5)泥水压力过大导致盾尾漏浆

由于在环流系统操作时开挖面的泥水压力设定值过高,或切削下来的岩块堵塞排泥管道口或泥水仓,都有可能导致泥水仓内泥水压力过高,超过盾尾刷的抗压能力,瞬间击穿盾尾刷而造成漏浆。

(6)泥水系统堵塞导致压力波动

(7)盾尾油脂的注入不当

盾尾油脂仓的压力要根据掘进地层采用的切口水压为依据来设定,如果仓内保持压力太小,泥水和砂浆就会击穿盾尾仓尾部开始漏浆。

在盾构掘进过程中，盾尾刷与管片的摩擦消耗的油脂与掘进速度成正比，速度过快则注入盾尾的密封油脂在单位时间内不能满足其消耗量，若不及时调整油脂泵注脂率，则盾尾刷内的油脂量和注入油脂的压力不能及时密封盾尾，势必造成尾刷的密封效果减弱，形成盾尾渗漏。

(8)盾尾密封损坏

盾尾刷密封装置受偏心管片过度挤压后产生塑性变形而失去弹性，密封性能下降，在压力作用下导致浆液渗漏

泥水盾构停止掘进时，土仓内有泥水的压力作用，管片组装时很易导致盾尾后退，造成盾尾刷与管片间发生刷毛方向相反的运动，使刷毛反卷，盾尾刷变形，密封性能下降而造成渗漏。

2. 盾尾渗漏的防治

(1)管片拼装

加强拼装施工培训，提高拼装人员的技术水平，要求管片不拼成椭圆形，且安装每一环管片时要安装定位销来定位，使整环管片箍紧成圆，以减少椭圆和纵缝、环缝错台的现象。拼装管片时要清洗干净盾尾，将管片破损碎块和其他杂物清理后再拼装管片，防止有异物进入盾尾仓损坏盾尾刷；避免安装管片时难以对位，造成错台现象。封顶块拼装前，必须调整好开口尺寸，使封顶块能顺利插入到位。管片构造可减小管环纵缝沿止水条外缘的构造缝宽度和高度，建议高度＜20 mm，以减少渗漏水力通道。

(2)泥浆

根据实际的施工经验，反复试验确定注浆浆液的最佳指标。

盾构施工过程控制好泥水的浓度和黏度，当调整槽内泥水浓度不足时，黏土或膨润土被送入黏土溶解槽，经过搅拌装置充分搅拌后，送入调整槽调整泥水浓度。当调整槽内泥水浓度较大时，剩余泥水槽内的黏稠泥浆与来自清水槽的水混合，经过搅拌后，送入调整槽调整泥水浓度。

泥水黏度调整方法：当泥水黏度不足时，向泥水中添加 CMC 增加泥水黏度。

确保泥水有良好的稳定性，使泥水长时间的放置也不会产生离析。稳定性受泥水中有效成分浓度与盐类浓度的支配，在含有 10.00 ppm 以上盐分的地下水的情况下，可采用添加分散剂或其他方法；同时盾构停止掘进之前的盾构施工过程中加强泥水试验工作。

施工过程选择合适的泥水浓度。泥水浓度根据不同的地质而各不相同，透水性高的围岩中使用的泥水浓度一般为 10～25 s 左右；可用增大微粒子浓度的方法来提高泥水机能。

(3)切口水压设定

通常应与作用在开挖面上的土压保持平衡，水压与开挖面上含水土体垂直作用的重力和土的内摩擦角有关。设 P_0 为土压(含水压)，即自然状态下盾构机头部 2/3 高度处的压力，则 $P_{切}=P_0+(0.01\sim0.02)$ MPa。动工前应在隧道线路上的多个地点进行土质和地下水调查，决定每个地点的设定切口水压。当盾尾发生漏浆时可适当降低切口水压，采用小流量进行掘进。

(4)盾构施工过程严格按送排泥基本程序操作。

为防止大的岩块和卵石堵塞管道，在盾构刀盘后排泥水管口处设置滤网，将大块岩石、卵石、土块过滤，并通过设置的岩石粉碎机粉碎后再通过排泥管排出。在管道发生堵塞时，若开挖面水压高于上限值则应立即暂停掘进，通过旁路调节使压力从逸流阀卸掉，开挖面水压恢复正常后逸流阀自动关闭，再把泥水送进土仓进行逆洗清通管路，或通过检查判断具体堵塞位置

后人工清除岩块。为了防止注浆压力的波动、注浆量难以控制，施工技术人员要组织工人经常有规律的清洗注浆管和注浆罐。

(5)盾尾油脂仓压力设定

最后一道盾尾仓的压力一般要大于切口水压 2 bar，里面的两个仓内的压力可以适当降低 1 bar。一般注脂压力显示的只是注脂管路里的压力，由管到仓内会有一定的压力损失，为了满足盾尾仓内的压力，所以要再相应的加大 1 bar。

(6)控制盾构姿态

严格控制管片组装时的千斤顶伸缩量，避免盾构产生后退；严格控制盾构推进的纠偏量，尽量使管片四周的盾尾间隙均匀一致，减轻管片对盾尾刷的挤压程度。

(7)选择合适的排泥管管径

根据盾构的切削断面、送泥浓度、掘进速度、排泥浓度计算送泥流量和排泥流量，再根据流体能输送块石的大小和排出土砂的沉降限界速度，来决定排泥管径。

3. 盾尾密封损坏后的施工管理

(1)发现漏浆之后，施工技术人员应立即组织工人启动排污系统，防止漏浆淹掉盾构。

(2)经过判断盾构内的排污系统可以满足目前的漏浆量，盾构可适当降低切口水压继续掘进，针对于盾尾漏浆部位，进行人工手动注脂，注脂顺序由前仓到后仓，必要时可以加打紧急密封油脂。

(3)如果目前的漏浆量排污系统无法抽排，这时盾构机就面临着被淹掉的风险，盾构机应该立即停止掘进；技术人员应该立即组织工人采用海绵条进行正面封堵，另外组织工人在脱出盾尾的第三、四、五环管片壁后进行补注聚氨酯或双液浆(首选水玻璃和水泥组成的双液浆)，待盾尾不露浆稳定之后再进行施工。

(4)当盾尾漏浆止住之后对盾尾进行检查，损坏程度较厉害时且在条件允许的情况下，可更换第三道即最里面一道盾尾刷，以保证盾尾刷的密封性，保证施工进度和安全。

10.11.3 铰接渗漏

1. 原因分析

(1)盾构机姿态控制

掘进中盾构机姿态变化很大。隧道工程多曲线，最小转弯半径有的只有 450 m，对于如此大型的泥水平衡式盾构容易造成盾构与管片之间卡壳，管片环间连接不平，带来管片挤压破损，容易引起渗漏隐患，中盾和尾盾之间的铰接，因尾盾卡壳铰接千斤顶不能有效收缩保护，多次反复过量张拉，出现密封渗漏。

(2)推进千斤顶和铰接行程差

为了控制隧道施工轴线，需合理调整曲线内外侧千斤顶的不同推力使盾体尽可能接近设计理论上的圆形。恰当开启铰接油缸，通过铰接千斤顶小幅度调整，提高盾构机的纠偏灵敏度。推进千斤顶行程差变化过程并不均衡，而本工程所用的铰接为被动式铰接，其能提供的对盾体的约束是有限的，在盾尾被卡死的情况下，铰接千斤顶行程很容易就接近极限值 250 mm，这不利于铰接密封的保护，也不利于盾构隧道推进质量控制。

(3)推进速度的影响

在发生铰接渗漏前，其掘进速度控制并不利于盾构姿态的平稳过渡，即每环掘进中过快的速度使得盾构机更难于为管片提供出一个良好的拼装空间，加大了管片拼装的难度。

(4)盾构掘进总推力和土压力的影响

因为盾构机推进是靠千斤顶的推力来实现的，方向控制主要由推进千斤顶的编组压力差来完成。如前所述，在姿态和铰接行程差不太理想的情况下，过大的推力势必拉大铰接密封处的缝隙，同时更容易压缩成形管片与盾尾之间的活动空间，破坏管片，也破坏管片环的真圆度。而不稳定的掘进土压力造成的“拉风箱”效应使得已经出现增大的铰接密封在反复活塞式作用下，加速渗漏的发生。

2. 防治措施

在盾构施工过程中，提及最多的盾构姿态控制问题，其实质是盾构掘进过程中参数的选择和组合，并且是一个动态和持续的过程，这个过程直接影响盾构的空间状态，带来一系列的问题。

盾构盾尾及铰接漏浆涉及到盾构施工的注浆压力、注浆量、盾构机的掘进姿态、地质状况、盾尾油脂、管片拼装等多种因素。因此，在施工实际中必须细心分析漏浆原因，采取切实可行的措施，才能少走弯路，减少损失，保证工程的施工进度和施工质量。

10.11.4 进排泥管道堵塞

在掘进过程中排泥不畅是吸口阻(堵)塞的前兆，不及时进行处理将使盾构泥水仓吸口堵塞，引起泥水压力突变，当泥水压力大于地层抗剪强度时，将导致地面大量冒浆，造成地面隆陷量增大。消除管路堵塞常采用逆洗法进行处理，进入逆洗状态前，首先转入“旁路”然后进入逆洗状态。进排泥水管路每隔 100 m 安装一闸阀，保证进排浆管道发生堵塞后能及时进行处理。

泥水、排污管路随着盾构掘进需要不断地接管向前延伸。进排泥管路在施工中是充满泥水的，在接管时满管的泥水将外溢污染隧道。每 100 m 安装一只闸阀，则接管时 100 m 管路的外溢流量约 10 m^3，影响工作面施工和隧道清洁。为此盾构机特配备自动接管器。

在接管时首先关闭管路两端的闸阀，在特殊管处的分管与排污设备连接，打开气阀，将满管的泥水先排至蓄水箱，等管路接好后，再放回管路内，关闭气阀，打开两端闸阀，完成接管作业。

注浆管路清洗下的液体，放入蓄液箱，装在管片车上运至盾构工作井吊出处理。洞内其他施工污水可用泥水泵通过排污管路排出隧道。

10.11.5 刀盘聚集泥饼

盾构在穿越单一黏土层中，刀盘容易聚集泥饼，使开挖能力降低，在这一地层中自造浆能力非常强，因此要调节进泥浆的浓度。一般措施为开启刀盘中心的冲刷系统，用高压喷嘴冲掉聚集的泥饼。

10.11.6 隧道上浮

(1)及时铺设隧道下层道路预制构件。

(2)严格控制隧道轴线。使盾构尽量沿设计轴线推进，每环均匀纠偏，减少对土体的扰动。

(3)严格控制地面沉降。减少地面沉降量能保证盾构正面及上部土体的原状性，增强土体握裹力，使土体与盾构间间隙减少，这样就割断正面泥水流失的路径，同时也起到控制隧道上浮的作用。

(4)加强同步注浆管理。这就要求注浆浆液有较短的胶凝时间，使其遇泥水后不产生裂化，并要求浆液具有一定的流动性，使通过同步注浆后的浆液能均匀地布满隧道一周。同时应提高注浆与盾构推进的同步性，使浆液能及时充填建筑空隙。

(5)每隔 10～20 m 打一道环箍，使隧道纵向形成间断的止水隔离带，以减缓、制约隧道上浮，从而控制隧道变形。

(6)当发现隧道上浮量较大，且波及范围较远时应立即采取对已建隧道补压浆，以割断泥水继续流失路径。补压浆要求均匀，压浆后浆液成环状。一般补压浆可采用双液浆与聚氨脂相结合的注浆方法，注浆范围为 5～10 环。

(7)确保每环管片之间紧密连接，在管片脱出盾尾后重新拧紧所有纵环向螺栓。

(8)在盾尾末端安装阻浆钢板，阻挡正面泥水向隧道回流。

10.11.7 隧道漏水

由于盾尾密封钢丝刷长期磨损失效或管片拼装出现质量问题等诸多因素，会导致隧道内发生渗漏水事故，影响施工进度，严重时还会造成其他安全事故。

(1)因管片裂缝引起的渗水，在裂缝处钻孔补压高强度砂浆进行处理。

(2)如果管片接缝出现渗水，则要进行壁后注浆抗渗。注浆所用的材料、浆液要事先准备好。

(3)当手孔出现的渗水情况时，用 107 胶水与水泥的混合物进行封堵。

(4)对进出洞口的 10 环管片采用[14 槽钢通过管片吊装孔进行拉紧，确保在盾构反推力较小的情况下，管片环间的缝隙不至于加大，避免管片间因密封失效而发生渗漏。

(5)渗水处理要一次到位，尽量不要返工，质检员负责对修补好的管片进行质量检查，并做好记录，同时报监理工程师审查。

10.11.8 隧道内更换盾尾刷预案

在掘进过程中，盾尾密封处出现漏浆、漏水现象，则应立即调整盾尾密封注脂参数，加大漏浆、漏水处的注脂量和压力。同时及时调整封顶块管片的拼装点位，以便确保管片与盾尾之间的径向间隙。如果以上手段仍不能封堵漏浆、漏水现象，说明盾尾刷已出现损坏或盾尾密封腔和盾尾刷内凝结有水泥砂浆影响盾尾密封的密封效果，此时必须在隧道内进行盾尾刷的更换。

由于泥水盾构方案中已描述，盾尾密封为 4 道，为本项目设计的管片安装机的行程可以满足无需采取土体加固措施便可更换前面两道盾尾刷。

盾尾刷更换工作程序分为：准备工作、拆除两块管片（封顶块及与其左侧相邻管片）、更换已拆除管片部位的盾尾刷、涂抹盾尾油脂、封顶块管片的安装、其余管片部位盾尾刷的更换、继续掘进。

1. 准备工作

在停机前两环时采用惰性浆液进行同步注浆，以防止水泥砂浆在盾构停机期间凝结盾壳，造成盾构无法推进；距已拼装好的最后一环管片 5～10 环范围内，进行补强注浆以封堵管片外圈贯通的水系；准备必要的维修机具、备件和材料。

2. 拆除两块管片(封顶块及与其左侧相邻管片)

缩回撑顶在封顶块上的推进油缸;采用管片安装机抓取已拼装好的封顶块并拆除封顶块连接螺栓;向前移动管片安装机,将封顶块拉出并拆除(如果封顶块卡得较紧时,可利用相应的推进油缸辅助牵拉);采用管片安装机抓取已拼装好的与封顶块左侧相邻的管片,并拆除其连接螺栓;拆除封顶块左侧相邻的管片。

3. 更换已拆除管片部位的盾尾刷

采用割枪割除已拆管片位置的盾尾刷(可更换前两道);用角磨机将盾尾刷安装位置打磨平整;用专用焊条重新焊接新的盾尾刷,要求相邻的两块盾尾刷之间密帖且按顺序搭接;检查已更换上的盾尾刷的焊接质量(要求表面平整且无焊接缺陷)。

10.11.9 中途换刀预案

盾构操作手必须遵守操作手册的要求来操作盾构,使盾构的掘进速度和扭矩与所开挖的地层条件相适应和匹配,避免非正常损坏刀具。刀具更换时采取如下技术措施:

(1)对地层进行加固处理为换刀过程中的隧道、设备以及操作人员的安全再加一道保险,作为备选方案之一,可以考虑在换刀地层进行土体加固措施。

(2)所提供的人闸设计,已完全能够满足作业人员在带压情况下快速地进行检查、更换刀具以及检查、维修刀盘内其他部件的要求。如果需要在水压高于 4 bar 的环境中进行作业时,还可能需要考虑准备居住人闸、穿梭人闸及医疗闸。近年来,饱和潜水技术被用于隧道施工中,特别是高水压的施工作业。这是一项在全世界都普遍使用的成熟技术。

(3)专业人员的准备,对现场技术人员进行带压进仓换刀作业的技术支持。同时也可以在需要进行刀具更换时,派遣一个特殊作业的专业公司来进行刀具更换作业的技术服务。

(4)泥水仓液面控制操作程序,如果必须进入开挖仓室内进行刀具更换作业,必须使用压缩空气调节系统保持泥水仓和气垫室的压力。此外,还要进行泥水仓液面控制操作。泥水仓液面控制操作分为两个阶段,分别如下:

1)平衡开挖泥水仓室和气垫仓室的液面高度由于盾构正常掘进时,开挖泥水仓室内充满了泥浆,而气垫仓室内的液面处于中部正常位置,所以在带压进仓工作之前必须进行平衡开挖仓室和气垫仓室液面的高度,以便于作业人员的进入,具体操作程序如下:

起初,气垫仓室内液面高度充满处于中部,液面上部充满着压力为 P_c 的压缩空气;开挖仓室内充满泥浆,见图 10—27。

打开闸阀 1,压缩空气由气垫仓室进入开挖仓室,气垫仓室内的液面高度逐渐升高,开挖仓室内的液面高度逐渐降低,原液面高度位置的压力逐渐增降为 P_a,见图 10—28。

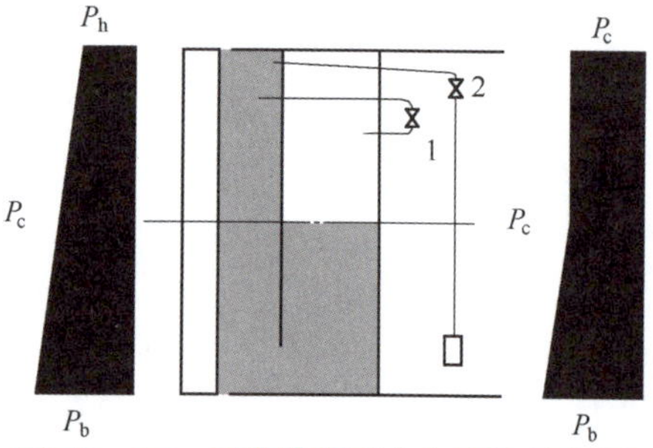

图 10—27 正常掘进时仓内液位示意图

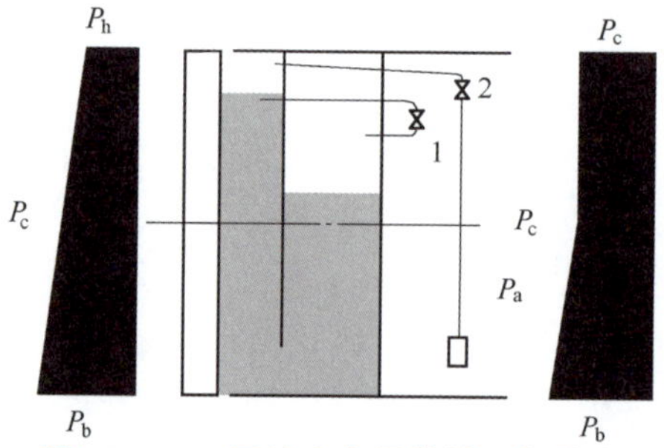

图 10—28 开挖仓内泥浆排入气垫仓

当开挖仓室内的液面高度降至与气垫仓室内的液面高度一致时，两仓内的压缩空气的高度也达到了平衡，见图10—29。

平衡开挖泥水仓室和气垫仓室的液面高度的操作完成后，方可进行人员带压进仓作业。

2)回充开挖仓室

当开挖仓室内的换刀作业完成后，再次开始掘进前，必须及时回注开挖室内的泥浆至满仓。具体操作程序如下：

起初，开挖仓室内的液面高度与气垫仓室内的液面高度一致，两仓内的压缩空气的压力也一样。关闭闸阀1并打开闸阀2，见图10—30。

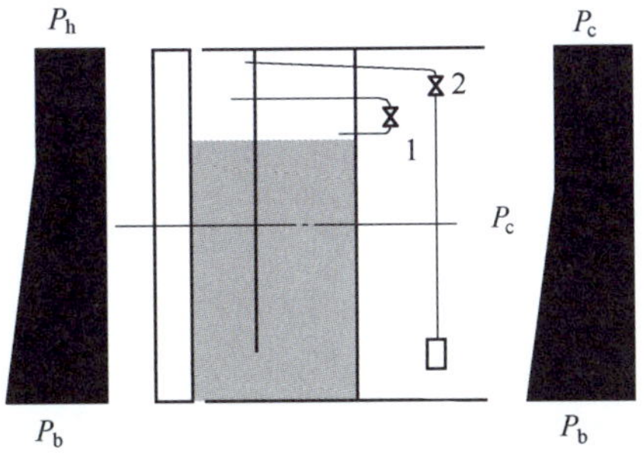

图10—29　开挖仓与气垫仓压力平衡

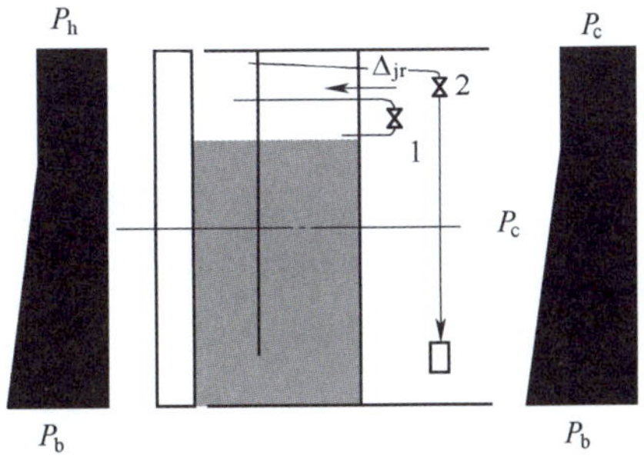

图10—30　气垫仓加压

当打开闸阀2后，开挖仓室内的压力降低，开挖仓室内的液面高度逐渐升高，气垫仓室内的液面高度逐渐降低，见图10—31。

最后，开挖仓室内几乎充满泥浆，当泥浆从闸阀2流出后关闭闸阀2，开挖仓室内残留的少量压缩空气在正常掘进时可以随泥浆排除，见图10—32。

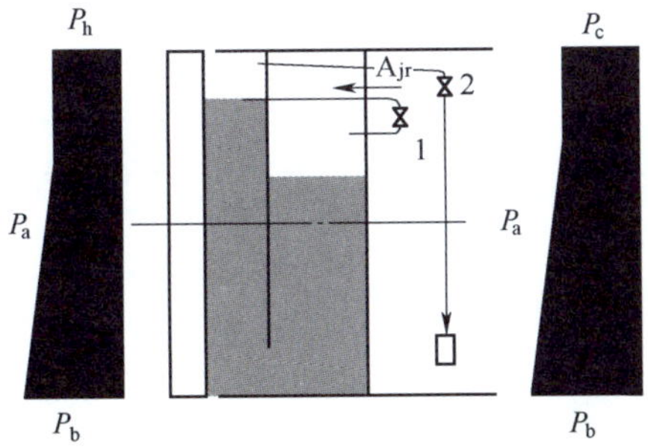

图10—31　泥浆由气垫仓进入开挖仓

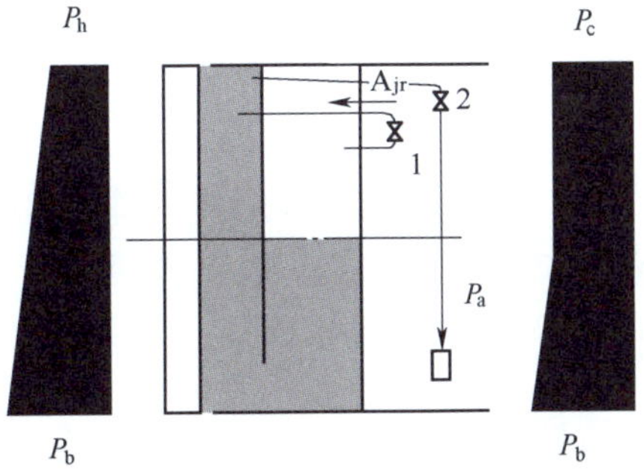

图10—32　恢复正常掘进时的液位

(5)带压进仓作业操作程序

1)检查工具、备件、记录器、加热器、钟表、温度计、紧急电话、进气阀、排气阀以及人闸门是否工作正常并清洁人闸门密封。

2)人员进入主仓室。

3)启动记录器检查功能及送纸是否工作正常。

4)关闭主仓室闸门以及主仓室与应急仓室之间的闸门，并确认所有闸门均正确关闭。

5)使电话处于在线状态(随时与仓外人员进行联系)。

(6)缓慢打开进气球阀，使主仓室内的气压升高，直至达到操作压力(与气垫室内的压力相同)。

(7)根据规定启动主仓室内的加热器，调整主仓室内的温度至适宜状态。

(8)微调进气球阀和排气球阀，使得主仓室内的压力与气垫室内的压力完全一致(通过比较两仓室的压力表)，关闭球阀，并小心地打开主仓室与气垫室之间的闸门。

(9)打开闸门后，人员进入气垫仓室。

(10)开压力隔板上的闸门，人员进入开挖室。

(11)人员在开挖室内进行换刀作业期间，保持闸门为打开状态。

(12)人员出仓操作程序与带压进仓作业反顺序进行。

10.12 盾构掘进质量控制

10.12.1 质量控制标准

1. 防水

隧道防水等级为一级，不允许渗水，结构表面无湿渍。

2. 隧道上方地面隆沉控制

在正常推进条件下，针对不同风险段，隆沉值控制范围：特级：－15～＋10 mm；一级：－20～＋10 mm；二级：－25～＋10 mm。周边各个建构筑物沉降控制按照设计执行。

3. 管片拼装和盾构掘进

为保证装配式结构良好的受力性能，提供符合计算假定的结构工作条件，衬砌拼装和盾构掘进施工必须达到下列精度：

(1)三环整环试拼装检验允差：相邻环环面间隙不得大于 1.0 mm(插片，每环 6 点)；纵缝相邻块块间间隙 0～＋2 mm (插片，每环 6 点)；成环内半径：－1 ～＋1 mm (不放止水垫，每环 8 点)；成环外半径：0～3 mm(不放止水垫，每环 8 点)；对应环向螺栓孔不同轴度小于 1 mm。

(2)衬砌整环拼装的允许误差：相邻环的环面间隙≤1.0 mm；纵缝相邻块块间间隙≤2 m，衬砌对应的环向螺栓孔不同轴度小于 1 mm。

(3)衬砌拼装成环椭圆度：水平、竖向直径偏差≤2‰D(管片直径)。

(4)盾构掘进轴线蛇形误差：直线地段应控制在水平±75 mm，竖向±50 mm 以内，小半径曲线地段应控制在水平±100 mm，竖向±50 mm 以内。

(5)管片螺栓拼装后必须拧紧，管片脱出盾尾后进行复紧螺栓，管片脱出台车后再次复紧螺栓。

4. 泥水

施工过程的泥水比重拟控制在 1.05～1.10 g/cm^3。下限理论计算为 1.05 g/cm^3，上限根据刀盘扭矩、实际土质等情况进行控制。泥水的黏度拟控制在 20～25 s，根据实际地质条件需要进行调整。

10.12.2 质量控制措施

1. 泥水压力的控制

由于盾构始发端头进行加固，切口泥水压的建立主要是为了形成泥水循环将刀盘切削下来的渣土带走，并对刀盘刀具进行冷却，同时为防止始发时高压泥水从洞门密封装置内喷涌，泥水压力平衡难以建立，因此切口泥水压设定不宜过高。根据经验，在前 10 m 的盾构推进过程中，应按照下限值设定切口泥水压，在加固体内初步设定为值为 0.1～0.13 MPa 之间，实际施工过程中要根据盾构各项参数变化等具体情况进行实时调整。

盾构刀盘通过加固体后要及时调整切口泥水压力，保证掌子面的稳定防止塌方，此时切口泥水压力应该逐渐提高到 0.15～0.3 MPa，在提高切口泥水压力的同时派专人观察洞门密封的变化情况，如果此时洞门密封出现明显变形开始漏水时，要适当降低切口泥水压力，并且对洞门密封进行加固保证洞门密封的安全，实际施工过程中要根据盾构机各项参数的变化等具体情况进行实时调整。

2. 泥水平衡的建立

盾构在始发洞口时建立泥水平衡，要求洞门有较好止水条件，即防止建立泥水平衡时大量泥水涌入井内，保证泥水仓的水压平衡与稳定，要求洞门临时密封装置的密封效果。洞门临时密封装置由于受到不均等的洞口建筑空隙的影响，能承受泥水压力较低，在不影响泥水系统正常输送平衡条件下，将泥水仓压力控制在不超过盾构机中部高度的水压为宜。随着推进距离增长，洞门段进行同步注浆和补充注浆后，方可逐步增加泥水压力，达到正常的泥水平衡压力。

3. 刀盘转速及推进速度控制

为确保盾构能正常通过土体加固区，防止排泥管路吸口堵塞，控制推进轴线，保护刀盘，减小刀具的磨损，始发时刀盘转速及实际推进速度不宜过快。此阶段盾构机应缓慢稳步前进，刀盘转速要控制在 0～1.5 r/min，推进速度则控制在 1 cm/min 左右，直至盾构机脱离加固区后方可逐步提高掘进速度到 4 cm/min。始发掘进时，要随时观察刀盘扭矩和泥水仓压力的变化，以及盾构姿态等参数的变化，及时调整刀盘转速和推进速度。

4. 泥浆的调制

(1)泥水盾构施工前，地面制浆、调浆、泥水处理，整个地面泥水系统都要准备到位，并配制一定浓度、黏度和足够量的泥水供盾构循环使用。在盾构始发前，泥浆槽里要制备足够的施工所需浆液，理论计算第一次造浆量应为 1 000 m^3。泥浆容重 1.05～1.1 g/ cm^3，黏度 25～30 s，失水量不大于 15 mL/30 min。在隧道穿越不同地层时，以上指标要针对地质条件做相应调整。泥浆配比见表 10—4。

表 10—4 新浆(1 m^3)配比表(初拟)

膨润土	CMC	纯碱	水
100 kg	3.3 kg	3.3 kg	930 kg

(2)在施工过程中，现场配备泥水土工试验室，每一环在推进前要测定调整槽内的泥浆指标，及时调整至满足施工要求为止，并记录在案。持续一段时间之后，得出泥水指标的变化趋势，在原来配比的基础之上，再做调整。

(3)派专人负责整个泥水系统的技术管理工作，负责施工过程泥水配比的调整建议、质量跟踪、监控、记录、总结工作。

(4)建立完善的泥水施工管理制度，使泥水管理规范化、制度化。

5. 管片拼装质量控制

管片在拼装过程中会产生误差，这些误差的积累和发展，会导致盾构虽未偏离设计轴线，但是盾尾的管片变得越来越难拼装。测量管片的偏差，会发现管片中心线已经呈偏离设计轴线的趋势，对这种积累偏离应采取以下预防措施：

(1)在每一环管片拼装时，测量上一环管片与盾壳内上下左右各点的间隙，并根据隧道走向，选择合理的管片封顶块对应的油缸号位，使得该环管片拼装完毕后各点间隙差值均在10 mm以下。

(2)盾构在掘进过程中，盾构切口高程偏离设计轴线一般要控制在2～3 cm以内为最理想，防止偏离轴线过大而造成隧道的质量下降，要根据盾构机相关设计参数来修订。

(3)在掘进过程中，发生各种设备异常现象，要停止施工，处理好后再开始掘进，防止管片与盾构的偏离轴线。

(4)根据盾构前方土质，沉降监测情况及时调整掘进参数。

(5)制定相应操作规程，做好操作人员技术交底工作。要求操作人员严格执行操作规程，及时真实反映盾构工作状况。测量人员应加强盾构姿态观察，做好数据采集、整理、记录、校时、复核工作，确保盾构和设计轴线拟合。

6. 盾尾钢丝刷的保护

盾构盾尾密封钢丝刷是盾构施工中的易损件，也是盾构施工正常进行的保障，在施工过程中必须对其进行行之有效的保护。在一般土层中盾尾刷的使用寿命在3 km左右，考虑到本工程的地质条件特殊，隧道埋深较浅，工程地下水位较高，且一次性掘进距离较长(2 248.5 m)，要实现一次性掘进，必须加强油脂注入工作，做好盾尾钢丝刷的保护。

(1)施工前对盾尾油脂密封腔进行打压检查，以后定期检查。

(2)正常状态掘进中(在没有发生水漏窜浆状态下)，每2环后正常补脂一圈。

(3)在发生漏窜浆状态下，补充油脂时间由平常的6 s/孔改为1 min/孔。

(4)油脂仓压力保持在0.5 MPa以上。

(5)每次管片拼装前必须把盾壳内杂物清理干净，以防对盾尾刷造成损坏。

(6)在整个施工过程中，盾尾密封须一直保持完好状态，避免同步注浆浆液对钢丝刷的损害。

7. 盾构掘进姿态调整与纠偏

在实际施工中，由于地质突变等原因，盾构推进方向可能会偏离设计轴线，并达到管理警戒值；在稳定地层中掘进，因地层提供的滚动阻力小，可能会产生盾体滚动偏差；在线路变坡段或急弯段掘进，有可能产生较大的偏差。因此应及时调整盾构机姿态、纠正偏差。根据可视化界面的姿态进行全方位的调整

(1)姿态调整：分区操作推进油缸来调整盾构姿态，纠正偏差，将盾构的方向控制调整到符合要求的范围内。

(2)滚动纠偏：当滚动超限时，盾构会自动报警，应采用盾构刀盘反转的方法纠正滚动偏差。允许滚动偏差≤1°，当超过1°时，盾构报警，提示操纵者必须切换刀盘旋转方向，进行反转纠偏。

(3)竖直方向纠偏：控制盾构方向的主要因素是千斤顶的单侧推力。当盾构出现下俯时，可加大下侧千斤顶的推力；当盾构机出现上仰时，可加大上侧千斤顶的推力来进行纠偏。

(4)水平方向纠偏：与竖直方向纠偏的原理一样，左偏时应加大左侧千斤顶的推进压力，右

偏时则应加大右侧千斤顶的推进压力。

8. 盾构油脂压注

盾构尾部与已拼装的管片外部的空隙，靠盾尾密封刷和密封刷之间充填的盾尾油脂分隔。在盾尾的钢板中预埋了3×12根盾尾密封油脂注入管。盾尾油脂的注入可使盾尾密封刷和密封刷间的油脂与管片外弧面紧密结合，能阻止地下水及同步注浆浆液进入盾构内部，防止地下水和同步注浆浆液的损失。盾尾油脂采用自动、半自动或手动控制系统操作，及时加注油脂，防止漏浆及损坏盾尾刷。

9. 同步注浆控制措施

(1)根据注浆目的的要求，要充分充填盾构施工生产的地层空隙，避免由此引起的地表沉陷；同时，注浆压力受管片压力、土压力、水压力等因素影响，避免压力过大引起地表有害隆起或破坏管片衬砌。避免影响地表建筑物和地下管线的安全。

(2)盾构掘进前，根据注浆指令，设定好各项注浆参数。

(3)注浆过程中，开启注浆控制系统进行注浆。密切关注注浆系统的运行情况，并详细记录注浆全过程中的各项参数，注意冲程数和压力值的变化，由此判断是否堵管及堵管的位置。

(4)注浆停止时，应及时清洗管道，并检查注浆泵和管道是否堵塞。余浆处理后外运。

(5)注浆压力由技术人员确定，注浆工作应及时作好拌浆记录和注浆压力注浆量记录，并按期检查浆液质量，注浆量控制在理论空隙值的1.5～2.5倍。

(6)盾构有6个注浆口，根据隧道施工情况并结合管片上浮规律及盾构姿态，宜从上部注浆口注浆，即上部注浆口注浆压力在大于下部注浆口，底部注浆口可少注。

(7)根据现场情况计算注浆量，并与实际注入量相比较，分析注浆效果。

10.13 盾构掘进阶段施工安全

10.13.1 掘进作业安全

严格按照安全操作规程及使用说明书操作盾构，避免一切不安全的操作。

任何对盾构的改变、改进和添加都可能对安全带来影响，未获得生产商同意前不得有任何修改(安全设施、安全电压、负载部件的焊接处、测试过的压力设备)。

由于设备存在大量旋转部件和高压(图10—33)部分，未经许可不得移动某些盖板。不恰当使用、不正确调试或不正确的维修保养都可能引起致命或伤残事故，或对设备造成不可估量的损坏。

图10—33 盾构机高压柜、注浆系统及中心回转体

严禁一切泵类设备空转(泥浆泵、液压油泵、油脂泵、砂浆泵、泡沫剂泵、水泵)。

禁止移动、缠绕、损坏安全设备。

禁止改变控制系统的程序。

盾构上所有表示安全和危险的标识必须完整,并可被容易识别。

所有扶梯、栏杆、平台板和梯子等都必须保证清洁(特别是防止油污附着)。

出口通道必须随时保持清洁畅通(包括输送伤病员的通道)。

只有当所有安全保障设备全部正常运作时才可操作盾构。

启动盾构前,确定启动警报已发出(警示灯闪烁、警报器鸣响)并且确认不会有人因此受到伤害。盾构掘进施工见图10—34。

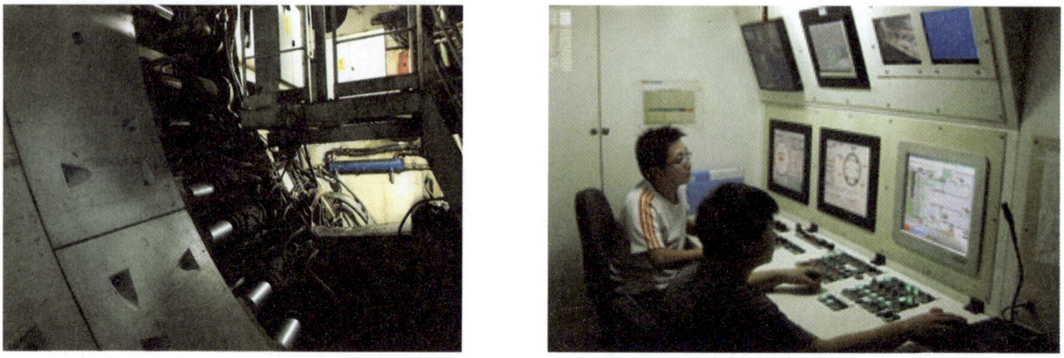

图 10—34　盾构机掘进施工

10.13.2　管片堆放与吊运安全

管片堆放场地地面应进行硬化处理,保证地基承载力,堆放场地面必须平整,防止管片堆码时倾覆。管片堆放间距的安全通道横向大于90 cm,纵向大于100 cm,安全通道内不得堆放杂物,保持畅通。管片堆放必须设置衬垫。如采用枕木垫块,枕木必须质地可靠,枕木松散损坏应及时更换。管片放置两层间必须放置木垫,木垫必须根据管片大小配置,以管片放置稳定,能顺利进行吊装、安全可靠为宜。管片储存堆放高度不宜超过三层,层间垫木必须结实可靠。管片堆放外侧与龙门吊临近处必须保留1.5 m的安全距离。管片严禁堆放在井口临边一侧。为了保证管片的存放不致混乱,在存放管片时将每环管片分开存放在不同位置并做标记。管片堆放现场照片见图10—35。

图 10—35　管片现场堆放

吊运管片，吊点必须两点以上，吊运管片采用扁吊带进行，吊带与管片刃角受力点必须采取保护措施。吊装作业应指派专人统一指挥，参加吊装的起重工要掌握作业的安全要求，其他人员要有明确分工，信号不明或可能引起事故时，应暂停操作。吊装作业前必须严格检查设备各部件的可靠性和安全性，并进行试吊。吊运时，作业人员必须站在安全可靠位置，严禁在吊物下施工。起吊重物时，吊索应保持垂直，起落平稳，尽量避免紧急刹车或冲击，不得超载作业，在满载或接近满载时，禁止同时做两种动作。起吊重物严禁自由下落，重物下落应用手刹或脚刹控制缓慢下降，严禁斜吊和吊拔埋在地下或凝结在地面、设备上的物体。操作人员必须经过培训，持证上岗，具有一定的操作经验，严格遵守"十不吊"。管片吊运见图 10—36。

图 10—36 管片吊运

10.13.3 轨道运输作业安全

与其他工法施工的隧道不同，盾构法隧道几乎均采用轨道运输系统。由于盾构的掘进速度很快，往往运输是限制施工速度的一个瓶颈。因此，运输车辆一般设计得较长，渣土斗也设计得很大，占用了隧道很大空间。管片底部为圆弧形，对轨枕的稳定性有一定影响，运输车辆容易脱轨，有可能威胁人行道上人员的安全，尤其是碰到盾构专用高压电缆时，后果不堪设想。

隧道内运输引起的事故较多，一旦发生安全事故，后果大多比较严重，特别是在盾构位置，电瓶车与盾构之间几乎没有空隙，非常狭窄，稍不注意，人员易被挤卡在中间。目前国内单线地铁隧道的内直径多为 ϕ5.5 m，盾构的后配套设备一般有 60～70 m 长，当任意一条轨道变形时或盾构上的配套设备发生位移时，极易和运输车辆相撞，因此隧道内轨道运输应引起足够重视。隧道内管片运输见图 10—37 和图 10—38。

施工轨道要严格按有关技术规范执行，对轨距、轨道高差、弧度、接缝等重要参数要重点检查，轨枕保证足够的刚度，并和管片上的螺栓固定或焊接，避免滑动变形。严禁各类人员搭乘管片车进出隧道。

电机车司机必须经过培训合格发证后，方可上岗；电机车司机必须及时做好交接班记录；交班时，机车司机必须按交接班记录的有关内容，详细填写机车运行状态的记录，做好对机车的保洁工作。接班时，司机检查交接班记录，查看是否有遗留问题。机车启动前电机车司机必须检查以下内容：车闸（电气制动和手制动）是否正常；平板车与前后连接是否安全可靠；开通电源后，观察空压机是否正常工作；检查所有照明、喇叭是否正常；查看机车周围有无影响机车

图 10—37 管片隧道内运输

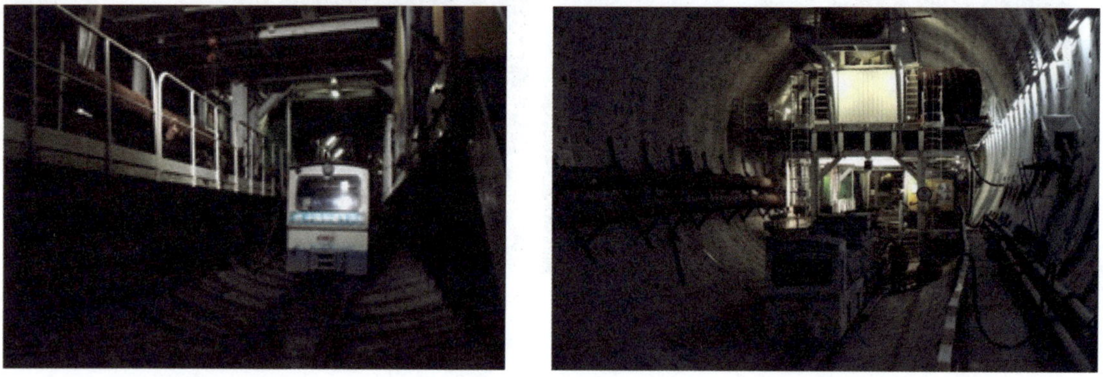

图 10—38 管片隧道内运输

运行的障碍、电缆线等物件。

电瓶车在启动和运行过程中,必须启动警铃、电喇叭等警示装置。在行驶过程中遇到走道上有人时,应持续响铃直至该人员给出反应后,方可穿过。同时应运用监视器,密切注意机车行驶前方的动态。电瓶车启动时和正常行驶途中,严格按照信号行车,勤瞭望,思想集中,随时准备停车。电瓶车运行时,司机必须确保车上的各类物件(土箱、管片、散件)必须放置稳妥,捆绑安全,严禁超长超宽。

电瓶车必须限速,经过转弯处必须放慢速度。接近岔道后限速 3 km/h,下坡时要带制动,在靠近工作面 100 m 距离时,限速 5 km/h,并打铃警示,减慢速度。

电瓶车司机不得携带他人乘车,不准擅自离开岗位,运行中严禁手头脚头伸出车外,严禁上下车。司机在离开岗位时必须排档为零,切断电源,扳紧车闸,采取固定措施。电瓶车驶入井口开口环区域,机车司机必须离开驾驶室,进入隧道,严禁站在重物的下方。电瓶车停放及行驶照片见图 10—39。

10.13.4 管片拼装作业安全

管片拼装是隧道施工的一项重要工序,它包括管片短程运输及吊装就位、拼装机旋转拼装、千斤顶伸缩、螺栓紧固等环节。因此管片拼装是隧道内施工风险较高的工序,曾发生过教训深刻的安全事故。在管片拼装施工过程中,拼装机及千斤顶必须由专人操作,且口令清晰。

图 10—39　电瓶车停放及行驶

拼装机作业时，施工人员严禁站在拼装机旋转半径内。拼装管片时，拼装工必须站在安全可靠的位置，严禁将手或脚放在管片接缝处及千斤顶端部。管片与拼装机之间连接销必须确认到位，螺栓复紧到位。此外，管片拼装质量也应符合规范要求，环缝、纵缝要狭长均匀、没有管片碎裂。避免因管片拼装质量问题引起的漏水、漏砂事故。管片拼装作业照片见图 10—40。

图 10—40　管片拼装作业图

1. 管片拼装的准备工作

管片清理：管片下井拼装前，用灰刀清除管片上的浮灰、浮砂，对管片进行清理。

防水密封条、传力衬垫、防水涂料检查（图 10—41）：管片清理干净后，在地面上按拼装顺序排列堆放，按设计图要求，按规定粘贴传力垫及防水材料。

将检查合格后已粘贴防水材料的管片及管片接缝的连接件和配件、防水垫圈等，用龙门吊运送到井下，装入管片车，由隧道内运输列车运送至工作面。

操作人员应全面检查管片拼装机的动力及液压设备是否正常，举重钳子是否灵活、安全可靠。

图 10—41　管片密封条检查

2. 管片拼装时的注意事项

盾构掘进油缸伸长到预定长度，盾构停止掘进，进行管片安装。管片的拼装由盾构司机、

拼装机操作员和拼装工三种工种配合完成,具体方法如下:

(1)管片安装点位以满足隧道线形为前提,重点考虑管片安装后盾尾间隙要满足下一掘进循环限值,确保有足够的盾尾间隙,以防盾尾直接接触管片。管片安装前根据盾尾间隙和推进油缸行程选择好安装管片的点位。

(2)为保证管片安装精度,管片安装前需对安装区进行清理。

(3)管片安装时必须从隧道底部开始,然后依次安装相邻块,最后安装封顶块。

(4)每安装一块管片,立即将管片纵环向连接螺栓插入连接,并戴上螺帽用气动扳手紧固,保证连接件紧固。

(5)在安装最后一片管片前,应对防水密封条进行涂肥皂水或润滑油作润滑处理,安装时先径向插入 1 m,调整位置后缓慢纵向顶推,防止封顶块顶入时搓坏防水密封条。

(6)管片块安装到位后,应及时伸出相应位置的推进油缸顶紧管片,其顶推力应大于稳定管片所需力,然后方可移开管片安装机。

(7)在推进下一环时,在千斤顶顶力的作用下,复紧纵向螺栓。当成环管片脱出盾构车架后,再次复紧纵、环向螺栓。隧道贯通后,进行第三次复紧纵、环向螺栓。

(8)管片吊机操作手在等待管片拼装过程中,不得将余下管片吊起至吊机限位等待。

10.13.5 注浆作业安全

盾构开挖直径一般比管片外径要大 20～40 cm,在掘进过程中需要对管片外侧的环形空隙中注入浆液,大多以水泥、砂子和水为主要成分。浆液出口段为刚性管道,很容易堵塞,这些管多埋在盾壳内,不方便清理,常整条管完全堵塞才不得不清理,此时砂浆已出现固化现象,清理非常困难。清理过程中,一方面用具有弹性的硬质钢丝疏通,另一方面要加大注浆泵的压力。当管道突然畅通时,管道内的砂浆将会高速喷出,对周围的人员造成伤害。往往作业人员也意识到这点,在出口处用编织带防护,但大多没有将其固定绑扎,砂浆在高压下可以击穿编织物或顶开编织物,仍然会对人员造成伤害,尤其是眼部伤害。因此,要选用结实、坚固的编织物或加帆布,并用铁丝绑扎牢固,操作人员不可求快,压力要慢慢增加,不可突然急剧加压。

除了盾构盾尾的注浆外,还需在管片中进行二次补浆(有的施工工艺是直接在管片注浆),不管是一次注浆还是二次注浆,都很容易堵管,常造成压力表失效。许多注浆操作是在没有压力表这个眼睛的情况下“盲”注或仅凭经验来完成注浆的,有的超出压力容许范围很多,这样轻者造成管片错台、开裂和漏水,重者直接将管片压脱掉入隧道中,后果不堪设想。

10.13.6 管道和电缆铺设安全

1. 管道铺设

盾构隧道内管道敷设主要是在管片上安装管道支架,并将管道铺设在支架上,为防止管道脱落,务必将支架安装牢固,并在施工过程中不断巡查。

管道通过法兰连接,法兰之间要安放石棉垫、钢丝垫等,防止管道出现滴漏。如果管道出现滴漏现象,应及时查找原因(如螺丝松动、垫片损坏、管道磨损等)进行维修。为方便管道检修,保证检修安全,每隔 100 m 左右安装一个闸阀。在盾构施工过程中,盾构管道内都存在一定的压力,所以在检修时一定要先泄压,以防高压喷浆伤人。

盾构隧道曲线地段对管路的延伸将增加安全风险,在推进过程中要时刻关注,选择合适的时机用改造过的弯管来适应转弯。在管道敷设时，严禁人员在管道上行走。管路敷设方式见图 10—42。

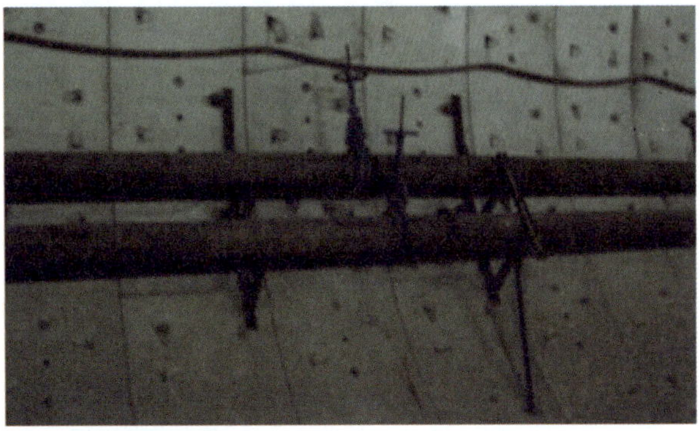

图 10—42 泥浆管路敷设方式

2. 电缆铺设

从地面到盾构的电缆常用的敷设方法有直接埋地、电缆沟敷设和沿墙敷设等，考虑电缆安全，建议采用电缆沟敷设和沿墙敷设两种方式。

在地面敷设电缆都是通过电缆沟敷设，高压电缆通过电缆沟底部用小砂铺底，防止电缆受压不匀，电缆通过井口部位要采用穿管保护，防止外力损伤。从井口到盾构的电缆采用沿墙敷设，通过隧道管片螺栓固定预制好的电缆挂钩，并在电缆挂钩上套好胶皮管，预防电缆磨损。

盾构掘进用电一般是采用双回路专供的电缆，供电电压达 10 kV，随着盾构向前不断推进，高压电缆也要经过多次连接。隧道内环境潮湿，接头要选用优质的专用接驳器，电缆要固定在隧道内，并留有一定活动余地，悬挂高度合适，至少要比运输车辆高，防止运输车辆脱轨后击断电缆，造成严重后果。隧道内电缆敷设悬挂方式见图 10—43。

图 10—43 盾构电缆敷设悬挂方式

10.13.7 盾构压气作业安全

当操作人员必须进入盾构机前体仓内作业时，如果盾构前方或上方的土体不能自稳，土体就可能通过刀盘的开口处进入刀盘内，威胁作业人员的安全。为此，大多盾构机均配备了压气系统，即通过密封刀盘和盾构前体的通道，向仓内注入无油空气，使仓内压力升高，以达到平衡外侧土体压力的目的，压力最大可达到 3～4 kg/cm^2。

由于操作人员是在一个密闭的环境中工作，空间狭窄，压入的空气质量也可能含有一定的杂质，且工作面的环境温度高、湿度大，极易造成操作人员不适，因此，压气作业是盾构安全施工的一个重点，也是一个值得注意的危险源。压气作业的安全措施：

(1)应尽可能地在基本可以自稳的地层中进行开仓作业，这样可以不用压气作业。尤其是更换刀具时对地质情况要有预见性。

(2)要挑选身体健康、体质强壮的人员作为进仓操作人员，并经过职业病医院严格的身体检查，确保具备对恶劣环境的抵抗能力。压气作业一天不宜超过 4 h。

(3)压气作业一定要选用无油型空压机，确保空气质量。

(4)调试好通信工具，无间断地保持联络。

(5)做好应急准备，必要时要能在减压仓内抢救伤员，并与有关医院签好急救协议。有条件的要配备专用的流动医疗舱，以便在送往医院的过程中，保持伤员体外压力差。

10.13.8 刀具更换作业安全

随着地质条件的变化，隧道掘进过程中需要对刀具进行更换，尤其是当岩石强度较高时，需要更换滚刀。滚刀一般是背卸式，以方便拆卸，但相对而言，滚刀重量大、四周光滑、没有固定点、搬运困难、安装和拆卸均要比刮刀、割刀难得多。

刀盘内空间狭窄，也很难借助机械，往往刀盘内湿滑，刀盘下部充满了泥土或者是泥浆，刀盘开口处还可能有不稳定岩土掉入。作业人员在搬运刀具过程中遇意外物体打击极易失衡，轻则将刀具掉入刀盘内，重则人被滚刀碰伤，甚至还有可能滑入刀盘底部，被滚刀二次击伤，造成严重后果。因此，进入刀盘内更换刀具是盾构施工过程中一项相对危险的作业，许多施工单位在刀具更换时，时有轻重伤事故发生。盾构刀具检查与更换照片见图 10—44。

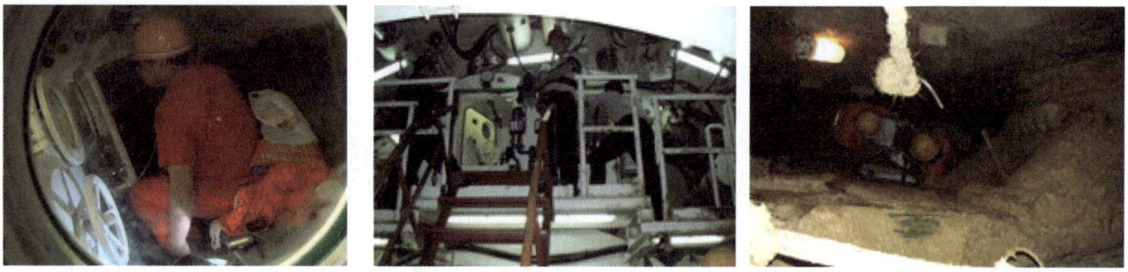

图 10—44 盾构刀具检查与更换

刀具更换作业应注意：

(1)当地质条件不好、开挖面地层有可能失稳时，应预先对地层进行加固处理，可采取注浆或洞内加支撑等办法防止岩土掉块对作业人员的伤害。

(2)除了对地层采取必要的措施外，还要做好其他准备工作，如对刀盘内的积土或淤泥和泥浆进行清理，尽量保持刀盘内作业空间位置，搭设稳固的临时支架和作业平台，提供充足的照明，包括行灯等局部照明工具。

(3)选派技术精、能吃苦、体质好的作业人员进行刀具的更换工作，尤其相互之间要配合娴熟，尽量缩短盾构停机时间。

(4)如有土体严重失稳，可分次完成刀具更换，一般这时土体强度不大，盾构可掘进数环后再更换另一批刀具。软土地层中盾构停止时间以不超过两天为宜。

(5)滚刀重量大、边缘光滑、不宜固定,应尽量借助机械装置安装和拆卸滚刀,如合理运用葫芦等起重装置和滑轨等移动装置,以及支架等固定装置,操作时要倍加小心。

(6)刀盘内潮湿,水气大,随着温度的升高会产生雾化现象,对电器、电线绝缘性能要求高,需选用 24V 以下的安全电压。

(7)刀盘非期望转动伤人在盾构施工过程中屡有发生,因此,重新启动盾构时一定要再三确认仓内没有操作人员和工具材料已全部回收。最好能在盾构设计或改造时,锁定原操作室的控制开关,在人闸口增设控制开关,并实行重复挂牌清点制度。

10.13.9 盾构长时间停机安全

(1)应选择地面空旷,管线稀少,周边构建筑物均不在隧道影响范围内地段进行停机,避免长时间停机引起的地面沉降,对地面构建筑物及管线造成影响。

(2)严格控制停机前十环的同步注浆量和浆液质量,确保建筑空隙的填充率,控制地表的最终沉降量。

(3)必须做好盾尾油脂的压注工作,根据各个油脂腔压力情况进行人工补注,避免停机时因油脂欠压造成盾尾漏水、漏浆。

(4)在盾构停机前的施工中,特别是在推进最后几环时,要及时进行二次注浆。

(5)控制好最后一环的推进参数,避免超、欠挖,调控好泥浆指标,保证掌子面稳定。

(6)安排专人对盾构机参数进行 24 h 盯控,确保气垫仓压力保持稳定,做好盾构各项参数(开挖仓压力、气垫仓液位、盾构姿态等)的记录。

(7)经常检查盾尾油脂及主驱动密封油脂的压力状况,针对压力较低的油脂注入点及时进行手动压注,确保密封可靠。

(8)整个停机期间,安排专人对盾构停机所处地段上方地面进行不间断巡查。并加强对停机区域地表及建筑物的监测。

(9)针对停机期间可能出现的突发现象,制定应急预案,按预案备注材料和设备。

(10)停机期间,按正常保养程序对盾构机进行保养。

10.13.10 盾构维修保养作业安全

(1)只能由经过专业培训,且取得上岗证的人员进行保养、维修工作。

(2)进行临时维修、保养工作前,必须通知机器操作人员和值班工程师。

(3)仅能使用生产商同意的或可替代的备用件和原始配件。

(4)仅能使用生产商建议和许可的液体以及其他材料(如油、油脂、清洁材料等)。

(5)为保证保养区安全,如有必要可禁止其他无关人员进入。

(6)在保养维修期间应完全停止盾构相关部分的运行,且应在相应部位挂标识牌。必须防止任何人员无意将开关打开而影响安全。

(7)如保养维修期间需完全停止运行电机,须切断电机的主电源开关,并设置警告标志牌。防止其他人员无意将开关打开。

(8)维修保养期须使用保养锁定开关(如存在)。根据设计可将维修保养锁定开关的钥匙单另保存,以防止开关被打开。

(9)维修保养期间,在高于人身高的位置作业时需配备安全救助设施和工作平台。如无此安全设施也可选择其他适当的安全措施。

(10)保养期间,在刀盘区域和高空作业的人员需按规定使用安全带。

(11)保养维修时,严禁使用有腐蚀性清洁剂,严禁使用易起毛的物品清洁液压管路或管接头。

(12)用水、其他清洁剂或高压清洁器清洗机器前,要对一些特定的设备进行必要的防护处理。防止液体对这些设备产生不良影响(电机和主控室的防护尤为重要)。清洁完毕后,移开所有覆盖物或密封带。

(13)维修保养工作完成后,用规定的紧固扳手拧紧所有被松动的螺栓。

(14)维修保养工作后,所有梯级、栏杆、平台板和梯子都需清理干净。

(15)如因安装、维护或修理等原因需拆卸或移动的安全保障设备,工作结束后,必须立即重新安装、检查和调整这些设备。

(16)对管道(可能是压力管道)进行维修保养时(如输送管、风管、液压管等),必须确保管道此时已卸压,且相关的开关、阀门已关闭。开始工作前,为防止意外情况的发生,须关闭压力供应设备如泵、压缩机等的开关,并设定明显的警示标志。

(17)管道内的压力也可由承受负载的液压油缸、蓄能器或任何其他负载部件引起。因此,开始进行管路维修保养工作前,不能移动液压油缸和其他任何负载零部件,而且须释放蓄能器中的压力。

(18)在螺钉、螺栓松动或取下前,要确保不会有重物倾卸或坠落。

(19)控制室的电气元件仓门应随时关闭。维修保养时仅需打开必要的门,电气工程师离开工作地点时,即便是临时性的,只要工作停止,就必须关闭仓门。

(20)用过的液体、材料和废弃物必须经过安全处理,且确保不会对环境造成污染。

10.3.11 作业人员挑选与培训

1. 挑选作业人员的基本要求

(1)身体健康,在压力仓内作业的人员必须通过医学适应性体检,在控制室的操作人员必须无色盲。

(2)操作人员要有较强的责任心。

(3)操作人员必须经过专业培训(机、电、液),具备相关方面的专业知识。

(4)操作人员必须通过安全知识培训。

2. 对作业人员进场安全教育的内容

(1)对机械、原材料等的使用方法及危险性或有害性。

(2)关于安全装置、有害物抑制装置或保护器具的性能及使用方法。

(3)作业顺序、工艺流程。

(4)作业开始前的检查项目和检查标准。

(5)关于可能与工种有关而发生的疾病的原因和预防。

(6)关于作业环境的清理和保持。

(7)关于发生事故时的应急措施和避险措施。

(8)其他需要注意的安全事项。

10.13.12 安全设备与环境安全

在盾构内工作的相关人员应十分熟悉盾构上的所有安全保障设备，以便在可能发生危险时能利用这些设备来避免和消除危险的发生。

(1)在发生紧急故障或事故的状态下应立即按下紧急状态停止按钮，以防止或停止事故的继续发生。任何时候只要按动主控室控制面板上的紧急停止按钮就可停止所有正在运转的设备，并切断主电源供应(除紧急照明电源外)。另外，部分锁定开关如维修保养开关也在控制室的控制面板上。其余控制盒上的紧急停止按钮只能切断本系统的能源供应。

(2)在工作区域的所有人员，应十分熟悉盾构上所有的警示灯、警报器所表示的盾构设备状态及可能发生的危险含义，警示灯和警报器的作用不单表示系统故障，也能警示工作人员注意机器的运转情况，从而防止事故的发生。

①传送带启动时会伴随警示灯的闪烁和警报器的鸣响。

②管片安装机运行时有一声音警示信号，信号是自动发出的。当管片安装机旋转时，警示灯也会闪烁。

(3)工作人员应熟悉盾构内的联络系统，并经常检查以保证这些通信设备能正常使用。主要包括以下通信设备。主控室内的通话设备；人舱外/内的通话设备；拖车/注浆泵站的通话设备；通过电话线利用调制解调器向地面传输数据信息。

(4)盾构设备上应经常检查防火系统配备的完整性及功能的可靠性。在工作过程中必须防止火灾的发生，避免产生火灾隐患。选择、安装灭火器时，应根据不同火源(电气引起的失火/液体引起的失火)选择不同类型的灭火器。根据盾构的工作环境选用以下两种手动灭火器：CO_2 灭火器和干粉灭火器。

①变压器、配电柜、电机附近应配备有一定数量的干粉灭火器。

②其余易发生火灾的液压系统附近安装 CO_2 灭火器。

③为防止盾构紧急出口失火，应在主控室、人员舱以及每节后配套拖车的前端和尾部安装ABC 干粉灭火器。

应定期检查火灾报警系统。在盾壳区和后配套系统安装有自动火灾报警系统，以便能在火源较小时及时发现和报警。为防止火灾，盾构已安装有一间歇性声音报警器，工作人员须据此执行相关措施。

(5)经常检查在盾构掘进机上安装的以下气体测量装置以测定以下气体浓度：

①螺旋输送机底部的二氧化碳；

②螺旋输送机底部的一氧化碳；

③管片安装机顶部操作区域的氧气。

主控室内安装有一中心测定单元，当所测气体浓度超出规定范围时，将会出现报警信号。此时必须根据不同的气体浓度范围采取相应的措施。

(6)其他说明：

液压系统安装有限压阀，严禁改变其设定值。

所有电缆和电动机严禁超载使用，严禁改变预设参数。

盾构工作过程中必须确保通风设备的正常运转，空气流速必须保持在至少 0.3～0.5 m/s 以上。

必须保证电力的正常供应；必须保证不高于 28 ℃的工业用水和冷却水供应。

盾构内应备有安全、急救等装备，如安全帽、担架(最长 1.8 m)及必要的简单急救医疗设备等。

所有关于安全急救方面的设备必须每周检查一次，以确保其完备和良好的性能。

作业环境安全

盾构施工作业环境复杂，地下作业环境差，隧道内空气流动性差，大功率电机运转使得温度高、噪声大；临时性的高处作业、临边作业多，较难提供安全舒适的作业面和作业环境；作业人员工作时连续高强度作业，容易产生疲劳，从而诱发安全事故。

隧道内除了保证通风外，还应在台车前方加设风机，促进作业面内空气流动。此外，隧道内还应配备有害气体检测仪，当有害气体超过一定浓度时停止作业，人员撤离。

盾构仅推进系统就要消耗 1 000 kW 的功率，当岩石较硬或具有很高的耐磨性时，其机内的温度很高，最多可超过 50℃，尤其是在南方施工，夏季时间长，外界温度高，隧道内主要处在湿、闷、热的环境中，尽管盾构机配备了送风系统，在很大程度上减低了温度，但比地面作业还是要差得多，气温应尽量控制在 28℃左右。

盾构在推进过程中，噪声往往超过 80 dB，作业人员长时间处于这种环境下极易疲劳，从而诱发安全事故。因此，作业人员要佩戴耳塞，保证足够的休息时间，上班不超过 8 h，如有必要，除送风系统外，增设抽风系统或冷却系统，加强空气对流。

10.14 盾构施工监测

盾构施工是在岩土体内部进行的，无论其埋深大小，盾构的施工将不可避免地扰动土体，破坏原有的平衡状态，而向新的平衡状态转化。无论盾构隧道施工技术如何改进，由于施工技术工艺质量及周围的环境和岩土介质的特点，其施工引起的地层移动是不可能完全消除的。盾构隧道线路一般都会穿过人口密集、交通繁忙、地面建筑物林立、地下管线密集的繁华地段，这对施工引起的地表沉降和变形控制要求很高，施工的方法如稍有失误，将会造成不可估量的损失。因此盾构施工推进要与保护城市环境和经济、社会意义协调起来，施工变形监测是一种非常重要和必要的手段。实施施工变形监测具有如下意义：

(1)监测工作在施工过程中起到“眼睛”的作用，准确预测预报变形影响，将监测数据与预测值相比较判断前期施工工艺和施工参数是否符合预期要求，确定和优化下一步施工参数，实行信息化施工。

(2)对变形分析研究后的结果，应用于信息化反馈来优化设计，研究地层特性、地下水条件等与盾构施工的关系，以作为改进设计的依据。使设计达到优质安全、经济合理、施工快捷的目的。通过设计计算和工程实践的对比分析，在工程问题研究方面可望取得突破发展。

(3)可以了解地层与隧道结构间的相互作用力及为建立和调整盾构平衡的施工参数提供依据，控制地层扰动，减小变形，确保施工期间结构本身及周边环境的安全，同时为以后类似工程积累经验和提供指导。

(4)对确定盾构施工保护区范围提供技术支持，为区内工程建设施工提供保障，并从而获得良好的社会效益。

10.14.1　常规监测

1. 监测目的

为了保障盾构区间工程施工安全，降低周边环境对监测工作的影响，进行监测达到以下目的：

(1)运用现代化的信息技术来指导施工，提供可靠连续的监测资料，以科学的数据、严谨的分析来判定隧道结构工程在施工期间的安全性及施工对周边环境的影响，指导施工，预防工程破坏事故和环境事故的发生，保障工程施工和周边建筑物、构筑物的安全。

(2)及时整理监测信息，通过数据处理确立信息反馈资料，将现场测量结果与预测值相比较，以判别前一步施工工艺和施工参数是否符合预期要求，以便优化和确定下一步施工参数，从而指导现场施工，做到信息化施工，为改进设计施工提供信息指导。

(3)对可能发生的安全隐患建立预警机制，以便及时采取有效措施，避免事故发生，节约工程建设成本。

(4)对周边建筑现状及因工程施工产生的变化进行监测，评估工程施工对周边建筑、地貌的影响程度，指导工程施工，为因不可抗力造成的工程事故或其他意外，以及由此产生的纠纷、诉讼、索赔、反索赔时提供可靠依据。

(5)积累开挖施工经验，提供可靠施工工艺，为以后类似的施工提供技术储备。检验工程勘察数据的可靠性，验证设计理论和设计参数。

2. 监测工作重点及难点

(1)监测工作重点

盾构区间监测的重点主要集中在地表及建筑物变形、隧道结构内力及变形的监测。

1)地表及建筑物变形监测

变形的基本原因是盾构掘进时所引起的地层损失和隧道周围地层受到扰动或剪切破坏的再固结。京津城际延伸线天津至于家堡工程处于地表变形强烈地区，较大的地表变形可能导致地面垂直沉陷，而发生的较大水平位移，对周围地表和地下构筑物造成巨大危害，因此，地表及建筑物变形的监测工作成为了监测工作的重中之重。

2)隧道结构内力及变形监测

隧道结构内力及变形监测主要包括管片内力监测、管片应变监测，隧道沉降及收敛变形监测等。隧道自身的监测是本工程监测的核心，隧道结构的失稳将引发周边环境一系列的变化，导致事故的发生，这就要求在施工过程中，必须对隧道自身进行严密的监控，保障施工的安全、可靠，同时，为盾构参数的优化提供数据支持。

(2)监测工作难点

1)测点布设困难

①建筑物变形测点布设

隧道沿线建筑物底层结构都经过处理与装饰，装饰层较厚或建筑物外层为玻璃结构，部分建筑物沉降、倾斜测点的布设无法通过向墙身实体内打入钢筋的方式实现。

②土体分层沉降及水平位移点的布设

盾测点布设时需钻 ϕ100 的孔 30 m 深埋入测管，钻孔需要先挖深 1.5 m 的探槽确定地下无管线后钻孔，钻孔机器较大需占用一定的场地并且对路面造成一定程度的破坏。

2）测点保护工作困难

由于盾构隧道地处繁华街区，人流量大，部分路段还有较大车流量，极易造成测点的破坏。因此，如何保证测点的安全是监测工作的难点与重点。

3）监测工作困难

盾构下穿繁华街道，人流较多，在监测工程中极易对监测仪器产生扰动，人员密集影响测点间的通视，影响监测的精度。

3．监测内容

（1）地表沉降：采用电子水准仪与铟钢尺进行监测；

（2）建筑物沉降、倾斜：采用电子水准仪与铟钢尺进行监测；

（3）土体分层沉降：采用钻孔安装磁环与测管使用沉降仪进行监测；

（4）土体水平位移：采用钻孔安装 PVC 测斜管使用测斜仪进行监测；

（5）隧道纵向沉降：采用电子水准仪与铟钢尺进行监测；

（5）隧道收敛变形：采用粘贴反射片使用全站仪进行监测；

（7）管片结构内力：采用设应力、应变传感器使用频率仪进行监测。

4．监测点布设与埋置

（1）地表与管线隆沉

沿隧道中心纵方向每 30 m 一个全断面，每个断面 13 个监测点，靠近管线的监测点移至管线上方布设，沿隧道中心纵方向每 10 m 布设一个测点，每断面测点位置见图 10—45。

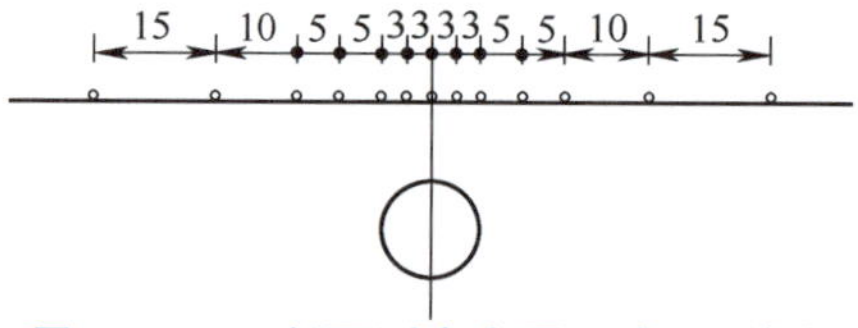

图 10—45　断面测点布置示意图（单位：m）

由于现场条件情况复杂，在实际布设中断面间隔距离、测点的间隔、点的数量会根据现场实际情况相应的调整。

监测点布设在地表上，在地面钻孔打入 7 cm 长的螺栓，螺栓帽突出地面。如有需挖开保护的重要管线，在管线挖出后，在管线正上方可立尺位置使油漆标记做监测点。

（2）建筑物沉降与倾斜

在建筑物的两个面上布设监测点，面向隧道一侧其上方布设 2 处测点。根据布设时现场的实际情况、通视条件布设点位会做出相应的增加与减少。

使用强力胶将预制好的监测点黏结在建筑物上。

（3）土体分层沉降

土体分层沉降监测点布设在沿隧道纵方向每 90 m 布设一个断面，每个断面布设 2 个测孔，每个测孔布设 6 个磁环，由隧道底部至地面平均分布，见图 10—46，所布测管的位置将依据现场实际布设条件进行相应的调整。

在测点位置进行准确测量放样后即可进行钻孔，孔径 ϕ108 mm。深度为隧道底部下方 1 m左右，钻孔深度比预钻深度深 200～500 mm，以防落渣堵塞后减少孔深。将磁环套在 PVC 测管外侧，将每节 PVC 管使用套管与螺丝连接，放入钻好的孔内，并使用沙子将测管与孔之间的缝隙进行填充。

(4)土体水平位移

土体分层沉降监测点布设在沿隧道纵方向，每 90 m 布设一个断面，每个断面布设 2 个测孔，见图 10—47，所布测管的位置将依据现场实际布设条件进行相应的调整。

在测点位置进行准确测量放样后即可进行钻孔，孔径大小 ϕ108 mm。深度为隧道底部下方 1 m 左右，钻孔深度比预钻深度深 200～500 mm，以防落渣堵塞后减少孔深。将每节 PVC 测斜管使用套管与螺纹连接，放入钻好的孔内，并使用砂子将测管与孔之间的缝隙进行填充。

(5)隧道纵向沉降

隧道纵向沉降监测点沿隧道纵向每 10 m 为 1 断面，每个断面 1 个测点。所布测点的位置将依据现场实际布设条件进行相应的调整。

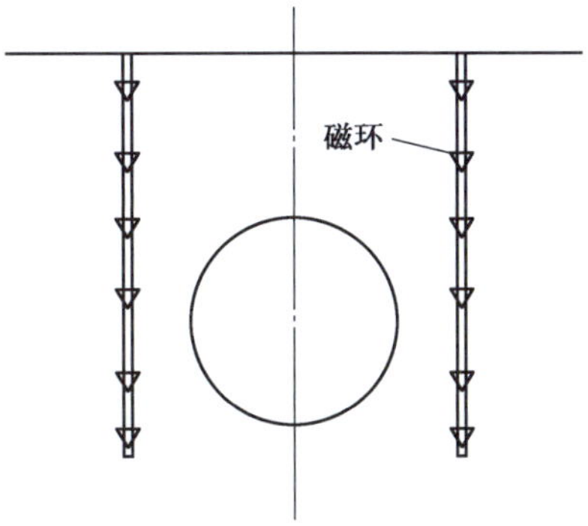

图 10—46 土体分层沉降测管布设示意图

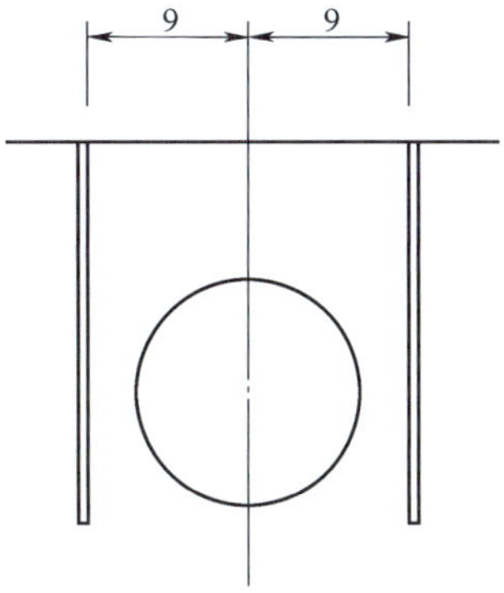

图 10—47 土体水平位移测管布设示意图(单位:m)

隧道纵向沉降监测点埋置在隧道底部，在隧道底部的管片上钻深 5～10 cm 的孔打入螺栓，有些管片连接螺栓也可当做监测点使用。

(6)隧道收敛变形

沿隧道纵方向每 30 m 布设 1 断面收敛变形监测点，每个断面 3 组测点，每组 2 个测点，见图 10—48。所布测点的位置将依据现场实际布设条件进行相应的调整。

收敛监测点使用徕卡反射片，把管片上预设点位置上的尘土擦净，然后将徕卡反射片黏结到管片上。

(7)管片结构内力

沿隧道纵方向每 90 m 布设一断面，每断面布设 6 个钢筋计，6 个应变片测点。监测点见图 10—49。

在管片生产时由监测人员将钢筋计与应变片交给管片生产人员，将钢筋计与应变片传感器固定在管片结构内(钢筋计传感器焊接在钢筋上)，露出传感器电缆。

(8)环、纵缝变化

沿隧道纵方向每 20 环布设一断面，每断面选择 2 处环缝与 2 处纵缝进行监测。在环纵缝测点位置使用喷漆做标记。

5. 监测方法

(1)地表与管线隆沉、建筑物沉降与倾斜、隧底纵向沉降

地表与管线隆沉、建筑物沉降与倾斜、隧底纵向沉降监测使用 DNA03 电子水准仪进行。

图 10—48 隧道收敛变形测点示意图

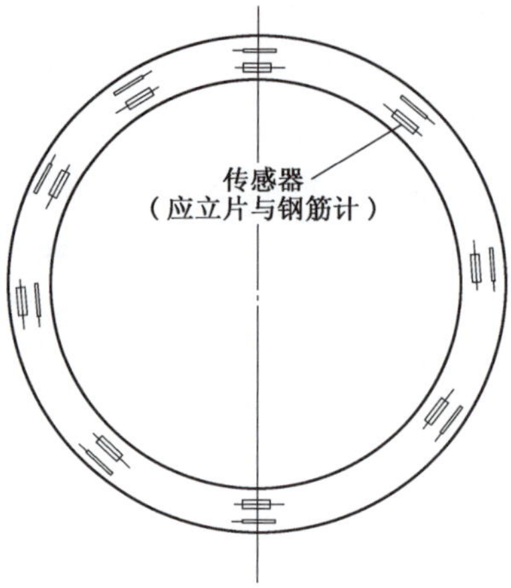

图 10—49 管片结构内力测点布设示意图

步行街有多条管线，如煤气管、污水管、自来水管道等，埋深约 1～2.5 m，埋设较深，挖探槽在管道上布点将破坏大量路面，因步行街路面非混凝土刚性路面，当土下发生隆沉时，地表也会同步发生，所以地表隆沉点可以及时的反映出管线的隆沉状态。因此，在布点的时候把靠近管线的地表隆沉监测点布设在管线正上方，正是为了监控管线的隆沉状况。

使用 DN03A 电子水准仪以监测段落附近的基准点开始，根据当段的现场实际条件以单程闭合或符合水准线路监测，监测路线尽量保持每次监测同一路线，这样可减小测量误差对监测数据的影响。

(2)土体分层沉降

测量时，拧松分层沉降仪的绕线盘后面的止紧螺丝，让绕线盘转动自由后，按下电源按钮(电源指示灯亮)，把测头放入导管内，手拿钢尺电缆，让测头缓慢地向下移动，当测头接触到土层中的磁环时，接收系统的音响器会发出连续不断的蜂鸣叫声，此时读写出钢尺电缆在管口处的深度尺寸，这样一点一点地测量到孔底，当在该导管内收回测量电缆时，也能通过土层中的磁环，接收到仪器音箱发出的声响，此时也须读写出测量电缆在管口处的深度尺寸，如此测量到孔口。

当测头进入到土层中磁环时，音响器会立即发出声音或电压表有指示，此时应缓慢地收、放测量电缆，以便仔细地寻找到发声或指示瞬间的确切位置后，读出该点距管口的深度。沉降测头进入每一只磁环时都有两次响声，但必须以第一次响声为标准。

(3)土体水平位移

为提高工作效率，采用智能数显水平滑动式测斜仪。电缆线连接测斜探头，向下放测斜探头至测斜管底，待显示屏数据稳定后，按存储保存数据，探头上提 0.5 m，等待数据稳定后记录。如此之至探头上移至地表。将探头旋转 180°，再次慢慢下放至孔底。等待稳定后，如上步操作。

(4)隧道收敛变形

隧道收敛项目采用 TCRA1201＋全站仪进行测量。全站仪在隧道内自由设站，观测前方 50 m 范围内的隧道收敛基线。根据现场实际情况全站仪尽量固定观测地点。

(5)管片结构内力

在管片下井拼装前，对相应钢筋计进行首期观测。观测值作为钢筋计振弦频率初始值。

使用手持频率仪连接钢筋计与应力片的电缆，可读取钢筋计本期振弦频率。

6. 高程监测基准网的布设

监测项目中的隧道纵向沉降、地表隆沉、建筑物沉降需设置监测基准网。地表沉降、隧道纵向沉降与建筑物沉降基准网使用设计院提供的二等水准网。使用二等水准测量方法进行同级加密若干个加密点至监测范围附近稳固的位置，二等水准网每半年或1年复测一次，如复测时监测段附近的各个水准加密点之间高差变化小于1 mm时则延续之前使用的基准高程。

二等水准网测量方法：按二等符合水准路线进行观测，使用徕卡DNA03电子水准仪配2 m铟钢尺进行往返观测。观测顺序如下：

往：奇数站为：后—前—前—后

偶数站为：前—后—后—前

返：奇数站为：前—后—后—前

偶数站为：后—前—前—后

二水准测量精度要求：

每千米水准测量偶然中误差≤1.0 mm；

每千米水准测量全中误差≤2.0 mm；

检测已测段高差之差≤ $6\sqrt{L}$ mm；

往返测不符值≤ $4\sqrt{L}$ mm；

符合路线或环线闭合差≤ $4\sqrt{L}$ mm。

二等水准观测主要技术要求：

水准仪等级DS1；

视距≤50 m；

前后视距差≤1.5 m；

前后视距累积差≤6 m；

视线高度≥0.3 m。

7. 监测频率

监测频率见表10—5。

表10—5 监测频率表

监测项目	监测频率
地表与管线隆沉	掘进面前<30 m，掘进面后<50 m时，1次/天。 超过此范围根据监测数据变化的稳定情况，适当减少监测频率或停止监测
建筑物沉降与倾斜	
土体分层沉降	
土体水平位移	
隧道纵向沉降	掘进面后<50 m时，1次/天。 超过此范围根据监测数据变化的稳定情况，适当减少监测频率或停止监测
隧道收敛变形	
管片结构内力	
环、纵缝变化	

8. 监测控制值及预警报警

隧道施工期间环境安全的变形控制标准是按环境允许的最小变形值为原则确定，即取道路以及地下管线允许沉降值中数值最小的为控制基准值，按预警值、报警值和控制值(极限值)三级控制，预警值为控制值的 60%，报警值为控制值的 80%。当监测数据达到预警报警值时，先以电话形式通知相关负责人与项目领导，然后以书面文字报表形式和电子版报送当日全部监测数据。

9. 仪器设备

监测仪器设备见表 10—6，主要监测项目及所用仪器见表 10—7。

表 10—6 监测仪器设备表

序号	仪器设备名称	数量	使用项目
1	徕卡 TCRA1201^{+} 全站仪	1 套	隧道收敛变形
2	徕卡 DNA03 电子水准仪	1 套	隧道纵向沉降、地表与管线隆沉、建筑物沉降
3	RQBF-698A 测斜仪	1 套	土体水平位移
4	H8251 沉降仪	1 套	土体分层沉降
5	H8251 水位仪	1 套	地下水位
6	钢筋计传感器	198 套	管片结构内力
7	应变计传感器	198 套	管片结构内力
8	计算机	1 台	数据处理

表 10—7 监测项目及仪器用表

序号	监测项目	所用仪器	仪器示意图
1	土体分层沉降	分层沉降仪、磁环、PVC 测管	
2	土体水平位移	测斜仪、PVC 测斜管	 
3	管片结构内力	应力片、钢筋计传感器	

续上表

序号	监测项目	所用仪器	仪器示意图
4	地表隆沉	电子水准仪、铟瓦尺	 
5	建筑物沉降		
6	建筑物倾斜		
7	隧道纵向沉降		
8	隧道收敛变形	全站仪、反射片	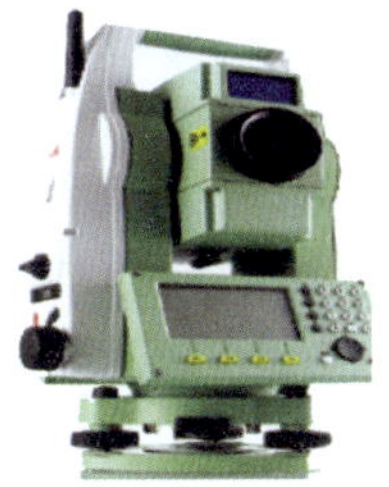 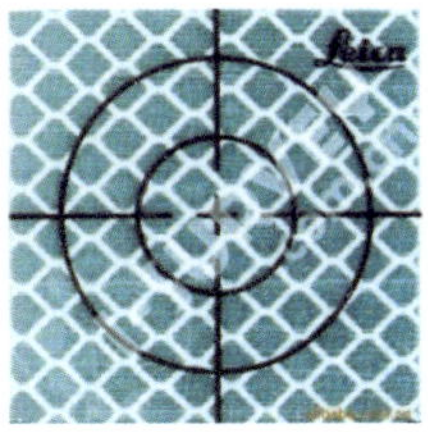

10. 监测质量保证措施

根据工程要求的质量特性实施全过程的质量控制，保证在功能性、安全性、可实施性、经济性上不出现偏离，提供高精度的优质合格产品，做到“质量过硬、技术先进、经济合理、服务到位”。

监测过程中由高级工程师在技术和质量上指导。对监测设备及人员予以充分保证，同时对监测项目的责任进行严格的分工，确保工程监测的质量和进度。

实行全面质量管理，强化质量保证体系，严格执行规范和各种技术要求，确保各项数据的真实可靠。

加强安全生产教育，严格执行工程安全规章制度，确保人员和仪器设备的安全。

积极与盾构司机配合工作，及时提供施工中的相关参数。

在监测前，对使用的各种仪器设备进行检查，保证每种仪器设备在有效的使用期内及仪器的精度，监测工作完成后，对仪器设备和监测数据进行彻底检查，保证监测数据万无一失。

监测数据出现大的突变时，及时通知盾构掘进作业人员、项目部领导和监理，并增加观测次数，预防事故发生。

做好监测数据的分析工作，保证真实性、连续性，为盾构掘进提供依据指导施工。

10.14.2　自动化监测

1. 依　　据

(1)依据的要求和工程安全监控的实际需要→确定盾构隧道段实施自动化监测；

(2)依据施工图要求→确定监测项目；

(3)依据相关规范的要求→确定精度指标；

(4)依据现场条件→确定测量方法。

2. 原　　则

(1)满足监测需要；

(2)设计合理,操作简单可行；

(3)系统可靠,数据准确；

(4)监测结果能互相验证；

(5)结论直观；

(6)节约费用。

3. 指导思想

(1)人工监测与自动化监测相结合,对于实施自动化监测难度较高的部位,以自动化监测为主,人工监测为辅。

(2)对于特征部位和关键部位,以及人工监测无法到达的部位采用自动化监测,保证数据的连续性和完整性和可靠性。

(3)对于自动化监测无法实施的特殊部位采用人工监测。

(4)对于部分自动化监测的项目,辅以人工监测予以检核。

(5)人工监测是自动化监测的补充和完善,同时也可以在一定程度上降低监测成本。

4. 监测项目

常规监测项目:建筑物沉降、倾斜;地表沉降、地下管线沉降;土体分层沉降;土体水平位移;管片应力、应变;隧底沉降;隧道收敛等。监测项目示意图见图 10—50。

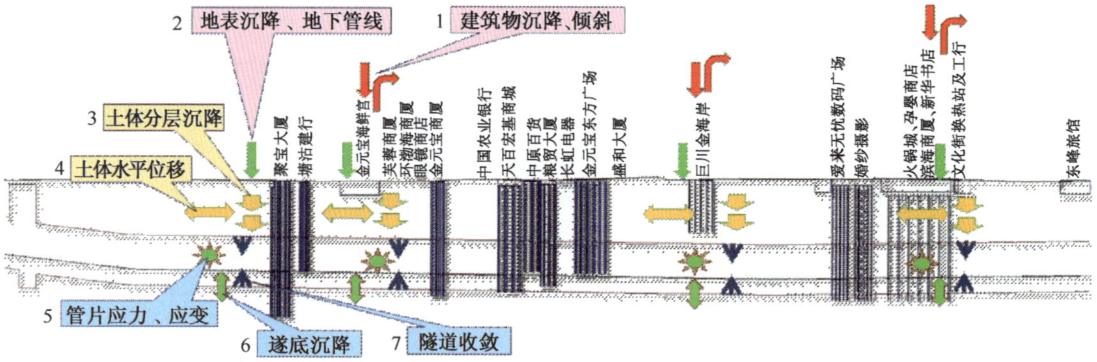

图 10—50　监测项目示意图

5. 总体监测方案

隧道盾构段地面环境复杂,实施自动化监测存在以下几个方面的问题:

(1)在街区钻孔埋设传感器施工协调难度大,如单一使用传感器自动监测系统,还涉及大量的数据电缆需要保护的问题,在街区路面大量开槽埋设电缆不太容易实现。

(2)街区内人流车流密集,通视条件差,不利于全站仪监测;如单一使用全站仪自动监测系统,难以兼顾所有监测项目,且在地面布设反光棱镜后,保护难度太大。

(3)可能有部分测点为自动化监测死角,单一实施自动化监测难以覆盖所有测点。

因此,采取“自动化监测与人工监测相结合,传感器自动化监测与全站仪自动化监测相结合,无线数据传送与有线数据传送相结合”的监测模式。

(1)地表沉降:采用徕卡 TS30 自动化监测系统+人工监测;

(2)建筑物沉降、倾斜:采用徕卡 TS30 自动化监测系统;

(3)土体分层沉降:采用多点沉降传感器自动化监测系统;

(4)土体水平位移:采用定点式水平位移传感器自动化监测系统;

(5)隧底沉降:采用徕卡 TS30 自动化监测系统+人工监测;

(6)隧道收敛:采用徕卡 TS30 自动化监测系统+人工监测;

(7)管片应力、应变:采用应力、应变传感器自动化监测系统。

解放路隧道盾构施工监测系统示意图见图 10—51。

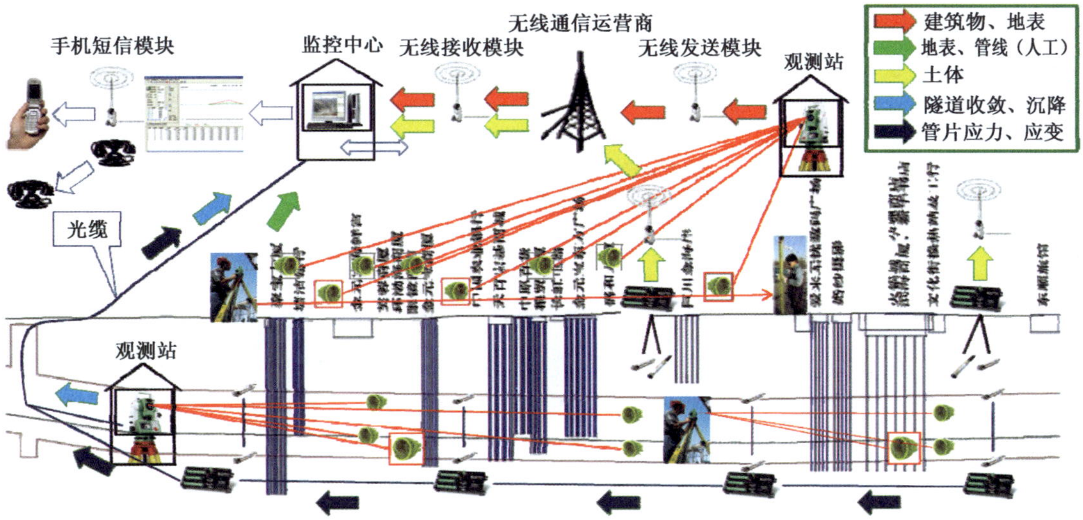

图 10—51 解放路隧道盾构施工监测系统示意图

6. 变形监测控制网的建立

(1)采用全站仪监测的项目(建筑物倾斜、隧道收敛),变形监测网在设计院交与的 CPⅡ测量控制网的基础上,采用同等精度进行加密建立,并与 CPⅡ测量控制网联网平差。控制网边长在 800~100 m,设一个测站点,三个后视点。后视点选在 6 层以下高度并建成两年以上的楼房房顶。

(2)采用电子水准仪人工监测的项目(地表沉降、管线沉降),变形监测网在设计院交与的二等水准网的基础上,采用二等水准测量加密建立,并与二等水准网联网平差。水准点距离线路中线 50 m 以上,沿线路方向平均每 100 m 左右布设一个。水准点选在建成两年以上的房屋基础或承重墙外墙。

(3)采用传感器监测的项目(土体变形、管片应力应变),无需建立监测控制网。

(4)监测控制网每 3 个月进行一次全面的复测。

7. 监测点布设(以京津城际延伸线盾构隧道为例)

(1)建筑物沉降、倾斜:每一建筑物布设两墙面,每墙面布设 4 点,上下对应。

(2)地表沉降:人工监测点沿隧道中线每 10 m 布设一个监测点,每 30 m 布设一个监测断面,每个监测断面从中心到两侧间距分别为 3 m、3 m、5 m、5 m、10 m、15 m,左右对称布设。自动化监测点布设在路灯杆上,间距约 15~20 m。

监测点布设示意图见图 10—52。

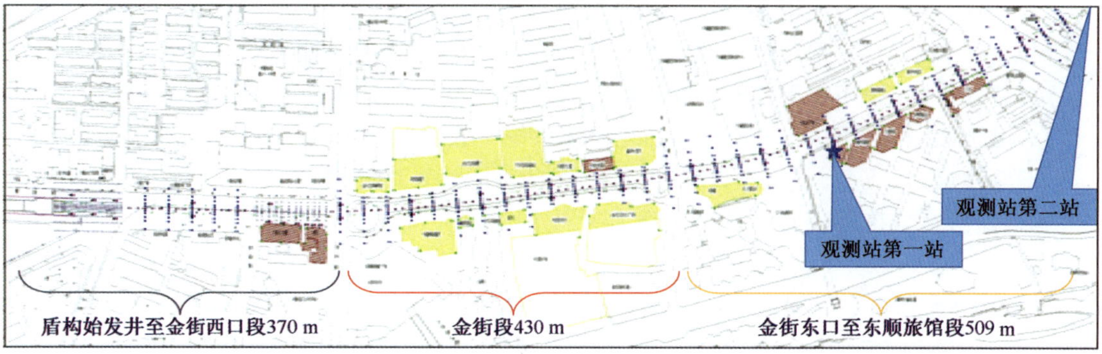

图 10—52　盾构始发井至金街西口段(含试验段)监测点布设示意图

(3)管线沉降:在管线正上方顺管线走向每 5 m 布设一个监测点。

(4)土体分层沉降:每 90 m(60 环)布设 4 一个监测断面,每个断面两个监测点位,分别在两侧距隧道外轮廓线 2～8 m,每个点位安装 6 套传感器,自下而上平均分布。

(5)土体水平位移:与同土体分层沉降点一一对应,相距 0.5～0.8 m。

盾构始发井至街西口段 370 m 内建筑物沉降、倾斜点 16 个(2 座),地表沉降人工监测点 476 个,可作为地表沉降标的路灯 34 处,土体水平位移和土体分层沉降各 17 处,见图 10—53。

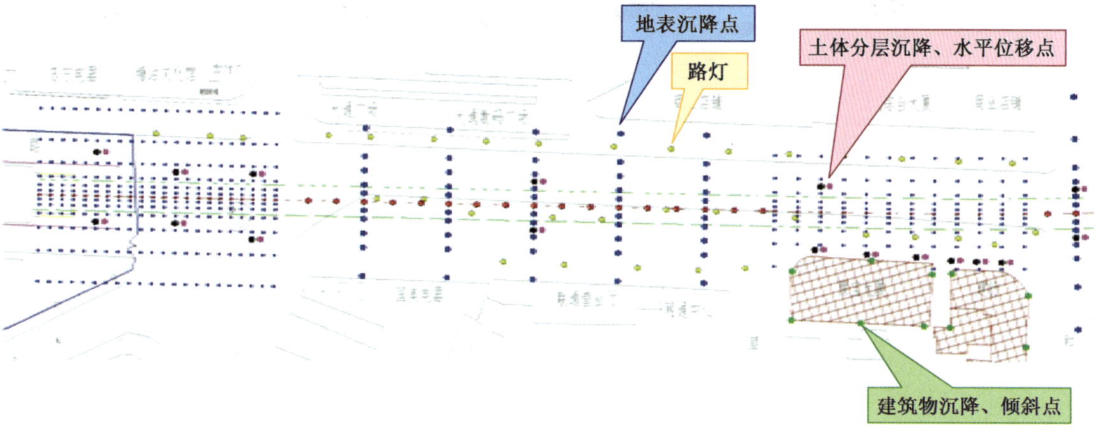

图 10—53　监测点布设示意图

金街段 430 m 内建筑物沉降、倾斜点 96 个(12 座),每座建筑物布设两外墙面,每面上、下对应各布设两个点,具体位置视现场通视条件适当选择,地表沉降点人工测点 174 个,可作为地表沉降标的路灯 42 处,土体水平位移和土体分层沉降各 8 处,见图 10—54。

金街东口至东顺旅馆街段 509 m 内,建筑物沉降、倾斜点 64 个(8 座),地表沉降人工监测点 176 个,可作为地表沉降标的路灯 40 处,土体水平位移和土体分层沉降各 12 处,见图 10—55。

(6)隧底沉降:每 7.5 m(5 环)布设一点,共 303 点,其中 101 点与隧道收敛监测点共

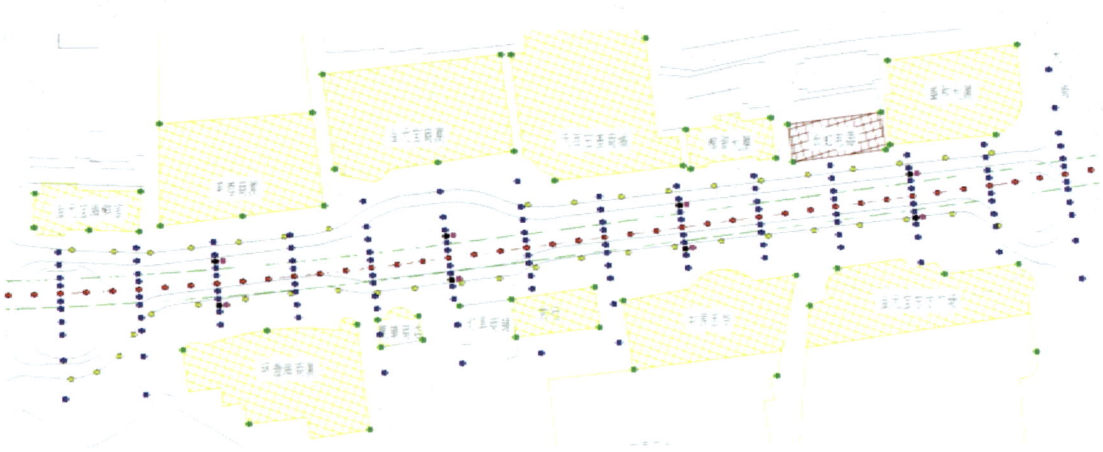

图 10—54　监测点布设示意图

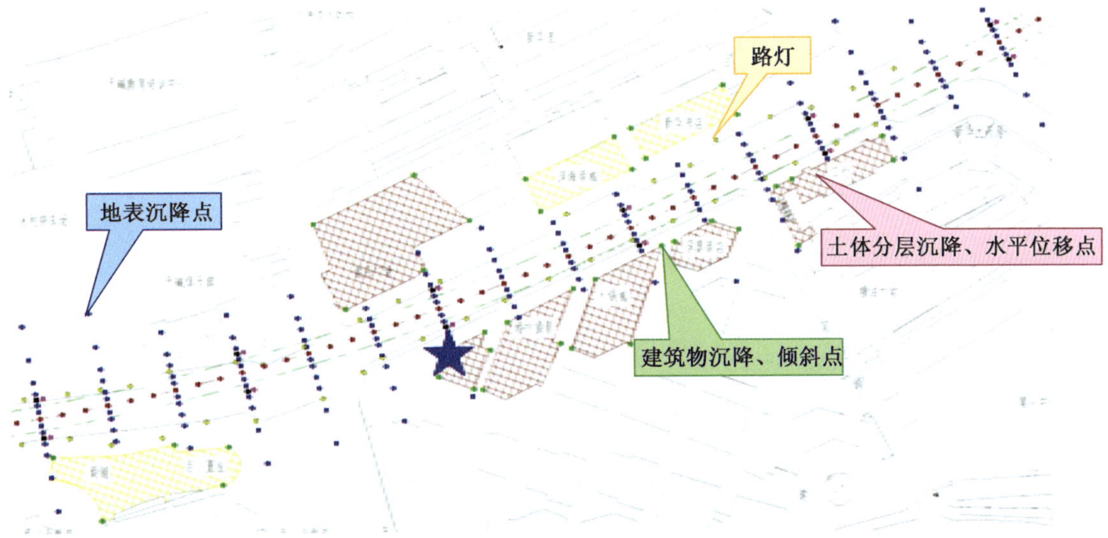

图 10—55　监测点布设示意图

用，其位置见图 10—56。

(7)隧道收敛：每 22.5 m(15 环)布设一个断面，共 101 个断面，每个断面 8 点，共 808 点，其中 101 点与遂底沉降监测点共用，监测点位见图 10—57。

(8)管片应力、应变：每 67.5 m(45 环)布设一个断面，共 34 个断面，每个断面 9 块管片，每块管片应力、应变各一点。应力监测点共 306 点，应变监测点共 306 点。监测点位布置见图 10—58。

隧道内监测点位与地面监测点位布置对比见图 10—59，监测点及监测元器件使用数量统计见表 10—8。

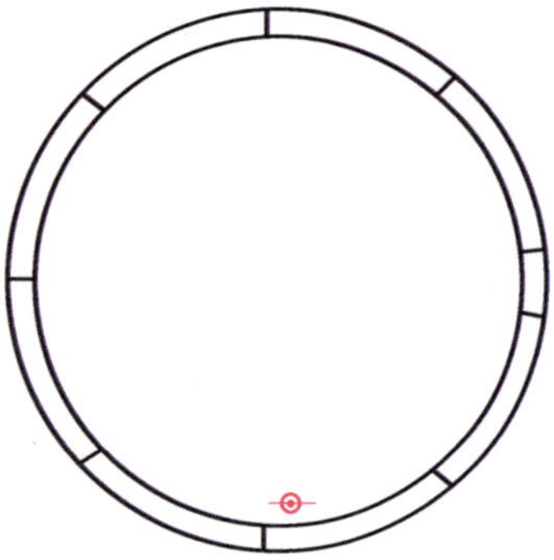

图 10—56 遂底沉降监测点布置图

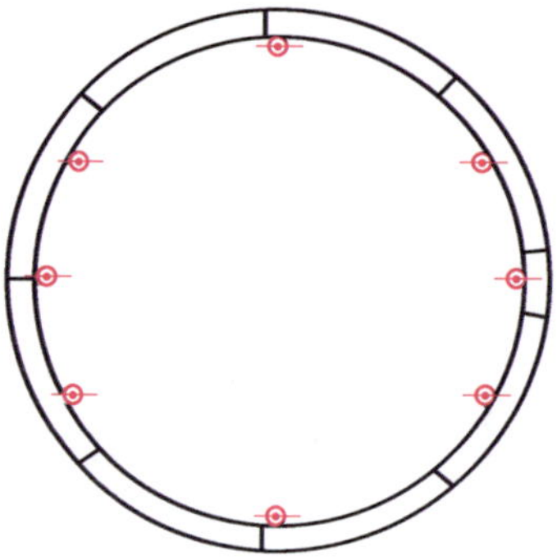

图 10—57 遂隧收敛道监测点布置图

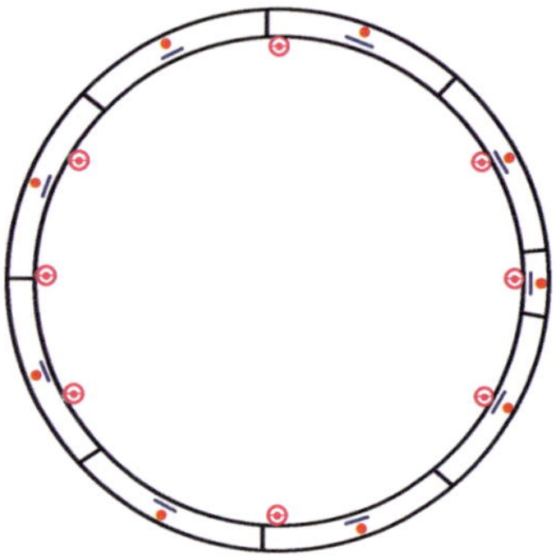

图 10—58 管片应力、应变监测点布置图

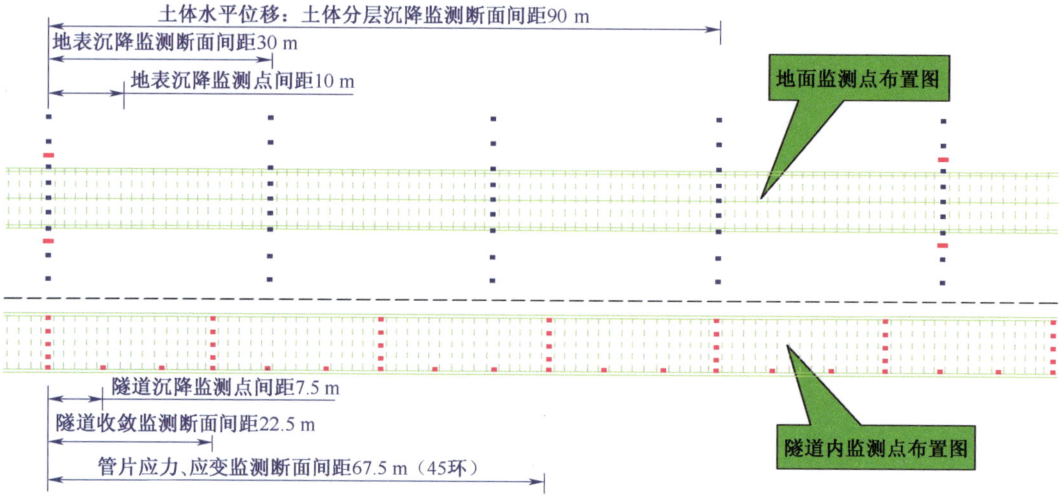

图 10—59 隧道内监测点位与地面监测点位布置对比图

表 10—8 监测点及监测元器件使用数量统计表(自动化监测部分)

序号	项目名称	测点数量	监测器件名称	监测器件数量	备注
1	地表沉降	116	反光棱镜	116/5=24 套+3 套	盾构前后 100 m 范围,3 套为后视棱镜
			徕卡 TS30 型全站仪	1 台	
			徕卡监测软件	1 套	所有全站仪监测项目共用(含人工监测)
2	建筑物沉降、倾斜	176	反光棱镜	176/5=36 套	盾构前后 100 m 范围
3	土体水平位移	37	定点式水平位移计	222 套	
4	土体分层沉降	37	多点式沉降传感器	222 套	一次性使用
			多通道数据采集仪	14 套,共 444 通道	与土体水平位移共用
			监测软件	1 套	所有采用传感器的监测项目共用

续上表

序号	项目名称	测点数量	监测器件名称	监测器件数量	备注
5	隧道收敛	808	反光棱镜	808/11＝74 套＋3 套	盾构后 200 m，3 套为后视棱镜
			徕卡 TS30 型全站仪	1 台	
6	遂底沉降	303	反光棱镜	303/11＝28(19 套)	除去与隧道收敛监测点共用部分，实际数量为 19 套
7	管片应力、应变	306	钢筋计、应变计	各 306 套（需 198 套）	已布设完成 108 套，不能实施自动化
			多通道数据采集仪	22 套，共 396 通道	已布设完成 12 个断面

8. 监测方法(以京津城际延伸线盾构隧道为例)

(1)建筑物沉降、倾斜、地表沉降、管线沉降监测

建筑物沉降、倾斜监测在建筑物外墙表面安装(主要采用强力胶粘贴)反射棱镜。地表沉降自动化监测的反光棱镜安装在路灯杆上，高度以人手触及不到为准。

徕卡 TS30 全站仪主机分设两站，第一站主机设在爱来无忧数码广场楼顶，当盾构接近第一站后，主机转移到第二站，第二站设在天津碱厂，在碱厂内搭建观测台，测站布置见图 10—60。全站仪使用强制对中架，对中架与楼顶或观测台进行锚固。

图 10—60 建筑物观测站布置

实施监测时，全站仪由机载程序和监控中心程序控制，自动搜索棱镜，照准棱镜并测量各棱镜的三维坐标(x，y，z)。通过建筑物上下两点的坐标计算建筑物倾斜度，建筑物沉降和路灯杆的沉降由 z 坐标值的变化直接反应。坐标计算和坐标变化统计过程由监控中心的徕卡

监测系统后处理软件完成。

地表沉降人工监测点、管线沉降点布设于地面，在地面钻孔植入螺栓。使用徕卡 DNA03 电子水准仪监测螺栓顶面高程变化。数据处理由沉降监测软件完成。

(2)土体变形监测

1)土体分层沉降监测点埋设

需进行监测点位共计 37 处，其中 8 处位于金街内，每处钻孔后安装传感器(沉降计)6 套，安装方法为：

①开挖工作坑，使用地质钻机钻孔，孔径 8 cm，孔深 30 m。

②孔内安装传感器附件和传感器。

③向孔内注浆，固定传感器。

④工作坑用混凝土回填。

⑤开挖深 30 cm 宽 10 cm 的布线槽，将传输电缆引出置于槽内进行保护，电缆引至附近建筑物外墙边。

⑥在建筑物外墙上安装保护盒，在盒内安装数据采集仪、无线发射装置。

⑦调试。

土体变形监测设备安装示意见图 10—61。

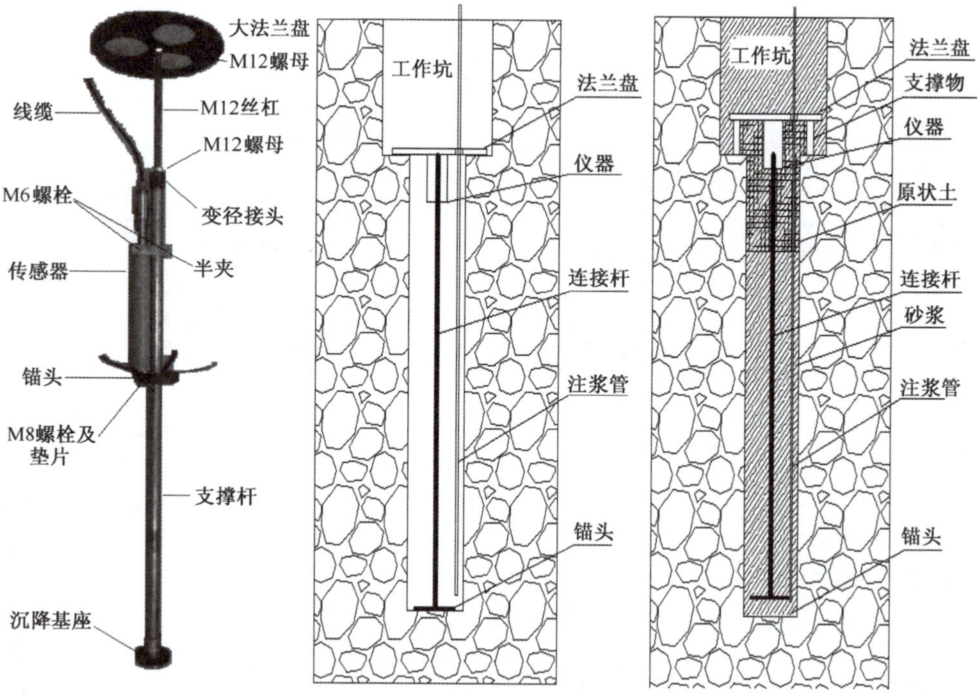

图 10—61 土体变形监测设备安装示意图

2)土体水平位移监测点埋设

需进行监测点位共计 37 处(与土体分层沉降点对应)，其中 8 处位于金街内，每处钻孔后安装传感器 6 套。安装方法为：

①使用地质钻机钻孔，孔径 13 cm，孔深 30 m。

②安装测斜管。

③向测斜管周围间隙注砂浆，固定测斜管。

④向测斜管内安装传感器。

⑤开挖深 30 cm 宽 10 cm 的布线槽，将传输电缆集中从一侧引出置于槽内进行保护。电缆引至附近建筑物外墙边。

⑥在建筑物外墙上安装保护盒，在盒内安装数据采集仪、无线发射装置。

⑦调试。

传感器固定在土体内或预先埋设的测斜管内，当土体发生位移时传感器也会随之产生位移，传感器将这种位移的变化通过频率的变化进行反映，并通过电缆传输至位于地面的多通道数据采集仪。

多通道数据采集仪在采集数据的同时，将实时的数据通过无线发射器发出，位于安全监控中心的计算机通过预置的无线信号接收装置实时接收，并利用专项软件(该软件系针对本项目要求专项研发)对原始测量数据进行处理，并形成各类统计图及数据报表，见图 10—62。

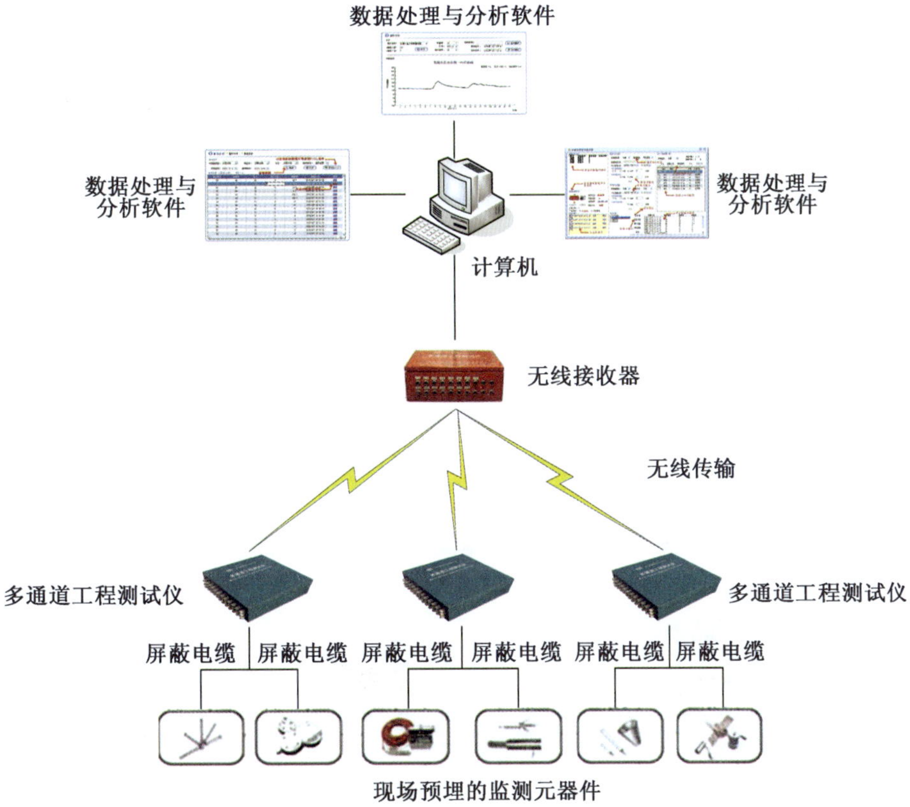

图 10—62　测量数据传输示意图

(3)隧道收敛、隧底沉降监测

采用徕卡 TS30 全站仪自动化监测系统。主机安装在已完工隧道内，使用强制对中架，强制对中架锚固在管片上。在管片拼装完成后脱离盾尾前及时布设反光棱镜，反光棱镜采用强力胶粘贴在管片上。

考虑到盾构及台车对通视的影响，前期采用人工监测，人工监测数据记录在存储卡上，由测量人员导入监控中心。待台车通过后，变换为自动化监测。自动化监测和人工监测均测量棱镜的三维坐标，通过坐标计算隧道收敛，反应隧道沉降，计算过程由后处理软件完成。隧道收敛、隧底沉降监测数据传输见图10—63。

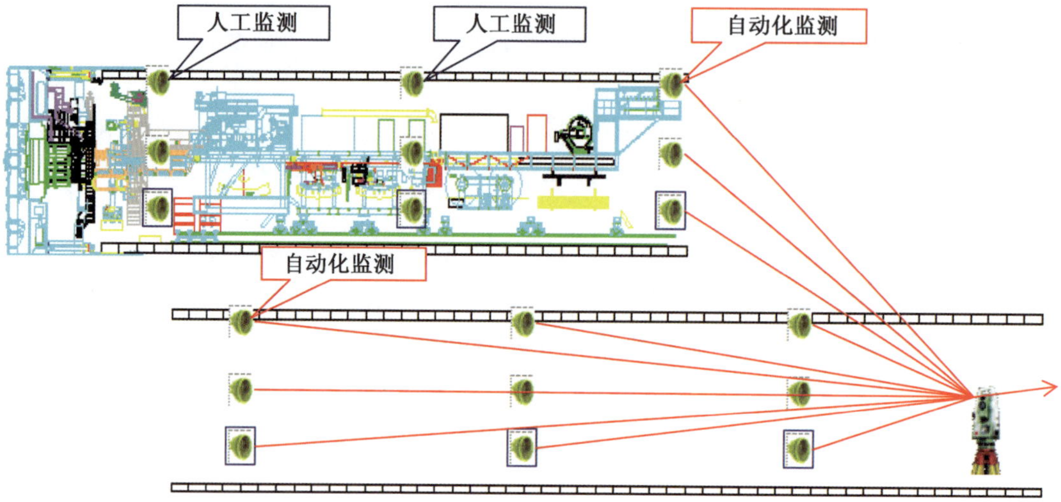

图10—63　隧道收敛、隧底沉降监测数据传输示意图

(4)管片应力、应变监测

采用钢筋计及混凝土应变计，每个监测断面设一套多通道数据采集仪。多通道采集仪放置于锚固在管片上的托架上，各数据采集仪使用光缆串联。

钢筋计及混凝土应变计在管片生产时，预先植入管片。管片运送到现场后，人工取初始值，管片拼装完成后，及时接线、连接多通道数据采集仪，实施自动化监测。

传感器固定在管片内，当管片应力发生变化时，传感器内的钢弦振动频率也会随之产生变化，传感器将这种力的变化通过频率的变化进行反映，并通过电缆传输至位于地面的多通道数据采集仪。

多通道数据采集仪在采集数据后的处理过程与土体监测类似。管片应力、应变监测数据传输示意图见图10—64。

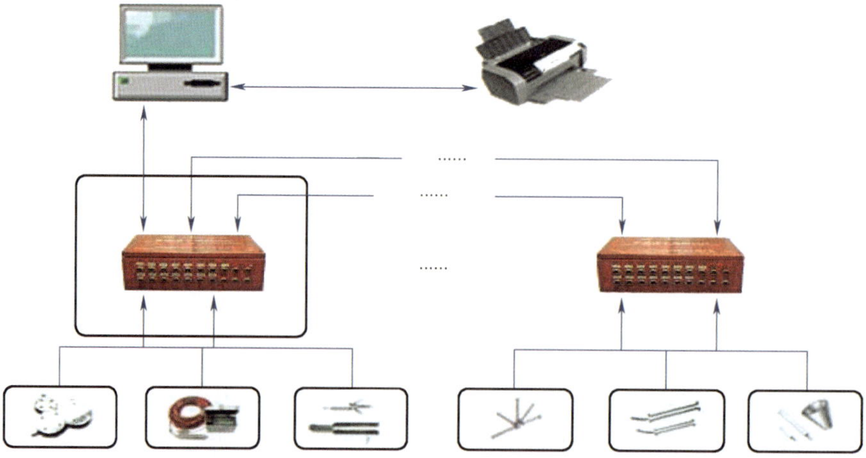
图10—64　管片应力、应变监测数据传输示意图

9. 控制值与监测报警

控制值与监测报警值见表 10—9。

表 10—9 监测控制值、预警值和报警值

监测项目	控制值	预警值	报警值	报警方式
建筑物倾斜	倾斜率≤1%	0.06%	0.08%	监测报表、手机短信、人工反馈
建筑物沉降	每栋建筑物不一样，以评估报告为准			监测报表、手机短信、人工反馈
地表沉降	+10 mm −30 mm	+6 mm −18 mm	+8 mm −24 mm	监测报表、手机短信、人工反馈
管线沉降				
土体水平位移	50 mm	30 mm	40 mm	监测报表、手机短信、人工反馈
土体分层沉降	40 mm	24 mm	32 mm	监测报表、手机短信、人工反馈
隧道收敛				
隧道沉降	20 mm	12 mm	16 mm	监测报表、手机短信、人工反馈
管片应力				
管片应变				

11　盾构接收阶段的施工技术

11.1　接收准备措施

11.1.1　洞门区域加固

为了在凿除盾构接收井地下连续墙时保持地层的稳定，防止盾构完全脱出地层之后其周围流出地下水和泥砂造成端头失稳，需要根据地层条件、水文条件、隧道埋深及周边环境等因素对盾构始发端头进行加固处理。

为保证盾构顺利接收，对盾构接收井端头进行加固，根据盾构机长度、直径及地层条件等考虑加固方案和加固范围，见图 11—1。京津城际延伸线加固范围为端头以外 15 m，宽 18 m。加固方式为深层水泥土搅拌桩，深层水泥土搅拌桩桩长 31m，桩径为 ϕ 850 mm，地面标高为 +0.7 m，桩顶标高 −2.3 m，桩底标高 −31.0 m，同组内桩间距 600 mm，相邻两组间距 450 mm。

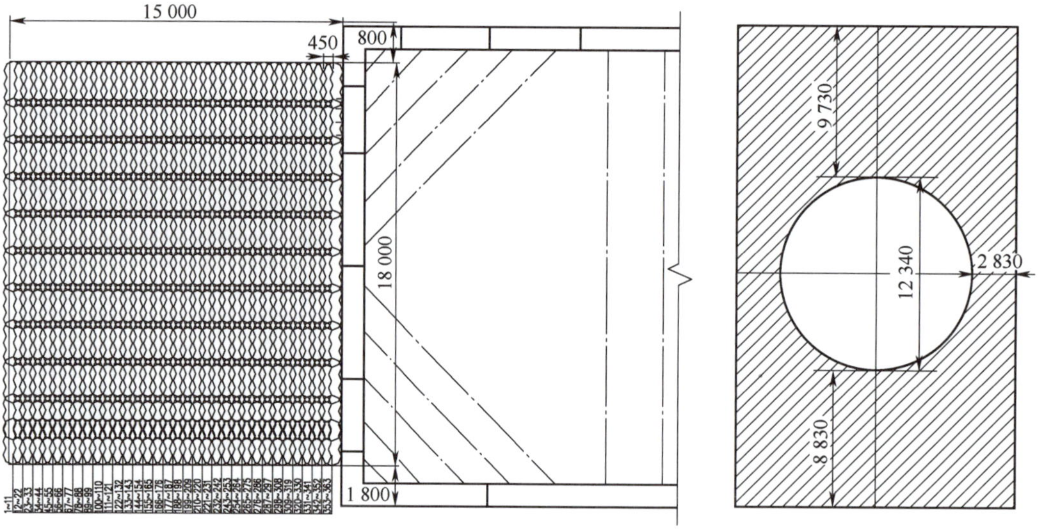

图 11—1　接收井洞门加固示意图(单位：mm)

盾构停机后，在洞门凿除前，采用在接收洞门打水平探孔的方法来检查洞门加固效果。洞门围护结构地下连续墙凿除前 30 d 左右打设水平探孔，探孔主要分布在盾构范围边缘处，均匀布置，孔深 1.5 m，穿透地下连续墙约 50 cm，以便确认地下连续墙与搅拌桩之间的隔水情况，若发生透水现象，需及时采取封堵加固等措施。考虑到洞门直径较大，为了准确的了解加固情况，共钻 13 个探孔，探孔自下而上进行施工。水平探孔的布置见图 11—2。

11.1.2　安装接收托架

盾构接收托架在地面进行安装定位为一体，并在连接面处进行焊接。焊接完成后对焊缝进行着色渗透探伤检查，以保证盾构在接收上托架过程中托架的自身稳定性和可靠性。

托架吊装时严格按照放样位置进行布置，盾构托架吊入井下后按照测量放样的基线及标高进行安装定位。京津城际延伸线接收井底板高程为－19.892 m，洞门钢环最底部位置标高为－18.975 m，盾构最底部理论标高为－18.675 m，故底板与盾构的垂直高差为1217 mm。而托架底部到盾构最底部的理论高差为977 mm。所以接收托架在定位时要加垫240 mm厚度的钢板，以便盾构能够顺利爬上托架。

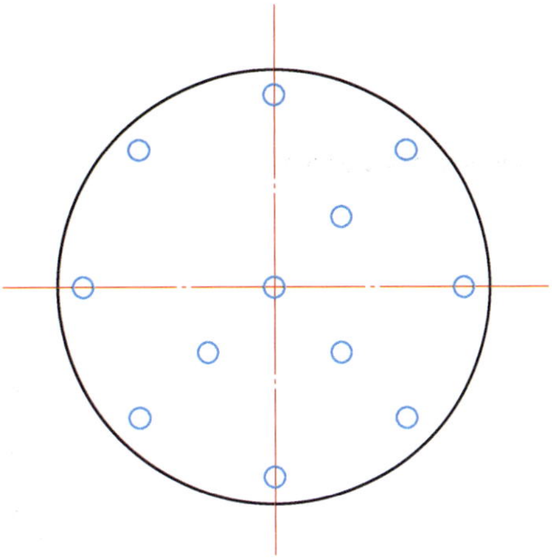

图11—2　洞门水平探孔布设示意图

接收托架安装定位完成后进行加固。通过锚筋将10 mm钢板固定于底板，将托架焊接与钢板上进行固定；托架"前后左右"四侧焊接"H"型钢，焊接方式采用满焊，焊接完成后并进行着色渗透探伤探测焊接质量。型钢支撑在竖井井壁上对托架进行加固，保证盾构在接收推进工程中不发生位移。接收托架结构尺寸见图11—3，托架四侧型钢支撑布置见图11—4。

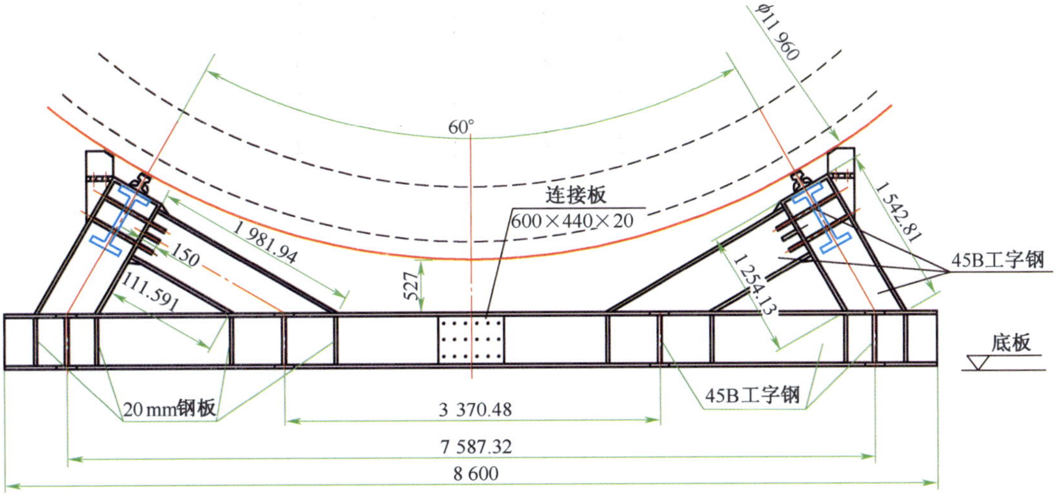

图11—3　接收托架结构尺寸图(单位：mm)

盾构顺利抵达托架后，接收托架即为盾构的承载部件，其主要载荷为盾构主机自重$G=$ 1 000 t＝10 000 kN。托架共有13组支撑，考虑受力不均匀性和其他不可见因素，认为自重完全作用在其中6组支撑上。即每组支撑的载荷$G_1=G/6=10\ 000/6=1\ 667$ kN(图11—5)，不考虑轴向偏差问题，认为钢轨对盾构的作用力只有法向反作用力N，则：

$$N=(G_1\div\cos 30°)\ /2=(1\ 667\div\cos 30°)/2=962.5\ \text{kN}$$

在图11—5平面内，盾构主机对钢轨的法向压力主要由工字钢1承担，工字钢2主要起增强结构刚度的作用。因此，图示结构的危险点在焊缝1处和断面A处。下面将对这两处的强度进行校核。

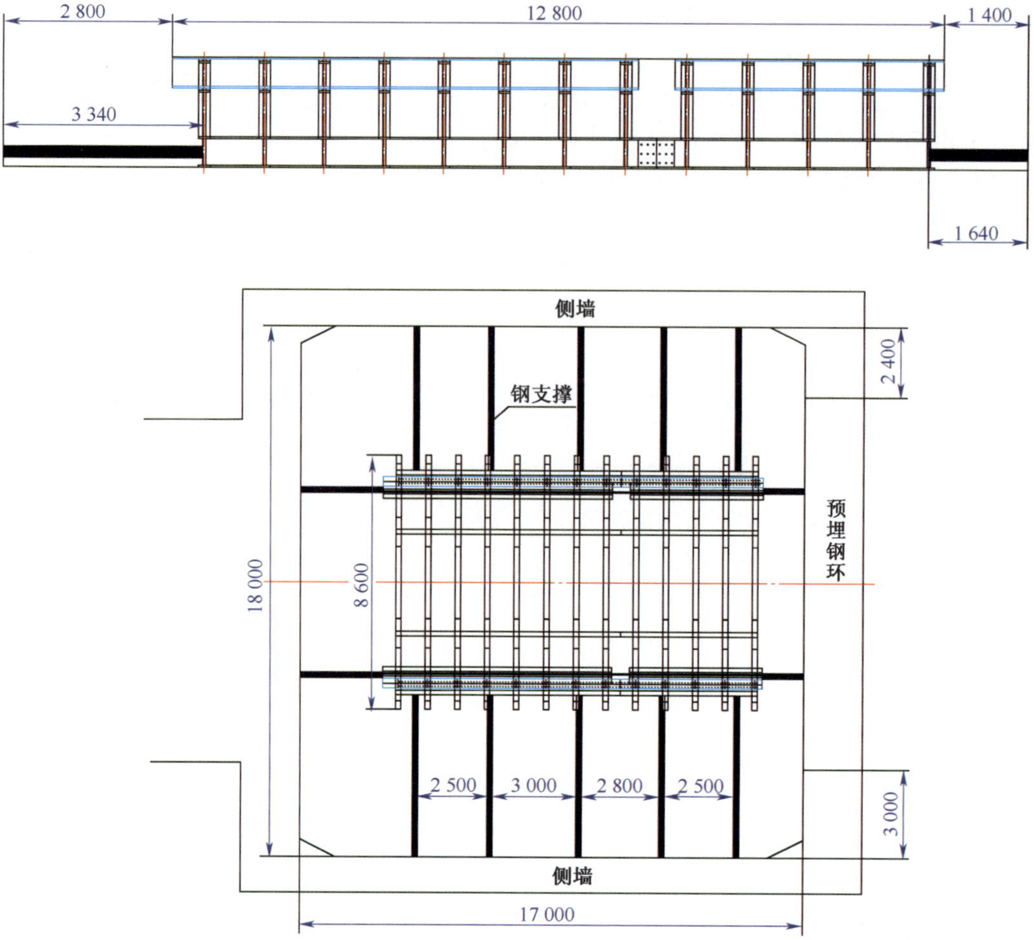

图 11—4　接收托架支撑加固图(单位:mm)

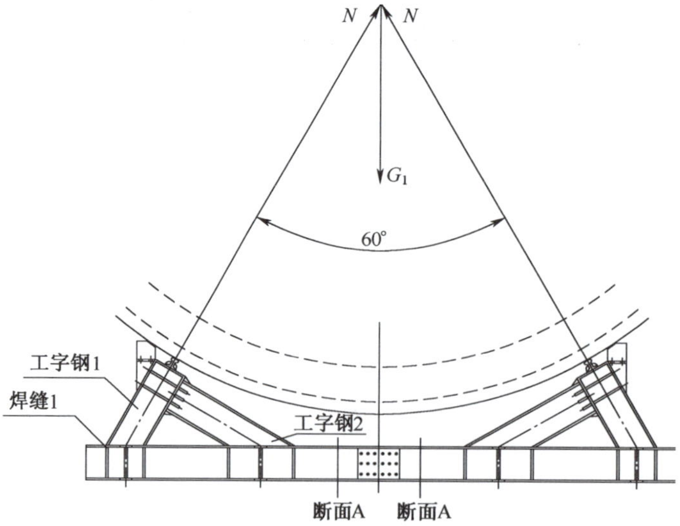

图 11—5　单组支撑受力分析图

由于在完全法向压力下，工字钢 2 只起到增强结构刚度的作用，因此在分析焊缝 1 和断面 A 的强度的时候，不考虑工字钢 2 的影响。取工字钢 1 为分析对象，受力分析见图 11—6。

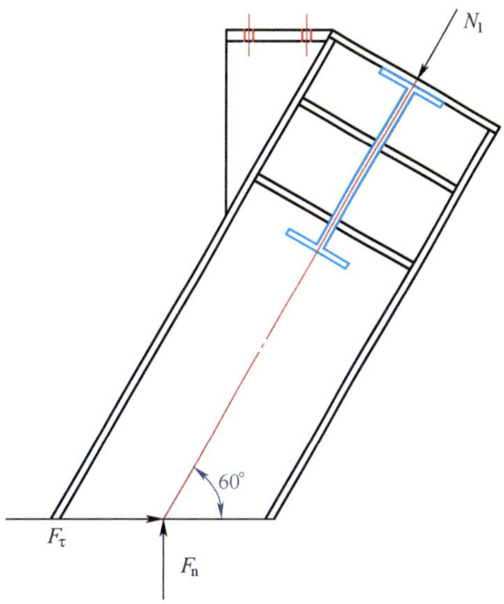

图 11—6　工字钢 1 受力分析图

由图 11—6 可以得出：

$$N_1 = N = 962.5\ \text{kN}$$

$$F_\tau = N_1 \times \cos 60° = 962.5 \times \cos 60° = 481.25\ \text{kN}$$

F_τ 为对焊缝 1 的剪切力，主要由焊缝处承担。根据焊接要求，底部为角焊缝，焊缝高位 10 mm，工字钢型号为 50b，所以有效承载面积 $S = 15\ 000\ \text{mm}^2$，由此可得，焊缝 1 处的剪切应力 $\tau = F_\tau / S = 481\ 250/15\ 000 = 32\ \text{MPa}$

根据要求，焊件主要为工字钢和 Q235 钢板，要求焊缝强度不低于母材强度，所以焊缝抗剪切强度 $\sigma_\tau = 200\ \text{MPa}$，由于 $\tau < \sigma_\tau$，所以焊缝 1 满足结构强度要求。

将图 11—5 结构从断面 A 处断开，以左边部分为分析对象，其受力分析见图 11—7。

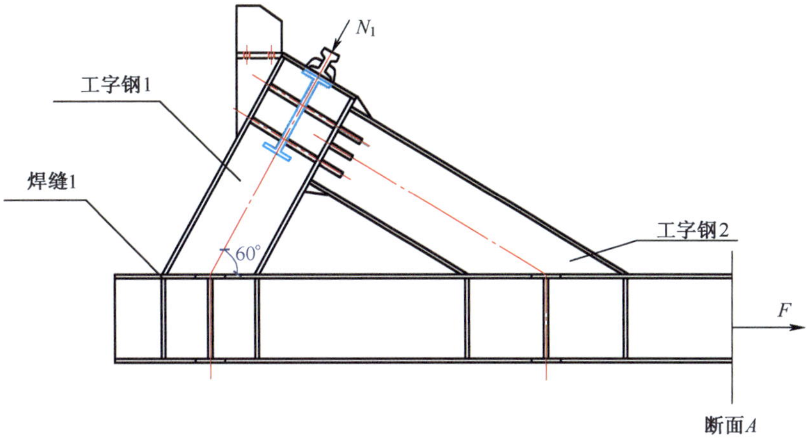

图 11—7　工字钢受力分析图

由图 11—7 可以得出，断面 A 处的拉力：

$$F = N_1 \div \cos 60° = 962.5 \div \cos 60° = 1\ 925\ \text{kN}$$

断面面积：$S_A = 10\ 592.3\ \text{mm}^2$

所以抗拉应力：$\sigma = F/S_A = 1\ 925\ 000/10\ 592.3 = 182\ \text{MPa}$

由于 $\sigma < \sigma_s = 235\ \text{MPa}$，所以断面 A 满足结构强度要求。

综上所述，盾构机接收托架强度满足要求。但考虑到动载荷等不确定因素，故在断面 A 处增加焊接筋板。

11.1.3 安装洞门密封装置

盾构接收时,洞口与盾构壳体之间会形成环形的建筑空隙。若发生涌水、涌砂易造成土体不稳,产生塌方,因此须设置密封性能良好的密封装置,并在洞口周边布设注浆口,一旦发现有泥水外漏,可通过注浆口注浆来确保洞口的密封。盾构到达洞门防水密封包括两道花纹板、一道海绵、一道止水帘布等。防水密封从花纹板开始,从内到外依次进行安装,两道花纹板之间为一道海绵。

1. 花纹板的固定安装

盾构到达洞门防水密封设置两道花纹板,成环形布置通过焊接进行固定于洞门钢环上。

花纹板尺寸为厚度 3 mm,长 800 mm,宽 250 mm。花纹板宽边(250 mm)满焊于洞门钢环上,使花纹板垂直于洞门钢环。相邻两块花纹板之间搭接 125 mm 进行焊接满焊于整个洞门钢环上,两道花纹板间距拟定为 200 mm。一道需用 320 块花纹板,两道总共 640 块花纹板。花纹板布置局部见图 11—8。

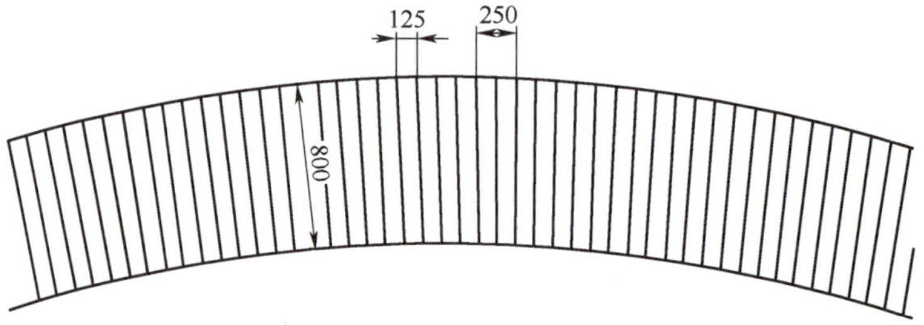

图 11—8 花纹板布置局部示意图(单位:mm)

2. 海绵的固定安装

在已焊接定位好的两道花纹板之间固定安装一道海绵,并与两道花纹板形成一个整体密封装置,以用来抵挡地下水、泥砂等,确保盾构接收安全。

海绵共设两层,每层海绵宽 200 mm,厚 200 mm,两层海绵采用胶水进行黏接叠加形成一体,海绵铺满整个洞门钢环范围。

洞门钢环直径为 ϕ12.6 m,盾构外径为 ϕ11.97 m,钢环与盾构四周存在 300 mm 的理论环形间隙。当盾构通过钢环时,由于盾构姿态的不确定性,盾构机与钢环会产生不均匀间隙。

盾构通过洞门钢环时,花纹板会顺着盾构出洞方向倾斜,并将中间的海绵压缩,两侧的花纹板将海绵包裹,形成一个密封的整体,以抵挡泥砂等。

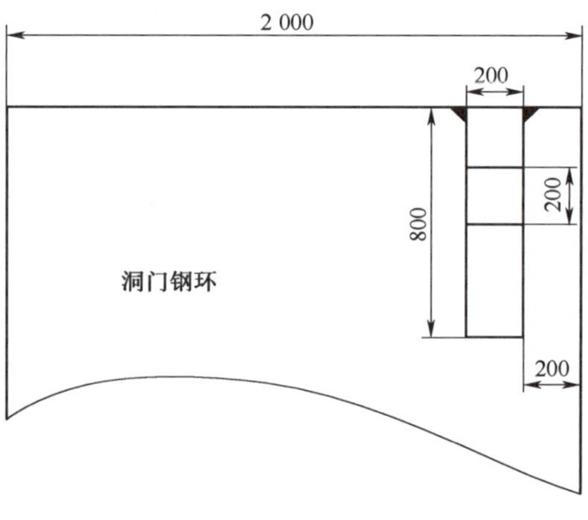

图 11—9 海绵固定安装布置图

花纹板及海绵安装位置见图 11—9。第一道花纹板距洞门地下连续墙初定为 200 mm,具体安装尺寸根据 1 182 环管片拼装位置可进行调整。

3. 帘布橡胶板

帘布橡胶板止水密封装置由一道帘布橡胶板、圆形板、翻板及连接螺丝组成。接收时注意对帘布橡胶板的保护,避免刀具刮伤帘布橡胶板。接收时在帘布橡胶板的外表面涂抹黄油,以降低与盾体间的摩擦系数,保证止水装置不被破坏并处于良好的工作状态。

4. 地下连续墙

洞门范围内地下连续墙混凝土凿除过程中,会有大量混凝土块掉落在到达洞门防水密封上,为防止其破坏洞门的防水密封,在洞门下部 180°范围内焊接角钢支撑,支撑环向布置间距为 50 cm,在型钢支撑上满铺 3 cm 厚木板。及时对凿除下来的混凝土块进行快速清理并运出竖井。

5. 管片

出洞环在管片施作过程中,已在管片外弧面及迎千斤顶面预埋了钢板(图 11—10),管片拼装后,用钢板将管片预埋钢板与预埋钢环之间进行焊接连接,实现 360°范围的封闭,在封闭钢板顶部预留 ϕ50 mm 排气孔,见图 11—11。注浆过程中严格控制注浆压力,注浆量控制在顶部排气孔开始排浆且注浆量接近理论注浆量时为止。

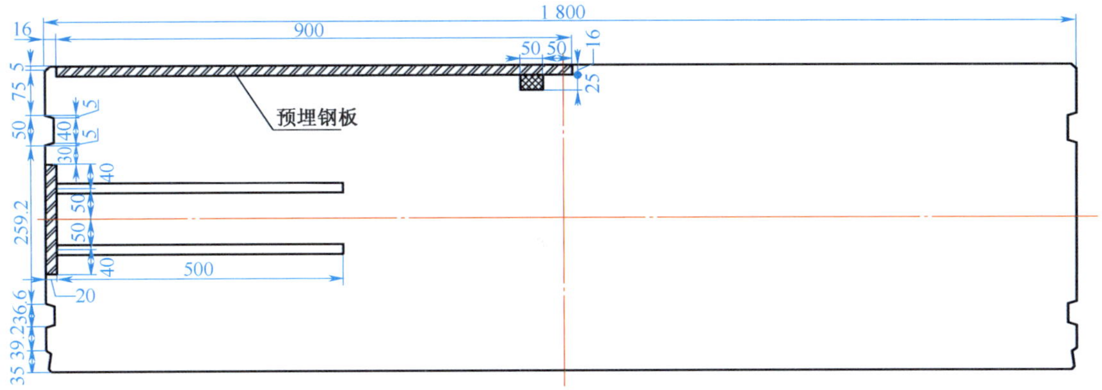

图 11—10 到达出洞处特殊衬砌环构造图(单位:mm)

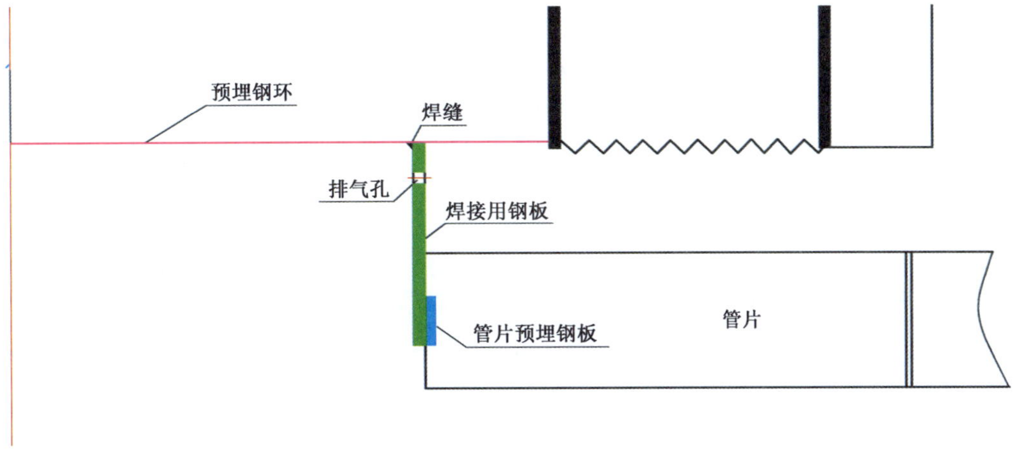

图 11—11 密封钢板安装示意图

11.1.4 凿除洞门

施工前对所有施工人员进行详细交底，并请安全部门和有关人员到施工现场进行安全监督，检查各项安全措施是否到位，操作人员必须佩带好安全带，在整个作业过程应迅速、有序、连续不间断地进行。洞门内搭设脚手架，脚手架搭设完成后要组织人员进行联合验收，准备洞门凿除施工的一切相关设备。

洞门凿除是在盾构刀盘抵达洞门地下连续墙后，盾构停止推进，进行洞门凿除。洞门凿除时同时对脱出盾尾5环进行二次注浆，以形成密封隔水圈。

在洞门防水装置设置安装完成后，等待盾构刀盘抵到洞门钢环内侧地下连续墙，凿除盾构范围内背土侧围护结构地下连续墙的混凝土，保留迎土侧地下连续墙及玻璃纤维筋厚度不小于200 mm。

由于地下连续墙施作结构为背土侧有一道钢筋，迎土侧结构为玻璃纤维筋，地下连续墙凿除不能采取分块凿除吊出的方式，故采用一次性粉碎凿除。地连墙采用从上到下的方式进行凿除。凿除的渣土必须及时进行清理，尽可能缩短洞门凿除时间，并做好底部洞门防水密封装置的保护工作。必须注意几项：

(1)通过打探孔，确认加固达到设计强度，并与围护结构完全胶结后方可进行完全破壁。

(2)整个作业过程中，由专职安全员进行全过程监督，杜绝安全事故隐患，确保人身安全。

(3)对洞口的密封止水装置采取必要的保护措施。

(4)洞门凿除过程中，如发现有渗水点，要及时进行封堵，以防水土流失，影响前方土体稳定。

洞门凿除过程中，为确保洞口土体和洞门附近作业人员的安全，必须对洞口土体稳定性进行监测，一旦发生土体失稳，马上采取加固措施。

11.1.5 安装导轨

盾构到达洞门钢环直径为ϕ12.34 m，盾构直径为ϕ12 m，洞门边缘与盾构之间有17 cm的环形空隙。当盾构掘进到此处时，会发生向下磕头的现象。为避免该问题的产生，保证盾构机轴线始终保持在良好的范围内，在洞门连续墙凿除完成，并将洞内混凝土碎块清理完成后，需要在洞门边缘下部从地连墙外侧起设置导轨，导轨固定在30 mm钢板上(如果钢轨高度不够，可以加垫钢板)，钢板通过0.5 m长锚筋与地连墙和内衬钢筋焊接固定，导轨与钢板间采用胫板沿垂直导轨方向进行焊接固定，防止盾构机前进过程中发生扭曲或偏移，使盾构沿设计轴线向前推进，让盾构在导轨上前行。

11.2 盾构接收

11.2.1 盾构施工参数选择

在盾构到达接收井连续墙的前10环，逐渐调整盾构机掘进参数。随着开口压力的逐渐调低，逐步降低总推力、逐步降低推进速度，直至刀盘抵达地下连续墙后仓内压力为零，且将仓内泥浆尽量循环干净。保持前仓底部及泥浆管路的通畅，避免出现因堵仓、堵管造成盾构开挖仓压力忽高忽低的现象，实现稳步推进，最终安全顺利破除洞门。在破除洞门后应快速推进至盾构盾壳通过洞门密封。

盾构到达段主要控制的施工参数有：掘进速度、总推力、刀盘扭矩、刀盘转速及泥水仓压力等，具体控制范围见表 11—1。

表 11—1　盾构到达段掘进参数表

掘进环号	1 483～1 492	1 493	1 494～1 499
掘进速度(mm/min)	10～15	4～8	6～10
泥水仓压力(bar)	1.2～1.0	1.0	1.0～0
总推力(kN)	据实际情况逐渐降低		
刀盘转速(r/min)	1.0～1.4	0.5～1.0	0.5～0
刀盘扭矩(kN·m)	据实际情况		

11.2.2　盾构姿态

盾构接近洞门时，加强对盾构姿态及管片位置的测量，根据复测结果及时纠偏，并结合实测的洞门位置适当调整盾构出洞时的姿态，确保盾构按设计轴线到达洞门进入竖井接收托架上。盾构出洞时控制刀盘平面偏差允许值：平面≤±50 mm，高程≤±50 mm。

11.2.3　管片复紧

临近到达洞门段的 10 环管片，应随时保证其连接螺栓的拧紧度，及时复紧，加强对管片拼装精度的控制，避免管片接缝漏水。

11.2.4　同步注浆

盾构机接近到达洞门前 20 环，加强同步注浆，增大注入量，同时优化同步注浆配合比，在限制注浆压力的条件下，确保每环的总注入量。在此期间，需严格控制注浆压力，以及浆液的配比和稠度。

11.2.5　二次注浆

盾构到达前必须阻断来自管片外弧面的贯通水，故在到达前采取二次注浆来阻隔外来地下水。注浆材料采用水泥、水玻璃双液浆，二次注浆压力不超过 3 bar。

二次注浆采用双液注浆机，通过冲击电钻打穿管片上的预埋二次注浆孔的方式。开孔前在管片预留二次注浆孔上安装注浆头及球阀，开孔深度大于管片厚度与同步注浆层厚度，开孔完成后若孔口出现渗漏立即关闭孔口管球阀，安装快速接头进行二次注浆，二次注浆采用水泥浆、水玻璃浆液混合的双液浆。在浆液拌制好后，首先通过现场取等量的两种浆液置于一个容器中搅拌，准确测定浆液的凝固时间(控制在 35～40 s)保证注浆管路的通畅及浆液在地层中的扩散性，保证注浆体形成一个整体环形阻断管片外弧面贯通水的效果。在注浆过程中密切关注管片的变形及错台发展情况，同时严格控制注浆压力在 5 bar 以内，当注浆压力瞬间升高时，立即停止注浆，关闭孔口管，清洗管路。

二次注浆的浆液采用的是双液浆，其主要成分：水泥、水玻璃。双液浆的初步配比见表 9—2。施工配比通过现场试验进行确定，必须满足浆液水灰比要求。

11.2.6 管片拉紧

盾构抵到接收井洞门地下连续墙后，停机等待凿除洞门，洞门凿除后继续推进时，盾构前方已没有支撑力的作用。管片拼装时，千斤顶油缸没有足够的压力来压紧管片，成形管片容易产生较大的缝隙，故在盾构出洞前数环加设管片拉紧装置，以保证隧道成形管片隧道的质量，防止造成漏水、漏浆。盾构在出洞前 10 环管片，采用用 12 号槽钢将管片进行纵向连接，使成形管片形成一个整体，从而起到加固管片的作用，见图 11—12～图 11—14。

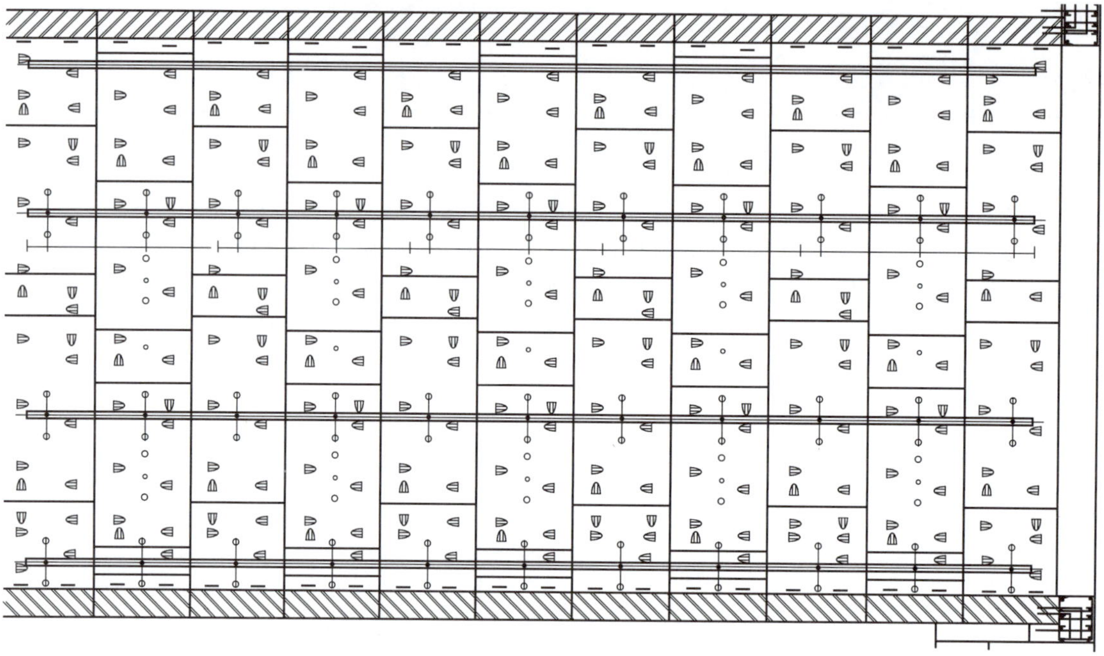

图 11—12 近出洞口处隧道纵向拉紧联系图

注意事项：

(1)管片拼装完成后，在管片脱离盾尾前，完成管片拉紧装置的安装定位，保证管片螺栓的复紧牢靠，可以很好的固定并传递管片间的相互拉紧力。

(2)管片拉紧装置隔环安装。

(3)管片拉紧装置原则上为每块管片都要施作拉紧，但是由于隧道内泥浆管等管路及底部轨道的铺设原因，现场实际施作过程中参照实际情况可做调整。

11.2.7 泥浆性能控制

在临近到达洞门段严格控制泥浆性能，降低泥浆比重，调整好泥浆黏度，使泥浆具有良好的泵送能力及携带渣土的能力。在泥浆循环运输过程中控制好泥浆流量及流速。

11.2.8 降 水

盾构在接收时，为了确保接收安全，在加固区两侧设置 2 口降水井。在盾构到达加固区前的 20 d 内进行井点降水工作，力保盾构施工至该区间范围内时地下水降至结构底以下 1.0 m。

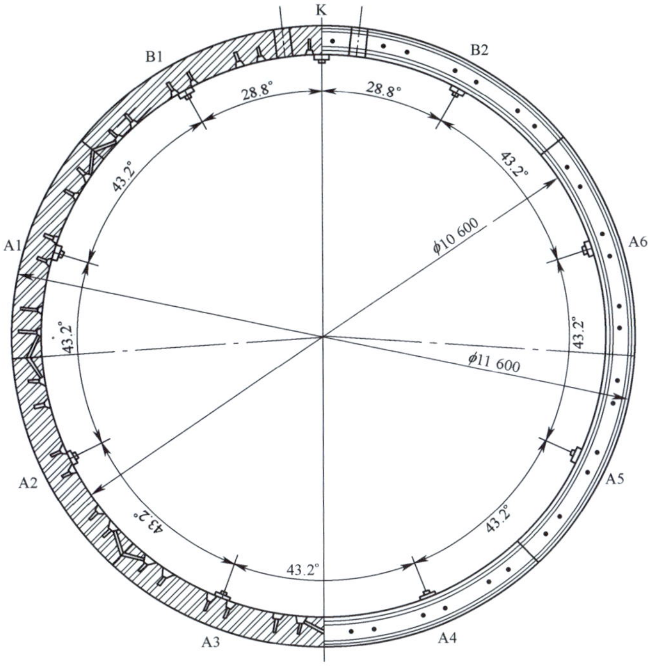

图 11—13　近出洞口处隧道纵向拉紧联系剖面图

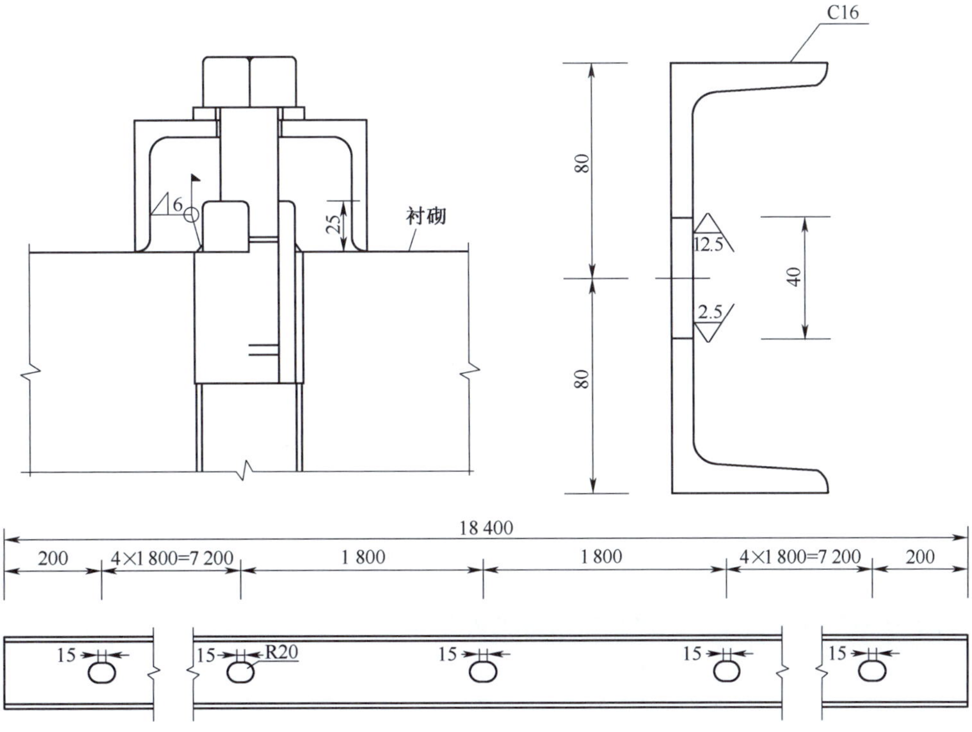

图 11—14　联系条螺栓连接图(单位:mm)

11.2.9 施工监测

在盾构接收段施工期间，对地面进行沉降监测，及时观察变形情况，采用先进的通信手段，将监测数据及时、准确地反馈给各相关人员和盾构司机，使得盾构司机能够根据地面所反映的情况，进行正确判断，及时调整施工参数。

11.3 资源配置

11.3.1 人员配置

盾构接收阶段的劳动力配备见表11—2。

表11—2 盾构接收劳动力配备表

序号	岗位	人数(人)	备注
1	盾构主司机	4	人员按现场生产配备，不包含后勤及管理人员，实际施工中根据需要进行调整
2	管片拼装手	2	
3	螺栓手	6	
4	电瓶车司机	2	
5	地面吊装人员	6	
6	井下吊装人员	6	
7	砂浆搅拌站	4	
8	门吊司机	2	
9	泥水处理中心	20	
10	地面调度	2	
11	电工	2	
12	测量	4	
13	电瓶充电	2	
14	安全员	2	
15	机修	4	
16	杂工	16	负责洞门密封安装、洞门混凝土凿除、导轨安装、托架安装等
合计		88	

11.3.2 机械设备配置

盾构接收施工阶段使用的主要机械设备见表11—3。

表11—3 盾构施工主要设备配置表

序号	设备名称	数量	规格型号	序号	设备名称	数量	规格型号
一	盾构隧道施工专用设备			2	送排泥系统	1套	
1	盾构机及后配套	1套		3	泥水处理系统	1套	

续上表

序号	设备名称	数量	规格型号	序号	设备名称	数量	规格型号
4	制浆、调浆设备	1套		17	应急发电机	1台	
5	电瓶车	2台	25 t两台	18	应急空压机	2台	
6	电瓶车蓄电池组	6组		二	其他辅助设备		
7	砂浆运输车	2台	8 m^3	1	挖掘机	1台	
8	管片车	5节	30 t	2	运输车	2台	
9	充电机	2台		3	装载机	1台	
10	龙门吊	1台		4	潜水泵	6台	
11	冷却塔	1套		5	电焊机	6台	
12	砂浆搅拌站	1套		6	砂轮机	若干	
13	通风机	1台		7	气割气焊设备	若干	
14	水泵	4台		8	型材切割机	若干	
15	排洪泵	4台		9	空压机	2台	
16	排污泵	4台		10	注浆泵	1台	

11.4 安全保证及应急预案

11.4.1 风险源分析

由于盾构进入加固区时，刀盘切削的隧道直径大于盾构壳体的直径，且盾构直径要大于管片直径。因此若加固区的加固效果不好或者同步注浆的效果不好，都容易出现涌水涌砂现象，甚者会造成前方土体严重塌方，盾构被埋没的重大施工事故，特别是在盾构破除洞门的瞬间，由于洞门直径远大于盾构及管片直径，有较大的过水通道，如果洞门密封失效，后果不堪设想。因此必须严密组织施工，确保出洞的绝对安全。

11.4.2 风险预防和处理措施

1. 混凝土洞门凿除风险预防及处理

盾构到达洞门地下连续墙外已施作一道旋喷桩。主要的风险因素是旋喷桩的强度不足、存在过水通道、旋喷桩与连续墙的外侧表面结合不好等。如果出现上述不良因素，则很容易造成凿除混凝土洞门时产生涌水涌砂现象，继而发生洞门坍塌的严重后果。

(1)预防措施

注浆加固：盾构出洞期间，为减少高压水的风险因素，进行注浆施工，将过水通道封堵。

观察孔：洞门凿除前，已对洞门区域的加固效果进行观察孔试验，通过观察探孔取芯情况，查看是否有水砂涌出或渗出。

注浆泵准备：凿除洞门前，准备并调试好注浆泵及相关注浆材料(水泥和砂子)，洞门凿除后，掌子面出现涌水涌砂时，首先利用砂袋将涌水涌砂部位封堵，然后在涌砂部位四周打孔，向掌子面注入水溶性聚胺脂，再向地层中注双液浆，增加土层的稳定性与黏聚性。同时对漏水部位进行防水处理，注聚氨酯材料进行堵水。

排污泵准备:竖井内安装好具有足够排污能力的排污泵,凿除洞门时一般不可避免的要有漏水漏砂现象,少量的漏水和漏砂可通过排污泵排除竖井外。

紧急安全通道:对竖井施工现场进行规划布置,设置洞门凿除紧急安全通道和防护措施,并在施工期间明确标明,任何人员和物品不得堵塞紧急通道。

人员安全:洞门凿除时,除洞门凿除施工小组成员及相关管理人员外,其他任何人员不得围观和簇拥。洞门凿除小组成员必须在明确自己的紧急安全通道,并检查其他安全防护措施无误的情况下才能进行施工。

设置专职安全员:洞门凿除期间设置2名专职安全员,从不同角度对整个施工过程进行监控,如发现不良现象,应立即要求施工人员进行处理。

把握凿除时机:盾构出洞前的洞门凿除工作,必须是在盾构及盾构施工成员全部工作准备就绪后,且设备和人员全部处于临战状态下才能进行,否则容易出现不可预见的风险因素。

盾构接收演习:根据施工条件及工期,应考虑对盾构接收时,按照实际施工编排和预测场景进行模拟演习,并在演习过程中检验接收方案的可行性,找出不足和缺点,进行完善,确保绝对安全。

(2)处理措施

少量涌水涌砂:洞门凿除过程中,若漏水漏砂的量在控制范围内,不会影响正常施工,也不会对设备和人员安全造成危害。可通过导流措施将此部分水和砂引流到污水池内,由污水泵排出,同时用双快水泥、抹布、木楔等封堵漏水处。

大量涌水涌砂:如果加固处理不好或由于施工振动等原因,造成洞口处大量涌水涌砂,立即使用注浆泵和导流管对漏砂漏水处进行引流注浆封堵。直至封堵完毕后方可进行下一步施工。

小范围坍塌:如果洞门凿除期间,出现小范围坍塌,利用木板、木支撑封堵坍塌处,并进行注浆封堵。

2. 盾构破洞门风险预防及处理

盾构破洞门期间,由于盾构周围的空隙瞬间增大,如果存在过水通道,很有可能出现较大的涌水涌砂。

(1)如果漏水情况较轻,可观察情况暂不处理,盾构快速稳步推进至密封装置,然后用密封装置进行封堵。

(2)如果漏水较为严重,盾构快速推进,然后通过洞门注浆管注浆封堵,并视情况采用聚氨酯封水。

盾尾脱离洞门后应立即进行注浆封堵,将洞门钢环与管片连接固定,并视情况加固洞门。

11.4.3 应急物资准备

相应的配备足够的应急物资及机械设备,并由专人负责验收、保管,确保一旦发生意外,可在第一时间投入工作。应急设备及物资清单见表11—4。

表11—4 应急设备及物资清单

器材名称	型号	数量	存放地点
柴油发电机	AEM314C	1台	盾构机

续上表

器材名称	型号	数量	存放地点
潜水泵	7.5 kW	2 台	始发井、接收井
注浆泵	ZBYSB	2 台	接收井、盾构机
渣浆泵	7.5 kW	1 台	接收井
电焊机		2 台	始发井、接收井
聚氨酯泵		1 台	接收井
配电箱		1 只	始发井
大方锹		10 把	始发井
防水电筒		8 只	始发井
聚氨酯		2 t	始发井
水玻璃		5 桶	始发井
双快水泥		2 t	始发井
水泥	P·O42.5	5 t	始发井
棉纱		10 kg	始发井
编织袋		3 000 个	始发井
水管		100 m	接收井
灭火器		6 个	始发井
氧气		6 瓶	接收井
乙炔		4 瓶	接收井
对讲机		4 个	始发井

11.5 拆解盾构

盾构解体是盾构施工中的重难点之一，必须要有严谨的施工组织和切实可行施工方案。

11.5.1 拆机准备

1. 吊车及吊装机具准备

由于接收竖井较宽，解体作业半径较大，盾构解体后各部件重量较大，需选用 400 t 履带直接在工地上进行解体、吊装。

大型履带吊在接收井组车、仰臂，行走到指定位置后组装履带超起配重，履带吊履带底部支垫钢板。盾构各部件在接收井底解体、由履带吊吊运出井后，在地面翻身放倒、装车，由运输板车运至指定位置。吊车站位平面布置见图 11—15。400 t 履带吊尺寸及主臂起吊高度见图 11—16 和图 11—17，汽车吊整体尺寸见图 11—18。

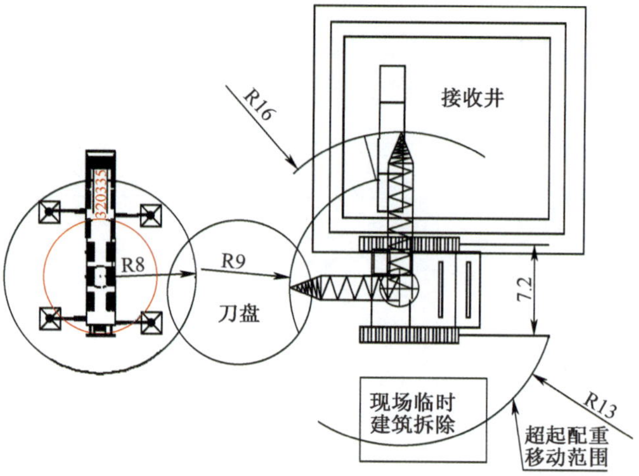

图 11—15 吊车站位平面布置图

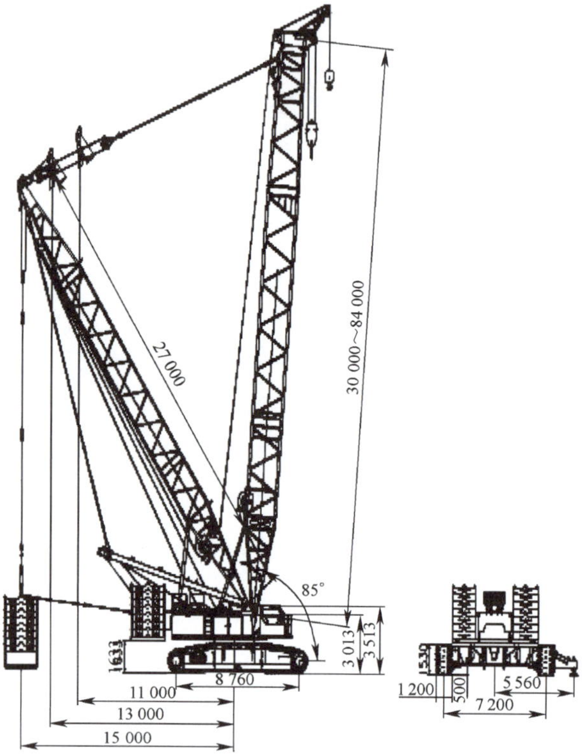

图 11—16 400 t 履带吊尺寸图(单位:mm)

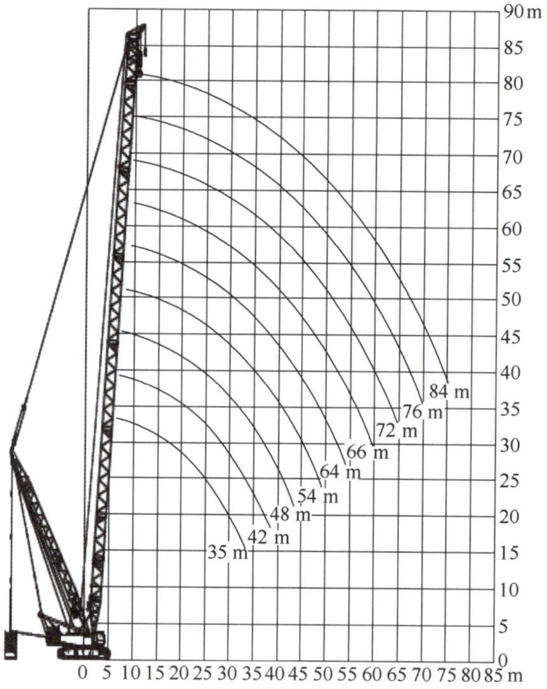

图 11—17 400 t 履带吊主臂起吊高度图

注意事项：

(1)400 t 履带吊和汽车吊于盾构起吊前 5 d 内进场到接收井指定场地组装。

(2)吊装吊车要进行必要的保养,并且应具有技术质量监督局颁发的特种设备准用证。

(3)吊装钢丝绳、卸扣必须具有质量合格证。

(4)吊具必须有材质合格证,吊具和加固的焊接应可靠,并通过联合检查。

2. 技术准备

(1)熟悉盾构图纸和相关资料,编制切实可行的施工方案。

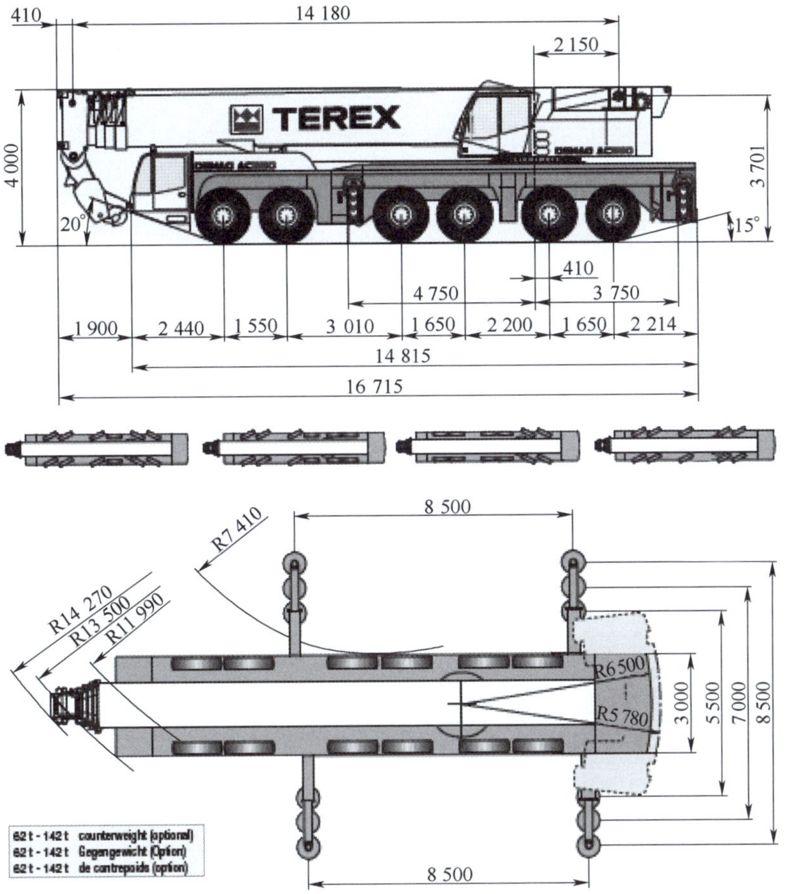

图 11—18 汽车吊整体尺寸图(单位:mm)

(2)详细向施工班组进行盾构拆机的技术和安全交底。

3. 现场准备

(1)管路及线路的标识:盾构的拆卸基本以总成件的形式拆卸,后配套连接板、伸缩管等散件需用红色油漆标明。气、水、液压部分的标识牌采用 2 mm 厚铝板,箍绑在管路的两端,标识牌为单面印字符,拆卸下的管路接头两端标识相同的字符。标识牌的标识属性按软管的属性进行标识。电气部分用白色或黑色记号笔全部标识,并用透明胶带作为保护。

(2)拆装工具、机具、材料:盾构拆卸所用工具、机具必须保证其性能良好,材料提前到位。

(3)包装材料的准备:盾构包装材料主要用于盾构重要连接面的保护。

4. 吊装计算及分析

(1)盾构各吊装部分尺寸及重量(表 11—5)

表 11—5 盾构各吊装部分尺寸及重量

名称	位置	长 (m)±1%	宽 (m)±1%	高 (m)±1%	单重 (t)±3%	总重(t)±3%
刀盘	刀盘法兰	7.8	7.8	1.5	22	195
	左部	12	6.7	2	98	
	右部	12	5.7	2	75	

续上表

名称	位置	长(m)±1%	宽(m)±1%	高(m)±1%	单重(t)±3%	总重(t)±3%
主驱动		5.1	5.1	3.8	134	134(带电机)
前盾	上部	12	6.1	2.9	110	245
	下部	12	6.1	2.9	135	
中盾	上体	12	6.7	4.1	160	310
	下体	12	6.5	4.1	150	
尾盾	上部	8.6	5.5	2	27	108
	下部	8.6	5.5	2	27	
	右侧	8.6	5.5	2	27	
	左侧	8.6	5.5	2	27	
管片安装机	主机	5.2	4.9	2.8	37	43
	真空吸盘	4.7	2.1	1.7	6	
米字梁		6.3	5.6	1	13	13
左右臂		9	3.2	2.3	18	18
喂片机		8.1	6	1.5	20	20
0号拖车	左侧平台	15.5	2.5	5.6	7	27(不包括设备) 50(包括设备)
	中间平台	12	3	0.5	5	
	右侧平台	15.5	2.5	5.6	7	
	下侧连接台	6	2	0.5	3	
	0号车整体	15.5	9.5	8	50(包括设备)	
1号拖车	左侧平台	12	3.2	5.6	15	30(不包括设备) 90(包括设备)
	中间平台	12	3	0.5	5	
	右侧平台	12	3.2	5.6	15	
	1号车整体	12	9.5	9	90(包括设备)	
2号拖车	上部前左侧	8.6	3.6	1.5	4.1	78(不包括设备) 145(包括设备)
	上部前中间	8.6	2	1.5	2.3	
	上部前右侧	8.6	3.6	1.5	4.2	
	上部后左侧	10	3.6	1.5	4	
	上部后中间	10	2	1.5	2.3	
	上部后右侧	10	3.6	1.5	4	
	下前左侧	8.6	3	2.7	8	
	下前右侧	8.6	3	2.7	8	
	下后左侧	10	3	2	8.5	
	下后右侧	10	3	2	8.5	
	2号车前部整体	8.6	9.2	7.5	70(包括设备)	
	2号车后部整体	10	9.2	7.5	75(包括设备)	
其他						约100
总重						约1 300

(2)吊装计算分析

①绳索计算

吊车所选用的钢丝绳直径为 $\phi 65$ mm，对 $\phi 65$ 钢丝绳校核计算如下：

$$n = F \times N \div G$$

式中　F ——$\phi 65$ 钢丝绳的破断拉力，$F=218.5$ t；

n ——$\phi 65$ 钢丝绳安全系数；

N ——钢丝绳根数；

G ——最大起吊货物重量，本吊装工程最大单件货物重量为 195 t。

将上述数值代入公式可得：

$$n = 218.5 \times 1.5 \times 4/195 = 6.72 > 6。$$

故 $\phi 65$ 钢丝绳符合起重规范要求，$\phi 65$ 钢丝绳对于本吊装工程是安全的。

②吊装校核

盾构拆机时，刀盘最重约 195 t，根据 QUY400 型 400 t 履带吊的性能技术参数(图 11—19)，盾构刀盘吊出井时，吊装工作半径 16 m，吊车吊装负荷 201 t(含绳索具及吊钩自重 6 t)，此时吊车额定负荷 288.0 t，吊车负荷系数 69.79%；满足吊装安全要求。

超起桅杆30 m 超起配重0～230 t 超起半径15 m 后配重120 t 车身压重40 t

主臂长(m)	36	42	48	51	60	66	72	78	84	主臂长(m)
7	400									7
8	400	355	350							8
9	385	350	350	328						9
10	372	350	350	318	295	260				10
11	358	350	348	311	292	257	230			11
12	345	311	333	300	288	255	228	193	160	12
14	316	310	303	280	270	252	226	192	158	14
16	288	283	277	260	252	238	216	181	157	16
18	366	261	256	241	234	223	206.5	185	155	18
20	346	241	237	223	217	209	196	177	153	20
22	227	223	220	208	203	195	184.5	170	150	22
24	206	201	203	195	190	184	174.5	163	146	24
26	193	188	186	182	178	172.5	165	155	142	26
28	177	175	174	171	168	162.5	155.5	148	136	28
30	164	164	160	159	158	153.5	147	140	129	30
32	152	152	150	148	146.5	144	139	133	123	32
34		144	141	138	136.5	135	132	126	117	34
36		135	132	130	129.5	128	125	120	112	36
38		126	125	123	121	119	117	114	107	38
40			119	115	114	111.5	110	109	102	40
44				102	101.5	101	100	97	93	44
48				91	92.5	90	89.5	88	82	48
52					84	82.5	81	80	76	52
56						76.5	74	72	69	56
60							67	66	62	60
64							63	62	58	64
68								57	54	68
72									50	72
风速 m/s	14.3		12.8			11.1				风速 m/s

图 11—19　履带吊参数图

吊装时用一台 400 t 履带吊为主吊车，以 350 t 汽车吊为辅吊车。符合起重规范要求，对于吊装工程是安全的。

11.5.2 拆解盾构

拆机顺序严格按照下列顺序依次进行：

盾构清洁—吊耳焊接、安装—分离主机与后配套—电气部分拆卸—主机拆卸吊出：①刀盘拆卸、吊出；②尾盾拆卸、吊出；③拼装机及行走梁拆卸、吊出；④盾体、米字梁及主驱动拆卸、吊出—后配套台车拆卸、吊出。

1. 盾构清洁

清洁刀盘、刀具，首先把刀盘、泥水仓、气垫仓的渣土清理干净，再用高压水冲洗，将螺栓冲洗干净，便于拆卸螺栓、刀具。

清洁盾体底部，把杂物清理干净，方便工作人员进入中盾底部拆卸管线及连接螺栓。螺栓清洁完成后，用疏松剂或柴油浸泡一段时间，方便拆卸。

2. 吊耳焊接、安装

在盾构停机前提前对盾构各部件起吊用吊耳的数量进行核对，如若缺少，则要及时进行加工，以保证盾构拆机起吊时吊耳的完备。

盾构出洞后，首先要确认刀盘吊耳位置是否已旋转到正上方，然后立即进行吊耳的焊接。清理焊接工作面，吊耳定位。预热焊接部位 120℃，焊条加热保温 200℃。连续焊接持续保温，焊接完毕进行保温处理。吊耳探伤，使用清洁剂、渗透剂、显像剂进行渗透着色探伤。在焊接刀盘吊耳的同时焊接安装台车的吊耳，并检查吊耳的焊接质量。

注意事项：

(1)在原来吊耳的位置进行焊接，可以稍微移位。使用装机割掉的吊耳时必须清洁并打磨出坡口，清洁焊接区域，并打磨不平整部分，不得有脏物和水、油脂等。

(2)焊接时必须保证焊接质量，指定专人(2 人)焊接。采取保温措施和敲击释放应力并进行探伤检测和超声波检测。对一个吊耳进行焊接时要保持连续性，不得随意停止。

(3)焊接过程必须在确保安全的前提下进行，必须正确佩戴防护用品，并充分做好防火触电工作。

3. 主机与后配套分离

(1)当盾构主机到达接收架上后，将推进油缸全部收回。

(2)主机上部吊装吊耳的焊接，焊接顺序依次为尾盾、盾体，焊缝高度按图纸要求，焊接时禁止出现夹渣、气泡等；否则，刨除打磨后重新焊接。

(3)主机与后配套连接管路、电缆拆卸应按照图纸要求，分部拆卸、并标示，装箱时箱体外侧标明内装物并注明箱号。

(4)在 0 号台车行走轮后方的台车轨道上焊接挡板，防止拆除主机与后配套台车分离后台车出现后滑现象。

4. 电气部分的拆卸

(1)电气拆卸要求

所有电缆拆下后电缆头均需要用胶口袋包装并用绑扎带捆扎密封，防止进水和受潮。有必要两端都拆下的电缆都需拆下两端，将其收回，盘好并分系统堆放。所有拆下的电缆都必须有明确的标识,没有的统一按要求补上。380VAC 的电缆在拆除前,必须先断电挂警示牌,然后进行拆除工作。在拆电磁阀、传感器的电缆时,必须断电,以免烧坏 PLC 模块。装满的箱子必须附有装箱清单。

拆机步骤:主机→台车。

盾构停电之前,确保盾构刀盘已转到位;确保各推进油缸都已完全收回;确保伸缩管已完全收回;确保管片拼装机千斤顶等各油缸均已收回,并且真空吸盘停止在正下方。总之,盾构上各部位都应停止在组装前的状态。

(2) 电气拆卸过程

检查各控制柜的连接方式与图纸中比较,如果有改动的地方,在图纸上注明。变频柜断电,拆除主机内主电机的电缆,按电机序号盘好捆绑,清洁干净后统一装箱。小油箱部位各泵断电,拆除碎石机油泵、前闸门油泵、齿轮油润滑泵的电缆,盘好捆绑,清洁干净后统一装箱。拆除主机电磁阀、传感器、阀位开关电缆,盘好捆绑,清洁干净后装箱。大油箱部位油泵电机断电,拆除其电缆的电源端,盘包好固定在电机旁。冷却泵电机断电,拆除其电缆,盘好捆扎,清洁干净再装箱。拆除注浆控制柜的控制电缆以及其控制电缆,盘好捆扎装箱。拆照明,清洁干净后装箱。拆除台车上的通信电缆,盘好捆扎装箱。停高压电挂警示牌,按照高压操作规程拆除。高压电缆卷筒的电缆接头,用盖子将公头母头盖紧封死,用塑料袋包好,其他高压电缆也如此,再将其卷好。

注:具体的电气拆卸顺序根据机械部分拆机顺序来安排。

5. 主机拆卸吊出

(1)刀盘拆卸吊出

采用液压扭力扳手拆卸刀盘与主轴承内圈和中圈的连接螺栓,再拆卸刀盘与主轴承外圈的连接螺栓,在吊耳焊接完成,吊机未挂起吃重前,每个螺栓区要留四颗外圈螺栓不拆。

吊机挂钩于刀盘焊接好的吊耳上,慢慢施加起重力后,再拆卸剩余的螺栓,拆卸完后再起吊刀盘。

刀盘吊至地面采用 350 t 汽车吊配合翻身放平,刀盘面朝下,下垫方木垫平、垫实,刀盘拆吊示意图见 11—20。

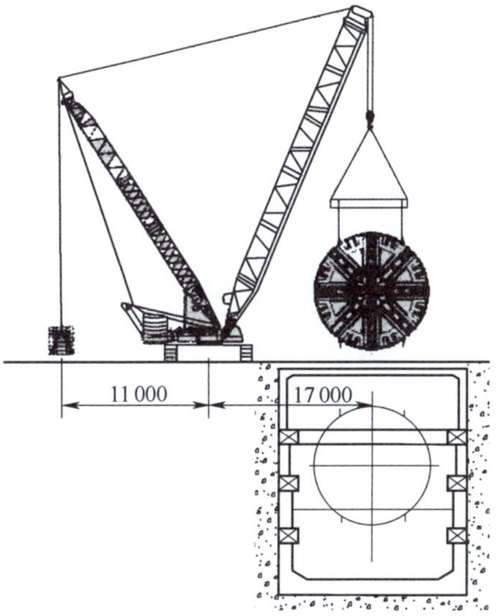

图 11—20　刀盘拆吊示意图(单位:mm)

将刀盘按图纸分解,增焊吊耳,起吊上车,方木铺垫,倒链固定。运输到目的地。刀盘与主驱动的螺栓连接面要刷涂防锈油。

刀盘部位的连接螺栓,用柴油清洗涂抹防锈油后装箱。

刀盘拆解注意螺栓松动。首先用液压扭力扳手从刀盘后部拆卸螺栓,拆解顺序为对称拆卸。如果不能松动,可以用开口扳手,配合加力杆人工拆卸。刀盘连接处清洗干净涂抹防锈油。

(2)尾盾拆卸吊出

将与尾盾连接的油脂管、注浆管及信号线等管线拆除并标识完备。尾盾四块之间以及尾盾与中盾之间的焊缝在刨除之前，先采用定位块将尾盾(间)与中盾间的位置进行焊接定位，以便于盾构下次的组装。定位块尺寸见图 11—21。

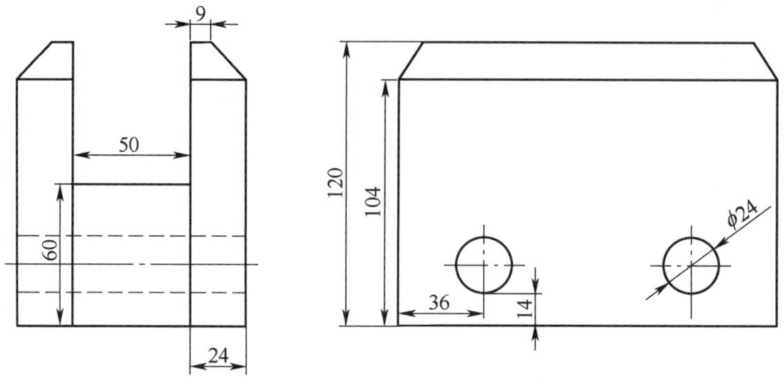

图 11—21 尾盾拆除前定位块示意图(单位:mm)

将尾盾按照组装焊接缝分割成上下左右 4 块，每块焊接吊耳，并按照图纸在尾盾内部用 100 mm 槽钢或钢管做简易支撑，防止变形。400 t 履带吊将尾盾吊至地面，然后由 350 t 汽车吊配合将尾盾各块翻转平放到平板车上，下垫方枕木，运输至存放地。见图 11—22。

尾盾拆卸注意事项：

①尾盾内部根据需要布置焊接 2 个吊耳，做翻转用。

②注浆管连接装置另装木箱存放标识。

③尾盾注脂球阀保留在管路上。

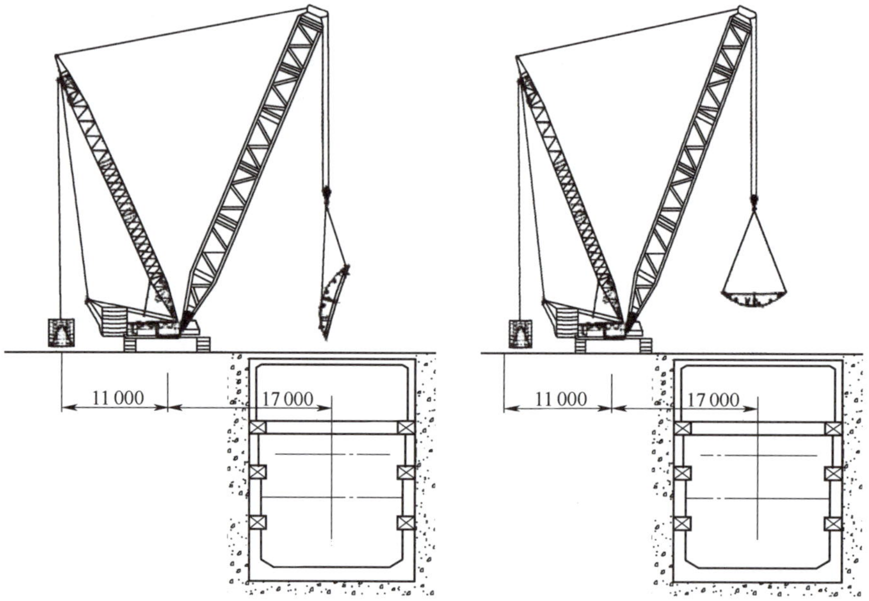

图 11—22 尾盾拆吊示意图(单位:mm)

(3)拼装机及行走梁拆卸吊出

刀盘及尾盾拆卸完，开始拆吊拼装机及行走梁。在拼装机的行走梁上部挂好四个起吊吊耳并挂好钩。拆除拼装机行走梁与米字梁连接部位的螺栓，在液压扭力扳手无法触及的螺栓，可用启动扳手松动。螺栓涂抹黄油存箱并做好标识。用 400 t 履带吊将拼装机及行走梁整体吊至地面。采用 400 t 履带吊和 350 t 汽车吊进行配合,将拼装机滑出行走轨道。并将拼装机翻转,焊接与预先做好的 H 型钢支撑,以免压坏管线等。

(4)盾体、米字梁及主驱动拆卸吊出

焊接好各处吊耳(在原来吊耳位置进行焊接,可稍作移动)。履带吊挂好钢丝绳。拆卸中盾上部和米字梁、中盾下部之间的连接螺栓,使中盾上部块与下部块及米字梁分离。螺栓清洗后涂抹防锈油装箱,接触面涂抹防锈油。履带吊吊起中盾上部,并用汽车吊配合翻身,缓慢放在做好的支撑架上,运输到存放场地。

拆除前盾上部与下部块及主驱动的连接螺栓,清洗并涂抹防锈油后装箱,接触面涂抹防锈油。用履带吊将前盾上部起吊并装车运至存放场地,见图 11—23。

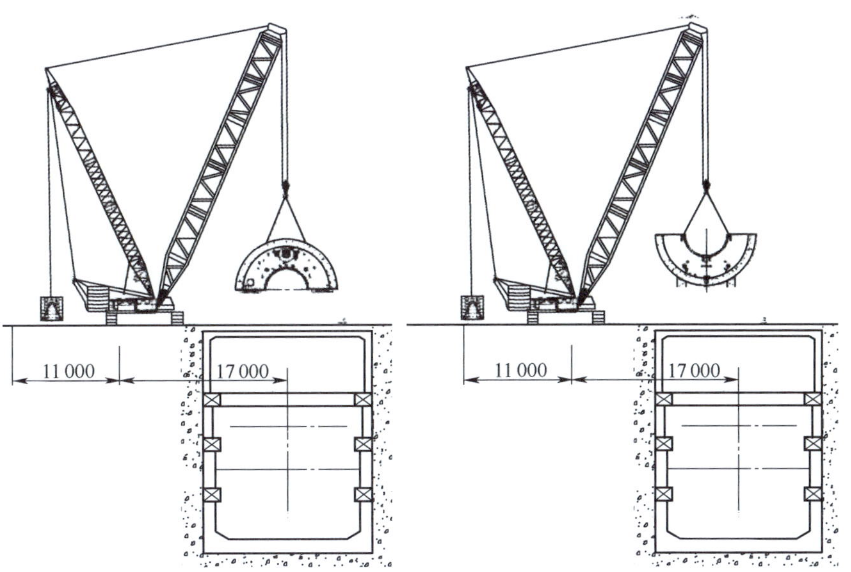

图 11—23　前盾拆吊示意图(单位:mm)

米字梁上自带有吊耳,挂好钢丝绳,拆掉米字梁与中盾下部块之间的连接螺栓。起吊至地面后用 350 t 汽车吊配合翻转,装车运至存放场地。

在中盾下部块安装好吊耳,挂好钢丝绳起吊,螺栓清洗后涂抹防锈油装箱,见图 11—24。

安装好主驱动的吊耳,起吊后采用 350 t 吊车配合翻转,接触面涂抹防锈油,装车运至存放场地,见图 11—25。翻转时注意吊绳与主驱动电机之间的干扰。

安装好前盾下部块的 4 个吊耳,挂好钢丝绳,割掉盾体下部块与接收架之间的防翻转钢板,然后吊起放到平板车上,下垫方枕木,运输至存放场地。

6. 后配套台车拆卸吊出

将 0 号台车移动至接收井吊装区域。

钢丝绳直接挂台车上部的四个吊耳,吊起后拆掉行走轮,若不能松动,则用气焊切割。垫上方木,由 350 t 汽车吊配合进行部件分解、装车,运至存放场地,螺栓清洗后涂抹防锈油装箱。

0 号台车拆卸完毕后将 1 号台车移至接收井吊装区域。可采用倒链人工进行拖动,若人

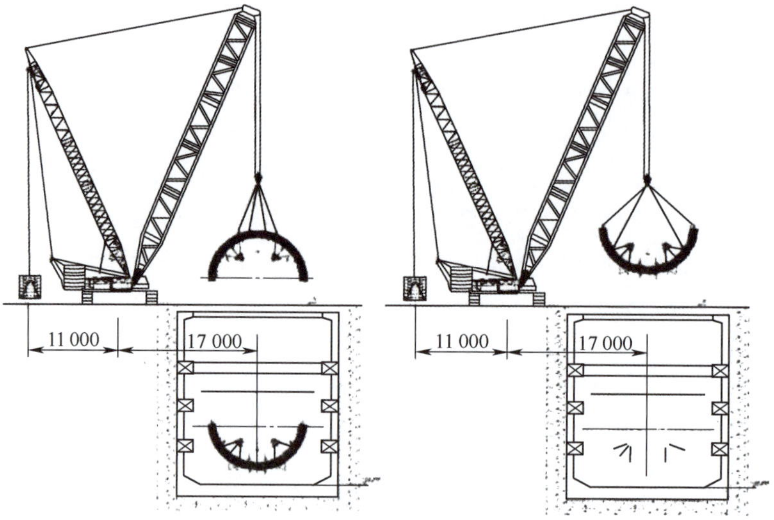

图 11—24 中盾拆吊示意图(单位:mm)

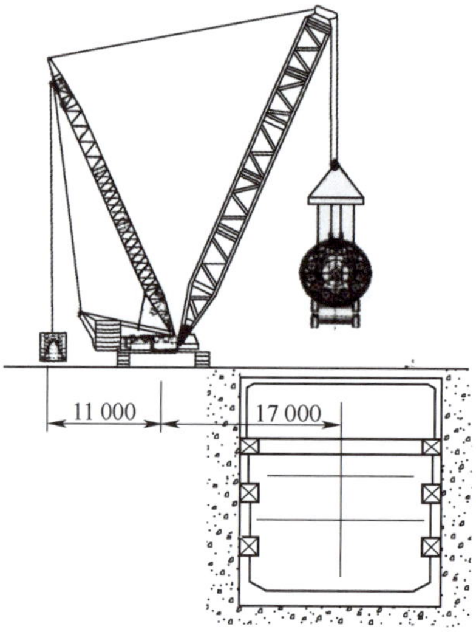

图 11—25 主驱动拆吊示意图(单位:mm)

工拖动台车存在困难,则可采用卷扬机拖动台车。

钢丝绳直接挂台车上的吊耳,吊起后拆掉行走轮,若不能松动,则用气焊切割。垫上方木,由 350 t 汽车吊配合进行部件分解、装车,运至存放场地,螺栓清洗后涂抹防锈油装箱。

2 号台车拆卸步骤同 1 号台车。

11.6 盾构接收阶段施工安全

11.6.1 洞门处理

盾构到达包括接收段掘进(指从盾构刀盘切口到接收井井壁之前 50 m)和盾构进入接收井被推上盾构接收基座。盾构的到达相对于区间隧道的施工有其特殊性,安全风险相对较大。

洞门处理是确保盾构安全接收的关键环节。

(1)根据地层、水文条件、隧道埋深及周边环境等因素，对接收端头进行加固处理，防止盾构到达完全脱出地层之后，其周围水土流失造成端头失稳。

(2)对洞门轴线位置测量确认，在接收井内根据盾构接收轴线放置盾构接收托架，接收井内对洞门混凝土凿除和洞门封堵等工具材料全部准备就绪。

(3)盾构接收时洞门直径大且盾尾与洞门单边间隙较大，为防止接收时水砂从此间隙涌入接收井，确保盾构接收安全，在盾构接收前必须安装好止水帘布和洞门扇形钢板。

(4)凿除洞门前，预先在洞圈内搭设钢制脚手架，在盾构靠上井壁后方可开始凿除。

(5)在洞口环脱出盾尾后，立即进行洞口环环面钢板、洞门封堵钢板与洞圈预埋钢板的焊接工作，以封堵洞圈与隧道之间的空隙，封堵完成后应结合实际情况对接收段 10 m 范围充填双液浆加固。

11.6.2　到达端掘进作业安全

1. 复核测量

在盾构接收前 50 m 时，进行一次定位测量作业，确保有足够的距离调整盾构姿态。

盾构贯通前的测量是复核盾构所处的方位、确认盾构姿态、评估盾构接收时的姿态和拟定盾构接收段的施工轴线、推进坡度的控制值和施工方案等的重要依据。

2. 实时关注轴线控制

为使盾构接收的姿态与接收托架良好匹配，并保证盾构外壳与洞圈间隙足够，在到达端推进施工中，必须时刻关注对隧道轴线和盾构姿态的控制，确保盾构严格按照设计轴线推进。

3. 在盾构距离洞门 10 m 时

(1)接收过程中应控制管片与盾壳之间的间隙，使该间隙尽量均匀，在接近洞圈的 3 环可将上部间隙略微调大。

(2)合理调整和控制推进速度。

(3)在保证泥水系统正常运行的前提下，切口水压降为最低。

(4)在确定洞口土体稳定条件下，逐渐降低泥水黏度及浓度指标，直至用清水替代。

(5)密切观察洞门变形和刀盘力矩等参数的变化情况。

(6)加快信息反馈速度，并加强作业人员之间的联系和交流。

4. 在盾构靠上洞门壁停止推进后

(1)对成环管片(接收段 20 m)连接件进行复紧，并用槽钢对管片进行紧固连接，保证管片在接收施工中能够达到强度要求。

(2)在调整槽内加满清水，置换切口泥仓内的泥浆，同时清洗泥水管路，旁路清洗直至管路清水为止，但盾构靠贴槽壁后用水清洗泥浆时间不宜过长，流量不宜过大。

(3)通过洞门混凝土的开孔，进一步确认盾构的姿态和方位，并将基座轨道调节到相应位置。

(4)在洞门全部凿除完成的前一天，在成环隧道内储存足量的管片，在工作面放置 2 环，并停放 1 辆管片运输车，洞门处的运输车要装满材料。

5. 顶推出洞

(1)在完成洞门凿除和清理后，应以最快的速度进行盾构的推进和管片的拼装工作。

(2)盾构机刀盘出洞门后，旋转刀盘，使边缘切割刀避开托架导轨。

(3)洞口环拼装完成后，为使其脱出盾尾，继续拼装 2 环管片(仅拼装下部 2 块)。

(4)前移盾体，当推进千斤顶达到最大行程时，回缩推进千斤顶，在最后一环管片与千斤顶之间布置三根反力钢管，继续顶推盾体到位。

(5)在盾构顶推出洞期间，应安排专人密切注意基座、轨道及各支撑的状态，并及时进行修整，同时安排专人负责监控盾构与洞门四周间隙内有无漏泥。

6. 到达时注意事项

(1)到达口的地下连续墙构造一般不具有让盾构按普通掘削方法掘进的强度，应根据地连墙的结构，调节泥水压力以及推力和掘进速度，注意不要破损地连墙。

(2)盾构到达后再凿除地下连续墙，肯定会破坏到达段的地层加固，所以在拆除之前，应确认来自管片周围的水是否已被阻断。

(3)凿除地下连续墙，盾构停止在指定位置后，应迅速对盾构外周和连续墙之间的空隙进行防渗处理。

图 11—26　盾构接收

11.6.3　盾构吊出作业安全

盾构拆卸前必须制定详细的拆卸方案。组织有经验的经过技术培训的人员组成拆卸班组。拆卸前必须对所有的管线接口进行标识(机、液、电)。所有管线接头必须做好相应密封和保护，特别是液压系统管路、传感器接口等。盾构主机吊耳的布置必须保证吊装时的受力平衡。吊耳的焊接必须由专业技术工人操作，同时必须有专业技术人员进行检测。大件拆卸时应对竖井端头墙进行监测，掌握其变形与受力状态。盾构拆机照片见图 11—27。

图 11—27 盾构拆机

1. 盾构机拆卸步骤

(1)刀盘焊接吊耳,用 450 t 吊机吊住刀盘,松开刀盘与前盾连接螺栓及回转中心连接管线,起吊刀盘。

(2)断开连接桥与管片拼装机行走架之间所有管线连接,将连接桥前端通过临时支撑架固定在管片小车上。

(3)断开尾盾与中盾间的所有连接。

(4)在中盾外壳焊接反力支撑架,利用 2 台 100 t 液压千斤顶将中盾及前盾继续前移。

(5)在尾盾盾壳上部焊接吊耳,利用地面吊机将盾尾吊上地面。

(6)拆除管片拼装机行走架后端堵头,断开管片拼装机所有管线连接,利用地面吊机将管片拼装机及整圆器移出行走架,吊上地面。

(7)地面吊机吊住管片拼装机行走架,拆除其与中盾连接螺栓,将管片拼装机行走架起吊。

(8)拆除前盾与中盾连接,用 400 t 吊机吊住前盾体,用千斤顶前移前盾体并吊出。

(9)吊出中盾。

(10)拉出连接桥,断开连接桥与第一节台车管线,拆除临时支撑,将连接桥吊出。

(11)依次拉出第一节、第二节、第三节台车,吊上地面。

(12)拆除接收托架。

2. 盾构拆卸安全保护措施

(1)盾构的吊卸由具有资历专业的大件吊装运输公司负责。

(2)项目部指定责任人负责组织,协调盾构拆卸工作,并组建专业班组。

(3)每班作业前按起重作业安全操作规程及盾构制造商的拆卸技术要求进行交底。

(4)正式起吊之前必须进行试吊。试吊应在晴朗天气进行,风速应小于 5 级,场地应平整、坚实,倾斜度不得大于 5/1 000,在起重臂(杆)起落及回转半径内无障碍物。

(5)吊装前要严格检查各种吊装索具,其保证合格、完好、符合安全吊装要求。

(6)吊装现场设置警戒线,非吊装施工人员严禁进入吊装作业区。

(7)吊装作业时,施工人员不得呆在工件、吊臂下和旋转范围内,不得在竖井工件正下方逗留和通过,不得随同工件或机具升降。

(8)设专人指挥信号,井上和井下信号传送要准确、及时。

(9)必须严格按各工种的安全操作规程进行操作。

(10)吊车作业时,履带板下必须按要求加垫钢板。

11.7 贯通测量

11.7.1 贯通测量目的

检查线下工程平纵断面施工是否满足设计要求。利用中线和横断面测量成果评估(路基、桥梁和)隧道是否满足限界要求,必要时调整线路平纵断面设计,以满足轨道铺设要求。由于盾构法隧道工程施工是由一侧竖井出发,掘进至另一侧竖井,这就必然会在线路的纵、横、竖向出现贯通误差。其中,以横向、高程贯通误差对工程影响最大,纵向贯通误差影响隧道中线的长度,但只要它不大于定测中线的误差即可。因此隧道控制测量的整个工作,从地面及地下控制测量的设计到进洞测量的各项工作,都必须紧密地围绕着如何保证贯通误差,特别是横向及高程贯通误差,在设计图纸及工程使用要求所允许的范围内。

按照铁路隧道测量规范规定,各项贯通误差的限差取为中误差的两倍。对于长度小于4 km隧道的限差为100 mm,高程贯通误差的限差为50 mm。

11.7.2 贯通中误差的分配

平面控制测量误差对横向贯通误差的影响,由三个方面因素组成:

(1)洞外控制导线的测量误差;

(2)洞内控制导线的测量误差;

(3)竖井的定向误差。

因此,应将上述的容许误差加以适当分配。对于平面控制测量而言,地面上的条件要较洞内好,故对地面控制测量的精度要求较高些。按照"控制点误差不使放样误差产生显著影响"的原则,地面控制网误差的影响应为总的横向贯通误差的0.4倍。在此基础上制定出洞内、洞外控制测量误差对横向贯通精度的影响值,其分别为:

(1)总的横向中误差为 $m=50$ mm;

(2)洞外横向中误差为 $m_w=30$ mm;

(3)洞内横向中误差 $m_n=40$ mm。

高程贯通中误差的分配。高程贯通中误差为25 mm。对于高程控制测量,洞内的水准路线短,高差变化小,这些条件比地面好;但洞内也有烟尘、水气、光亮度差等不利因素,所以将地面与地下按等影响分配。地上、地下高程贯通中误差均为15 mm。

11.7.3 贯通测量工作

(1)贯通测量的实施时间:线下工程完工后开始实施,轨道施工前一个月完成贯通测量。

(2)贯通测量内容:主要有地面平面贯通测量、隧道水准点贯通调整测量、线路中线测设和横断面竣工测量,包含地面CPⅠ、CPⅡ平面及高程控制网复测、地面水准基点测量、竖井联系测量、洞内CPⅡ控制网测量等控制测量工作。

(3)贯通测量工作流程,见图11—28。

11.7.4 贯通测量方法

(1)地面CPⅠ、CPⅡ平面及高程控制网复测:由设计单位施测、施工单位复核。

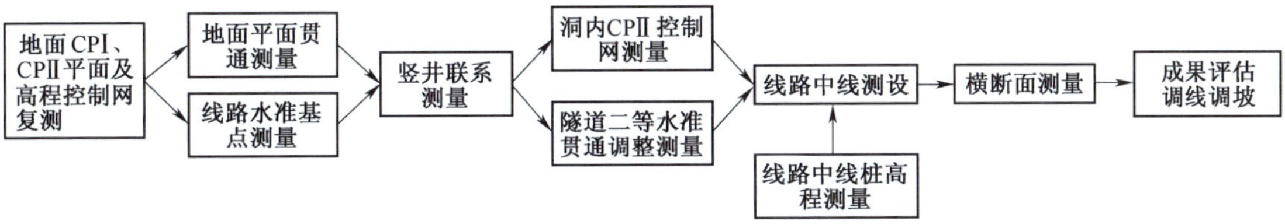

图 11—28 贯通测量工作流程

(2)地面平面贯通测量:在控制网复测后进行,按照《高速铁路工程测量规范》的要求沿线路进行全段三等导线测量。

(3)线路水准基点测量:与地面平面贯通测量同步进行,按照《高速铁路工程测量规范》的要求沿线路进行全段二等水准测量。

(4)竖井联系测量:在地面贯通测量完成后进行,将地面控制点坐标及高程向隧道内传递。

(5)洞内 CPⅡ控制网测量:采用单导线形式,起闭于隧道进出口两端的地面 CPⅡ控制网。利用洞内施工平面控制桩,按三等导线测量技术要求施测。

(6)隧道二等水准贯通调整测量:按二等水准测量的要求施测。水准路线起闭于隧道进出口两端的线路水准基点。隧道内水准贯通高差闭合差$\leqslant 6\sqrt{L}$ mm 时,以隧道进出口两端的二等水准点为固定点进行高程平差,当隧道内水准贯通高差闭合差$>6\sqrt{L}$ mm 时,将水准路线向两头延伸,使之$\leqslant 6\sqrt{L}$ mm 后,固定两端点高程,对水准路线进行约束平差,并调整平差范围内的二等水准点高程,消除隧道断高。

(7)线路中线测量:测量点位及横断面密度要满足轨道铺设条件评估的要求。以线路左线为基准,利用洞内 CPⅡ控制点测设,在中线上钉设中线桩和百米桩,在曲线起终点、变坡点、竖曲线起终点、隧道进出口、断面变化处设置加桩。

《高速铁路工程测量规范》要求直线地段每 50 m,曲线地段每 20 m,以及其它需要测量净空断面的地段钉设中线桩。根据设计调线调坡的要求,每环管片测量一个横断面。中线桩测设纵向误差 $S/2\ 000+0.01$ m(S 为相邻中桩间的距离),横向± 10 mm。

(8)线路中线桩高程测量:利用线路水准基点测量,限差± 10 mm。

(9)横断面测量:利用线路中线贯通测量钉设的中线桩测量隧道横断面,横断面的位置和密度与线路中线桩相同。横断面测量中误差$\leqslant$ 10 mm。断面点每块管片测量 3 点,每环 27 点(图 11—29),每 2 环测量一个断面。

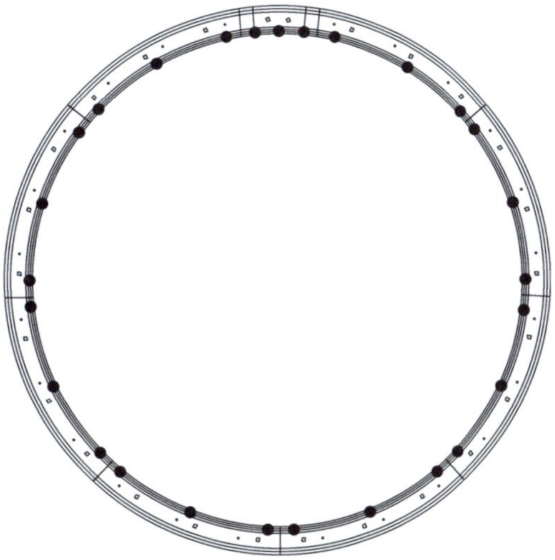

图 11—29 断面测点位置分布示意图

12 特殊地段盾构掘进的施工技术

由于盾构施工的先进性和高效性，盾构技术在城市地铁隧道施工中得到越来越广泛的应用，但是盾构施工也存在大量的风险因素。由于盾构隧道多建于城市繁华地带，地面建筑物多，施工过程中对地层的扰动，会对地面建筑物的安全造成威胁，甚至会带来灾难性的后果，所以应对盾构穿越建筑物的施工过程进行模拟分析和动态管理，以确保施工安全。

12.1 盾构施工造成地层损失引起地表沉降的分析

由于地面构筑物以及地下管线众多，隧道盾构法施工造成的地层位移和地表沉降已经成为隧道施工领域密切关注的问题。如果地表沉降超过一定限值，必将危及既有地铁隧道和市政管线的安全与使用。所以，研究盾构隧道施工所引起的地层位移与地表沉降具有十分重要的意义。

实际工况中，天然地基并非为均匀弹性体，整个土层有比较强的层理性。对于这种情况就不能用线弹性理论进行假设与计算。

对于地表沉降的计算方法，现阶段主要有解析法、经验法以及数值模拟法。而计算方法的选择，需要根据具体工程的地质情况、施工方法以及其他一些因素进行确定。

所有描述地表沉降的公式，并不能将影响地表沉降的所有因素均考虑在内。例如，Peck（1969 年）提出高斯分布曲线，该曲线可由几个参数确定，形成的曲线轮廓呈正态分布。但是该公式没有较为确定的理论基础，并且具有一定的限制性，对所得出的垂直位移和水平位移提供的信息不足。VerruIjt 和 Booker（1996 年）、Sagaseta（1987 年）在提出地层损失会引起地表沉降的基础上，考虑地层损失的非均匀分布情况，得到弹性半空间内盾构开挖造成地表沉降的解析解。

Loganathan 和 Poulos（1988 年）针对这一公式沉降槽宽度过大的情况，对其作了一定的修正。由于实际施工开挖的随机不确定性。因此，为了得到更加准确的地层分布，计算过程中应作与实际工况更加贴切的假设。对于预测地形损失的解析法，则应进行更为一般化的考虑。

因此，建立能够考虑非均质土体条件的盾构隧道施工对周围土体不排水变形影响。考虑到传统的边界积分方程方法采用的常值单元计算得到的边界端点值往往带有奇异性特征，影响在这些点上及其附近区域计算结果的正确性，而在隧道开挖问题中，洞周地层的应力和位移分布规律对地基整体位移场的影响至关重要。

12.1.1 点损失造成的变形

Sagaseta 提出，在弹性半空间$(0,h)$处产生一点处的地层损失（称为点损失，见图 12—1），该点引起的地表变形为：

$$S_{x0}=-a^2\frac{x}{x^2+h^2} \qquad (12—1)$$

$$S_{z0}=-a^2\frac{h}{x^2+h^2} \qquad (12—2)$$

式中　S_{x0}——水平方向的位移；

S_{z0}——垂直方向的位移；

a——点损失半径；

x——水平距离；

h——点损失发生处的深度。

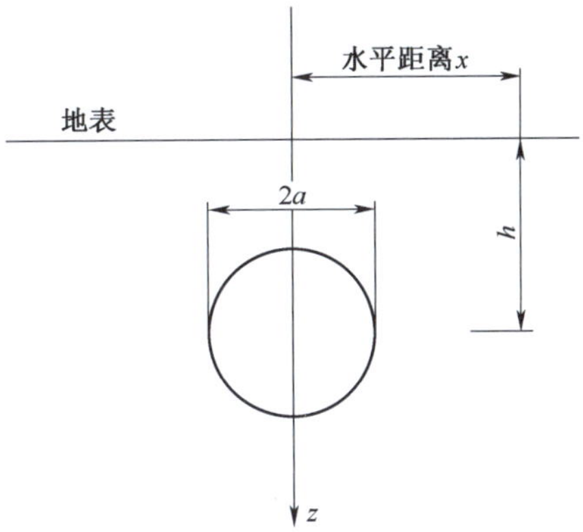

图 12—1　点损失示意图

Sagaseta 认为，该结论不仅适用于集中地层损失的情形，还可用于地层损失发生在某一区域或沿某曲线分布的情形。即：将发生损失 a^2 用微元体积 dv 来代替，通过对地层损失区域进行积分计算便可得到地层沉降值。在特定条件下，能够得到封闭的解析公式，但在一般情况下，则必须由数值模拟法来求解。

12.1.2　盾构掘进造成的地层损失

研究表明，地层沉降首先发生在盾构掘进方向；同时在盾构前方和两侧已开挖处，三个方向的地层沉降互相叠加，形成三维沉降槽。

盾构施工的地层损失定义是实际开挖土体（掘进方向前方、两侧或之后的横向与径向体积）与盾构管片设计理论值的开挖体积之差。为了尽可能准确的计算地层损失引起的地表沉降，主要考虑以下三方面的地层损失：开挖面之前；盾构上方；开挖过程中掘进偏航（盾构在 x 和 z 两个方向上偏离设计轴线 Δx 和 Δh，见图 12—2）。

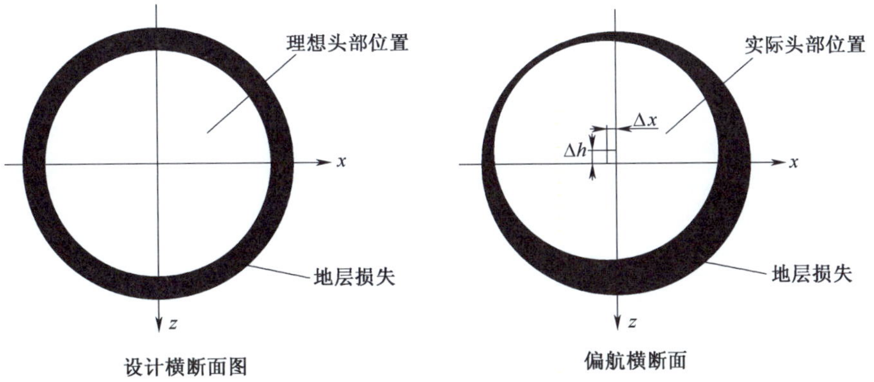

图 12—2　掘进偏航定义

空隙参数 g 可看作为地层损失的客观反映。隧道开挖后，初始应力得到释放，为土体运动提供了可能。而土体的运动则是衬砌施作效果、施工质量、施工速度、施工步距等因素综合作用的结果。那么，土体向开挖面的运动则可以看作为地层损失。

为了减少运算时间，提高运算效率。需将三维分析转化为二维分析，在简化过程中引入空隙参数的概念。K. M. Lee 等人将空隙参数的计算简化为一个表达式：

$$g=G_{\mathrm{p}}+u_{3D}^{*}+w \qquad (12—3)$$

式中 G_p ——盾体外壳和管片之间的物理间隙，由盾构的厚度 Δ 和为管片拼装预留的空隙 δ 构成，$G_p=2\Delta+\delta$（图 12—3）。假设 G_p 在施工后完全由注浆填充，而充填的水泥尚未发生体积改变，将这一体积改变作为长期效应的因素来考虑；

u_{3D}^* ——盾构开挖面上等量的三维弹塑性变形，主要由盾构前方的超挖引起，当采用超挖量为 0 的盾构时，$u_{3D}^*=0$；

w ——考虑施工质量的经验参数，实际上，可以看成盾构开行过程中主要由偏航因素所造成的地层损失。

将隧道推进的过程分为两个平面问题分析：沿 $x-z$ 坐标的横向沉降以及沿 $x-y$ 方向的纵向沉降。

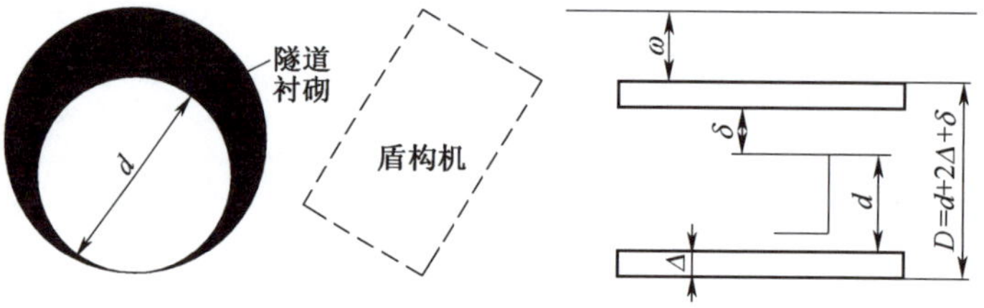

图 12—3 空隙参数的定义

12.1.3 地层损失引起的地表沉降

1. 纵向地层损失造成的地表沉降

沿纵向的地层损失主要是由管片拼装预留的间隙及盾构掘进过程中姿态控制、纠偏操作等因素引起的。可以认为，沿隧道纵向（掘进方向）的等效地层损失在隧道起拱线平面内为线性分布，则沿纵向某区段的隧道开挖引起的地层损失 $g(t)=ct+d$，见图 12—4。这一假设较符合图 12—4 描述的情况。

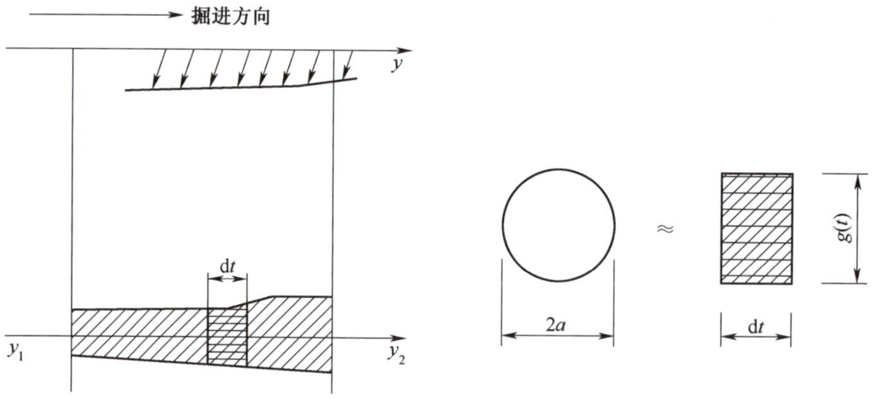

图 12—4 纵向地层损失引起地表沉降分析

dt 段上的地层损失即为点损失，其值为 $g(t)\mathrm{d}t$，将式（12—1）和式（12—2）中 a^2 替换为 $g(t)\mathrm{d}t$，沿纵向开积分，可得：

$$S_y=\int_{y_1}^{y_2}\mathrm{d}S_y=\int_{y_1}^{y_2}\frac{(ct+d)(y-t)}{(y-t)^2+h^2}\mathrm{d}t$$

$$= c(y_2 - y_1) + \frac{cy+d}{2}\ln\left[\frac{(y-y_1)^2+h^2}{(y-y_2)^2+h^2}\right] + hc\left[\arctan\left(\frac{y_2-y}{h}\right) - \arctan\left(\frac{y_1-y}{h}\right)\right] \quad (12—4)$$

$$S_z = \int_{y_1}^{y_2} dS_z = \int_{y_1}^{y_2} \frac{(ct+d)(y-t)}{(x-u)^2+h^2}\mathrm{d}t$$

$$= \frac{1}{2}hc\ln\left(\frac{(y-y_2)^2+h^2}{(y-y_1)^2+h^2}\right) + (d+cy)\left[\arctan\left(\frac{y_1-y}{h}\right) - \arctan\left(\frac{y_2-y}{h}\right)\right] \quad (12—5)$$

式中　y_1、y_2——沿纵向发生地层损失的区段坐标；

c、d——确定地层损失值所需要的参数。

2. 横向地层损失造成的地层沉降

沿横向盾构开挖面的地层损失将沿整个隧道断面分布见图 12—5(a)，而 Rowe 和 Kack(1983 年)指出，实际的横向土体运动并非与图 12—5(a)所反映的规律一致，地层损失的形状是非规则的(可以将其看作一个椭圆形)，见图 12—5(b)。

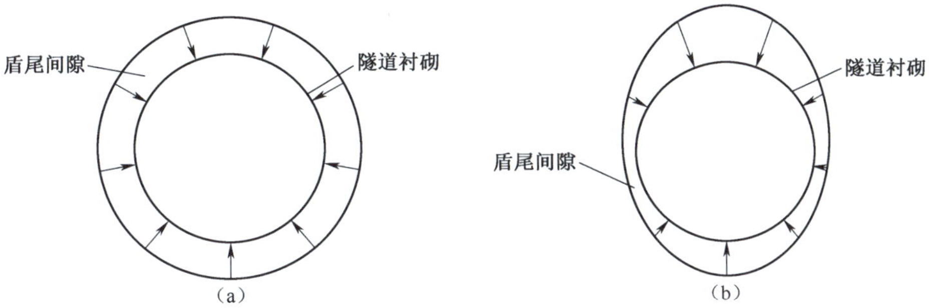

图 12—5　径向地层损失

在实际施工过程中，由于盾构司机的技术水平、对盾构姿态控制及纠偏方法的理解并非完全一致，势必造成盾构姿态的不确定性，很可能在衬砌环周边出现地层损失呈非对称分布的情况。见图 12—6，盾构在纵向推进轴线偏移引起横向平面 Δx 和 Δh 的偏航。

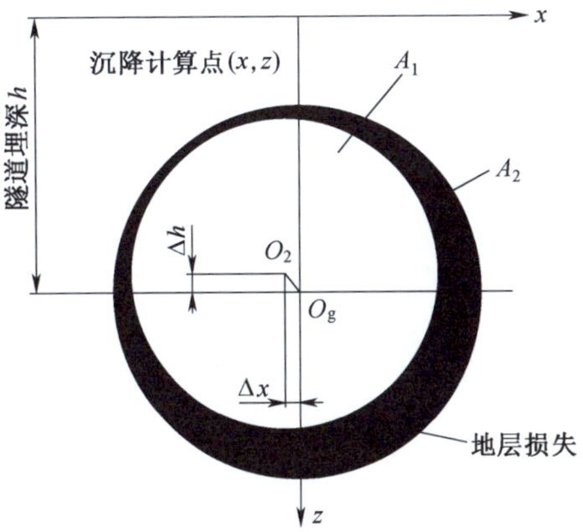

图 12—6　非对称地层损失情况示意图

将点损失的结论[式(12—1)和式(12—2)]应用于该情况，可得非对称地层损失情况下的地表位移计算公式：

$$S_x = \iint_{A_2-A_1} \frac{(x-u)\mathrm{d}A}{(x-u)^2+h^2} \quad (12—6)$$

$$S_z = \iint_{A_2-A_1} \frac{h\,\mathrm{d}A}{(x-u)^2+h^2} \quad (12—7)$$

式(12—6)和式(12—7)的形式比较复杂，必须通过二重积分进行求解。因而可考虑采取其他的简化途径。实际观察表明，由于土体性质的不同，造成地层损失的形状为椭圆形。但一般情况下，出现损失的偏差会非常小。因此，可以将实际情况的椭圆形简化为圆形，则该处的地表沉降即可看作为两个点损失的叠加。

由图 12—6 可得：

$$S_x = S_{xA_2} - S_{xA_1} = -R^2\left(\frac{x+\Delta x}{(x+\Delta x)^2+(h+\Delta h)^2}\right) + r^2\left(\frac{x}{x^2+h^2}\right) \tag{12—8}$$

$$S_y = S_{yA_2} - S_{yA_1} = R^2\left(\frac{h+\Delta h}{(x+\Delta x)^2+(h+\Delta h)^2}\right) - r^2\left(\frac{h}{x^2+h^2}\right) \tag{12—9}$$

通过对式(12—9)求导，并认为 Δx 和 Δh 很小，得到最大地表沉降发生在：

$$x_{\max} \approx \frac{\Delta x}{1+\dfrac{R^2}{r^2}\dfrac{h}{h+\Delta h}} \tag{12—10}$$

当 Δx 和 Δh 为 0 时，式(12—8)、式(12—9)和 VerruIjt 与 Booker 提出的弹性半空间内一致径向位移假定条件下的估算隧道开挖引起的地表沉降计算式是一致的。

12.1.4　盾构掘进模型的三维沉降槽形态

对地层变形进行监测有极其重要的意义。这不仅能保证施工安全、施工质量，同时还为沉降反分析提供充分的数据支持。具体算例中，采用式(12—4)、式(12—5)、式(12—8)、式(12—9)，计算地表沉降，关键在于 c、d，Δx 和 Δh 这几个物理参数的确定，其中 c、d 的值一般通过式(12—5)，根据监测得到的地表沉降值采用回归反分析方法获得，对于 Δx 和 Δh 由如下方法确定。

为得到更为准确的沉降值，对于一个开挖区间内的沉降分析，作如下假设：

(1)满足三维变形协调条件，在 xoz 平面上和 yoz 平面上，沉降量 S_{xz} 和 S_{yz} 应相等；

(2)Stallebrass 等人的离心机试验表明，隧道底部土体的向上运动是受到限制的，因而认为在纵向 yoz 平面上，仅由存在衬砌环上方的地层损失[图 12—7 和图 12—8 中的 $w_1(y)$]引起的地表沉降。

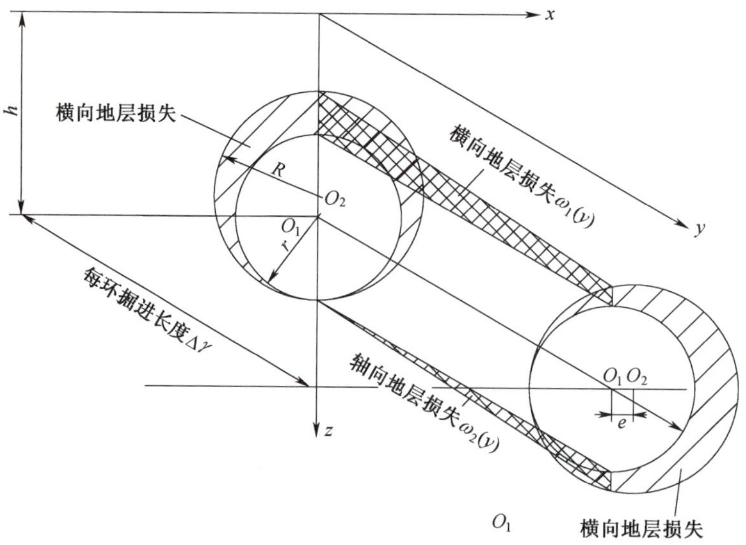

图 12—7　Δx 与 Δh 三维假设图

将回归获得的 c、d 代入式(12—5),求得 yoz 平面内的垂直位移 S_{xz},而在 xoz 平面内,隧道起拱线上 $x=0$ 处的横向地表垂直位移为:

$$S_{yz}\Big|_{x=0}=R^2\left(\frac{h+\Delta h}{\Delta x^2+(h+\Delta h)^2}\right)-\frac{r^2}{h} \tag{12—11}$$

由图 12—8,可知:

$$\Delta x^2+\Delta h^2=e^2 \tag{12—12}$$

假设衬砌总能与周围土体接触(即管片与地层损失所形成的圆环相切),则:

$$R=r+e \tag{12—13}$$

联立式(12—11)～式(12—13),就可求得 Δx 和 Δh 的值以及相应横断面的地表沉降值,将得到的各沉降值绘成曲线,进而便可得到整个横断面上的地表沉降形状。

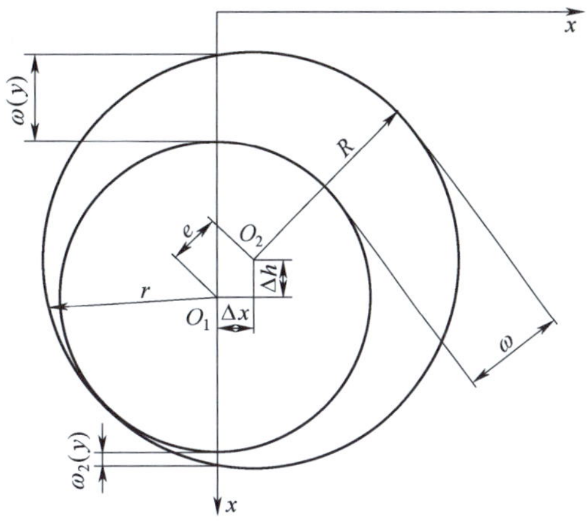

图 12—8　横断面地层损失

12.1.5　工程实例

天津某盾构隧道区间的纵向地表沉降实测值见表 12—1,施工采用 ϕ11.97 m 的大直径泥水盾构机。其中衬砌外径 $R=5.8$ m,内径 $r=5.3$ m,环宽 $\gamma=1.8$ m,埋深 $h=16.37$ m。发生损失的区段 y_1、y_2 由式(12—5)回归的 $c=-0.018\,45$,$d=0.112\,7$,在 $y=3.6$ m 处出现最大沉降值 $S_{xz}=0.015\,40$ m,y 方向的沉降曲线见图 12—9。

取 $y=0$ m 和 $y=14.4$ m 处横向沉降曲线,见图 12—10,整个开挖半空间的三维沉降槽见图 12—11。

表 12—1　纵向沉降实测值

纵向距离(m)	0	1.8	3.6	5.4	7.2	9	10.8	12.6	14.4
沉降值(mm)	−15.21	−15.03	−12.3	−15.1	−11.5	−12.43	−13.24	−12.52	−10.3

表 12—2　纵向沉降计算值

纵向距离(m)	0	1.8	3.6	5.4	7.2	9	10.8	12.6	14.4
沉降值(mm)	−14.4	−14.9	−15.3	−15.4	−14.7	−13.7	−12.17	−10.8	−8.95

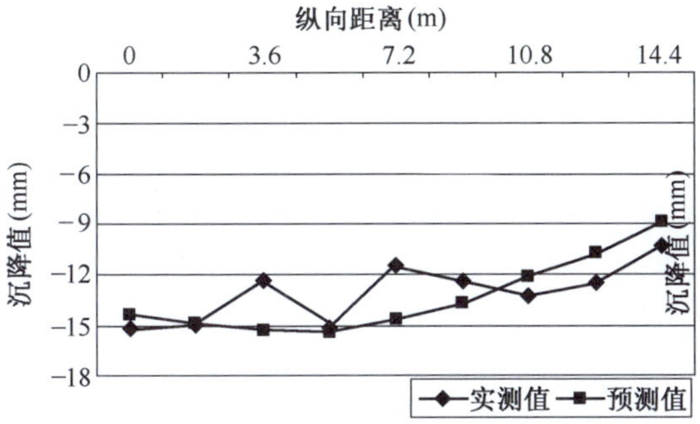

图 12—9　纵向沉降计算曲线与实测曲线对比

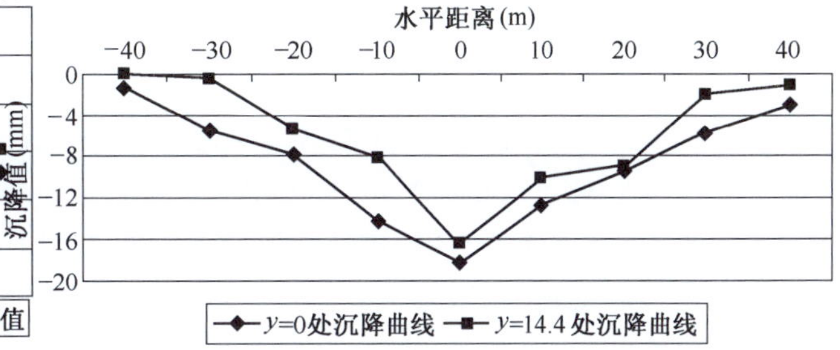

图 12—10　计算所得横向曲线

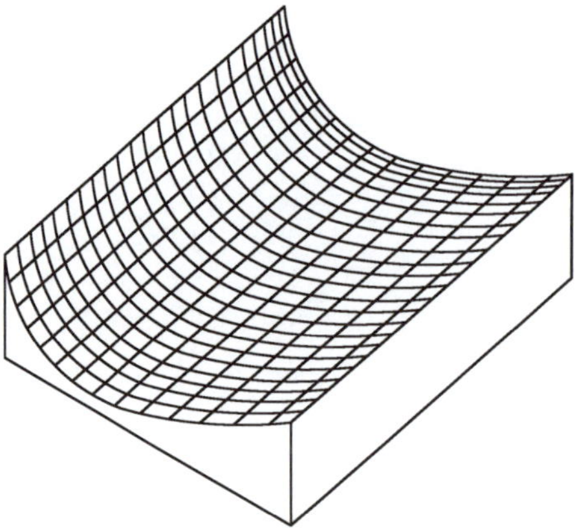

图 12—11 沉降槽三维示意图

12.2 大直径盾构施工对邻近建筑物的保护措施探讨

滨海地区地下工程一般位于地层的浅层，而这一地层大多以淤泥质土为主，灵敏度高，强度低，极易发生蠕动和扰动。盾构在掘进过程中对地层的扰动相对较大，对其周边建筑物的影响是客观存在的，尤其是大直径盾构在滨海地区地层中掘进，影响更为明显。为避免过量变形对建筑物的结构产生破坏，通常会采取合理措施对建筑物进行保护。

一般来说，保护措施分为地面措施和洞内措施两大类，地面措施包括直接针对建筑物进行结构加固的措施、针对建筑物基础的加固措施以及隔离防护措施等；洞内措施包括合理控制盾构掘进参数、合理实施同步注浆、及时进行二次（多次）注浆以及深孔二次注浆等。实际施工中，必须根据建筑物与隧道的位置关系、建筑物的结构形式、允许变形值以及土体性质、土体变形状况等方面的情况，并综合考虑环境条件，选用合适的加固方式。

在京津城际延伸线，采用在盾构到达前进行地面预注浆加固、盾构通过时调整控制施工参数，并进行合理的同步注浆和二次注浆、盾构通过后及时进行地面跟踪补偿注浆和洞内深孔注浆等措施，对邻近建筑物进行全过程保护，效果良好。

12.2.1 保护措施思路的确定

保护措施是根据预测结果并结合沉降原因，同时考虑各阶段沉降量来制定的。

通常，选择对建筑物的保护措施会优先考虑洞内措施，但洞内措施是带有滞后性特点的。由于滨海地区地质条件的特殊性，地面变形过于敏感，同时基于对沉降原因的分析、对沉降趋势的预测和对沉降阶段的统计，单纯的洞内措施满足不了对建筑物保护的要求。滨海地区大直径盾构施工对建筑物的保护必须采取地面措施。地面措施主要有两种作用效果：第一，完全抵抗地层变形对建筑物的影响，即不允许建筑物产生丝毫变形，盾构施工不能对建筑物产生影响。第二，在可承受范围内，接受地层变形对建筑物影响，然后进行控制和补偿，即允许建筑物产生一定量的变形，然后再采取简单易行的综合措施，控制住变形的进一步发展，使变形不再威胁建筑物的安全。相比而言，第二种作用效果操作较为灵活，受环境制约较小，且费用较低，但风险较大。

在京津城际延伸线，主要采用了第二种作用效果。对建筑物保护的总体思路：首先，通过采取地面措施，减缓地面及建筑物的变形，并确保控制变形在可承受范围之内，直至盾构通过并具备采取洞内措施的条件；然后，通过及时实施洞内措施对地层损失进行补偿，从而控制地面及建筑物的进一步变形，或对变形较大的部位实施针对性回弹。

12.2.2 地面加固保护措施

传统的地面措施一般有对已有建筑物进行加固、对两者中间地基采取隔断、地基改良等三个方面。主要做法就是直接加固已有建筑物来提高刚度的方法、支撑已有建筑物通过托换将支持层转移到下部的方法等，以及地基强化、改良防护以及隔断地基变形等。不论在何种情况下，地面措施的选取都必须考虑相邻建筑物的密集程度、现场制约条件、既有建(构)筑物的重要程度以及地质条件等，综合评价施工性、安全性、经济性，以及对工期、环境影响等。采取的措施必须经济合理，行之有效。

在京津城际延伸线，由于受环境条件限制，最为可行的保护措施就是隔断地基变形。而采用隔断法也有多种形式，如钻孔隔离桩、地下连续墙、冷冻法、注浆等，经过充分比选，最终采用目前被国内外公认为最可靠的注浆工法——袖阀管地面注浆法。主要做法为在需要保护的建筑物与盾构隧道之间打设 3～5 排注浆孔，排距 0.5 m，孔距 0.75 m，孔位呈梅花形布置，开孔直径为 110 mm，孔内预置 ϕ50 mmPVC 袖阀管。根据条件，注浆孔可直打，也可以设置一定角度斜打。袖阀管长度为至破裂面以下至少 3 m。在盾构到达前，预先压注水泥浆液。在盾构通过期间，根据地表和建筑物沉降的情况，实施跟踪补充注浆。建筑物注浆加固保护措施示意图见图 12—12。

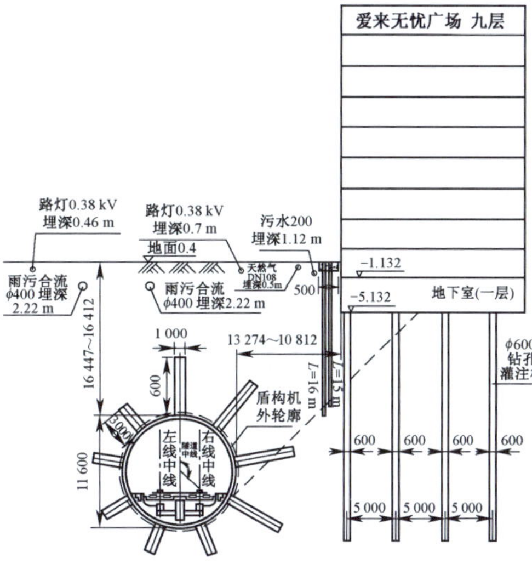

图 12—12 建筑物注浆加固保护措施示意图

在注浆材料选择上，对于普通水泥来说，因其颗粒较大，渗透能力有限，一般只能深入大于 0.1 mm 的裂隙。经注浆试验取芯结果证明，在滨海淤泥质地层条件下，采用普通水泥注浆，浆液扩散很难控制，基本形成不了均匀的固结体。对于超细水泥，其化学成分与性质和水泥类似，其粒径小于 10 μm 占到 90%以上，平均粒径仅 4 μm 左右，比表面积在 600～800 m^2/kg 以上，这一性质使超细水泥浆液具有良好的可注性。用超细水泥制备的浆液经过充分搅拌，具有良好的物理力学特性。浆液黏度在同样水灰比的情况下比普通水泥浆液黏度低。浆液稳定性好，龄期 3 d 的结石强度可达 25 MPa 以上，91 d 龄期可达 62 MPa。注入能力与脲醛树脂和木质素化学浆液相似，其强度却远高于这些化学材料。因此在注浆材料的选择上，考虑到渗透固结效果，超细水泥是最为理想的，而普通水泥注浆形成的压密、劈裂效果可对渗透固结产生的隔离效果予以加强，并在一定程度上降低成本。因此，采用了将两种浆液结合的方式，即：靠近隧道一侧的 1～2 排压注超细水泥，靠近建筑物一侧的 1～2 排压注普通水泥。

12.2.3 洞内措施

经过地面预注浆加固的建筑物，比一般建筑物对变形的反应要滞后，且变形值大大减小，因此，地面注浆加固可在一定期间内保护建筑物的变形不会超出限值，保证建筑物的安全。根据京津城际延伸线统计，这一安全期间一般可达到 8 d 以上，为进一步采取后续保护措施提供了可能（如果变形过快，后续措施就跟不上了）。但是，一旦后续措施长时间不能跟上，则后期徐变仍然会造成建筑物变形超限，因此，洞内措施作为控制后期徐变的主要措施及时跟进是非常必要的。洞内措施一般有控制盾构掘进参数、同步注浆、二次注浆、深孔加强注浆等，均为成熟技术，在此不做详述。需指出的是同步注浆是补偿地层损失最及时最有效的措施，应充分重视同步注浆的浆液配合比的设计，有效发挥其填充作用。

12.2.4 结　　论

（1）盾构施工对建筑物的影响因素复杂，且很难准确预测，采用单一的保护措施，也很难达到理想的效果，比较可靠的方法就是多种措施结合进行全过程防护。

（2）大直径盾构施工中对邻近建筑物的安全风险，主要来自于因土体扰动而导致的地层沉降，因此，在保护措施的制定中沉降控制是关键。

（3）在进行保护措施设计时，应充分考虑沉降的时空效应，建筑物的变形到某一个限值一般会有一个过程，通过采取措施，将这一过程合理延长，可降低保护施工难度，节约工程成本。

（4）京津城际延伸线在施工前对建筑物进行充分合理的评估，并充分分析原因、进行预测，为指导各项保护措施的制定和实施起到了关键的作用。

受条件制约，洞内措施可实施的保护措施比较单一，其技术已经趋于成熟，在业内也已形成共识，实际施工中只需将有关参数适当调整，即可有效实施。地面措施则有较大的实施空间，但受环境条件影响较大，对于每一处建筑物，都可以产生多种有效地保护措施，如何根据具体情况实施更加合理的保护，还需要长期的探索。

12.3 深孔注浆技术

大直径盾构施工工后沉降对建筑物、地下管线存在较大的安全影响。

目前，控制工后沉降一般采取地面注浆或洞内壁后二次注浆的方法。因地表注浆对城市环境影响较大，操作较复杂，及时性很难保证，而洞内二次注浆则无法控制浆液在地层中的流向，效果不明显。且受环境条件的制约，地面加固措施无法实施。如何有效地控制工后沉降对建筑物的影响的问题必须得到妥善的解决。

12.3.1 技术特点

操作简单：利用管片上预留的注浆孔内向地层中打孔和注浆，操作简单，不需要投入较大的设备。

转场迅速：打孔及注浆全套设备均搭载在自行加工的注浆台车上，转场迅速。

注浆方向灵活可控：通过使用自行改进后的地质钻机，可以任意角度实施钻孔。

控制工后沉降效果明显：使用水泥—水玻璃双液浆作为注浆主要材料，可快速凝固，基本避免了浆液流失，填充效果明显。

经济环保：不需占用城市地面场地，且无废液、废浆产生。

12.3.2　技术原理

(1)利用管片上预留的二次注浆孔位向地层内钻深孔，施工过程中止水、止浆效果好，安全可靠。

(2)普通地质钻机通过改进后，可实施任意方向钻孔。

(3)自行加工的注浆台车可搭载全套注浆设备，通过隧道内电瓶车牵引，可实现快速转场，并快速到达指定位置。

(4)采用袖阀管进行后退式分段注浆。注浆管具有上下 2 个阻塞器，阻塞器在光滑的袖阀管中可以自由移动，能将浆液限定在注浆区域的任一段范围内进行压注，实现分段注浆和重复注浆。

12.3.3　工艺流程及施工方法

1. 工艺流程

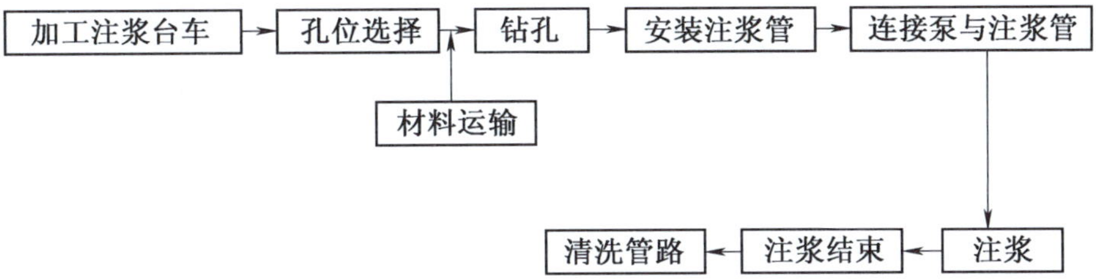

图 12—13　深孔注浆工艺流程图

2. 加工注浆台车

车架立柱及立柱间连接采用 100 型钢，平台横梁及横梁间连接采用 100 槽钢，结构间拉紧采用 50 角铁，防护栏杆采用 20 焊管，横梁上平台采用钢板网走台板焊接铺设。

3. 选择注浆孔位

根据地表沉降情况，以及需加固的土体位置选择合适的孔位，对于控制地下管线处的工后沉降，一般选取管线下方隧道顶部 90°范围内的预留注浆孔，对于控制邻近隧道建筑物的工后沉降，一般选取靠近建筑物一侧的预留注浆孔。

4. 材料运输

使用电瓶车运输水泥、水玻璃等注浆材料到现场，按照一次注浆的数量备足。拌浆用水、电从隧道内就近引用。

5. 钻孔

钻孔前要探明地下情况，避开管线及其他障碍物，按规定深度进行钻孔。将钻机及注浆设备安放在注浆台车的合理位置，固定牢固，由电瓶车牵引注浆台车，匀速运行至指定位置。

调整钻机位置，使钻杆与预留注浆孔精确对位。在预留注浆孔上安装钢套管，套管内径略大于钻杆直径，防止钻孔过程中钻杆抖动引起扩孔，套管与钻杆间压注油脂，以减小钻杆磨损和止水。采用干钻法钻进，钻孔时若出现冒水、冒砂现象，应及时在套管内补压油脂。

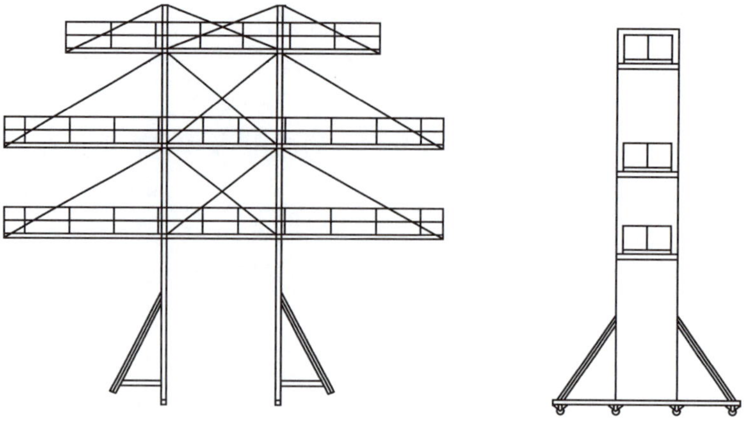

图 12—14　注浆台车加工示意图

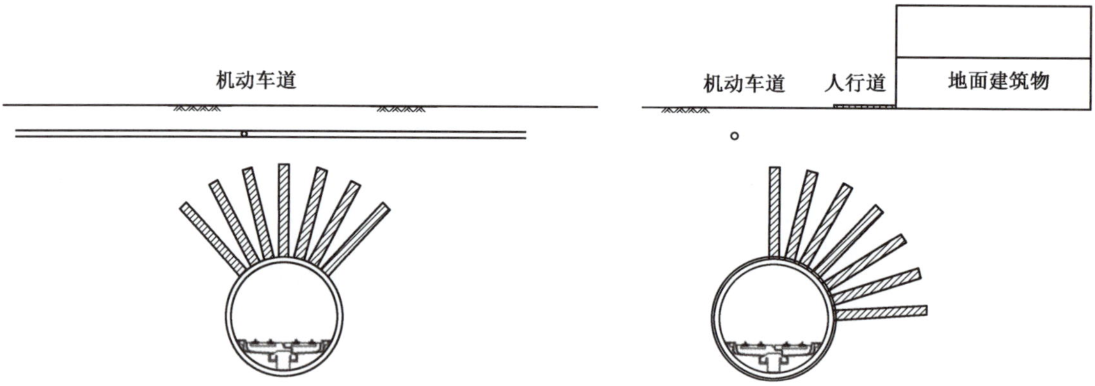

图 12—15　注浆孔位选择示意图

6. 安装注浆管

本工法采用袖阀管注浆。袖阀注浆管为每节长 333 mm、内径 ϕ56 mm、外径 ϕ68 mm 的硬质塑料管，由钙塑聚丙烯制造而成。内壁光滑，接头有螺扣，端头有斜口，外壁有加强筋以提高其抗折强度。

注浆管分 A、B 两种，A 种注浆管上未开设溢浆孔，B 种注浆管上开有 ϕ8 mm 的溢浆孔 6 个。在 B 种注浆管有孔部位外面紧紧地套着抗爆破压力为 4.5 MPa 的橡胶套。注浆时，浆液可以通过溢浆孔进入地层，而地层中的水和颗粒难以进入注浆管中，从而达到注浆管的单向阀作用。根据注浆要求，在注浆部位下 B 型注浆管，非注浆部位下 A 型注浆管。

下管到位后，管口周围采用速凝水泥砂浆封堵，以防止注浆过程中冒浆现象发生。

7. 注浆

(1)注浆材料

普通水泥浆浆液：水泥采用 P·O42.5 普通硅酸盐水泥，水灰比为 0.75。

水泥＋水玻璃双液浆：水泥浆∶水玻璃浆＝1∶1(水玻璃浓度：Be′＝40，M＝2.6)，水泥浆水灰比为 1∶1。

(2)注浆芯管

注浆花管采用 ϕ22 mm 的焊接钢管加工,一般长 0.6～1 m,其四周均匀地布设 12～18 个 ϕ8 mm 的泄浆孔。花管两端各加上 3～4 个止浆橡胶皮碗,以形成阻浆塞,起到止浆作用。

注浆芯管采用 ϕ22 mm 焊接钢管加工,每节长 2 m。主要起输送浆液作用,与注浆花管采取丝扣连接。

(3)注浆设备

采用 HFV5D 型双液注浆泵,配备高压注浆管路系统和制浆设备。

(4)工艺参数计算

①注浆量计算:注浆量根据现场工程地质、水文条件和注浆材料进行注浆量的计算。

$$Q=An\alpha(1+\beta)$$

式中 Q——注浆总量(m^3);

A——注浆范围体积(m^3);

n——孔隙率(%);

α——浆液填充系数;

β——注浆材料损耗系数。

其中 $n\alpha(1+\beta)$统称为填充率,填充率选用见表 12—3。

表 12—3 填充率选用表

序号	地质条件	填充率(%)
1	粉质黏土、砂土	20～25
2	粉细砂、砂层	40～45

②注浆压力的选定:后期深孔注浆对控制地表变形和建筑物沉降起着非常重要的作用,但必须合理控制注浆压力,否则会引起地面隆起或击穿。注浆压力的选定可根据注浆处地层深度计算。

$$P=KH$$

式中 P——设计注浆压力(MPa);

H——注浆处地层深度(m);

K——由注浆深度确定的压力系数,压力系数 K 的取值见表 12—4。

表 12—4 压力系数取值表

注浆深度(m)	<8	10～12	12～16	16～20	<20
K	0.023～0.021	0.021～0.020	0.020～0.018	0.018～0.016	0.016

(5)注浆

先注入水泥浆,再注入水玻璃,具体操作为:采取分段式注浆,每段注浆长度称为注浆步距。花管长度为注浆步距长度。注浆步距一般选取 0.6～1 m,这样可以有效地减少地层不均一性对注浆效果的影响。对于砂层,注浆步距宜选用低值;对于砂卵石或破碎岩层,注浆步距宜选用高值。

注浆过程中,每段注浆完成后,向上或向下移动一个步距的心管长度。人工采用 2 个管钳对称夹住心管，两侧同时均匀用力，将心管移动。每完成 3～4 m 注浆长度，拆掉一节注浆芯管。注浆结束后，在注浆管上盖上闷盖，以便于复注施工。

8. 注浆结束

根据注浆压力和注浆数量双控制，注浆压力不可超过设定压力，压力达到设定压力后，可停止注浆 5 min，然后再恢复注浆；多次尝试无法注入后，恒压观察，如压力达到设定压力，半小时注浆量不超过 1 m^3 时，停止注浆；当注浆压力不超过设定值时，单孔注浆量宜根据预期注浆效果需求控制在一个设定值。

9. 管路清洗

为防止注完浆后，注浆管路发生堵塞。注浆管路必须进行清洗，在拆卸注浆管路时要提前泄压，确保管路内无压力。

12.3.4 材料与设备

主要材料见表 12—5，主要设备见表 12—6。

表 12—5 深孔注浆施工主要材料表

序号	名称	规格	使用部位	备注
1	工字钢	100	注浆台车骨架	具体数量按设计图(下同)
2	槽钢	100	注浆台车平台	
3	角铁	50	注浆平台斜撑	
4	焊管	20	注浆平台护栏	
5	钢板网	—	注浆台车平台	
6	水泥	P·O 42.5	注浆材料	购买成品
7	水玻璃	$Be'=40, M=2.6$	注浆材料	购买成品
8	袖阀管管	钙塑聚丙烯	注浆管	购买成品
9	焊管	22	注浆芯管	购买成品

表 12—6 深孔注浆施工主要设备表

序号	名称	规格	数量	技术性能	备注
1	注浆台车		1 台		根据隧道断面自行制造
2	电瓶车		1 台		材料运输
3	地质钻机	—	1 台	可对任意方向钻孔	自行改造
4	空压机	—	1 台	工作压力大于 7 MPa	注浆
5	注浆机	—	1 台		压注双液浆
6	搅拌罐	—	1 台		调拌浆液
7	电磁流量计	—	1 台		流量控制
8	浆液比重计		1 支		浆液质量控制

12.3.5 质量控制

注浆材料应满足设计要求，严禁使用过期浆液。浆液配比应符合设计要求，配浆时最大误差为±5%。浆液搅拌应均匀，水泥浆搅拌时间为 3～5 min，但不得超过 30 min。未搅拌均匀或沉淀的浆液严禁使用。

注浆过程中,时刻留意泵压和流量的变化,若吸浆量很大或压力突然下降,注浆压力长时间不上升,应查明原因。如工作面漏浆,可采取封堵措施;如跑浆可通过调浆液、调整浆液配比,缩短浆液凝胶时间,进行大泵量低压力注浆,必要时采用间歇注浆,以达到控制域注浆目的。

注浆过程中若发生串浆时,可采取两孔同时注浆措施。一台泵发生故障时,应立即换上备用泵继续注浆。严格进行注浆效果检查评定,符合要求时才能结束注浆作业。当未达到注浆结束标准时,应进行补孔注浆。

12.3.6 安全措施

各种机电机械应安装安全防护罩,电机防漏电、触电,加强机电设备维修和运转中的保养,确保机械的完好性。

施工过程中,要加强统一指挥,集中精力,发生异常现象要组织全力及时排除。

施工区域内材料、设备要堆放整齐,保证隧道内的运输道路畅通。

注浆过程中若要维修注浆泵、疏通浆管,都要先卸去注浆管道内的压力。

12.4 盾构连续侧穿建筑群施工技术

12.4.1 技术原理

(1)允许建筑物变形,但必须控制变形量在评估允许范围内。

(2)通过采取地面预注浆加固措施,将建筑物与隧道隔离,在盾构通过期间,可延缓隧道测土体变形对建筑物的影响。

(3)通过对掘进参数的调整和控制,在盾构穿越建(构)筑物时,最大限度地减少对土体的扰动,维持地层原有的稳定性。

(4)通过实施地面预注浆加固和掘进参数控制,建筑物从开始变形到变形量超出允许值的过程减缓,为后期实施洞内深孔注浆补偿地层损失提供充足的时间。

(5)通过在成形隧道内实施深孔注浆,补偿地层损失,可有效解决盾构穿越建(构)筑物后的工后沉降问题。

12.4.2 工艺流程及施工方法

1. 工艺流程(图 12—16)

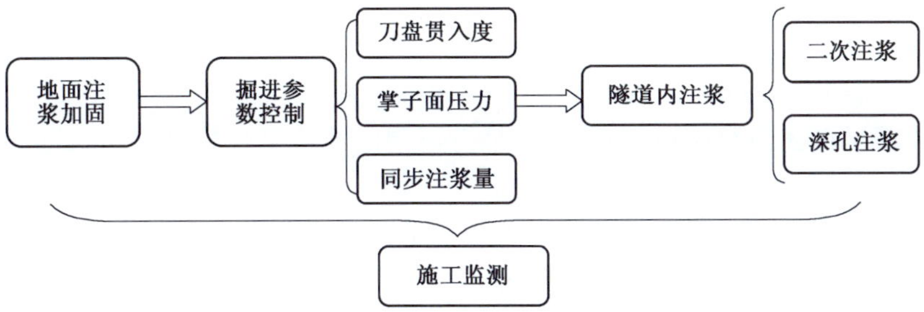

图 12—16 盾构侧穿建筑物工艺控制流程图

2. 施工方法

(1)地面注浆加固

根据隧道埋深及沿线工程地质，结合工程措施的可操作性，对隧道沿线风险点采取地面隔离注浆加固地层，延缓建(构)筑物变形。

注浆时间：地面隔离注浆加固应在盾构到达建筑物前一个月内完成。

注浆材料：注浆材料采用水泥一水玻璃双液浆。

注浆方法：在隧道与建筑物之间钻孔埋设袖阀管，深度为穿过破裂带 1 m。袖阀管地面排列形式为：沿建筑物方向，与建筑物同长，一般布设 3～5 排，排间距 80 cm，孔间距69 cm，梅花状布置，见图 12—17。

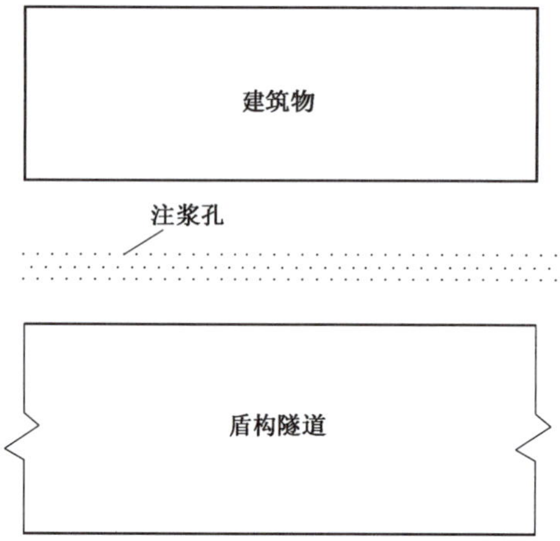

图 12—17 注浆管布置平面示意图

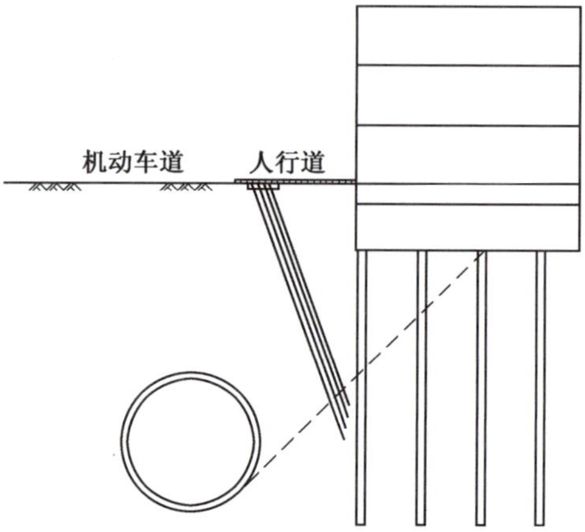

图 12—18 注浆管布置横断面示意图

在全部注浆管布设完成后，进行逐孔注浆。每孔注浆均采用后退式分段注浆法。袖阀管上的每组注浆孔，即为一个注浆段，每一次注浆头在袖阀管中上下移动注浆时，只能包含一个注浆段，即注浆头移动距离与每组射浆孔间距相同。

注浆参数：水泥一水玻璃双液浆配合比采用体积比 1∶1，水泥浆的水灰比 1∶1。注浆压力 0.4～1.2 MPa，由下而上逐渐减小。

(2)掘进参数控制

①刀盘贯入度

通过调整刀盘转速和盾构掘进速度来减小刀盘的贯入度，以降低对地层土体的扰动，同时避免在掘进过程中较长时间停留。掘进速度过快则刀盘开口断面对地层的挤压作用相对明显，地层应力来不及释放，而导致周边土体扰动。盾构在通过建筑物时的参数为：

掘进速度：10～20 mm/min；

刀盘转速：0.8～1.2 r/min；

刀盘贯入度：10～15 mm/r/min。

由于地质情况存在差异，实际施工中需针对不同的地质实际情况对参数进行一定的调整。

②掌子面压力

盾构在穿越建筑物的过程中必须严格控制掌子面压力，可以使盾构前方地面有微小的隆起。防止过量超挖、欠挖，尽量减少平衡压力的波动。掌子面压力宜控制在 0.8～1.2 bar，因隧道埋深和地质情况的不同，实际施工中应根据具体情况进行适当调整。

③同步注浆

通过同步注浆及时充填建筑空隙，减少施工过程中的土体变形，必须保证每环注浆总量要达到设计指标。浆液必须严格按选定的配合比配制，浆液要均匀地压注。

压浆属于重要工序，要安排专人对注浆孔位、注浆量和压力值作详细记录，并根据地层变形监测信息及时调整，在确保注浆工序施工质量和效果的前提下，方可进行下一环的推进施工。

注浆压力应控制在地层压力的±0.5 bar 左右，具体应根据实际的覆土厚度和开挖地质条件决定。同步注浆量的理论值 Q 的估算公式：

$$Q = V\alpha = \frac{\pi(D_1^2 - D_2^2)m\alpha}{4}$$

式中　D_1——理论的切削直径(m)；

D_2——管片外径(m)；

m——一次挖进的行程(m)；

α——注浆率。

实际注浆量不应低于理论值 Q 的 200%，并根据地表隆沉情况进行适当调整。

同步注浆的主要材料为水泥、中细砂、膨润土、粉煤灰。加入水泥的数量根据不同的地层而定，使背后浆液填充空隙达到止水、抗浮效果，并具有一定的强度。同步注浆的参考配比见表 12—7。

表 12—7　同步注浆浆液配比(kg/m^3)

材料	水泥	砂	水	粉煤灰	膨润土	添加剂
数量	80	780	320	410	72	4

(3)二次注浆

二次注浆应在管片脱出盾尾后，结合盾构掘进的参数、周边地质环境、施工监测等确定注浆时机，但必须在同步注浆 3 d 后进行。二次注浆的注浆压力应根据实际的地质条件来决定，一般情况下可选择 0.3～0.5 MPa。二次注浆注浆量一般控制在平均 4.5 m^3/环，可视具体情况作出调整。二次注浆的浆液要求结石率高、稳定性好、抗压强度高，因此采用水泥—水玻璃双液浆及超细水泥进行二次注浆。配合比见表 9—2。

在使用超细水泥时，采用 0.75∶1 的水灰比，其初凝时间约在 7 h 左右，7 d 的抗压强度约 20 MPa，并根据需要加入高效减水剂来改善浆液的流动性。

(4)深孔注浆

详见 12.3 深孔注浆技术。

12.4.3　施工监测

建筑物沉降观测点使用强力胶将预制好的监测点黏结在建筑物上。临时水平基点用 ϕ22 的螺纹钢埋入地面以下 30 cm，地面以上 10 cm 用水泥砂浆浇筑，加保护盖，并用红色油漆标记。建筑物倾斜采用差异沉降值进行计算。

建筑物沉降数据采用下式进行处理：

$$\Delta h_i = (f_i - f_0) - (f_1 - f_0)$$

式中　Δh_i——该测点第 i 次测量时的沉降值；

f_i——该测点第 i 次测量时的读数；

f_0——基准点的读数；

f_1——该测点的初始读数。

在上述沉降值计算的基础上，通过各测点沉降值转化为各测点的测点沉降值变化图，可直观的反映出测点的变化趋势。

建筑物倾斜数据采用下式进行处理：

$$I=\frac{h_i-h_{i-1}}{D}\cdot 100$$

式中 I——该建筑物在测点 i 与 $i-1$ 所决定的建筑物平面的倾斜度；

h_i，h_{i-1}——第 i 点与 $i-1$ 点的沉降值；

D——i 与 $i-1$ 两点之间的直线空间距离。

12.5 盾构下穿高风险建筑物施工技术

12.5.1 地面加固

盾构到达前 1 个月，对风险点建筑物实施地面注浆加固，方法同 12.2。

12.5.2 洞内措施

1. 参数控制

(1)切口压力

盾构过建筑物特级风险点时，控制好盾构的切口水压，保证盾构正常穿越建筑物的同时，确保建筑物整体不发生开裂和地表不发生冒浆现象。切口水压用于平衡开挖面的水土压力，维持开挖面的稳定，保证盾构安全顺利掘进。开挖面的水土压力随着隧道的覆土深度、地下水水位的变化而变化，因而，通过切口水压控制开挖面稳定是一种动态的管理。掘进时，必须对开挖面的切口水压进行严格控制，通过手动控制，使其控制在设定值。气垫仓加压过大会使开挖面的渗透加强，过小可能导致地表坍塌。一般穿越建筑物期间的切口压力设定为 1.2 bar。

(2)掘进速度

盾构过建筑物以快速通过为原则，但并非盲目地加快速度掘进。泥水盾构掘进速度除取决于自身的掘进能力(总推力与扭矩)外，还与背填注浆能力以及泥水环流系统的能力有关，如若背填注浆能力跟不上盾构掘进的速度，则管片的背填注浆量不足，隧道质量难以保证；如若泥水环流系统的能力跟不上盾构掘进的速度，则刀盘切削下来的渣土进入泥水开挖仓底部后，无法及时地通过泥浆管路运送到地面，将造成泥水开挖仓和管路堵塞，切口水压产生瞬间高压，对开挖面土体产生扰动，容易引起开挖面地面开裂或出现隆起现象。因此，掘进速度必须在确保注浆质量和保持环流系统畅通的前提下逐渐加快。在穿越建筑物段，以确保开挖面稳定为原则，提倡盾构均速前进，保持环流系统畅通。一般穿越建筑物的掘进速度均控制在20～25 mm/min。

(3)刀盘转速

盾构快速通过建筑物时，为了减少对前方的土体的扰动，避免开挖面出现坍塌现象，调整好盾构刀盘的转速是十分重要的。刀盘转速太快增大单位时间内对土体的扰动，在一定浆液环流中，刀盘切削下来的渣土体积变大容易造成开挖仓底部大量沉积，造成泥水管路和泵体堵塞现象。相应的加大了盾构掘进的刀盘扭矩,对刀盘本身危害很大。一般穿越建筑物期间的刀盘转速设定为 1.4 r/min。

(4)盾构姿态

盾构机掘进导向系统采用的是 PPS(precise po-sitioning service 精准定位系统)导向,由全站仪、后视棱镜、前视棱镜、水平仪、控制电脑等组成,可以精确测量出盾构的姿态及偏离航向值。盾构在掘进一段里程后,后导向系统出现误差,或者与前导向系统出现位移差,无法收到数据信息,无法测量,这时必须进行全站仪移站。在穿越建筑物特级风险点期间必须保证盾构姿态在设计偏差允许范围内,保证地表不发生变形及建筑物不发生开裂现象。

(5)出渣量

泥水盾构掘进出渣量是指在进出浆动态平衡保持掌子面平衡状态下,通过具有一定比重和良好携渣能力的进浆,进入泥水仓经刀盘转动搅拌形成比重较大的泥浆,将刀盘切削下来的围岩通过出浆管携带出仓实现掘进的过程。通过上述定义可以将出渣理解为在进出浆流量相同的情况下,通过比重不同的泥浆来携带出渣实现掘进的过程。而实际掘进中由于泥水压力建立不合理、掌子面失稳或掌子面涌水导致出浆流量要比进浆流量高出 100～300 m^3/h 流量。保证盾构每掘进一环的出渣量,避免出现超挖现象,保证地表不发生沉降。出渣量为:$V=\pi r^2=168.72\ m^3$(其中,r 为刀盘的半径;L 为环宽度)。

(6)泥浆指标调控

盾构穿越建筑物期间地质主要为淤泥质粉质黏土、粉质黏土、粉土等,盾构在推进期间,淤泥质粉质黏土容易附着在刀盘上,增大刀盘的扭矩,细微的颗粒很难通过泥水分离系统处理出去,造成泥浆比重和泥浆黏度不断上升,在推进过程中尽量保证泥浆比重在 1.10～1.25 g/cm^3,黏度控制在 18～20 s,当泥浆比重和黏度增大时,通过泥水的压滤系统,将调浆池的泥浆抽到压滤系统压成泥饼和滤液水,把调浆池液位降低,这时加入滤液水或清水来调节泥浆的比重和泥浆黏度。把泥浆调到理想状态再进行盾构推进,保证泥浆充分进入盾构掌子面前方的土体中,形成良好的泥膜,保证泥浆循环通畅,提高出渣量。

2. 盾尾刷控制

盾尾刷在盾构穿越建筑物前,由于无法打开检查,在穿越建筑物前,也出现过盾尾漏浆现象,为了保证盾构在穿越建筑物期间盾尾不出现漏浆现象,在盾构推进过程中保证盾尾油脂的注入量和盾尾油脂压力,同时在拼装管片前将盾尾彻底清理干净,延长盾尾刷的使用寿命,确保同步注浆量,避免地表沉降。

3. 同步注浆

盾构在穿越建筑物区间,掘进过程中,安排专业注浆手对管片后空隙进行同步注浆,保证管片不发生上浮和错台现象,同时确保地表不发生沉降和建筑物不发生开裂现象。注浆过程中,严格控制注浆压力。顶部左右两个注浆口注浆压力控制在 2 bar,中部两个注浆口的注浆压力控制在 2.5 bar,底部控制在 3 bar 左右。并且保证同步注浆要和盾构推进同步进行,根据盾构掘进速度来合理调整注浆量。每环注浆量在 24 m^3 以上,注浆严格按设计配合比执行,确保浆液稠度为 8～12 cm,初凝时间为 5～6 h,终凝时间为 10～12 h。同步注浆控制界面见图 12—22。

4. 二次注浆及深孔注浆

同 12.3。

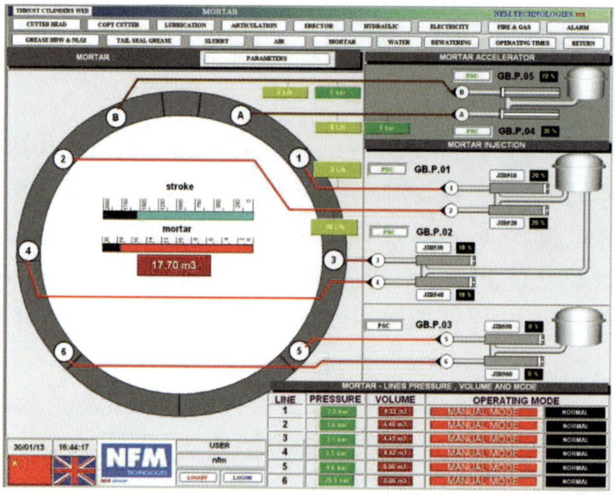

图 12—19　盾构同步注浆控制界面图

12.5.3　建筑物及地表沉降观测

在盾构穿越建筑物期间，派专人入驻建筑物内部，每天分早晚班，24 h 观察建筑物建筑物及地表变化情况，并每天 4 次对建筑物及盾构穿越的范围进行测量。每天根据测量值调整盾构掘进参数和同步注浆量，控制建筑物建筑物变化值在允许值范围内，并在建筑物及下层商铺的墙体、支柱及房间内，对原有存在的微裂纹进行标记，每天观察变化情况。确保盾构在穿越期间都在可控状态。盾构隧道与建筑物关系见图 12—20 和图 12—21。

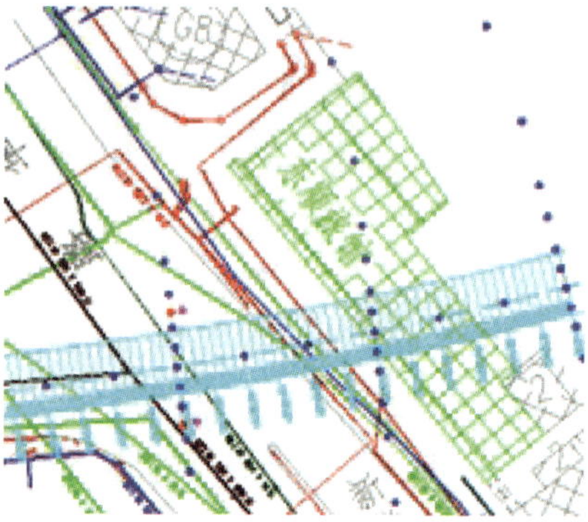

图 12—20　盾构隧道与建筑物水平位置关系图

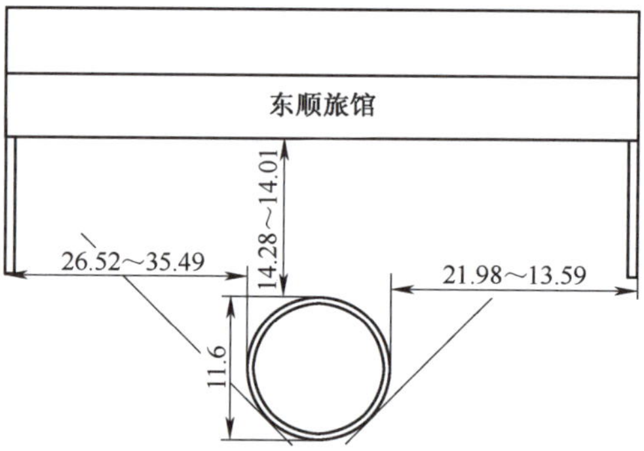

图 12—21　盾构隧道与建筑物垂直位置关系图（单位：m）

12.5.4　安全保障及应急预案

1. 组建应急救援小组

在盾构穿越建筑物期间，组建一支应急救援小组，项目经理为组长，各分管副经理为副组长，盾构施工人员为组员。在盾构穿越建筑物期间，确保信息畅通，发现问题及时向领导汇报。如有事故发生，项目部应急小组立即投入运作，组长及各成员迅速到位履行各自责任，及时组织实施相应事故应急预案，为此应急小组特意安排一次应急事故演练，确保发生事故时及时解决，保证人员财产安全。

2. 突发事故应急措施

如在盾构穿越建筑物期间，建筑物房屋出现少许沉降、隆起、墙体轻微开裂现象，及时调整盾构参数，对建筑物进行加固修补，调整注浆量及注浆位置。保证盾构平稳快速穿越建筑物。如出现变形较大等异常现象，及时上报上级领导，应急小组人员及时到位组织人员撤离，做好安全警戒和巡逻工作。

12.5.5 工程实例分析

京津城际延伸线盾构下穿极高风险点东顺旅馆(图 12—22)，东顺旅馆建筑物平面布置基本为“L”形，南北方向大概长 61.08 m，东西方向大概长 16.68 m。建筑总面积为 1 925 m^2。位于隧道正上方，建筑物长与隧道方向基本垂直，为二层砖混结构，一层作为门面房(店铺)，二层为旅馆。建造于 20 世纪 70 年代前后，距今使用时间已超过 30 余年，建筑物结构无圈梁、构造柱等抗震构造措施。外部墙体、梁柱、顶板有不同程度的裂纹及开裂现象。经鉴定，建筑物完损等级为严重损坏房，是整个盾构沿线施工中的特级风险点。其内部进行了装饰装修，盾构施工期间处于正常营业状态。

图 12—22 东顺旅馆建筑物实景图

东顺旅馆建筑物年久失修，整个建筑物无地基和圈梁等建筑基础，被清华大学房屋安全鉴定为严重损坏房。盾构在穿越期间存在极大风险和安全隐患。针对盾构穿越这一特级风险点，采取的措施，取得良好的效果。

1. 地表沉降分析

隧道中线监测点的累计纵向沉降随时间的变化见图 12—23，该图反应了 10 月 16 日至

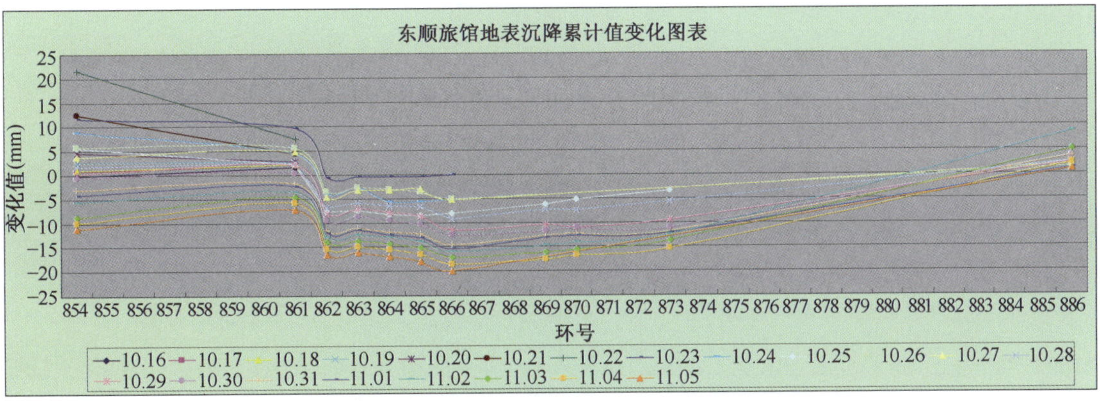

图 12—23 隧道轴线地表累计沉降曲线图

11 月 5 日盾构隧道中线上方地表监测累计值的变化情况。

隧道中线监测点的纵向沉降日变化量随时间的变化见图 12—24，该图反应了 10 月 16 日至 11 月 5 日盾构隧道中线上方地表监测日变化量的变化情况。

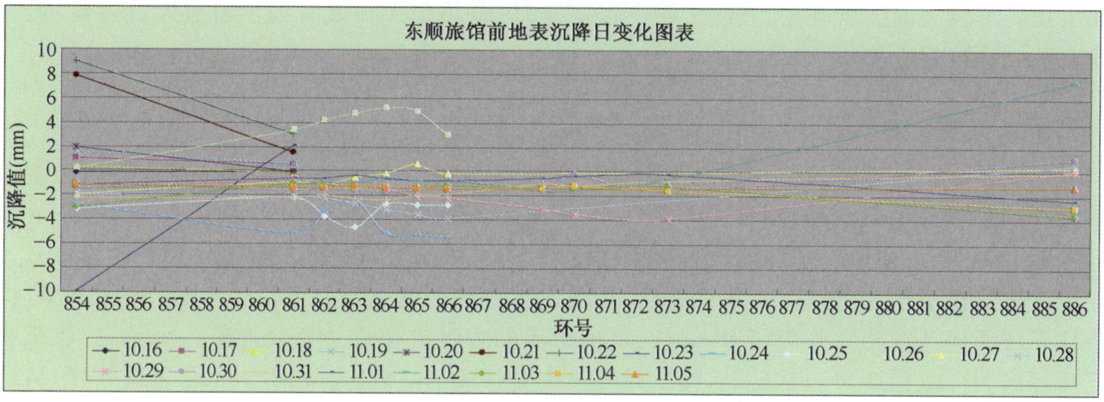

图 12—24　隧道轴线地表日变化量曲线图

选取 861 环掘进断面分析，10 月 23 日至 11 月 5 日该断面的地表沉降累计值见图 12—25。

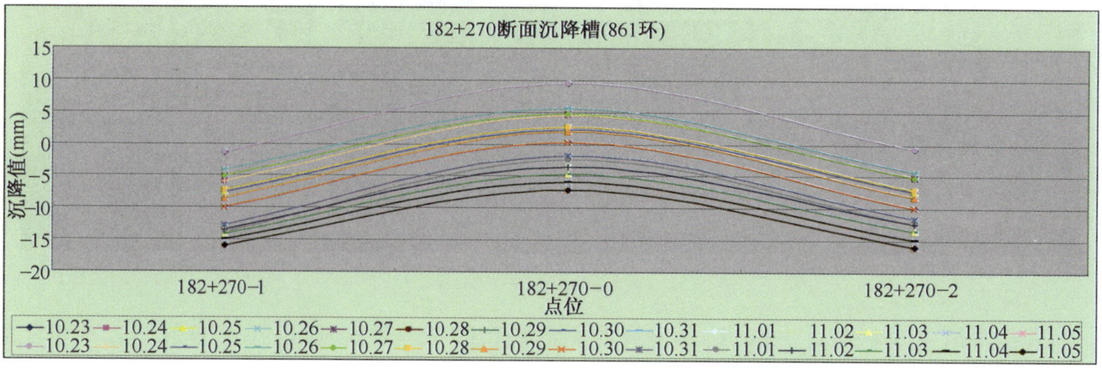

图 12—25　182＋270 断面沉降槽随时间变化关系图表

选取 865 环掘进断面分析，10 月 23 日至 11 月 5 日该断面的地表沉降累计值见图 12—26。

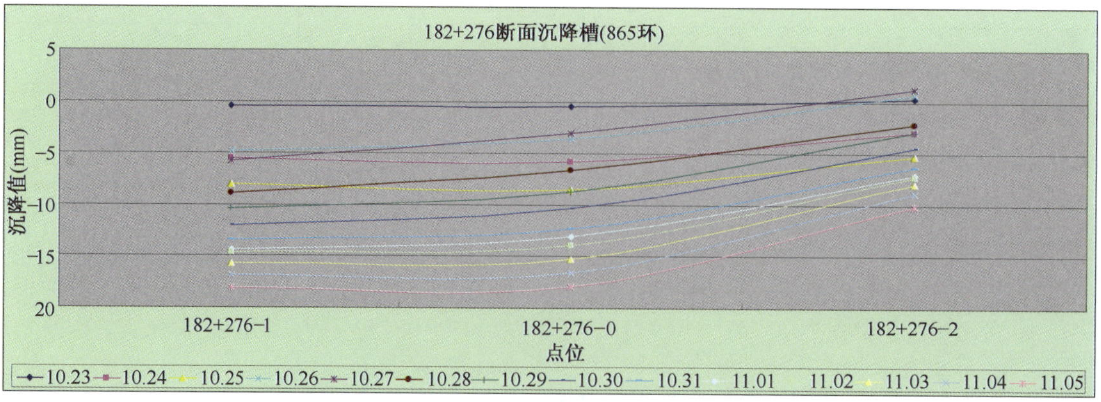

图 12—26　182＋276 断面沉降槽随时间变化关系图表

2. 建筑物沉降分析

施工期间对上述监测点进行了监测，各个点位的累计沉降值随时间的变化见图 12—27，该图反应了 10 月 16 日至 11 月 5 日建筑物监测点沉降累计值的变化情况。

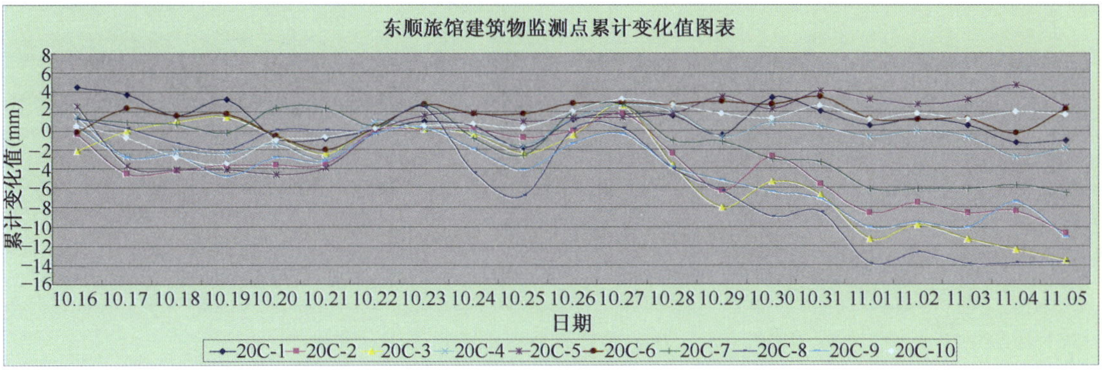

图 12—27　建筑物建筑物监测点累计变化值图表

图 12—28 反应了 10 月 16 日至 11 月 5 日建筑物监测点沉降日变化值的变化情况。

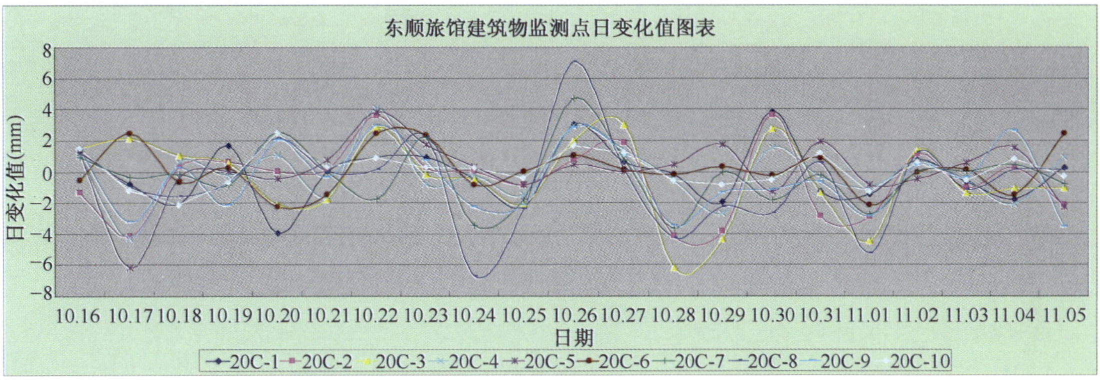

图 12—28　建筑物建筑物监测点日变化值图表

建筑物 10 个监测点分别布置在旅馆的前面和后面，各个监测点之间的差异沉降值随时间的变化见图 12—29，该图反应了 10 月 16 日至 11 月 5 日建筑物监测点差异沉降值变化情况。

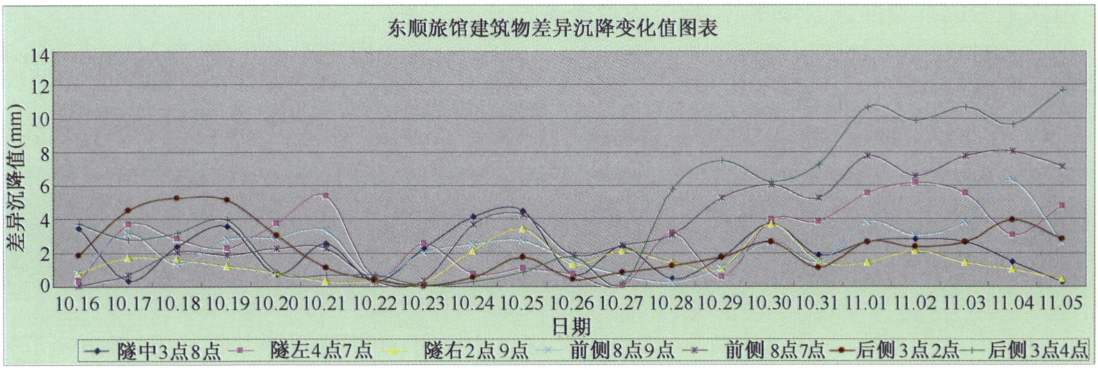

图 12—29　建筑物建筑物监测点日变化值图表

建筑物前面和后面各 1 排监测点，每排监测点的沉降槽曲线变化见图 12—30 和图 12—31，该图反应了 10 月 16 日至 11 月 5 日建筑物监测点沉降槽变化情况。

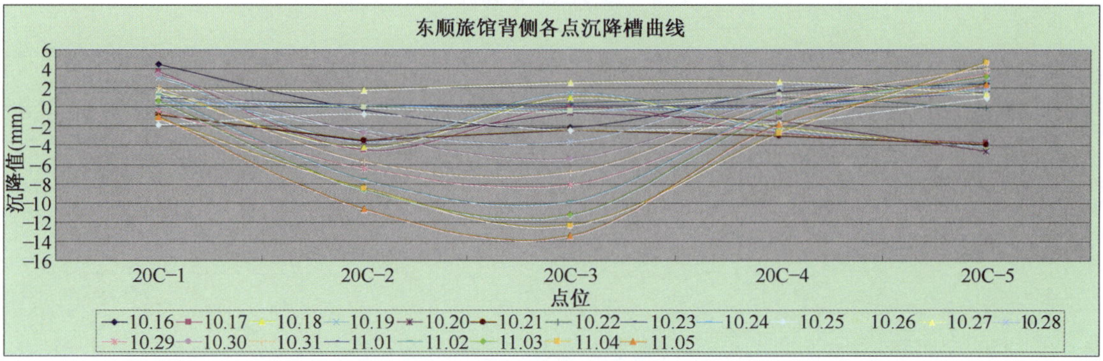

图 12—30 建筑物建筑物背侧各监测点沉降槽

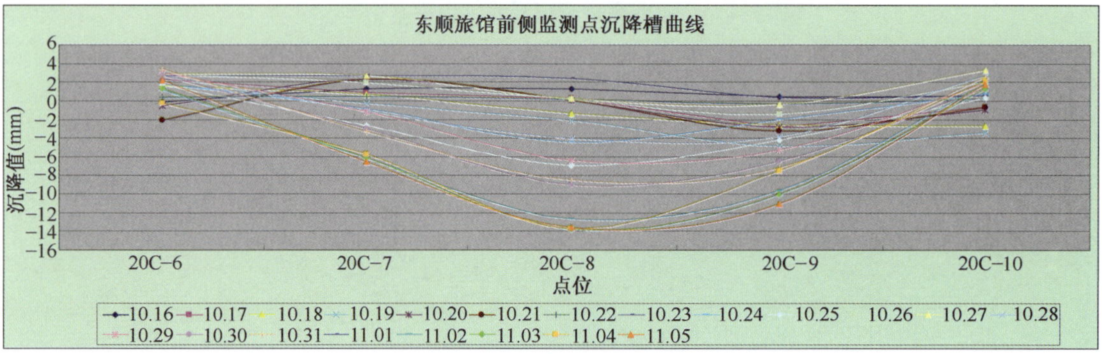

图 12—31 建筑物建筑物前侧各监测点沉降槽

3. 结论

(1)盾构在下穿建筑物期间，严格控制注浆参数，建筑物在下穿期间基本无较大隆起，通过时控制在 0 mm 上下；盾构下穿过后，地表开始均匀下沉，截至目前沉降约为－15 mm 上下。

(2)下穿建筑物期间，可监测各点的地表沉降值日变化量稳定，无较大变异数值，各监测点的日变化量均在 1 mm 以内，并逐步接近 0 mm，可见土体正逐渐趋于稳定。

(3)建筑物本体前后两排测点的沉降槽曲线显示，盾构通过区域对地层扰动明显，沉降槽与前期地表沉降槽曲线表现相同，相对隧道基本呈正态分布。

(4)建筑物建筑物绝对沉降值最大在－14 mm 左右，处于隧道中心位置，且日均沉降值均逐渐稳定趋近于 0 mm。

(5)建筑物差异沉降值，在隧道短边方向均控制在 4 mm 以内，长边方向由于受盾构隧道沉降槽的影响，数值略大，特别是隧道北侧 3、4 两点差异沉降在 10 mm 左右，7、8 两点差异沉降在 8 mm 左右，差异沉降值曲线逐步平缓，基本趋于稳定。

(6)地面及洞内加固措施对控制建筑物沉降有明显效果。后期将根据监测数据，进一步观察相关点位数值的稳定情况，并根据监测结果对应采取洞内注浆等措施进行弥补。

经技术分析，采取加固措施后，盾构在下穿建筑物期间，建筑物沉降基本稳定，各沉降值控制在设计及房屋安全范围内，节约巨额拆迁费用，实现盾构下穿作业高效率、低投入、安全可靠的目标。

12.6 盾构下穿带压管线施工技术

盾构在城市内施工，不可避免要下穿各种地下管线，因盾构施工会产生地表沉降，极易造成管线变形和破坏。一些带压管线（如暖气、输水、输油等），一旦破损，均会产生非常严重的后果，而且直接威胁到人身和财产的安全，社会影响极坏。目前，国内外尚无可靠措施预防和控制此类问题。

针对盾构掘进过程中所遇到的地下管线保护的问题，结合工程实际情况对国内现状管线保护技术进行大量的分析和研究。施工过程中对相关技术方案和关键措施进行归纳和总结，最终形成在盾构掘进施工中对管线进行保护具有代表性意义的综合施工技术。对淤泥质土层大直径泥水盾构掘进时对地下管线保护效果明显，安全可靠，有明显的社会效益和经济效益。

12.6.1 技术特点

（1）安全可靠：保护过程安全可控，与现场实时监测紧密配合，可将管线最大沉降控制在$\leqslant$5 mm 的范围内。

（2）操作简单：在盾构到达前可以对管线沉降进行预控制；在盾构通过管线的施工过程中，通过简单的向上拧动顶丝的措施，就可以达到对管线微小的沉降变形进行实时的、准确的矫正的效果。如沉降过大，顶丝调整到极限时，启动应急注浆，可实现管线的整体均匀抬升。

（3）适应性强：在注浆过程中同时调节顶丝向下，就可以恢复顶丝的作用，继续对工后的管线沉降变形提供方便可靠的保护。

（4）保护过程中对地面交通基本无影响。

（5）材料来源广，制作简单，操作方便，造价低。

12.6.2 技术原理

（1）首先开槽卸载管线上方的土压。

（2）在管线两侧对称打设注浆钢管，同时用作钢丝绳悬吊管线的支点，在管线沉降量较小时，调节钢丝绳高度，将管线悬吊到安全位置。

（3）当管线沉降量较大时，通过注浆管向地层内注浆，补充地层损失，恢复管线高度到安全位置。

（4）管底与土体在变形期间产生的间隙，待沉降稳定后灌注低强度砂浆填充。

（5）为减少对地面交通的影响，开槽施工宜分段进行，槽口用钢板覆盖；为便于监测，钢板上预留管线沉降监测孔。

12.6.3 施工工艺流程及施工方法

（1）施工前及时与产权单位沟通，采用地质雷达和管线探测仪仔细核对管线的位置，在现场用红漆标记出来，并且测出注浆范围内的其他管线，比如下水管道、通信光缆等，确保开槽和注浆施工安全。

（2）根据管线图纸和现场实际探测情况，在现场定出土方开挖范围，用红漆喷出尺寸标记。

（3）人工开槽

开槽前准备好空压机、风镐、钢板、25 t 汽车吊、钻机、注浆管等设备。

管线位置和开挖范围确定后，利用夜间车流量小的时候分四段进行施工，人工使用风镐破除沥青及混凝土路面，破除完成后人工使用铁锹和洋镐进行土方开挖，开挖平面尺寸为 21 m×1.5 m，开挖深度至管线顶部。沟槽开挖完成后在两条管线中间采用红砖砌筑 370 mm 厚支撑垛，控制覆盖钢板中部的下沉变形；并对开挖管线槽两侧进行支护，挡土板采用 10 mm 厚钢板，挡土板与土体间隙采用砂浆填充，支撑采用 10 cm×10 cm 方木，3 m 一道，防止坍塌。夜间施工准备好足够的照明设施，防止错挖或超挖。白天对开挖管线槽使用 2 层 20 mm 厚钢板进行覆盖，不影响车辆通行。

(4)注浆管布设

人工开挖管线槽达到设计高程时，采用钻机钻孔，布设注浆管。在两根管线中间和两侧用钻机钻孔，成孔后垂直插入 ϕ50 mm 钢管至地下，深度为 3 m 和 10 m，布设 8 排，一排 3 个，共计 24 根注浆管。在 ϕ50 mm 钢管管身间距 0.25 m 设置注浆孔，注浆孔纵横交错布置，见图 12—32 和图 12—33。

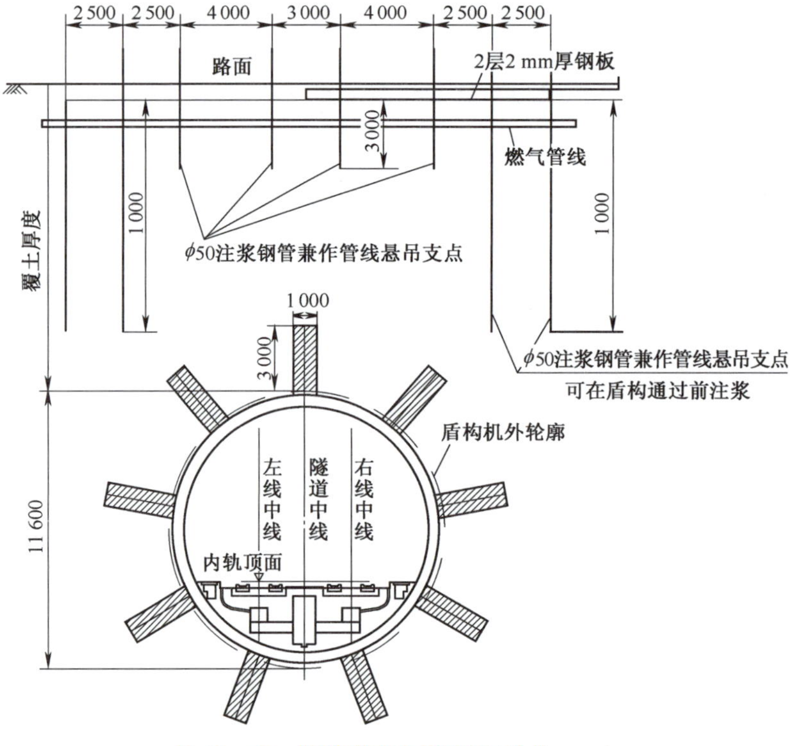

图 12—32 顺隧道方向剖面图(单位:mm)

(5)注浆

注浆站预先设置在路边，两侧 10 m 深的悬吊注浆管在盾构通过前注浆，压注普通水泥浆，以提高管线支撑点的稳定性，

在盾构穿越管线过程中，实施监测地面沉降情况，当沉降值达到预警值时立刻启动注浆泵对 3 m 深的注浆管进行注浆，压注超细水泥浆。

注浆时适当控制压力，当管线回升到初始高程位置时停止注浆，并观察槽内返浆情况，对返到槽内的浆液及时清除。

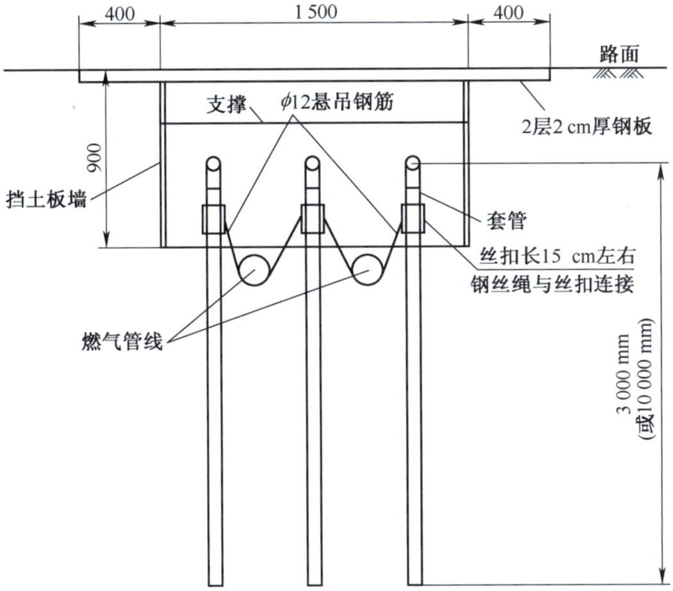

图 12—33　垂直于隧道方向纵剖面图(单位:mm)

经注浆器向外注浆,水灰比取 1∶1,压力 0.8～1.2 MPa,注浆流量 18 L/min。

控制注浆标准,实行注浆量与注浆压力双控的原则。以注浆压力为主,注浆量控制为铺。当注浆压力达到要求时,并且地面有水泥浆溢出,可终止注浆。

12.6.4　劳动力组织

管线保护施工分人工开槽和注浆两阶段进行。人工开槽阶段,根据现场情况,安排 1 个作业班组夜间进行施工,每班组作业人员 10 人,人员配置见表 12—8。注浆阶段,根据现场情况,安排 1 个作业班组夜间进行施工,每班组作业人员 7 人,人员配置见表 12—9。

表 12—8　每班组施工人员配置表(人工开槽阶段)

序号	工种	人数	职责
1	工程师	1	负责现场技术指导、管理、协调
2	安全员	1	负责现场安全
3	工班长	1	现场施工组织,负责劳动力安排
4	普工	7	负责地面破除及土方开挖
合计		10	

表 12—9　每班组施工人员配置表(注浆阶段)

序号	工种	人数	职责
1	工程师	1	负责现场技术指导、管理、协调
2	安全员	1	负责现场安全
3	工班长	1	现场施工组织,负责劳动力安排
4	机修工	1	负责排除机械故障和管路的清洗
5	钻孔、制浆、注浆	3	负责浆液的配置及注浆管的安装
合计		7	

12.6.5 机具设备

机具设备配置见表 12—10。

表 12—10 机具设备表

序号	设备名称	单位	型号	数量	备注
1	钻机	台	HGD-100	1	大小约 2 m×3 m
2	注浆设备	套	ZJB50	1	配备注浆管
3	注浆泵	台	KBY-50/10-11	1	
4	搅拌设备	套	JZC-350	1	储浆桶采用铁桶
5	搅拌筒	个	1 m^3	1	制备水泥浆
6	汽车吊	台	25 t	1	
7	风镐	台		2	路面破除
8	空压机	台		2	路面破除
9	铁锹	把		4	土方开挖
10	洋镐	把		4	土方开挖
11	板车	辆		1	土方外运

12.6.6 质量控制

(1)注浆所使用的水泥必须有合格证明,并按每批次现场抽样检验,合格后才能投入使用;水泥进场后,应做好防潮、防雨措施,防止水泥结块和硬化。

(2)施工现场配备比重计,随时量测浆液比重,灰浆搅拌应均匀。注浆过程中浆液应连续搅动,防止水泥沉淀。

(3)严格按注浆配合比设计进行浆液配置。

(4)注浆时对管线和地面进行监测,并将量测信息及时反馈,根据反馈信息结果进行调控注浆。

(5)注浆按程序施工,每段注浆注浆量要准确,注浆压力严格控制,专人操作。当压力突然上升或浆液从孔壁、地面溢出时,应立即停止注浆。

(6)注浆过程中,若地层吸浆量很大时,注浆压力长时间不上升,可通过调整浆液配比,缩短浆液凝胶时间,以达到控制注浆范围的目的。

(7)注浆过程中,如发生其他孔串浆,可关闭该串浆孔继续注浆,但若发生频繁时,应加大钻孔与在注浆孔的间隔或钻一孔注一孔,减少串浆现象。

(8)注浆过程中,如跑、漏浆现象严重时,可通过间歇注浆技术或通过调整浆液配比缩短凝胶时间的方法进行封堵,但若无效时,可暂停该孔注浆,分析原因,采取其他措施。

(9)值班工程师做好施工纪录,严格控制施工质量。

(10)在盾构穿越期间,应适当调整泥水压力,以控制地面前期沉降;适当优化同步注浆工艺及注浆参数,确保同步注浆的及时性及注浆质量,以控制地层沉降;盾构不宜停机,掘进速度不得忽高忽低,应匀速掘进通过。

(11)待盾构通过地层沉降稳定后,联系管线产权单位到施工现场验收,再回填管线上的基坑,恢复原状地面。

12.6.7 安全措施

(1)加强沟通、协调、配合,采取各种有效手段和方法,对管线设施情况进行详细调查,以确保所提供的管线资料真实、准确、完整。

(2)施工前,与管线产权单位沟通,仔细核对管线的位置,地面保护措施实施时,由产权单位派人现场监护后再进行施工。

(3)加强地表沉降监控量测工作;条件允许的情况下,在管线接头位置埋设沉降监测点,进行日常监测;对悬吊保护的管线,进行每日巡查。

(4)施工过程中,对悬吊的管线设立保护区,严禁施工机械靠近、碰撞。

(5)施工地点处,车辆和行人较多。为保证夜间施工安全,现场由技术人员带班,安全工程师负责盯控,所有施工人员穿上反光背心,施工周围放上反光锥筒,并拉上彩旗。

(6)在穿越施工期间,派专人对地面及两侧建(构)筑物进行观察,如发现地面冒浆、地面沉降过大、地面开裂应及时调整盾构施工工艺及施工参数,并采取相应的应急措施。

12.7 大断面泥水盾构小半径曲线段施工技术

由于受到线路规划、地表建(构)筑物等条件的限制,盾构法隧道难免遇到小半径曲线。盾构本身为直线形刚体,不能与曲线完全拟合。曲线半径越小则纠偏量越大,纠偏灵敏度越低,轴线就比较难于控制。本技术主要是从盾构掘进参数、盾构设备(仿形刀、铰接装置等)、管片选型和拼装等施工措施方面来解决,特别是采取同步注浆和二次双液注浆相结合的措施,以保证小半径曲线段成形管片不出现侧向移动,以及及时填充围岩空隙保证土体稳定,经过实践取得良好的效果。

12.7.1 技术特点

(1)针对性设计:做好施工设计阶段针对小半径曲线施工的盾构设计(铰接装置、可控超挖角度的仿形刀等)和管片设计(管片环宽和楔形量)。

(2)可操作性强:从盾构设备、管片选型和拼装、施工措施等方面采取必要措施,加强测量监测,做到对掘进姿态持续纠偏,勤纠、缓纠,减小推进速度,保持均匀平稳推进,加强泥水循环管理,采取同步注浆和二次注浆相结合的措施,有效地减少小半径曲线段成形管片的侧向偏移量。不需要额外投入较大的设备,不需要专业的培训,切合实际,操作简单,可操作性强。

(3)提高施工质量:盾构轴线得到很好的控制在±50 mm以内,盾尾间隙相对均匀,盾尾密封刷得以良好保护,未出现盾尾处和铰接处漏浆、管片外弧面破碎和管片错台等不良情况,成形隧道美观。

12.7.2 技术原理

气垫式泥水平衡盾构是利用安装在盾构最前面带有多种刀具的全断面切削刀盘,将正面土体切削下来的土进入刀盘后面的密封仓内,通过气垫仓的气压与开挖面水土压力保持平衡或欠平衡,以减少盾构推进对地层土体的扰动,从而控制地表变形,由泥水循环系统的泥浆携带渣土进行连续排土。通过泥水循环系统的进、排泥浆管的流量来控制出渣量。

在小曲线段，由于盾构本身为直线形刚体，不能与曲线完全拟合。曲线半径越小、盾构机身越长，则拟合困难越大。在急曲线段盾构掘进形成的线形为一段段连续的折线，为了使得折线与急曲线接近吻合，掘进施工时需连续纠偏。曲线半径越小，盾构越长，则纠偏越大，纠偏灵敏度越低，轴线就比较难于控制。

小曲线隧道每掘进一环，管片端面与该处轴线的法线方向在平面上将产生一定的角度，在千斤顶的推力下产生一个侧向分力。管片出盾尾后，受到侧向分力的影响，隧道向圆弧外侧偏移。

盾构在曲线上施工，是利用多段管片组合成的一条以多段条小直线拟合曲线。而盾构掘进形成一段段连续的拟合曲线，在各小直线间采用铰接油缸实现角度偏转，而管片环宽越短，盾构掘进的小直线也越短，多段小直线所拟合的曲线就越接近平曲线路，其盾构在每段小直线所产生的超挖量越少。同时当管片环宽较大时，盾构容易偏离曲线，在施过中需作多次姿态纠偏，超挖量也会再度增加。当超挖量较大时，容易造成地层损失较大，同时管片拼装也会因盾构与地层间存在过大的空隙量而造成管片错台。

12.7.3 工艺流程及施工方法

小曲线半径盾构施工掘进工艺流程，见图 12—34。

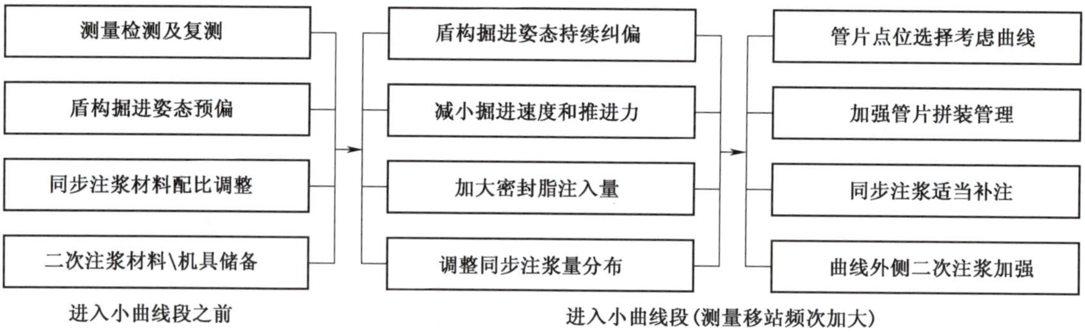

图 12—34 工艺流程图

1. 盾构相对小半径隧道的设计优化

针对小半径隧道，盾构设计优化了：盾构在中盾与尾盾之间设置被动式铰接；可控超挖角度区域的仿形刀；台车轮子的有一定活动量的导向轮和宽度加宽的被动轮。

被动式尾盾铰接的设计。盾构在曲线段掘进时，是以折线代替曲线拟合。根据盾构盾体的参数可由如下计算式算出盾构最小转弯半径 R_0：

$$R_0=\frac{L+LS-\Delta^2}{2\Delta} \tag{12—14}$$

式中 L——盾体长度；

S——单次掘进行程；

Δ——盾构允许的水平偏差。

式(12—14)可看作是 R_0 对于 L(或 S)的增函数，对于 Δ 的减函数。所以，若想设计的盾构最小转弯半径，需主要考虑降低 L 或 S，又或增大 Δ。由于 Δ 值相对 L、S 一般较小，且变化范围不大。考虑若 Δ 值过大，将会在盾构掘进过程中增大对土体的扰动程度，故不宜增幅过大。同时，每次掘进行程 S 值受管片环宽的制约，故管片环宽不应过大，宜降低，但降低的幅度也不宜过大。而引入铰接的设计可较大幅度降低盾体“有效”长度。

盾构铰接设计有主动式铰接和被动式铰接。主动式铰接设置于前盾构与中盾之间，而被动式铰接设置于中盾与尾盾之间。在引入了铰接的设计后，式(12—14)中的盾体长度相当于减去了前盾或尾盾的长度。一般情况下，尾盾的长度大于前盾的长度，故多选择被动式铰接的设计，当然两种铰接方式各有利弊。

2. 可控超挖的仿形刀的设计

通过式(12—14)，可以看出通过对土体的超挖可使得盾构允许的水平偏差 Δ 值增大，R_0 值也会降低。

仿形刀的设计具有可对超挖区域的角度进行控制的性能，角度范围可人工控制(图 12—35)，有利于减小对土体的扰动，同时减小盾构转弯的难度。

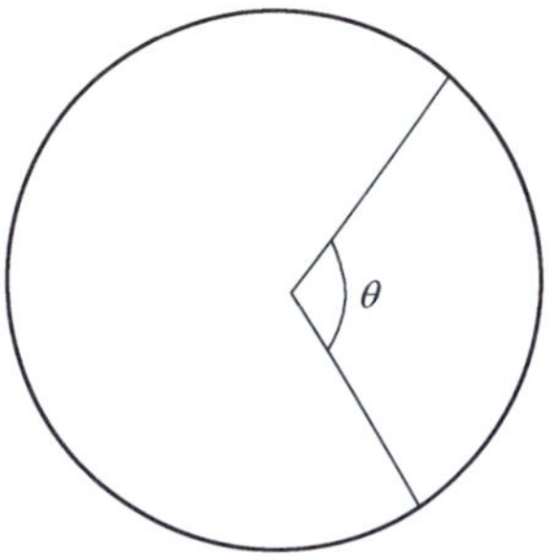

图 12—35 超挖刀仅在 θ 角度范围内伸出示意图

3. 台车轮子的设计

在小半径曲线隧道盾构施工，为降低后配套台车在小半径曲线上行走而脱轨的风险，故车轮子设计进行了优化。导向轮沿其轴承可小幅度的左右移动，被动轮采用加大宽度的办法。

4. 管片参数的设计优化

根据计算式(12—14)得到结论是，管片环宽不宜过大，但太小也不合适。其一，降低环宽将会增大施工成本，如环缝的止水条和传力衬垫将会增多等；其二，将会降低施工效率。

通用管片拼装的隧道，即是通过管片宽窄边不断调整拟合的产物，根据相似三角形原理或圆心角原理(参考图 12—36)，不难得出管片设计的最小转弯半径式与楔形量的关系式：

$$\frac{R+\frac{D}{2}}{R-\frac{D}{2}}=\frac{W+\frac{\Delta}{2}}{W-\frac{\Delta}{2}} \qquad (12—15)$$

式中 R——管片设计的最小转弯半径；

D——管片外径；

W——管片环宽；

Δ——楔形量。

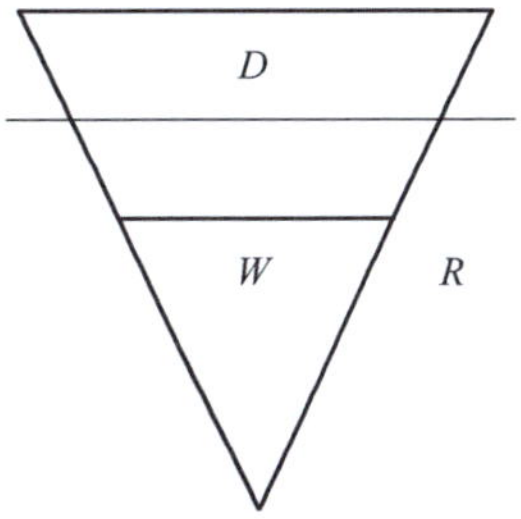

图 12—36 管片拟合与转弯半径关系示意图

工程的盾构管片基本参数：外径 D＝11.6 m，环宽 W＝1.5 m，楔形量 Δ＝69.6 m，代入式(12—15)可得 R＝333 m。可满足隧道最小曲线半径为 450 m 的曲线拟合要求。

5. 盾构机姿态控制

以隧道曲线最小转弯半径为 450 m，右转弯为例：根据圆周运动规律，处于圆周运动的物体，其运动的即时方向为切线方向。故盾构在曲线掘进过程中，理想的掘进即时方向是沿隧道轴线的切线方向。在实际掘进中难以做到该理想状态，应取其修正姿态，将盾构姿态置于曲线内侧，以小半径曲线割线的方向进入曲线(图 12—37)，曲线表示隧道的设计轴线，箭头表示盾构机的水平姿态，其中始端表示刀盘，末端表示盾构尾部。在小半径曲线隧道盾构掘进的工况下，盾构掘进的过程是盾构处于持续纠偏的过程。

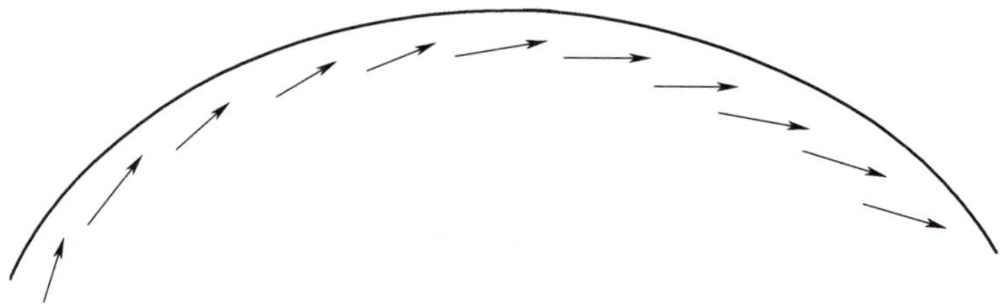

图 12—37 盾构掘进姿态水平方向示意图

在盾构盾体到达小半径曲线后，合理调整掘进速度，调节各分区油缸推力，控制好左、右区油缸的推力差值以及其行程差值，加强对推进轴线的控制，勤纠缓纠，同时选择合理的管片点位，确保管片的横截面尽可能的与隧道轴线的切线方向保持垂直。

若推进轴线与设计轴线偏差较大时，可以通过调节超挖刀的伸长量及设定超挖区域的方法对土体进行适当的超挖。

6. 盾构推进力控制

小半径曲线隧道每掘进一环，则管片端面与该处轴线的法线方向在平面上将产生角度 θ（图 12—38），在千斤顶的推力下产生一个侧向分力。管片出盾尾后，受到侧向分力的影响，隧道向圆弧外侧偏移。

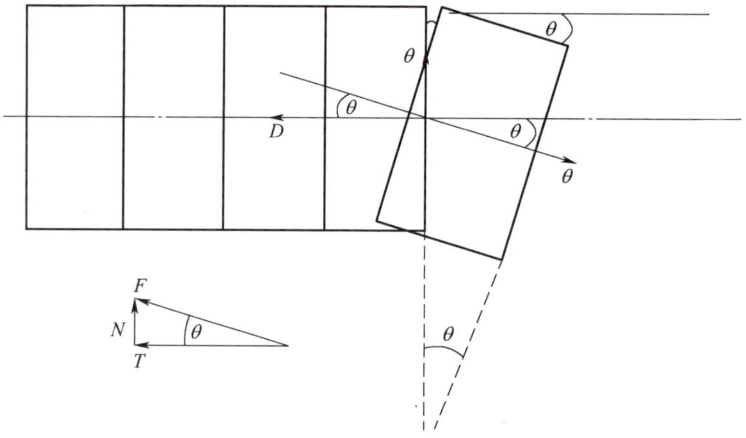

图 12—38 隧道位移控制及侧向分力示意图

一般在圆曲线半径取定时，已验算侧向作用力对原状土体的影响，管片在侧向作用力下，不足以使原状土体发生塑性破坏，即土体处于弹性变形范围。因此，研究侧向分力形成的原因和规律就可以有效控制土体的弹性变形范围。

侧向分力计算有：

$$T=F\cdot\sin\theta;N=F\cdot\cos\theta;\theta=\arctan[W/(R_c+D/2)] \qquad (12—16)$$

式中 F——盾构千斤顶作用力；

T——垂直于管片环面的反作用力；

N——平行于管片环面的侧向反作用力；

R_c——圆曲线半径；

D——管片外径；

W——管片宽度。

式(12—16)可得,当盾构的推力越大时管片侧向位移也越大;当掘进的转弯半径越小时管片侧向位移也越大。故为了减小在小半径圆曲线段施工引起的管片整体移位所带来的隧道变形,掘进过程中必须减小盾构推力。根据类似的施工经验,盾构在很小的半径线路上掘进施工时,推力可控制在 2 500～3 000 t。

7. 管片拼装

在小半径曲线隧道盾构掘进过程中,盾尾间隙即尾盾盾壳内侧与管片外侧之间的空隙,正常情况下将发生规律的变化,即曲线外侧的间隙将逐渐变小,曲线内侧的间隙将逐渐变大。同时,左侧油缸的伸长量要大于右侧的伸长量。本工程管片设计选用平板式通用型双面楔形管片,靠管片拟合形成隧道,管片拼装前,要综合考虑隧道走向、盾尾间隙、油缸伸长量等多个因素,留足余量,合理选择管片的点位,管片点位选择的合理程度将使得管片环缝与盾构对管片反作用力的垂直面指尖的夹角尽可能的减小。由于盾构掘进向前推进的作用力是由管片和周边土体的发作用力来提供,盾构掘进过程中将会使得管片环之间产生相对位移或位移趋势,以及盾构推进时对土体的扰动也会加大这一趋势,在小半径曲线隧道的盾构掘进尤为明显,因此,小半径曲线隧道施工时,管片点位在选择时需要适当将管片的最窄边向隧道曲线内侧调整,同时,加强管片拼装的平整度和管片螺栓的复紧。

8. 盾尾管片壁后注浆

小半径曲线推进引起的地层损失的增加、纠偏次数增加以及使用仿形刀的土体超挖,导致土体扰动量增加和管片与土体空隙的加大,以及因管片楔形量的存在而导致管片环之间的相对位移或位移趋势,推进时要严格控制同步注浆的注浆压力、注浆量及注浆浆液的质量,尤其需要适当增加曲线外弧侧的注浆量(图 12—39),以达到尽快稳定管片隧道的目的。根据对管片隧道上浮的测量及监测的分析,以确定是否需要增加曲线外弧侧的注浆量。必要时采用壁后二次注浆的双液浆以加快对管片加固的速度,从而稳定管片在地下土体中的扰动变化量以及减小管片因不均匀性“飘移”造成的错台量的效果。同时,壁后注浆可起到减少管片隧道渗水的辅助作用。

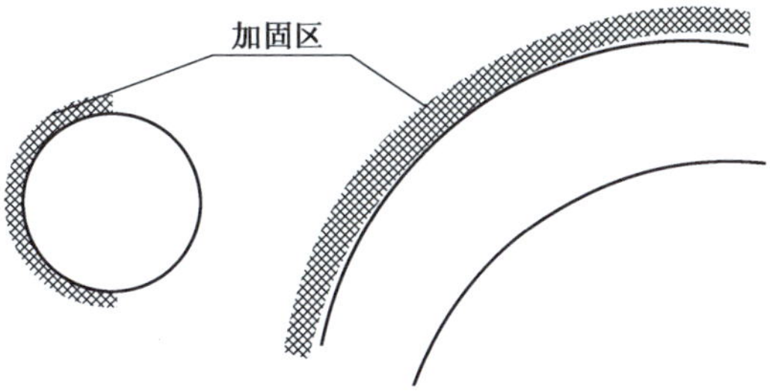

图 12—39　曲线外弧侧的注浆示意图

9. 其他措施

(1)曲线隧道施工转弯半径小,测量长度范围将会缩短,导致激光导向系统转站频次的增加。同时小半径曲线隧道掘进导致的土体扰动的增加,盾构掘进持续的纠偏,盾构推力的反作用力,以及管片壁厚注浆对管片的振动等影响,这些因素导致的管片不均匀扭动甚至错台,将会造成测量误差的增加,故需要加大人工测量校正的频次,并与自动导向系统相互结合,相互对照,确保测量精度。

(2)小半径曲线的盾构施工对泥浆管路的延伸将造成一定的损害影响,如泥浆管与台车角度较大造成泥浆管的可能脱落或卡在管片上,故在推进过程中要经常注意,选择合适的时机用改造过的弯管来进行转弯。

(3)盾构推进过程中,要注意对台车导向轮的调整,并关注台车轮子的位置,预防脱轨。

(4)小半径曲线隧道施工,将会造成管片轴线与盾构轴线之间夹角变大,有可能导致盾尾密封刷的破坏，铰接处尾盾与中盾的夹角也将会增大，这二处都有可能会漏浆，故需要适当增加盾尾密封油脂以及铰接处密封油脂的注入量。

12.7.4 主要设备

主要设备见表12—11，施工辅助设备见表12—12。

表12—11 主要设备表

项目	要素	备注
开挖、支护	开挖刀盘	带刀具磨损检测装置
	开挖土仓	带土压力传感器装置
	气垫仓	与开挖土仓底部连通，保持压力平衡
	自动调压设备	自动调解气垫仓压力
	推进油缸	提供推力，带压力、行程传感器
	铰接油缸	辅助纠偏，带压力、行程传感器
	土压力计	
	激光导向系统	自动检测盾构姿态、里程等
	管片拼装机	拼装管片，并由推进油缸配合
	超挖刀	开挖角度区域可控
注浆	注浆泵1	
	压力、流量传感器	
	注浆泵2	二次注浆用
密封机械	油脂泵	盾尾、铰接密封圈、主驱动等处注脂
	盾尾密封刷	4道，形成3个密封油脂仓
	密封圈	铰接处
泥水循环设备	进/排泥浆泵	
	进/排泥浆管	
	破碎机	对较大颗粒进行破损，并提供搅拌泥浆
	安全门	可隔断开挖仓与气垫仓
	流量计	检测进/排泥浆的流量
	密度计	检测进/排泥浆的比重
泥水分离、废浆处理设备	主分离设备	分离泥水—渣土
	调制浆设备	调整进泥浆的比重、黏度
	压滤机	处理废弃的浆液
	离心机	调整进泥浆的比重

12.7.5 质量控制

(1)做好技术交底，强化工序控制，实行监督检查。

(2)加强现场施工材料的管理严格执行进料检验制度，保证施工材料满足设计和规范要求，不合格的材料不得进场使用。

表 12—12 施工辅助设备

名称	数量	备 注	名称	数量	备 注
45 t/16 t 龙门吊	1 台		全站仪	1 台	
60 m^3 搅拌站	1 座	棱镜	若干		
电瓶车	2 台		精密水准仪	1 台	
管片车/材料车	4 台		陀螺仪	1 台	
道岔	1 副		通风机	1 台	
充电机					

(3)施工过程注意浆液质量检查,浆液配比不得擅自修改。

(4)对管片拼装等严格按要求执行,并记录好每一道工序的原始数据。

12.7.6 安全措施

(1)必须遵循安全第一的原则。由于盾构工作面作业空间狭小,因此既要确保作业人员安全与健康,还应尽量创造一个舒适愉快的工作环境。

(2)工作环境。应充分考虑地下作业的特殊性,在盾构施工中,确保通风设备、照明设备、通路的完整和有效,采取措施,消除影响工作人员健康的因素。

(3)劳动防护。井下一切工作人员必须戴安全帽及劳动用品,集中思想操作,防止碰伤和不必要的安全事故,此外应根据工作环境设置安全标志,配备相应的保护用品。

(4)防止灾害发生。一般事故:如坠物、踢落、轨道事故等;特殊事故:如火灾、缺氧、有毒气体中毒等。由于隧道中具有相对封闭的特性,这些灾害的发生将产生不可估量的损害,为此要遵照预防为主的原则,采取有效措施。

(5)吊运管片及其他材料时井下吊运活动范围严禁人员停留;起吊重物前应检查索具吊具等有无损伤,发现磨损及时更换;保证机械设备的维修保养,严禁机械带病或超负工作;加强电瓶车安全管理;井下电瓶车严禁搭乘人员。

12.8 盾构施工风险管理

12.8.1 实施风险管理的必要性

风险是指所有影响工程项目目标实现的不确定因素的集合,只有通过实施有效的风险管理,规避或控制风险,消灭或减小风险事件所造成的损失,才能保证工程项目管理目标的顺利实现。

无视风险的存在是风险最大的来源,实施风险管理,可达到减少损失或补偿损失的目的。工程施工项目的风险管理涉及到工程技术、管理科学、社会科学、系统科学、自然科学、数学、概率等多学科领域,是一门综合性的管理科学。当今世界各国都在加强风险管理的研究和运用,在我国,风险管理与项目管理的结合日趋紧密,风险管理正成为大型项目建设的例行程序,但是和发达国家相比,我国的工程项目风险管理还处于起步阶段,还需要长期的开展相关研究工作。

高速铁路工程建设周期长、投资大、涉及的社会面广、施工中常常是多种专业技术交叉和综合运用,历来被认为是一项高风险事业。目前在高铁建设领域中,风险意识相对较薄弱,由于对工程风险估计不足、风险管理不到位等原因致使工程项目难以实现预期的目标,甚至带来巨大损失的项目已不在少数。对于施工单位来说，其风险管理水平成为决定其参与项目成功与否的关键因素。

因此，从五个方面来看，工程项目更加有必要实施风险管理：

(1)规避风险是人的本能。

(2)风险事件所产生的成本巨大。

(3)为满足法律、法规和工程建设相关方的要求。

(4)进一步完善项目管理理论。

(5)工程风险繁多且错综复杂，为实现工程项目管理目标必须实施全面的风险管理。

12.8.2 全面风险管理的重点及难点

1. 管理难点

难点一：施工安全风险管理

(1)盾构沿线地下障碍物众多，且资料缺失，现有技术手段无法完全和准确探明，如何探测和处理地下障碍，保证盾构掘进施工的安全是施工安全管理的难点。

(2)盾构在软土地层掘进，地面沉降反应敏感，对地面建筑物会造成影响，盾构沿线为塘沽区最繁华的商业街，过程中如何保证地面建筑的安全，避免造成不良社会影响是施工安全管理的难点。

难点二：工程质量风险管理

铁路行业到目前还没有一部完整的针对高速铁路城市地下隧道的施工规范，质量控制标准不易把握。

难点三：施工技术风险管理

(1)高速铁路的城市地下隧道技术在我国是作为新的技术出现和使用。

(2)由于新技术的运用，设计上的缺陷和错误、未预料到的地质条件等在所难免。

难点四：工程成本风险管理

城市内高铁隧道出现较晚，铁路行业还不及完善针对此类工程的预算体系，导致部分项目概算价低于成本价。

难点五：工程工期风险管理

(1)目标工期小于理论工期。

(2)与相邻标段交叉施工，工期相互制约。

2. 管理重点

重点一：风险分析评价。工期较长，工程所处环境复杂多变，进行全面准确的风险因素分析，是实施风险管理的基础。

重点二：应对策略制定。正确合理的应对策略是决定风险管理是否有效的前提。

重点三：管理措施实施。管理措施能否实施到位是实现风险管理目标的关键。

12.8.3 风险管理的实施

1. 管理策划

(1)管理目标

风险管理总目标：克服项目管理难点，实现项目总体目标。

安全管理目标：杜绝铁路C类及以上责任事故；杜绝生产安全责任事故；减少非生产性事故。

质量风险管理目标：结构海河杯，整体鲁班奖。

技术风险管理目标：总结技术创新成果，申报至少3项铁道部科技进步奖项。

成本风险管理目标：实际成本低于预算成本5%，实现项目盈利。

工期风险管理目标：满足业主工期要求，力争提前一个月达到工程验收标准。

(2)管理原则

原则一、控制损失，创造价值。

原则二、融入项目管理过程。

原则三、应用系统的结构化的方法。

原则四、以信息为基础。

原则五、广泛参与，充分沟通。

原则六、持续改进。

(3)管理方针

方针一：实施整体风险管理。任何一个单因素的风险都将对项目总体目标产生不同程度的影响，且这些单因素风险之间存在着相互依存、相互制约的关系，在一定条件下会组合形成更加特殊的复合风险，项目的风险是各单因素风险的叠加与复合。因此必须从整体上认识风险，研究和解决风险对项目的整体影响。

方针二：实施全面风险管理。"全员参与、全过程、全方位"的风险管理。将风险管理理念和方法贯彻到项目管理的每一个员工，使参与项目管理的人员人人懂风险管理，人人参与风险管理，将风险管理贯穿于工程建设的全过程，覆盖到工程建设的各层次、各方面。

方针三：动态风险管理与静态风险管理相结合。动态管理是根据工程进展进行风险识别和控制，静态管理是通过对以往工程经验和资料进行整理分析进行风险识别和控制。

方针四：风险管理程序化。充分借鉴国内、国际工程项目风险管理的成功经验，建立适合本项目的管理程序，建立管理台账，定期组织评价，持续改进。

方针五：把项目的日常管理纳入风险管理的范围。项目日常管理(包括风险管理)中的漏洞或薄弱环节也是项目管理的风险。

2. 管理措施

(1)措施一，建立专门的风险管理组织机构

①设专职风险管理副经理。

②设专门的风险管理部，设部长1人，设专职风险管理员1人，兼职调查员5人(由工程技术部、安全质量部、材料设备部、计划部、财务部负责人兼任)，设专职预算员1人。

(2)措施二，配备高素质、有经验的管理人员

风险管理在很大程度上依靠经验，扎实的专业技术和管理理论有助于风险识别得更加准确、全面。通过公司进行优化资源组合，本项目主要领导人员均由具有8年以上城市地下工程施工经历的人员担任，部门负责人员均由具有5年以上城市地下工程施工经历的人员担任，其他管理人员有60%为近4年内毕业大学本科生。

(3)措施三，全面实施风险教育与培训，提高全员的风险管控技能

①根据决策层、管理层、作业层三个层面的不同特点以及不同时期的风险特点，分层次、分

批次组织有针对性的风险管理理论和技术培训，培训覆盖到参与项目管理的所有人员。

②定期组织类似项目管理中发生的风险事件案例的警示教育，强化全员风险意识。

③对主要的风险应对措施组织演练，做到临险不乱。

(4)措施四，将公司的管理理念“振奋激情、主动超前、严格标准、强化管理”融入到项目风险管理中

振奋激情：对实现本项目风险管理目标树立足够的信心。

主动超前：风险管理的本质就是超前的管理，这是实施风险管理的必要手段。

严格标准：严格执行各项管理标准、规范标准可以有效规避大多数风险。

强化管理：为实现项目风险管理目标提供有力保障。

(5)措施五，确定管理流程，实施全面的风险管理

本项目按“三阶段、八流程”的管理流程(图 12—40)实施风险管理。

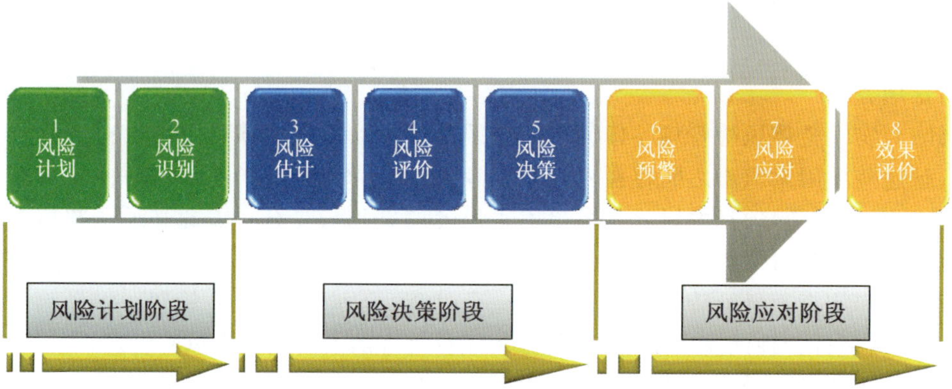

图 12—40 “三阶段、八流程”的管理流程图

①风险计划阶段

流程一：制定风险管理计划，确定风险管理的目标和接受准则。根据本项目实际情况，风险等级分为“低度、中度、高度和极高”四个等级，以经济损失来衡量：风险损失小于 3 万元的为低度等级风险可忽略；风险损失在 3～10 万元之间的为中度等级风险，可接受，一般不需采取风险处理措施，但需要予以监测；风险损失在 10～100 万元之间的为高度等级风险，需采取措施降低风险；风险损失在 100 万元以上的为极高度等级风险。项目风险接受准则见表 12—13。

表 12—13 京津城际延伸线项目风险接受准则表

风险等级	低度	中度	高度	极高
判定标准	≤3 万元	3～10 万元	10～100 万元	≥100 万元
接受准则	可忽略	可接受	不期望	不可接受

流程二：风险识别。识别所有潜在的可能风险因素。

将项目过程的每一个环节连接起来构成风险识别的主线。

将关键环节分成若干关键部分。

采用合适的方法识别各部分的风险。

列出各部分风险产生的原因、表现特点、预期后果。

形成风险指标体系。

②风险决策阶段

流程三:风险估计。概率估计,损失或不良后果分析。将所有预计的风险损失,如人员伤亡、环境影响、工期延误、质量缺陷、社会影响等后果均转化为定量的经济损失,根据经济损失大小和风险概率确定风险大小,计算公式如下:风险大小=风险损失×风险概率。风险估计后,经专家会评审转入下一流程。

流程四:风险评价。根据风险大小确定风险等级(表 12—14)。

表 12—14 京津城际延伸线盾构施工主要风险等级评价表

序号	风险名称	风险大小	评价等级
1	盾构掘进施工安全风险	1 200 万元	极高
2	隧道沿线风险建筑物的安全风险	4 800 万元	极高
3	质量控制标准不易把握	2 000 万元	极高
4	高速铁路城市地下隧道新技术风险	6 000 万元	极高
5	设计缺陷和错误的风险	2 500 万元	极高
6	施工成本管理风险	8 000 万元	极高
7	相邻标段工期制约的工期风险	2 850 万元	极高
8	目标工期小于理论工期的工期风险	4 000 万元	极高

流程五:风险决策。依据风险等级和风险接受准则,确定应对策略,制定应对措施,并将每一项决策措施细化成可操作的实施方案。

风险决策是本工程项目风险管理的重点,对于高度等级和极高等级的风险,主要处理方法有:风险减轻、风险转移和风险规避。对于极高风险(表 12—18)的决策,经局以上级别的专家会论证后实施。本项目就主要评价等级为“极高”的风险制定应对措施如下:

a. 针对盾构掘进施工安全风险的应对措施:

依靠地方建设档案管理部门,了解因城市改造而产生的废弃桩基等障碍物;

依靠地方群众,对建设档案缺失的地段的情况进行补充了解;

运用先进的物探技术对调查了解到的地下障碍物情况进行核实验证;

对现有物探技术不能准确探测的地段,进行物探技术攻关;

聘请地质专家进行技术把关;

通过专家会论证,报设计、监理单位认可,报建设单位审批后实施。

b. 针对隧道沿线风险建筑的安全风险管理的应对措施:

核查设计资料,确认资料的准确性和完整性;

施工方案报设计、监理单位认可,报建设单位审批后实施;

对风险点建筑提前实施加固处理,降低风险;

成立技术攻关小组,优化掘进参数,降低盾构掘进对地层的影响;

采用先进的自动化实时监测技术对风险建筑实施监测;

对残余风险,制定应急预案,经专家论证,报监理、建设单位审批,并组织演练。

c. 针对质量控制标准不易把握的质量管理风险应对措施:

成立质量标准编制小组,经建设单位同意,编制适合本工程项目的质量控制标准;

召开专家会,对编制的质量标准进行论证把关;

质量控制标准报请设计单位、监理单位、建设单位联合审查；
经联合审查后的标准报建设单位备案；
对标准实施宣贯和培训，使每一个技术人员熟练掌握；
做好应用效果评价，修正完善。
d. 针对高铁城市地下隧道新技术风险的应对措施：
成立技术攻关小组，依靠自身力量进行大规模的技术开发；
联合高校实施技术开发；
选送关键技术人员出国培训，引进国外先进技术，缩短技术开发周期；
经联合审查后的标准报建设单位备案；
对已开发的关键技术组织专家论证，经相关单位审批后实施；
做好技术方案的验证和总结，以利于持续改进。
e. 针对设计缺陷和错误的风险的应对措施：
组织有经验的技术人员，核对设计的原始资料，全面实施设计图审核；
与设计单位保持合作，共同探讨解决设计缺陷问题；
与设计图审核单位建立关系，提高审图单位审图的严谨性；
未经审核的设计图严禁用于施工；
注重施工验证，发现设计问题及时反馈设计单位，并报相关单位备案；
做好设计方案的验证总结，以利于持续改进。
f. 针对施工成本管理风险的应对措施：
建立责权利相结合的成本管理体系，强化经济观念，提高全员的经济意识；
从安全成本管理上要效益，安全可控，不出事；
从质量成本管理上要效益，质量合格，不返工；
从技术成本管理上要效益，技术先进，方案合理，不窝工；
从工期成本管理上要效益，缩短工期，减小管理成本；
完善合同文本，避免法律损失。
g. 针对相邻标段工期制约的工期风险应对措施：
积极维护与临标的友好关系，和谐共进；
了解相邻标段的施工部署，有针对性地部署我标段的施工计划；
将我标的施工计划告知邻标，促使其合理部署，为我标提供条件；
科学组织本标段施工，为相邻标段的施工创造条件；
积极与建设单位沟通，通过建设单位进行施工协调；
做好我标段及相邻标段的施工记录，为后期可能发生的工期索赔提供依据。
h. 针对目标工期小于理论工期的工期风险应对措施：
狠抓安全、质量、技术方面的风险管理，确保不因其他风险问题影响施工进度；
狠抓参加人员的思想工作，提高参建人员持续作战的思想意识；
根据目标工期编排网络计划图，经专家评审，报建设单位批准后实施；
分解总体目标，使每一个参建人员都知道自己每天的任务；
实施工期目标考核，提高参建人员的工作积极性；
加强现场指挥调度工作，保证充足的人力、财力、材料和机械设备；

开展技术革新、改进施工方法、优化施工工艺，提高施工效率。

③风险应对阶段

流程六：风险监测预警。由风险管理部负责风险监测预警，持续地进行风险监测和检查，判断风险事件的临近程度。当风险管理部发布风险预警后，项目部决策层通过研究决定是否需要启动应对措施。

流程七：实施风险应对措施。由风险管理副经理负责对需要启动的应对措施（包括实施方案）对项目部相关管理人员进行交底，再由项目部管理人员负责对执行人员进行交底。应对措施启动后，由风险管理部负责全过程监控，直至风险消失。

流程八：风险管理评价与改进。

12.8.4 过程监督与检查

风险管理是适应环境变化的动态管理过程，随着内部和外部事件的发生、项目环境的改变以及措施的实施、监督和检查的执行，有些风险会发生变化，一些新的风险还会出现，另一些风险则可能会消失。因此，持续不断地对各种变化保持敏感并做出恰当反应。同时，通过绩效测量、检查和调整等手段，使风险管理得到持续改进。

目前项目风险管理理论已日渐成熟，实践应用也越来越广泛。高速铁路工程施工风险也被众多的单位所认识，只有进一步提高风险管理的理念，掌握高速铁路工程建设风险管理方法，做到理论上成熟，操作上标准，方法上先进，才能更好地适应高铁建设的需要。从这个意义上讲，工程施工项目将风险管理纳入日常管理的范围是非常必要的。

参 考 文 献

[1] 陈馈．客运专线狮子洋隧道盾构设计与施工[J]．建筑机械化，2007.

[2] 付新喜．广深港客运专线狮子洋隧道水文地质特征研究[J]．资源环境与工程，2007.

[3] 石道华，王焰．狮子洋隧道建设方案探讨[J]．珠江水运，2007.

[4] 黄盾，符珍，黄敱．广深港客运专线狮子洋隧道有关设计问题的研究[J]．铁道工程学报，2008.

[5] 洪开荣，杜闯东，王坤．广深港客运专线狮子洋水下盾构隧道修建技术[J]．中国工程科学，2009.

[6] 王红，刘红梅，董晓刚．北京地下直径线工程施工技术探究[J]．黑龙江交通科技，2014.

[7] 叶康慨．北京铁路直径线大断面地下隧道盾构机选型研究[J]．隧道建设，2006.

[8] 陈庆怀．北京铁路地下直径线工程方案选择及实施[D]．清华大学，2012.

[9] 赵宝华，李建华．繁华城区大直径泥水盾构掘进沉降控制及对周边环境影响分析[J]．隧道建设，2010.

[10] 唐伟，张继清，许维青．大直径泥水盾构施工引起的地表沉降规律研究[J]．石家庄铁道大学学报(自然科学版)，2013.

[11] 唐伟强，张继清．天津地下直径线最大坡度研究[J]．铁道工程学报，2008.

[12] 毛伶俐．树木岭隧道盾构管片生产关键工序质量控制[J]．工程建设与设计，2014.

[13] 臧小龙．新型泥水分离处理系统在盾构隧道施工中的应用[J]．建筑机械，上半月．2012(12).

[14] 张树凯，陈清锁，廖潇，等．压滤机技术在越江隧道盾构施工中的应用[J]．工程建设与设计．2013(4).

[15] 朱建明，程海峰，江强．大直径泥水盾构施工对软土地层的沉降影响研究[J]．隧道建设．2013.

[16] 方超刚，范建雄．地铁盾构施工进出洞端头土体加固技术[J]．云南水力发电，2012.

[17] 刘鹏．盾构隧道注浆加固施工技术应用分析[J]．建筑知识(学术刊)．2013.

[18] 洪开荣．广深港大断面特长水下盾构隧道的技术难点分析[J]．隧道建设，2007.

[19] 项兆池，楼如岳，傅德明．最新泥水盾构技术．上海：上海隧道股份有限公司施工技术研究所科技情报室，2001.

[20] 贾航，杜闯东，王文杰．富水软弱地层浅埋大直径泥水盾构施工技术[J]．隧道建设，2009，03.

[21] 袁大军，尹凡，王华伟，等．超大直径泥水盾构掘进对土体的扰动研究[J]．岩石力学与工程学报，2009，10.

[22] 李有兵．大直径泥水平衡盾构穿越上软下硬地层的施工技术研究[D]．西南交通大学，2014.

[23] 周文波，傅德明．大直径泥水盾构进出洞施工的风险和措施[A]．上海市土木工程学会、上海隧道工程股份有限公司．地下工程施工与风险防范技术——2007 第三届上海国际隧道工程研讨会文集[C]．上海市土木工程学会、上海隧道工程股份有限公司，2007，7.

[24] 谢彬，商涛平．超大直径泥水盾构同步注浆浆液研究与应用[A]．上海市土木工程学会、上海隧道工程股份有限公司．地下工程施工与风险防范技术——2007 第三届上海国际隧道工程研讨会文集[C]．上海市土木工程学会、上海隧道工程股份有限公司，2007，5.

[25] 刘东．繁华城区富水砂卵石地层大直径泥水盾构隧道施工关键技术[J]．隧道建设，2011，01.

[26] 向前进，申智杰，刘晓波．大直径泥水盾构刀盘刀具应用技术[J]．现代隧道技术，2011，04.

[27] 王梦恕．隧道设计的基本原则和理念[J]．轨道交通，2008.

[28] 杨纪彦．超大直径泥水盾构到达施工技术[J]．隧道建设，2009.

[29] 孙善辉，陈馈，王助峰．大直径泥水盾构针对长距离施工的优化[J]．隧道建设，2012.

[30] 陈健．超大直径泥水盾构隧道综合施工技术控制[J]．都市快轨交通，2008.

[31] 黄学军，翟志国．城市大直径泥水盾构始发关键技术[J]．西部探矿工程，2011.

[32] 王瑞斌．泥水平衡盾构进、排浆系统技术[J]．隧道建设，2004.

[33] 李章林．超大直径泥水平衡盾构施工时建筑物保护技术研究[J]. 地下空间与技术学报,2011.
[34] 蒋睿．大直径软土盾构隧道工程地层沉降规律分析[J]. 中国市政工程,2010.
[35] 何国军,马元,朱学银,等．超大型泥水平衡盾构致地面沉降的原因及控制[J]. 筑路机械与施工机械化,2008.
[36] 赵运臣．盾构始发与到达方法综述[J]. 现代隧道技术,2008.
[37] 刘仁鹏,刘方京．泥水加压盾构技术综述[J]. 现代隧道技术,2000.
[38] 王华伟．超大直径盾构试掘进施工关键技术研究[J]. 现代交通技术,2011.
[39] 陈庆怀,黄学军．北京直径线盾构施工的关键技术[J]. 隧道建设,2008.
[40] 索晓明,张继清,杨毅秋．北京地下直径线大直径盾构隧道技术研究．2010.
[41] 陆明,曹伟飚,朱祖熹．超大直径盾构隧道防水设计技术综述[J]. 地下工程与隧道,2007.
[42] 陈馈,洪开荣,吴学松．盾构施工技术[M]. 北京:人民交通出版社,2009.
[43] 王云江,曾益平．城市轨道交通工程盾构施工与管理[M]. 化学工业出版社,2013.
[45] 洪开荣．高速铁路特长水下盾构隧道施工技术[M]. 中国铁道出版社, 2013.
[46] 王江涛,陈建军,吴庆红,等．南水北调中线穿黄工程泥水盾构施工技术[M]. 黄河水利出版社,2010.
[47] 郭信君,戴洪伟．超大型泥水盾构越江施工技术研究与实践－南京长江隧道[M]. 中国建筑工业出版社,2013.
[48] 周文波．盾构法隧道施工技术及应用[M]. 北京:北京建筑工业出版社,2007.
[49] 张凤祥,傅德明,杨国祥,等．盾构法隧道施工手册[M]. 北京:人民交通出版社,2005.
[50] 王梦恕．中国隧道及地下工程修建技术[M]. 北京:人民交通出版社,2010.

后　　记

光阴荏苒，岁月如梭。六年时间转瞬即逝，京津城际延伸线天津至于家堡工程即将迎来八月底的正式开通。同时，我们组织编写的《京津城际延伸线工程建设丛书》也即将出版发行。手捧书稿清样，回想京津城际延伸线天津至于家堡工程的建设历程，心情久久不能平静，作为该工程建设的管理者，有三句话，写下来作为该丛书的后记。

第一句话：京津城际延伸线天津至于家堡工程全长只有44.75双线公里，与已开通的高铁里程相比微不足道。但麻雀虽小，五脏俱全，是大规模铁路建设的一个缩影，其建设过程反映了我们铁路建设者的艰辛、探索、奋斗和拼博。

京津城际延伸线位于沿海淤泥层复杂地质条件下，工程包含有砟轨道、无砟轨道、特大桥、明挖隧道和大直径泥水盾构、全地下车站和大跨单层网壳穹顶钢结构及大型既有站场过渡施工改造工程等项目，几乎涵盖高铁建设中所有类型项目，施工技术和管理控制的难度极大，同时，规划方案滞后及征拆工作不能如期完成严重影响着工程进展。比如：天津市规划13处下穿延伸线的道路方案与本工程建设不同步；塘沽地区货运通道方案批复滞后两年；既有津山线塘沽站要建高速场，且明挖隧道横穿车站调车场引起的塘沽站及本地区货运功能的调整，涉及到塘沽站场改建和新港编组站改扩建，新增进港二线和货运通道及泰达站的改扩建工程；大面积住宅拆迁滞后，等等。这些都严重制约着工程进度。为克服诸多因素对工期的影响，编者通过现场大量调查和详细研究，对多个节点进行方案优化。在满足规范的前提下，对进出港疏解线最小曲线半径由300米调整到275米，减少了原定拆迁的3层商铺4 000多平米和部分住宅，节约了拆迁费3.5亿元，根除了拆迁的滞约；优化了跨越方式，少建了一座连续梁桥，跨越津滨轻轨和唐津高速公路原设计分别用273 m空间刚架和主跨80 m连续梁桥，优化方案后，在津滨轻轨和唐津高速的交叉点用主跨128 m连续梁桥跨越，减少了受既有轻轨铁路只能夜间施工3小时对工期的制约，美化了景观，并节省3 500万元；对盾构隧道下穿方案经反复研究，对原设计要拆除的东顺旅馆（极高风险），采取地面加固和洞内注浆相结合的方案，减少拆除旅馆房屋3 415 m^2，节省投资约1.2亿元。上述方案的优化，将施工受拆迁影响和环境因素滞约对施工的干扰降到了最低，共为国家节约了5亿多元的建设投资。

这只是诸多问题及其解决过程的一部分。

总之，在组织该项目建设过程中，我们提出“科学组织、精细管理、塑造精品、誓创一流”的目标，引领各参建单位创建津滨建设文化；遵循“安全第一，质量至上，生命为大”的理念，严格按照精细化管理的要求，做到“精、严、细、实”；以高度的责任感和使命感，以对事业的无限忠诚，面对和克服各类问题。我想这正是铁路建设者为实现中国梦的作为。正如郑板桥的诗所言：“咬定青山不放松，立根原在破岩中，千磨万击还坚劲，任尔东西南北风。”

第二句话：铁路建设既要探索、实践和拼博，也要不断总结。

京津城际延伸线工程建设基本结束了，投入运营后必将造福于人民，这是建设者的自豪和光荣。但我们没有满足于此，我们深深地感到：京津城际延伸线工程建设过程中的一些技术、做法、解决问题的思路、方法、理念，对未来铁路建设或有一些借鉴作用。于是我们组织编写了《京津城际延伸线工程建设丛书》，旨在总结建设过程中各方面的经验。从大纲的确定、书稿的编写，到专题研究和最终审定，前后历经约 2 年多的时间，这期间我们邀请了许多专家学者座谈、研究，书稿几经修改。参与编写人员付出了努力也提高了自己。通过这次《京津城际延伸线工程建设丛书》的编写，有一个重要的体会就是，对工程建设的深度总结既有利于铁路建设，也有利于铁路建设队伍自身提高。

第三句话：感谢！

在京津城际延伸线建设过程中，铁路总公司总工程师何华武院士亲自组织审查方案，先后数次深入现场检查指导工作，并在百忙之中为本丛书作序，是对我们工程建设者最大的激励和鞭策，在此致以诚挚的谢意！在本丛书编纂过程中，还得到了王磊、安鸿逵两位老专家和中国铁道出版社江新锡副总编的指导，在此一并致谢！

同时，对京津城际延伸线工程广大建设者的努力工作和各界人士对本项目的关心、帮助和支持表示感谢！

张凤龙

二〇一五年五月六日